Aus Freude am Lesen

Die Jäger des Bösen – die Mitarbeiter des Bundeskriminalamts und ihre Kollegen bei EUROPOL und Scotland Yard – kommen aus allen Berufen. Um das moderne Verbrechen zu besiegen, braucht es nicht nur Ermittler, Zielfahnder, Mobile Einsatzkommandos, sondern Techniker, Wissenschaftler, Psychologen. Im 21. Jahrhundert ist die Organisierte Kriminalität sowohl in der realen Welt als auch in der virtuellen des Internet zu einem globalen Geschäft geworden. Die Kriminellen haben aufgerüstet, aber ebenso die Polizei. Spiegel-Bestsellerautor Michael Jürgs recherchierte innerhalb und außerhalb des BKA den Wandel von der verstaubten Behörde zur Schaltstelle nationaler und internationaler Ermittlungsarbeit, studierte bei Scotland Yard, wie Verbrechen geographisch erfasst und als »Landkarten des Verbrechens« gestaltet werden, und erfuhr bei EUROPOL, wie Terrorismus, Waffenhandel und Menschenschmuggel über alle Grenzen hinweg bekämpft werden.

Michael Jürgs erhielt als erster Sachbuchautor Zugang ins Innere der Behörde und Einblick in die internationale Form der Verbrechensbekämpfung. Er ist einer der bekanntesten investigativen Journalisten Deutschlands.

MICHAEL JÜRGS, Jahrgang 1945, war u.a. Chefredakteur von »Stern« und »Tempo« und hat sich mit großen Biografien (u.a. über Romy Schneider, Axel Springer und Günter Grass) und engagierten Sachbüchern wie »Der kleine Frieden im großen Krieg«, »Alzheimer - Spurensuche im Niemandsland« oder »Wie geht's Deutschland?« einen Namen gemacht. Seine Streitschrift »Seichtgebiete« verkaufte sich 100 000mal und stand ein halbes Jahr lang auf der SPIEGEL-Bestsellerliste. Er ist Co-Autor zahlreicher Fernsehdokumentationen, die nach seinen Büchern gedreht wurden.

Michael Jürgs

BKA

EUROPOL
Scotland Yard

Die Jäger des Bösen

btb

MIX
Papier aus verantwor-
tungsvollen Quellen
FSC® C083411

Verlagsgruppe Random House FSC-DEU-0100
Das für dieses Buch verwendete
FSC®-zertifizierte Papier *Lux Cream*
liefert Stora Enso, Finnland.

1. Auflage
Genehmigte Taschenbuchausgabe August 2012,
btb Verlag in der Verlagsgruppe Random House GmbH, München
Copyright © der Originalausgabe 2011 by C. Bertelsmann Verlag, München
in der Verlagsgruppe Random House GmbH
Umschlaggestaltung: © semper smile, München
nach einem Umschlagentwurf von R·M·E, Roland Eschlbeck
Satz: Uhl + Massopust, Aalen
Druck und Einband: Clausen & Bosse, Leck
KR · Herstellung: BB
Printed in Germany
ISBN 978-3-442-74455-8

www.btb-verlag.de

INHALT

PROLOG

Das Böse, das sie jagen, ist nur fassbar in seinen Taten und wird verkörpert durch Täter. Denn das Böse an sich ist nicht zu fassen. Gläubige Menschen haben eine Vorstellung vom Bösen. Haben sogar einen Namen dafür: Satan, Luzifer, Teufel. Agnostiker denken eher an konkrete und damit greifbare Personen aus der Geschichte, an Menschen wie Cesare Borgia, Hitler, Stalin, Pol Pot. Trotz allen Abscheus geht von ihnen häufig aus, was sie einst zu Idolen machte: die Faszination des Bösen. Ihre willigen Helfer verkörpern die »Banalität des Bösen«. So definierte in einer berühmt gewordenen Analyse Hannah Arendt die Taten des Massenmörders Adolf Eichmann, eines scheinbar ganz gewöhnlichen durchschnittlichen Deutschen. Im Dritten Reich bestimmte das Böse die Moral der Herrschenden. Also war es die herrschende Moral. Das Böse ist der dem Guten entgegengesetzte Seinsbereich, der als Ursprung von Leid, Unglück und Zerstörung angesehen wird. So steht es im Lexikon der Philosophie. Mit einer solchen Definition können Richter nichts anfangen, wenn es um die Bestrafung der Bösen geht. Unmoral ist kein Fall für Justiz und Polizei. Erst unmoralische Taten werden zu Unrecht und damit strafbar.

Die Frauen und Männer vom Bundeskriminalamt, von EURO-POL, von Scotland Yard, von der Generalbundesanwaltschaft sprechen deshalb nicht vom Bösen an sich, das sie verfolgen im Namen der Gesetze. Sondern von Tätern, die Böses begangen haben – Mord, Bombenanschläge, Betrug, Vergewaltigung, Waffen- und Rauschgifthandel, Kindesmissbrauch. Die wollen sie im Auf-

9

trag des Rechtsstaats, dem sie verpflichtet sind, einer gerechten Strafe zuführen und indirekt den Opfern Genugtuung widerfahren lassen. Das entspricht dem allgemeinen Bedürfnis der Menschen, weshalb sie am Ende von Thrillern und Kriminalromanen das Gute siegen sehen wollen. Vergeltung, Sühne, Rache sind urmenschliche Bedürfnisse. Auch im wahren Leben. Aber auch die sogenannten Guten sind gegen das Böse nicht immun. Es lauert auch in ihnen. Bricht jedoch nie aus.

Hoffentlich.

Dass die Gerechtigkeit siegen möge durch das, was er tut, erklärte mir ein BKA-Fahnder in Sachen Terrorismus, der aktuell bedrohlichsten Verkörperung des Bösen in Gestalt von Selbstmordattentätern, Bombenlegern, Auftragskillern, sei nicht das, was ihn täglich motivierte. Er habe einen Auftrag zu erfüllen im Namen der Gesellschaft, des Rechtsstaats und gehe deshalb nur seinem Beruf nach. Gegen Täter professionell so zu ermitteln, dass die Beweise für eine Verurteilung reichen. Damit verdient er seinen Lebensunterhalt. Sagt er.

Mit einer biblischen Formulierung, dass es um den ewigen Kampf des Guten gegen das Böse gehe, dürfe man ihre Arbeit nicht umschreiben, protestiert auch bei Scotland Yard eine Frau, die zwar qua Funktion zu den Guten gehört, aber das, was sie tut, nicht überhöht als Kampf gegen die Bösen betrachtet, sondern schlicht als Ausübung ihres Berufs, als Handwerk. Jemand muss es tun, am besten jene, die dafür geschult wurden so wie sie. Amateure, und seien sie auch noch so guten Willens, noch so engagiert für eine bessere Welt, kann man in dem Geschäft nicht brauchen. Ein kühler Politiker macht klar, dass die Beamten des Bundeskriminalamtes ebenso wenig wie die von EUROPOL jagdbares Wild im Visier hätten, in dem Fall: Kriminelle. Es gilt, die Kriminalität zu bekämpfen. Die ist das Böse. Der Feind. Nicht die Kriminellen.

Also muss bei der Beschreibung des Bösen eine Welt geschildert werden, die aus den Fugen geraten ist – und täglich aus den Fugen gerät –, weil »jemand sie bewusst zerstört hat«. So definiert

Hans-Ludwig Kröber, Direktor des Instituts für Forensische Psychiatrie der Charité an der Freien Universität Berlin, Gutachter in Hunderten von Strafprozessen gegen aus welchen Gründen auch immer kriminell gewordene Bürger, das Böse an sich. »Wenn man es getan hat, gibt es kein Zurück mehr, man steht jenseits der Gesellschaft.« Für den Menschen, der die Tat erlebt hat, ist sie als Erlebnis erst recht unauslöschbar. Die Opfer sind fürs Leben gezeichnet. Deshalb sollen die nicht unbestraft davonkommen – egal, wie lange es auch dauert, sie zu fassen –, die ihnen das angetan haben. Ist das nicht doch die eigentliche Motivation der Jäger des Bösen?

Meine Ermittlungen beginnen auf der übernächsten Seite.

KAPITEL 1

Die Festung

Auf den ersten Blick gleichen die Gebäude denen einer großen Firma, irgendwo in Deutschland. Nichts Besonderes fällt ins Auge. Die meisten Männer und Frauen, die am Haupteingang durch die Drehtür gehen oder in ihren Autos warten, bis das stählerne Tor zur Seite gleitet, sehen so unauffällig aus wie andere, die morgens auf dem Weg zur Arbeit sind, irgendwo in Deutschland.

Dass diese Firma jedoch eine besondere Firma sein muss, sticht ebenfalls beim ersten Blick ins Auge. An allen Eingängen ist sie durch Stahltore und Schranken gesichert, die sich nur von innen öffnen lassen, außerdem ist das Firmengelände geschützt von einem hohen Zaun, den alle paar Meter Überwachungskameras zieren. Was sie Tag und Nacht aufzeichnen, wird sorgfältig geprüft von den für die innere Sicherheit Verantwortlichen der Firma. Die Mitarbeiter besitzen zwar spezielle Firmenausweise, aber das ist in anderen Großbetrieben nicht anders. Im Gegensatz zu denen sollen sie hier die ihren sichtbar tragen, am besten stets baumeln lassen vor ihrer Brust. Wer keine Legitimation mit integriertem fälschungssicherem Chip besitzt, muss draußen vor dem Tor bleiben, bis die dort registrierten Angaben mit den irgendwo innerhalb der Firma gespeicherten verglichen worden sind und übereinstimmen. Erst wenn ein grünes Licht signalisiert, dass alles seine Ordnung hat, bekommen Besucher einen amtlichen Passepartout, einen Gastausweis, den sichtbar zu tragen ihnen nachdrücklich auferlegt wird.

Beim Warten auf Einlass fällt die Besetzung der Pförtnerlogen auf. Die Uniformierten sind nicht wie viele Berufskollegen in anderen Firmen dickbäuchig gemütlich, sondern austrainiert und bewaffnet. Neugierig frage ich nach einem Gerät, das scheinbar vergessen von der hauseigenen Putzkolonne an einer Wand lehnt und aussieht wie ein Besen, der in einem Spiegel endet statt in einer Bürste. Was es mit dem seltsamen Ding auf sich hat, erschließt sich per Eigenrecherche jedoch schnell von selbst. Mit dem unauffällig wirkenden Apparat können die Torwächter bei Bedarf prüfen, ob unter einem wartenden Auto ein kleiner Sender blinkt oder gar Tickendes lauert, das da nicht hingehört, etwa eine kleine Bombe.

Einmal jährlich veranstaltet die Firma einen »Tag der offenen Tür«, bei dem sich Tausende Mitbürger bei Würstchen vom Grill, kühlen Getränken und den Auftritten einer firmeneigenen Band frei auf dem Gelände tummeln dürfen. Doch die Türen, hinter denen selbstverständlich auch an so einem Tag gearbeitet wird, bleiben dem Volk verschlossen. Die Aktivitäten des Unternehmens sind nur dann erfolgreich, wenn sie vor der Öffentlichkeit verborgen stattfinden. Deshalb steht die Firma auch nicht wie andere unter A bis Z gelistet auf den allseits bekannten gelben Seiten. Ihre Aufträge bekommt sie vom Staat. Deshalb braucht sie auch keine Werbung wie andere Unternehmen, die sich öffentlich vermarkten müssen. Ihre Kernzielgruppe scheut gleichfalls die Öffentlichkeit. Aus anderen Gründen. Die Klientel will vermeiden, auf Einladungslisten zu geraten, die von der Geschäftsleitung in schöner Regelmäßigkeit veröffentlicht werden und auf der ihre liebsten Kunden aufgelistet sind.

Willkommen beim BKA. Willkommen beim Bundeskriminalamt. So heißt die Firma. So steht es auf dem Firmenschild am Eingang. Tatsächlich willkommen? Nicht wirklich. Aber weil die Eingabe meines Namens im großen Fahndungscomputer namens INPOL nichts Verdächtiges ergeben hat, bekomme ich einen Passierschein, zu tragen deutlich sichtbar für jedermann. Ich darf mit meinen Ermittlungen vor Ort beginnen. Selbstverständlich nicht auf eigene Faust per Rundgang, sondern partout in ständiger Begleitung. Wertfrei betrachtet, sage ich zu meinem Betreuer, der mich am Tor in Empfang nimmt und in den nächsten Tagen fürsorglich begleiten wird, sind unsere Berufe ähnlich, so was wie Verwandte ersten Grades. Bei beiden sind die Voraussetzung fürs Gelingen genaue Recherchen.

An deren Anfang stand verpackt in viele Wörter das Wort »Nein«. Als ich mich aus zunächst weiter Ferne dem Bundeskriminalamt näherte mit der Absicht, Nachhaltiges über die Firma zu erfahren, insbesondere mehr als das, was sie in ihren jährlichen Geschäftsberichten veröffentlicht, wurde ich freundlich, aber bestimmt mit Sperrfeuer überzogen. Nachhaltiges wollte ich, ihnen Nachträgliches fürchteten sie. Die Begründung in der Absage jedenfalls passte zur Firmenphilosophie: Zu viel Öffentlichkeit wirke sich schädlich auf den Betrieb aus. Für die von mir gewünschten zeitaufwendigen Gespräche, unabdingbare Basis für ein Buch über die kriminellen Gefechtslagen der Nation und darüber, wie sich das Bundeskriminalamt in der Gegenwart und in der Zukunft auf die einstellt, habe angesichts der gewaltigen laufenden Aufgaben, ersichtlich aus Lageberichten zur Kriminalität, leider niemand Zeit. Beileibe nicht, weil man etwas zu verbergen habe – na gut, zugegeben, doch einiges, aber selbst dies aus dem einzigen Grund, sich keine Blöße zu geben, die dem Gegner helfen könne –, sondern weil die Beamten ungestört ihre Pflicht erfüllen müssten. Die BKA-Manpower von 5103 Beschäftigten, wobei »Manpower« in Anbetracht einer Frauenquote von 37,2 Prozent die falsche Bezeichnung ist, werde für Wesentlicheres gebraucht als dafür, mir die modernen Methoden der Verbrechensbekämpfung vorzuführen und zu erklären. Je weniger die von der anderen Seite über die Methoden des Bundeskriminalamtes wüssten, desto besser sei es für das Gemeinwohl.

Woraus ich schließe, dass die vom Bundeskriminalamt offiziell beschriebenen Techniken für den Einsatz gegen Kriminelle nicht unbedingt die sein müssen, die aktuell im Einsatz sind. Oder dass die gedruckten Erfolgsberichte als taktische Waffe gegen die Zielgruppe eingesetzt werden, um sie zu entmutigen. Ein Beispiel aus der Praxis könnte allerdings die Verunsicherungstheorie stützen: Auf der Suche nach Cannabisplantagen unter unauffällig wirkenden deutschen Dächern wurden Hubschrauber mit Wärmebildkameras eingesetzt, die normalerweise nur bei der Suche nach Vermissten oder Entführten zum Einsatz kommen. Denn für die Aufzucht der begehrten Hänflinge, die bis zur Ernte Tag und Nacht bestrahlt werden müssen von starken Lampen, ist Wärme unverzichtbar.

Das wussten natürlich auch Rauschgiftfahnder. Sobald die Bundespolizisten oben einen Wärmeausschlag registrierten, gaben sie den ermittelten Standort nach unten an die Kollegen der Landeskriminalämter durch, und die fuhren dann sowohl Ernte als auch Erntehelfer in die polizeilichen Scheunen ein. Als sich diese Taktik bei den Pflanzern herumsprach, reagierten viele ökologisch korrekt und investierten Teile ihres Gewinns in energiesparende Maßnahmen, damit ihre Produktionsstätten von oben betrachtet wieder wie beliebige Bauernhöfe mit Stallungen wirkten. Logisch also, dass sich die Polizei daraufhin ebenfalls was Neues einfallen ließ, und logisch, dass die bisherige Taktik erst dann nicht mehr als *top secret* behandelt wurde, als die Gegner sie durchschaut hatten.

Die stetige Suche nach dem besten Handwerkszeug ist nicht nur beim Kampf gegen Rauschgift erstes Gebot. Offiziell umschrieben dergestalt, dass angesichts neuer Formen der Kriminalität sowie »neuer Täter- und Tatstrukturen«, basierend auf den neuen Technologien in Wirtschaft und Gesellschaft, die »kriminalpolizeiliche Zentralstelle Bundeskriminalamt flexibel auf die sich ändernde Kriminalitätslage« reagieren müsse. Mit ähnlicher Logik, aber mit einem anderen Ziel, könnte ich die naiv verwegene These aufstellen, dass umgekehrt gerade in Kenntnis der Fähigkeiten des BKA Kriminelle darauf eher verzichten würden, dessen Methoden am eigenen Leib näher kennenzulernen. Schön wär's. Widerspricht aber allen Erfahrungen und der Wirklichkeit sowieso: Wer Angst und Schrecken verbreiten will, schreckt nicht vor einem Verbrechen zurück, nur weil er Angst hat vor den Folgen.

Jörg Ziercke, 2004 zum Präsidenten des Bundeskriminalamtes ernannt, bedauerte zutiefst, mein Anliegen abschlägig bescheiden zu müssen – »…trotz des von Ihnen gewählten interessanten Ansatzes ist es uns leider insbesondere aus Kapazitätsgründen nicht möglich, externe Buchprojekte dieses Umfangs zu unterstützen« –, zeichnete seinen Brief mit freundlichen Grüßen und der Bitte um Verständnis. Die interessanten Aktivitäten der Firma, etwa konkrete Fälle von verdeckten Ermittlungen, von innovativen Methoden der Zielfahnder oder von ausgefuchsten Programmen zur Bekämpfung der Internetkriminalität, sind das, was anderswo Firmengeheimnisse heißt. Und die wären wertlos, sobald die Konkurrenz sie kennen würde. Wie zum Trost wurde ich auf die Homepage des Bundeskriminalamtes verwiesen. Was da steht, dürfe jeder wissen. Eben.

Das Misstrauen, gewachsen über viele Jahre, nicht immer unbegründet, gegen die Spezies Journalist sitzt tief. Jede Anfrage, die über das hinausgeht, was das Bundeskriminalamt freiwillig verlauten lässt, wird als Angriff auf die Festung verdächtigt. Umgekehrt könnten Journalisten, unter denen es gute und schlechte gibt wie unter Polizisten auch, nicht von ungefähr auf die Idee kommen, dieser automatische Abwehrreflex der Staatsdiener sei in Wahrheit ein subtiler Angriff auf die Pressefreiheit. Ein BKA-Kriminaldirektor, dem nach vierzig Berufsjahren nichts allzu Menschliches mehr fremd ist, erklärt mir, dass der Konflikt in der Natur der Sache liege: Die einen wollen Öffentlichkeit möglichst nur dann, wenn sie Erfolge zu vermelden haben, die anderen wittern hinter jedem Nein aus der Festung einen Skandal, den zu enthüllen ihre Pflicht sei.

Meiner Pflicht wiederum bewusst, die man auch Berufsethos nennen könnte, teilte ich dem BKA-Präsidenten, der nach dem Abitur seine Polizeilaufbahn begann und geprägt ist von dem, was er dort an Erfahrungen gewonnen hat, mit ebenfalls freundlichen Grüßen mit, ich würde seine Absage als professionelle Herausforderung betrachten und deshalb auch ohne den Segen des Hauses BKA mit den Recherchen für meine Operation Buch beginnen.

Nach langem Zögern und kontroversen Vorgesprächen wurde mir dann doch ein Tor zur Festung geöffnet.

Sie steht auf dem Geisberg, laut Stadtchronik der BKA-Heimat Wiesbaden einst Galgenberg genannt – was sowohl von den heutigen Bewohnern als auch von Chronisten bezweifelt wird –, weil angeblich in brutalstmöglichen früheren Jahrhunderten Mörder oder Diebe da aufgehängt worden sein sollen. Dieses für doppeldeutige Annäherungen ans Thema passende historische Detail ist also leider nicht beweiskräftig, es könnte sich auch um eine Legende handeln. Ein professioneller Ermittler würde deshalb nachhaken, statt das als Fakt abzuhaken. Unstrittig dagegen ist, dass heute vom Geisberg aus Kriminelle gejagt, über nationale Grenzen hinweg, und, sobald sie gestellt sind, selbstverständlich nicht einem Henker, sondern der Justiz übergeben werden.

So allgemein formuliert kann das selbstverständlich nicht hier stehen bleiben. Zuständigkeiten müssen erklärt werden. Das geht nicht ohne ein paar spracharme Sätze, weil Begriffe verwendet werden müssen aus der Amtssprache. Das Folgende liest sich deshalb etwas sperrig: Grundsätzlich werden in Deutschland Polizeiverbände geteilt in Schutz- und Kriminalpolizei, beauftragt mit nicht vergleichbaren Aufgaben, obwohl beide zur Gattung Polizei gehören. Kriminalbeamte sind verpflichtet, nach einem Verbrechen die Ermittlungen zu übernehmen und bei einem sich ergebenden dringenden Verdacht den mutmaßlichen Täter zu suchen. Herrin des Verfahrens ist stets die Staatsanwaltschaft. Weshalb die Vorschriften der Strafprozessordnung gelten. Präventive Gefahrenabwehr jedoch zählt nicht zu Pflichten und Aufgaben der Strafverfolgungsbehörden. Die Schutzpolizei dagegen muss nicht auf eine Erlaubnis der Justiz warten, um Gefahren abzuwehren für einzelne Bürger oder für die Allgemeinheit. Sie ist von sich aus tätig. Gültig sind die Polizeigesetze der einzelnen Bundesländer, Dienstherren sind deren Innenminister bzw. die Polizeipräsidenten.

Irgendwo dazwischen steht das Bundeskriminalamt. Die Gefahrenabwehr ist Ländersache, aber bei der Sicherung der obersten Bundesorgane, sowohl was deren Dienstsitze betrifft als auch

die Wohnsitze ihrer Vertreter, werden BKA-Beamte wie Schutzpolizisten eingesetzt. Als Kriminalisten wiederum dürfen sie nicht
alles tun, wofür sie gut ausgebildet wurden. Denn natürlich können sie das alles auch, und einiges davon besser als andere – observieren, ermitteln, fahnden, zugreifen. Nur bei international organisierten Delikten – Waffen- und Munitionshandel, Sprengstoff,
Falschgeld, Rauschgift – ist seit 1973 originär das BKA zuständig,
und auch nur dann, falls es für deutsche Bezüge notwendig ist, im
Ausland mit den Ermittlungen zu beginnen. Da können schließlich nicht die Kriminalbeamten aus den einzelnen Bundesländern
eingesetzt werden.

Eine sogenannte Expertenkommission unter dem Vorsitz des
früheren Verfassungsschutzpräsidenten Eckart Werthebach hat
Ende 2010 für den Bundesinnenminister eine neue »Sicherheitsarchitektur« vorgeschlagen. Bundespolizei und Bundeskriminalamt sollen demnach in einer Superbehörde vereinigt, das Zoll-
kriminalamt aber autark bleiben. Als in Wiesbaden die zunächst
einsetzende Schockstarre nachließ – angeblich hat BKA-Chef
Jörg Ziercke das ganze Kommissionspapier erst etwa eine Stunde
vor der Bekanntgabe im Ereigniskanal Phoenix bekommen –, bezogen die Gegner des Umbaus Stellung und Stellungen. Zwar
versicherte der damals amtierende Innenminister Thomas de
Maizière sofort, »um überflüssige Unruhe zu vermeiden«, dass die
Standorte der Sicherheitsbehörden erhalten bleiben sollten und
dass kein deutsches FBI geplant sei. Unklar blieb, ob es mal wieder
eine weitere Bundesoberbehörde geben soll, unter deren Dach
dann vier Säulen die sogenannte »Sicherheitsarchitektur« stützen,
oder ob eine Generaldirektion im Ministerium in Berlin reicht.

De Maizière betonte, entschlossen zu sein, die Vorschläge der
Kommission zu verwirklichen. Das dürfte eher schwierig werden.
Einzelne Bundesländer kündigten bereits Widerstand an, Kom-
petenzkonflikte und mangelnde Kooperation ließen sich eher auf
dem kleinen Dienstweg lösen und verbessern als im Aufbau einer
neuen Organisation. Zusammenwachsen könne nur, was zusam-
mengehört. BKA und Bundespolizei (früher Bundesgrenzschutz)

gehörten nun mal nicht zusammen. Sie seien getrennt aufgewachsen. Eine Vereinigung würde gegen die Verfassung verstoßen. Um die zu ändern, braucht es bekanntlich Zweidrittelmehrheiten im Parlament. Illusorisch bei den derzeitigen Kräfteverhältnissen im Bundestag. Außerdem wäre eine Zusammenlegung nicht nur unlogisch, sondern würde auch das Gefüge des BKA auflösen, die Erfüllung seiner Aufgaben komplizieren und die bewährten Verbindungen zu Landeskriminalämtern, zu EUROPOL und zu Interpol kappen.

Ex-BKA-Präsident Horst Herold: »Eine Zusammenlegung von BKA und Bundespolizei macht nur dann Sinn, wenn die Aufgaben der beiden erfolgreichen Behörden sich entweder ganz oder zu einem beträchtlichen Anteil überschneiden würden oder ihre Tätigkeiten sich wechselseitig bedingen. Unterschiedlicher in Aufgaben, Kompetenzen, Auftreten und Ausbildung aber können zwei Polizeibehörden nicht sein. Eine Fusion würde beide Behörden nur mit einer neuen Hierarchiestufe überwölben, ohne dass ein fachlicher Mehrwert entstünde.« Ende Januar 2011 schien sich die Redewendung zu bewahrheiten, wonach der Berg (Werthebach) zwar gekreißt hatte – aber nur eine Maus gebar.

BKA-Beamte sind Sammler – obwohl viele von ihnen zu gern Jäger wären –, denn nach wie vor ist Gerechtigkeit zu fördern per Zugriff auf die Bösen eine der wesentlichen Motivationen dafür, Polizist werden zu wollen. Erst im Laufe der Jahre haben sie gelernt, dass es auf Erden nur selten gerecht zugeht. Erfahrung macht eben nicht nur klug, sondern gelassen. Hauptaufgabe des Bundeskriminalamtes ist es nämlich, alle Informationen aus beiden Polizeibereichen zu sammeln, sowohl aus der Gefahrenabwehr stammende als auch die aus der Strafverfolgung. Welche Befugnisse daraus erwachsen für den Firmensitz in Wiesbaden, ist unklar und nie genau definiert worden. Darüber klagten und klagen seit dem Amtsantritt des Sozialdemokraten Horst Herold 1971 alle Präsidenten des Amtes, unabhängig davon, zu welcher politischen Partei oder Richtung sie gehörten oder gerechnet wurden.

Da es sich um eine dem Bundesinnenministerium »nachgeordnete Behörde« handelt, wie das im Amtsdeutsch heißt, herrscht beim Bundeskriminalamt die in allen Ämtern übliche hierarchische Grundordnung. Es gibt eine Amtsleitung mit einem Präsidenten und seinen beiden Stellvertretern, verantwortlich für den Jahresetat in Höhe von knapp 390 Millionen Euro. Es gibt neun große Abteilungen, denen entsprechende Fachreferate zugeteilt sind. Die sind besetzt mit Beamtinnen und Beamten höchst unterschiedlicher Fähigkeiten, ausgerichtet auf das jeweils von ihnen zu beackernde Feld der Kriminalität, und weil es viele Felder gibt, braucht es viele geschulte Landschaftspfleger, aber auch Verwaltungsfachleute, Justiziare, Techniker, Wissenschaftler, Dolmetscher. Insbesondere die müssen sich um ihre Zukunft keine Sorgen machen. Sie arbeiten in einer Wachstumsbranche – der Telefonüberwachung von verdächtigen Kriminellen europaweit. Da kann nur ermittelt werden, wenn zuvor einer übersetzt hat, was da auf Rumänisch, Serbisch, Kroatisch, Russisch, Bulgarisch gesprochen wurde. Seit der Eiserne Vorhang, der West- und Osteuropa trennte, Geschichte ist, reicht es nicht mehr, Italienisch, Spanisch, Französisch, Niederländisch, Englisch zu verstehen.

Das Bundeskriminalamt könnte so gut wie alle Berufe brauchen. Der Fantasie sind keine Grenzen gesetzt. Sogar Investmentbanker wären nützlich, engagiert auf Zeit, weil die von betrügerischen Finanztransaktionen dank ihres Insiderwissens mehr verstehen als jeder andere und damit bei Ermittlungen gegen international tätige Wirtschaftskriminelle die idealen Partner für die BKA-Beamten wären. Falls sie wegen besserer Verdienstmöglichkeiten wieder wechseln in ihre ursprüngliche Branche, könnten sie fallweise eingesetzt werden als BKA-Beamte »honoris causa«, deren Hinweise ihren ehemaligen Kollegen in Wiesbaden die Arbeit erleichtern.

Ebenso wichtig sind Berufsberater innerhalb des Amtes. Ein Referatsleiter muss nicht nur die Arbeit seiner Untergebenen koordinieren, wie irgendein Abteilungsleiter in irgendeiner Firma das tut, er muss nicht nur Anstöße für Ermittlungen geben, sondern auch bei der jährlichen Leistungsbeurteilung den Mitarbeitern die Wahrheit ins Gesicht sagen darüber, ob sie im Rückblick eher gut oder öfter schlecht waren, und in der von der Amtsleitung vorgeschriebenen Befähigkeitsbeurteilung schriftlich begründen, worin eine Kommissarin oder ein Kommissar besonders stark ist und auf welchen Gebieten eher nicht.

Die Beurteilungen von Fähigkeiten und die Beurteilungen von erbrachten Leistungen stehen grundsätzlich auf unterschiedlichen Blättern. Falls ein Kripobeamter mit seinen Fähigkeiten falsch eingesetzt ist, erbringt er zwar keine Leistung, aber das sagt noch lange nichts aus über seine schlummernden oder bisher nicht richtig eingesetzten Talente. Kaum versetzt von Referat X in Referat Y, wo diese Fähigkeiten besser genutzt werden, wird seine Leistung erblühen. Ein Polizist kann außergewöhnlich befähigt und gleichzeitig extrem leistungsschwach sein oder umgekehrt. Wer im operativen Einsatz nicht als besonders begabt auffällt, ist eventuell ideal für die Organisation solcher Einsätze vom Schreibtisch aus, und wer sich an dem bisher langweilte, könnte stattdessen draußen bei einer Observierung oder beim Personenschutz seine Qualitäten entfalten. Aber das ist keine besonders überraschende Erkenntnis, das gilt für alle anderen Berufe auch.

Beim Vorgespräch über eine zweigeteilte Beurteilung, erklärt mir ein BKA-Beamter, müsse der Vorgesetzte also darauf hinweisen, dass dies keine Bewertung einer Person ist, sondern ein Abgleich der Fähigkeiten und der Leistung, gemessen am Anforderungsprofil für bestimmte Aufgaben. Nötig ist dafür ein besonderes Fingerspitzengefühl, das man von einem BKA-Abteilungsleiter eigentlich nicht erwartet und das denen deshalb so schwer zu vermitteln ist. Zu den notwendigen Befähigungen des urteilenden Vorgesetzten gehört auch, zur Selbsthinterfragung fähig zu sein. Mache ich in meinem Job das zu mir Passende, das für mich Richtige, oder erledige ich nur meine Pflichten? Selbstkritik gehöre, sagt mir ein Referatsleiter, grundsätzlich nicht zu den hervorstechenden Fähigkeiten der Polizei. Davon hatte ich auch schon gehört. Aber auch hier gilt wieder: Sie ist unter Journalisten ebenfalls nicht so verbreitet.

Nach diesem Grundkurs im Grundsätzlichen, nach diesem ersten Schritt zum besseren Verständnis der Firma an sich steht vor meinen weiteren Ermittlungen vor Ort zunächst die Frage nach der Struktur des BKA. Wie sieht die aus? Wer macht hier was? Was verbirgt sich hinter bestimmten Abkürzungen? Bezeichnungen wie INPOL oder POLIS oder IDKO oder KT oder KI oder AFIS sind für die Beamten und Angestellten wohl ja nicht nur ihre interne Kommunikation erleichternde Kürzel oder bürokratischer Umgangssprache geschuldet, sondern auch Teil des Systems, das Aushäusige übersetzend ordnen müssen, um überhaupt einen Zugang zu finden. Sie sind im übertragenen Sinne der erste Wall in der Festungsanlage.

AFIS zum Beispiel lässt sich nach einer Entschlüsselung, bei der mir mein Begleiter hilfreich zur Seite springt, leicht erklären, denn AFIS ist schlicht die Abkürzung für »Automatisiertes Fingerabdruck-Identifizierungssystem«, und was damit gemeint sein kann, versteht jeder geübte *Tatort*-Zuschauer. Per Fingerabdruck lässt sich bekanntlich feststellen, ob ein Verdächtiger am Tatort war, und falls er seinen Abdruck auch noch auf der benutzten Waffe hinterlassen hat, wird er ein Fall für den Staatsanwalt. Andererseits können Verdächtige, nachdem ihre Abdrücke digital in Wiesbaden bei AFIS eingescannt wurden, in Minutenschnelle als unschuldig entlastet werden.

Die Methode nennt man Daktyloskopie, und die Experten, die Vergleiche auf einer AFIS-Station anstellen, sind Daktyloskopen. Hundertvierzig von ihnen gibt es beim Bundeskriminalamt. Alle ihnen zwecks Prüfung übermittelten Fingerabdrücke werden in einer Datei gesammelt, rund vierzigtausend kommen pro Monat hinzu, insgesamt sind es 3,2 Millionen. Bei Übereinstimmung eines neuen Fingerabdrucks mit dem, was gespeichert ist, gilt die Person als identifiziert. Aufbewahrt werden die Abdrücke, die Daten, je nach Delikt und den Bestimmungen des Datenschutzes, etwa zehn Jahre, danach wird gelöscht, soweit es sich nicht um Taten wie Mord handelt, für die keine Verjährungsfrist gilt. Zur sogenannten erkennungsdienstlichen Behandlung gehören nicht nur Fingerabdrücke, sondern auch Fotos. Früher gesammelt in Kriminalakten. Derzeitiger Stand, aber der ändert sich bei jeder neuen Einsendung, bei jeder Löschung: rund drei Millionen Lichtbilder von rund zwei Millionen Verdächtigen und ebenso vielen Personenbeschreibungen. Die ruhen alle im Informationssystem der Polizei.

AFIS identifiziert mittels elektronischer Abgleichung der gespeicherten, per Zahlencode anonymisierten Fingerabdrucke oder Tatortspuren mit denen, die neu eintreffen; jährlich sind das die von etwa achtundzwanzigtausend Verdächtigen. Zur Sammlung gehören auch Abdrucke von Handflächen, die ähnlich beweiskräftig sind wie Fingerabdrücke. Rund fünfhunderttausend davon sind gespeichert. Auch in den modernen Zeiten der genetischen Fingerabdrücke, der forensischen Molekularbiologie mittels DNA sind die klassischen Methoden der Daktyloskopie unersetzlich. Eineiige Zwillinge zum Beispiel haben zwar die gleiche DNA, aber verschiedene Fingerabdrücke.

Die für die Struktur des Amtes wichtigsten Abkürzungen, die neun Kinder der großen Mutter BKA, heißen IK und SO, ZD und KT, ZV und IT, KI und ST und SG. Um sie zu verstehen, müssen sie einzeln erkundet werden. Bei manchen reicht ein kurzer Blick, bei anderen müssen Ermittlungen vertieft werden.

IK ist die Abteilung Internationale Koordinierung, und genau das umschreibt ihre Aufgabe. Zwar soll das Bundeskriminalamt laut Gesetzestext hauptsächlich die »Polizeien des Bundes und der Länder bei der Verhütung und Verfolgung von Straftaten« unterstützen, doch ist das BKA auch das nationale Zentralbüro der Bundesrepublik für Interpol in Lyon – abgeleitet von »Internationale kriminalpolizeiliche Organisation«, kurz auch IKPO genannt –, für EUROPOL, das europäische Polizeiamt in Den Haag und unter dem Namen »SIRENE Deutschland« zudem die Anlaufstelle für polizeiliche Anfragen aus jenen inzwischen fünfundzwanzig europäischen Staaten, die sich dem Abkommen von Schengen zur Abschaffung der Grenzkontrollen angeschlossen haben, initiiert und vereinbart einst von Deutschland, Frankreich,

Belgien, Holland und Luxemburg. SIRENE steht für »Supplementary Information Request at the National Entry«.

In der IK werden zudem alle Auslandseinsätze koordiniert. Die entsprechende Strategie lautet in der polizeilichen Terminologie »Vorverlagerung«, und der zufolge ist es sinnvoll, die Kriminalität in bestimmten Fällen wie Rauschgifthandel dort zu bekämpfen, wo sie ihren Ursprung hat, statt abzuwarten, bis die Drogen nach Deutschland kommen. Ein klassischer Fall von Gefahrenabwehr. Die vom Bundeskriminalamt entsandten Beamten sind deshalb im Ausland eine Art von Schutzpolizei, weil sie in den Anbauländern des marktüblichen Rauschgifts zum Schutz der deutschen Heimat mit technischer Ausstattung und kriminalistischer Ausbildung helfen. Verbindungsbeamte des BKA sind in fünfzig Ländern eingesetzt, insbesondere da, wo sich die apokalyptischen Reiter Rauschgifthandel, Menschenhandel, Terrorismus auf ihre Reise nach Europa machen. Nach zwei, drei Jahren kommen die meisten zurück in die Zentrale nach Wiesbaden oder in die Zweigstellen Meckenheim und Berlin, reich an Erfahrungen und ausgestattet mit einem unbezahlbaren Schatz von persönlichen Beziehungen, die dann von Fall zu Fall per direkten Kontakt hilfreich eingesetzt werden.

Hinter SO verbirgt sich die Abteilung Schwere und Organisierte Kriminalität. Die tritt an gegen die richtig gefährlichen Jungs auf der internationalen Szene. Klingt nach einem Job für harte Männer. Aber an Helden besteht kein Bedarf. Einzelgänger wie Al Pacino und Gene Hackman und Clint Eastwood arbeiten in Hollywood, nicht in Wiesbaden. Bei SO sind die BKA-Spezialisten in die Gruppen eins bis fünf unterteilt, in jeder einzelnen Gruppe verzweigt sich das weite Feld dieser Art von Kriminalität in Dutzende von Referaten. Jedes einzelne von denen zu schildern ist eher eine Aufgabe für Seminar- oder Diplomarbeiten, damit man an Polizeihochschulen gute Noten bekommt – Stichwort »Befähigkeitsnachweis!« –, worauf ich jedoch keinen Wert lege. Aber einzelne aus den Gruppen SO 1 bis SO 5 besser kennenzulernen erleichtert die Orientierung in der Festung und wird mir bei meinen weiteren Ermittlungen helfen. SO 1 zum Beispiel. Da geht es um Waffenhandel, Sprengstoff, Mord, dort wird auch nach Vermissten oder der Identität von Toten geforscht, die mit der Bitte um Amtshilfe von den einzelnen Landeskriminalämtern nach Wiesbaden gemeldet werden.

Extrem schwierig und meist erfolglos ist die Suche nach vergrabenen Leichen in unwegsamen Waldgebieten. Mit Wärmekameras kommt man da nicht weiter. Deshalb haben sogar absurd anmutende Vorschläge eine Chance. Im Vogelpark von Walsrode fand im Sommer 2010 ein so verrückt klingendes Experiment im Auftrag des Landeskriminalamtes Niedersachsen statt. Aasvögel von der Spezies Truthahngeier besitzen die besondere Eigenschaft, selbst aus tausend Meter Höhe zu riechen, was auf und unter der Erde verscharrt ist, und sei es auch nur eine tote Maus. Warum weiß der Geier, wo die Leiche liegt? Weil er nur dank dieser Eigenschaft überleben kann. Für ihre Suche nach Nahrung sind die zwei Kilo leichten fliegenden Leichenspürhunde auf ihren Geruchssinn angewiesen. In Niedersachsen wurde das Pilotprojekt mit einem von Tiertrainern abgerichteten Geier gestartet. Man taufte ihn auf den Namen Sherlock und stattet ihn bei seinen ersten Testflügen mit einem GPS-Sender aus. Ein tierisches Aas, eingewickelt in einen Stoffrest, in den Monate zuvor eine menschliche Leiche verpackt worden war, wurde tief im Boden vergraben. Sherlock setzte zielsicher an zum Sturzflug.

Statt eines lebendigen fliegenden Zielfahnders, was auf Dauer zu aufwendig werden dürfte, ließen sich bei Suchaktionen auch Drohnen einsetzen, wie sie beim ISAF-Einsatz in Afghanistan oder im Irak verwendet werden, um Terroristen aufzuspüren. Dagegen gibt es nicht nur politische Vorbehalte, sondern nach wie vor auch Berührungsängste zwischen Polizei und Militär. Was wegen der Erfahrungen aus der deutschen Geschichte nicht nur verständlich ist, sondern selbstverständlich. SO 2 kümmert sich um Rauschgiftkriminalität, sortiert nach Art der Drogen und deren Herkunft. SO 3 hat Wirtschaftsdelikte wie Korruption, Geldwäsche, Betrug im Portfolio. Wortkarg wird mein ständiger Begleiter während der Ermittlungen, als es beispielsweise um die Referate SO 53 und SO 54 geht. In denen sind verdeckte Ermittler und Vertrauenspersonen, landläufig V-Männer genannt, angesiedelt. Würde er mir über deren Arbeit Konkretes erzählen, könnten sie ihre Bemühungen einstellen. Das leuchtet mir ein.

Bei den Zentralen Kriminalpolizeilichen Diensten (ZD) arbeiten neben den klassischen Daktyloskopen die Experten für den genetischen Fingerabdruck. Sie haben Zugriff auf die DNA-Analyse-Datei; in deren Bestand befinden sich, Tendenz steigend, rund siebenhunderfünfzigtauend Datensätze, gemeinsam angelegt im Verbund von Landeskriminalämtern und Bundeskriminalamt. Alle gesammelten Dateien sind kodiert. Neu eintreffende Spuren, etwa zehntausend pro Monat, werden ähnlich wie bei den klassischen Fingerabdruckblättern mit vorhandenen verglichen und, sobald es eine Übereinstimmung gibt, erneut kodiert. Alles Weitere ist dann die Aufgabe von Vollzugsbeamten in den Landeskriminalämtern, die allein können die Kodierung einem bestimmten Namen zuordnen, im besten Fall dem eines Täters. Die Aufklärungsquote ist hoch, denn jeder dritte Vergleich ergibt einen Treffer.

Der Chef des Kriminaldauerdienstes, KDD, gleichfalls zu den Zentralen Kriminalpolizeilichen Diensten zählend, wird mir später nicht nur erklären, was er und seine Leute tun, sondern vor allem, was sie ganz bestimmt nie tun. Alle wären längst suspendiert worden, wenn sie sich in der Wirklichkeit so aufführten wie manche ihrer Kollegen im Fernsehen. Offiziell erfahre ich nichts über Training und Methoden der Zielfahnder, weil das ein Firmengeheimnis ist, dafür aber vieles über Fachreferate für Spreng- und Branddelikte, manches über das in der Firmenniederlassung Meckenheim ansässige Mobile Einsatzkommando MEK oder die Identifizierungskommission, die IDKO, Hintergründiges über die *never ending story* der Suche nach den letzten noch auf freiem Fuß befindlichen Mitgliedern der Rote Armee Fraktion.

Auch IDKO gehört zu den Zentralen Kriminalpolizeilichen Diensten. Bei einem Einsatz für IDKO werden Experten aus verschiedenen Abteilungen zusammengerufen. Ihre Arbeit wird bei ZD 37 koordiniert. Dort lagert jederzeit alles, was sie brauchen. Gerät, Schutzanzüge, Masken, Instrumente. Zwar sind alle stets einsatzbereit, aber sie machen in Zeiten, in denen nichts passiert, wofür sie ausgebildet wurden, Dienst in anderen Abteilungen. Zu IDKO gehören jene BKA-Beamten, die bei Katastrophen wie dem Tsunami vom Dezember 2004 auftauchen, erkennbar an ihren weißen Schutzanzügen vor Ort, wo es bei Unglücken, Attentaten, Katastrophen im Ausland deutsche Opfer gibt und die zu identifizieren dann ihre Aufgabe ist. Sie geben mit ihrer Arbeit den Toten ihre Identität zurück, schenken ihnen wenigstens einen Namen, der auf dem Grabstein stehen kann. Sie erweisen ihnen die letzte Ehre, denn sie stellen anhand vorhandener Restkörperspuren und mittels DNA fest, um wessen Leiche es sich handelt.

Es werden ausnahmslos Freiwillige für diesen Knochenjob aktiviert. Sie müssen eine starke psychische wie auch physische Konstitution haben, um das auszuhalten. Langzeitwirkungen sind inbegriffen. Einer von ihnen, höre ich, hat noch immer, wenn er einen durch eine Klimaanlage gekühlten Raum betritt, und sei es auch nur ein Supermarkt, automatisch den Geruch von notwendigerweise einst in Kühlräumen gelagerten menschlichen Überresten, etwa nach einem Flugzeugabsturz in den Tropen, in der Nase.

Die nächste BKA-Tochter ZV, Abteilung Zentral- und Verwaltungsfragen, interessiert mich weniger, weil deren Tätigkeit der in allen Firmen gleicht, was im Prinzip auch für den Sohn IT, Abteilung Informationstechnik, gilt. Aber nur im Prinzip. Denn wenn aus anderen Referaten gefragt wird nach einer neuen Software für ihre Hardware namens Ermittlungen, beginnt der Einsatz der Experten von IT. Mir gefällt am besten das Referat IT 09, das »Querschnittsaufgaben für die Standorte Berlin und Meckenheim« wahrzunehmen hat. Klingt schön langweilig, ist aber eher das Gegenteil, denn in Berlin und Meckenheim amtieren Staatsschützer und Experten vom Gemeinsamen Terrorismusabwehrzentrum (GTAZ), und wenn die einen Querschnitt wollen, dann ist es sicher keiner der weiblichen Bevölkerung des Münchner Stadtteils Solln und auch keiner der Torfstecher von Ostfriesland und auch keiner von Seeanemonen. Dann geht es ans und ums Eingemachte.

ST residiert in der Firmenniederlassung Meckenheim, einer BKA-Außenstelle in der Nähe von Bonn. ST bedeutet »Polizeilicher Staatsschutz«. Die Paul-Dickopf-Straße, Heimat der Staatsschützer, ist keine gute Adresse, obwohl sie zum Betrieb passend nach einem ehemaligen BKA-Präsidenten benannt ist. Der gehört wegen seiner Vergangenheit eigentlich nicht in einen *Walk of Fame* des BKA. Andererseits könnte man die Adresse auch dahingehend interpretieren, dass sich das BKA indirekt zu allen Kapiteln seiner Geschichte bekennt. Denn Paul Dickopf, von 1965 bis 1971 an der Spitze des BKA, war zwar im Dritten Reich schon ein überzeugter Staatsdiener, aber in den Anfangsjahren des BKA galt das als normaler Zustand in vielen Referaten – leidenschaftlicher Nazi gewesen zu sein.

Die Staatsschützer von ST 1 und ST 2 kümmern sich um Links- wie Rechtsextremisten und um terroristisch aktive Gruppen. Früher mal waren das die PKK und die IRA, heute sind es die nicht mehr in geschlossenen ethnischen Gruppen auftretenden politisch motivierten Gewalttäter, die hierzulande aktiv werden wollen oder schon geworden sind. ST 3 prüft aufgrund seiner bei verdeckten Ermittlungen oder durch V-Männer gesammelten Kenntnisse und Hinweise mögliche Gefährdungen durch Terroristen oder gewaltbereite Demonstranten bei Großveranstaltungen wie der Fußballweltmeisterschaft oder dem G8-Treffen in Heiligendamm, und zwar zu Luft, zu Erde, zu Wasser.

Dritte Dependance des BKA außer Wiesbaden und Meckenheim ist Berlin, wo die Abteilung Sicherheitsgruppe verankert ist. Bei der ist alles geheim, sogar der Standort in der Hauptstadt, was allerdings vor zwei Jahren informierte Autonome nicht daran hinderte, auf das entsprechende Gebäude nächtens ein paar Farbbeutel zu werfen. Die Personenschützer sollen laut BKA-Gesetz die Verfassungsorgane des Bundes schützen, vom Bundespräsidenten über Bundeskanzler und Minister bis hin zu gefährdeten Abgeordneten. Unter dem Titel »Politiker Stalking – Politiker als Opfer von Belästigungen« steht den Personenschützern für den Dienstgebrauch (VS) ein zweiundfünfzigseitiger »Leitfaden« für ihre Aufgaben zur Verfügung, in dem verschiedene Fälle aus dem »Zuständigkeitsbereich des Bundeskriminalamtes« samt Fallanalysen geschildert werden. Sie arbeiten immer als Team. Am wichtigsten ist die Arbeit eines Vorkommandos, wie das in ihrer Umgangssprache heißt, bei Staatsbesuchen. Genaue Ermittlungen im sogenannten Vorfeld sind die Voraussetzungen für ein Höchstmaß an Sicherheit.

Mit diesem Wissen könnte ich jetzt immerhin schon mal ein Organigramm des BKA aufzeichnen. Eine Kamera, in dem Fall verankert in meinem Kopf, hat sich von oben an die Festung herangezoomt, so ähnlich wie die zu Beginn des Filmklassikers *Casablanca*, hat einzelne Häuser und deren Bewohner identifiziert, aber was genau die machen und wie, ist noch nicht erkennbar.

Sobald beim Bundeskriminalamt die tägliche Arbeit beginnt, herrscht normale Geschäftigkeit wie in jeder anderen Behörde auch. In den Büros jedoch hängen keine röhrenden Hirsche auf Waldlichtungen, sondern Plaketten und Wimpel und Trophäen und Auszeichnungen, die ihre Bewohner von Dienstreisen ins nahe oder ferne Ausland mitgebracht haben. Die Internationale der Polizei tauscht nicht nur Erfahrungen aus bei ihren Kongressen oder gemeinsamen Einsätzen, sondern wie jeder anständige Verein Pokale und Urkunden. Auch aus der Kantine riecht es nicht anders als anderswo, und dass am Schwarzen Brett für Wochenendausflüge geworben wird oder für einen Fitnesskurs, fällt auch nicht aus dem firmenüblichen Rahmen. Flure und Etagen im Haupthaus W1 des BKA – die beiden anderen Wiesbadener Dependancen arbeiten in renovierten ehemaligen US-Kasernen und heißen W2 und W3 – sind so verwinkelt angelegt, dass sich dort nur ausgebildete Spürhunde zurechtfinden.

Das ist keine geschickte Taktik, um Eindringlinge zu verwirren, sondern beruht auf kreativen Einfällen der Architekten. Nicht ermittelt werden konnte, ob es für diesen Geniestreich lang anhaltenden Beifall gegeben hat. Was Raum lässt für interdisziplinäre Scherze. Ob jenseits der verwinkelten Zwischengeschosse in geheimen Leerräumen, die es nur in der Fantasie der Planer gab, ein paar Skelette von Beamten ruhen, weil sie da niemand vermutet? Da lacht sogar mein ernster Begleiter mal.

Um spezielle Verbrecher wirksam zu bekämpfen, braucht es Spezialisten. Die bewerben sich, sobald im polizeilichen Intranet freie Stellen ausgeschrieben werden. Juristen fangen nach dem Universitätsabschluss direkt beim BKA an, steigen im Laufe ihrer Karriere im höheren Dienst manchmal sogar ganz nach oben auf, doch parallel bildet das Bundeskriminalamt in einem dreijährigen Lehrgang seine künftigen »Top Guns« selbst aus. Abitur ist Voraussetzung, dann wird studiert – nicht ganz so wie an anderen Hochschulen, denn neben dem theoretischen Unterricht gehört intensives Training auf dem Schießstand dazu oder Übungen in der Kunst unauffälliger Observierung. Obligatorisch für eine Karriere im höheren Dienst ist die vor Ort in den sechzehn Bundesländern erworbene Praxis, ist die regelmäßige Teilnahme an Fortbildungslehrgängen, weil auch die von der anderen Seite sich in ihrem Metier laufend fortbilden, um auf dem neuesten Stand der Technik zu sein.

Die Hälfte der Firmenmitarbeiter sind ausgebildete Kriminalbeamte, bewährt in alltäglichen Ermittlungen und Fahndungen in Landeskriminalämtern, geschult in Polizeihochschulen. Ihr Stolz auf professionelle Leistungen ist berechtigt. In anderen Firmen würde man das *Corporate Identity* nennen. Aber ohne ihre Kollegen von der Wissenschaft wären sie nur halb so gut. Oder um es positiv zu sagen, getreu dem Eigenlob auf der Homepage des Amtes: »Die Labors des BKA sind auf dem neuesten technischen Stand der Wissenschaft. Ob physikalische, chemische oder biologische Verfahren, ob Tatwerkzeugspuren, Schusswaffenvergleiche oder Analysen von Stimme und Sprache: Die Mitarbeiterinnen und Mitarbeiter des Bundeskriminalamtes sind mit allen modernen Ermittlungsmethoden vertraut.«

Das stimmt. Deshalb sind die hoch qualifizierten Wissenschaftler in der Kriminaltechnik, der KT, im klassischen Sinne nur Dienstleister, aber ohne ihre Dienste könnten die Kriminalbeamten nicht das leisten, wozu sie verpflichtet sind qua Dienstvertrag. Technik im BKA dient dieser Sache, leistet also einen Beitrag zum Dauerauftrag, denen von der anderen Seite ihr Leben möglichst schwer zu machen oder sie mit dem, was sie angerichtet haben, nicht ungeschoren davonkommen zu lassen. Polizei sollte nicht etwa der Technik vorauslaufen; die wahre Kunst des Handwerks liegt darin, früh genug zu erkennen, welche Folgen Technikeinsatz für die Verbrechensbekämpfung hat.

Sei alles eine Frage der Kommunikation, winkt ein graubärtiger Mann ab, der mir unterm Dach einer Wohnung in Berlin gegenübersitzt, die Politik müsse sagen, was sie will und was sie bereit ist auszugeben. Er ist im Ruhestand, oder wie das bei Beamten heißt: Er ist pensioniert. Doch Max-Peter Ratzel, nach einer steilen Karriere im BKA anschließend von 2005 bis 2009 Direktor von EUROPOL in Den Haag, ist erst einundsechzig und noch lange nicht ausgebrannt. Er wirkt sprungbereit. Bei jedem Summen seines Handys, das vor uns zwischen Kaffeetasse und Kuchenstück liegt, könnte es sein, dass er unser Gespräch abbrechen muss, weil ihn endlich wieder eine Pflicht ruft, denn seit seiner Pensionierung ist er international gefragt als Berater für Sicherheitsfragen. Doch ich habe Glück. Sie ruft nicht.

In den USA hat die Coastguard schnelle Speedboote wie die Drogendealer, manchmal bessere, weil sie die besten Modelle der Gangster bei Festnahmen für den Staat konfisziert und künftig bei ihren Einsätzen selbst benutzt. Für die Nutzung von sichergestelltem Tätermaterial fehlt in Deutschland die rechtliche Basis. Speedboote braucht das BKA zudem eher selten. Was insgesamt die Polizei jedoch benötigt, ist bestmögliche technische Ausrüstung, egal ob Boot, Hubschrauber, Auto, Computer. Sonst wird sie im Wettlauf gegen die anderen da draußen immer zweiter Sieger bleiben. Falls ihre Gegner ein Speedboot fahren und sie bekommt keines, wird sie die nicht mehr einholen können, und es steigt automatisch die Anzahl der Delikte an. »Falls die Gesellschaft und die Politik und die Medien bereit sind, das hinzunehmen, dann muss auch ich das hinnehmen, denn ich bin Polizist und Diener des Staates«, so Ratzel. Aber im Fall wachsender Kriminalität wäre dann ein anschwellender Bocksgesang, dass die Polizei ihre Gegner nicht mehr einholen kann, nur Heuchelei.

In KT, der Kriminaltechnik, arbeiten in zwanzig verschiedenen Fachbereichen interdisziplinär nicht nur Naturwissenschaftler wie Chemiker, Physiker, Biologen, sondern auch Phonetiker, Linguisten, Schriftsachverständige. Insgesamt sind hier unter dreihundert Experten sechzig verschiedene Berufe versammelt. Um die jährlich mehr als zehntausend Aufträge zu bearbeiten, eingehend von Staatsanwaltschaften und Gerichten, von Landeskriminalämtern und anderen Abteilungen des Bundeskriminalamtes, vor allem den Tatortgruppen, braucht das hauseigene Institut die bestmöglichen technischen Einrichtungen, braucht für Gutachten zum Vergleich Materialsammlungen aller Art, von Schusswaffen bis Rauschgift, von gefälschten Urkunden bis Sprengstoff, von DNA-Proben bis zu Werkstoffen.

In einem Zentrallabor von KT 1 bestaune ich einen Apparat, der einer Raumkapsel gleicht, vor sich hin summt und in der Anschaffung rund 800 000 Euro gekostet hat. Was dieser Magnetische Resonanzspektrometer leistet, kann kein anderer, ist allenfalls vergleichbar mit der neuesten Generation der von Medizinern für die Hirnforschung betriebenen Magnetresonanztomografen, und deshalb ist das Spektrometer so teuer. Es macht sich mittels Proben von sichergestellten Rauschgiften – Heroin, Kokain, Ecstasy usw. – ein Bild von Molekülen und davon, woraus die im Einzelnen bestehen. Ein besonders starker Magnet zwingt die in bestimmte physikalische Zustände. Danach notiert der auch nachts tätige Mitarbeiter, ohne auf den erst am nächsten Morgen eintreffenden Wissenschaftler zu warten, welche chemischen Strukturen in organischen Verbindungen der Drogen erkennbar waren, und gibt diese Erkenntnisse direkt weiter an die entsprechende Datenbank des BKA.

In der wiederum kann, ebenfalls elektronisch, abgeglichen werden, ob diese Muster schon in anderen Fällen auftauchten, und die Maschine gibt Laut, sobald ein Treffer erzielt wird. Der Chef des Labors fühlt sich nicht als chemischer Ermittler, sondern bezeichnet sich stolz als Wissenschaftler. Er identifiziert sich nicht wie ein Kriminalkommissar mit der Polizei. Doch dass gesellschaftlich sinnvoll ist, was er da betreibt, nämlich Sachbeweise zu produzieren, belastend oder entlastend, je nach Ergebnis, motiviert ihn eben doch mehr als die reine Forschung an irgendeinem Institut irgendwo.

In KT 2 geht es um Schusswaffentechnik, da ruht die Waffensammlung des BKA, in der achttausendfünfhundert verschiedene Waffen registriert sind. Für jede Waffe auf der Welt liegt hier ein Vergleichsmodell vor und erlaubt Spurenvergleiche mit gesicherter Tatortmunition. Während ich auf Revolver und Colts und Maschinenpistolen usw. blicke, mit und ohne Schalldämpfer, kühl schwarz oder verspielt vernickelt, in Regalen lagernd, die mich an die Aktenschränke der Birthler-Behörde erinnern, erklärt mir ein gelernter Büchsenmacher sein Arbeitsgebiet. Seine Profession ist so wichtig wie die aller anderen, weil aus jedem Fach ein Teil des Puzzles kommen kann, das später kluge Ermittler zu einem Bild zusammenfügen, aus dem dann schließlich das Gesicht eines Täters erwächst.

Die Wissenschaftler bejahen zwar den gesetzlichen Auftrag des Bundeskriminalamtes, für das sie arbeiten, aber sie alle legen Wert auf die Feststellung, zuallererst Chemiker zu sein oder Biologe oder Physiker oder Toxikologe oder Genetiker. Wesentlich ist ihre Pflicht, einwandfreie Ergebnisse zu liefern, mit denen die zuständigen Abteilungen weiterarbeiten bis zur Festnahme eines Täters, bis zu einem Prozess. Ihre Gutachten müssen vor Gericht allen Attacken der Strafverteidiger standhalten. Deshalb sind die Tätigkeiten der Ermittler an bestimmten Tatorten und die Forschungen der Kriminaltechniker im Labor auch organisatorisch voneinander abgegrenzt. Die Ergebnisse werden nach Abschluss aller Untersuchungen drinnen wie draußen, aber selbstverständlich ausgetauscht.

In KT 3 zum Beispiel untersuchen Biologen anhand von Spuren, die am Tatort gefunden wurden, die DNA. Das sind Blutspuren, Speichelproben, Hautpartikelchen, Haare mit Wurzeln und ohne, »telogen« genannt, weil sie nicht mit der Wurzel ausgerissen wurden, sondern ausgefallen sind. Die telogenen Haare können nur ein einziges Mal untersucht werden, dann sind die Spuren vernichtet, es gibt nur eine einzige Chance, aus ihnen etwas herauszufiltern, was möglicherweise dann zu einem bislang unbekannten Täter führt. Und mit dem, was der hautnah bei seinem Opfer oder an einem Tatort oder auf einer Waffe zurückgelassen hat, winzigen Hautpartikelchen, lassen sich seit rund zehn Jahren dank des wissenschaftlichen Fortschritts erstaunliche Ergebnisse erzielen.

Unersetzlich ist die Methode des genetischen Fingerabdrucks für die diffizile Arbeit der IDKO bei Katastrophen oder Attentaten. Eingesetzt wird sie verstärkt bei längst als hoffnungslos abgelegten und ausermittelten Fällen. Denn Mord verjährt nicht. Jede so gelungene Überführung von Mördern auch Jahre nach der Tat ist ein kleiner Sieg der Gerechtigkeit. Die kühlen Beamten vom Bundeskriminalamt würden das nicht so hoch hängen und eher davon sprechen, dass jeder dank Molekulargenetik gelöste Fall sie befriedigt, weil es endlich ein Fall für den Staatsanwalt ist und eine Tat gesühnt werden kann. Schuld ohne Sühne geht ihnen gegen die Berufsehre. Der eingeweihte deutsche Fernsehzuschauer weiß zwar seit der amerikanischen Serie *CSI Miami*, dass manchmal Täter überführt werden, weil die Erde in den Rillen ihrer Schuhe mit der am Tatort übereinstimmt, staunt auch, dass eine bestimmte Blüte, die beim Mordopfer gefunden wurde, in genau dem Mangrovensumpf zu finden ist, der an das Haus des Verdächtigen grenzt, wodurch er dank CSI überführt werden kann, aber das ist eindeutig Fiktion. Oder etwa nicht?

Nein, ist es nicht. Aufklärung geschieht sogar mithilfe von Tieren. Denn auch diese Lebewesen haben eine persönliche DNA. Seit ein paar Jahren ist es möglich, anhand von Haarspuren nicht nur die Rasse eines Hundes oder einer Katze zu benennen, sondern das DNA-Profil eines ganz bestimmten Hundes, einer ganz bestimmten Katze zu erstellen. Falls dieser ganz bestimmte Hund oder diese ganz bestimmte Katze den Spuren zuzuordnen sind, die bei einem Tatverdächtigen gefunden wurden, dem bis dahin nichts nachzuweisen war, ist dies ein Sieg für die Polizei. Das dabei erforderliche Verfahren entspricht in etwa den bei Analysen menschlicher Spuren angewandten Methoden zur Bestimmung der DNA. Je mehr die Wissenschaftler, die besten Helfer des Bundeskriminalamtes, an neuen Methoden entdecken und testen, desto öfter erfüllt sich die trotzige Hoffnung aller Ermittler: Früher oder später kriegen wir sie alle.

Eine Kollegin der Humanbiologen aus KT, die sich wie die anderen auch auf eine Stellenanzeige des Bundeskriminalamtes beworben hat, ist promovierte Agrarwissenschaftlerin und macht das, was er an menschlichen Spuren untersucht, bei Pflanzen. Eine faszinierende Technik. Sie erzählt mir davon anhand eines konkreten Falles: Vor über zehn Jahren hatte ein Jogger im Wald unter einer Stieleiche eine tote Frau entdeckt und die Polizei alarmiert. Sie war ermordet worden. Der Ehemann geriet schnell in Verdacht. Er hatte mehrmals, wie Zeugen aussagten, wütende Drohungen gegen seine von ihm getrennt lebende Frau ausgestoßen, darunter auch die, dass er sie eines Tages totschlagen würde. An der Leiche wurden Spuren gefunden, die eindeutig von ihm stammten, aber die waren noch keine Beweise für einen Mord. Er wurde verhaftet, musste aber bald aus der U-Haft entlassen werden. Die Tat, begangen 1998, schien ungesühnt zu bleiben. Ein einziges Blatt hatten die Ermittler im Kofferraum des Verdächtigen gefunden, das Blatt einer Stieleiche, aber von dieser Art gibt es Zigtausende Exemplare in Deutschland. War also nicht beweiskräftig.

Die Kollegen vom zuständigen Landeskriminalamt legten dennoch das Blatt in ihrer Asservatenkammer ab. Sechs Jahre später, 2004, wurden per Intranet die Beamten aller Landeskriminalämter darüber informiert, dass es dank neuer Erkenntnisse möglich sei, beim BKA selbst nur geringe pflanzliche oder tierische Spuren von Tatorten genetisch zu untersuchen. Woraufhin der damalige

Mordermittler bei den Spezialisten in Wiesbaden anfragte, ob sie mit jenem Blatt aus dem Kofferraum jetzt mehr anfangen könnten als er damals. Konnten sie. Sie stellten fest, zu welchem Baum das Blatt gehörte. Es war genau der Baum, unter dem damals die Leiche der Frau gelegen hatte. 2006 wurde der Ehemann wegen Mordes zu lebenslänglicher Haft verurteilt.

Den Spezialisten von KT 54 gelingt es, bei Aufnahmen von Erpressern oder Geiselnehmern bis auf dreißig Kilometer genau herauszuhören, aus welcher Gegend, aus welchem Ort der Sprecher stammt. Audiovisuelle Analysen der Videobotschaften von Osama bin Laden und seiner Helfer sind nicht mehr nur ein Fall für die CIA oder den MI 5, sondern auch fürs Bundeskriminalamt, seit fanatische junge Deutsche im internationalen Terrorismus mitmischen und per audiovisueller Botschaft das Land bedrohen, in dem sie aufgewachsen sind. Ein anderer Experte, Astrophysiker, benutzt bei KT 16 mathematische Methoden, mit denen er sonst die Strukturen in Sternen erforscht hat, um auf Erden zu beweisen, wo bei Bränden wann was geschehen ist, und bei Bedarf hilft ihm der Kollege aus KT 16, weil der bestimmen kann, wo die Zünder gebaut wurden, die zur Explosion führten.

Weil die Fälschung von Arzneimitteln mehr Geld einbringt als der weltweite Rauschgifthandel – geschätzte siebzig Milliarden Dollar pro Jahr –, setzen Toxikologen im Amt Methoden und Erkenntnisse ein, auf die sie beim Aufbau der weltweit größten Ecstasy-Tablettensammlung gestoßen waren. Die Wissenschaftler beschäftigen sich nicht wie Rechtsmediziner mit Giften in Körpern, sondern mit denen in Feststoffen. Bei synthetischen Drogen, auch Designerdrogen genannt, wie Speed oder Ecstasy, können sie aufgrund der Zusammensetzung einer einzelnen Tablette sogar feststellen, aus welchem Labor die Droge stammt und in welchem Land sich das befindet. Bei im Internet angebotenen gefälschten Medikamenten aller Art oder Potenzmitteln wie Viagra ist das schwerer. Das kriminelle Dunkelfeld ist groß.

Wie groß, das lässt sich ahnen, sobald Zahlen aus dem Hellfeld auftauchen, wenn es zumindest für die Statistik einen Erfolg zu vermelden gibt: 2008 beschlagnahmten Zollbeamte bei einer von EUROPOL koordinierten Aktion vierunddreißig Millionen gefälschte Tabletten. Hauptsächlich wird mit Lifestyle-Produkten gehandelt – Appetitzügler oder Haarwuchsmittel, Potenz oder Muskelkraft steigernde Substanzen. Allen ist gemeinsam, dass sie weder geprüft noch gar zugelassen sind und teilweise tödliche Nebenwirkungen haben. Bei einer weltweiten Razzia in vierzig Ländern, zwei Jahre später in Deutschland durchgeführt vom Bundeskriminalamt, den Landeskriminalämtern und der Zollfahndung, wurden Hunderte von Produzenten festgenommen und Tausende schädlicher Arzneimittel beschlagnahmt.

Solche spektakulären Erfolge der Polizei schrecken die Hersteller nicht ab, denn die Gewinnmargen sind riesig. Originale AIDS-Therapeutika kosten legal pro Packung bis zu zweitausend Dollar. Die Fälscher sind nicht nur gewöhnlich gut organisierte, global agierende Wirtschaftskriminelle, sondern auch gewöhnliche Mörder. Was der fabelhafte John Le Carré in seinem Roman »The Constant Gardener« (dt. »Der ewige Gärtner«) erzählt, ist zwar Fiktion, aber in seinen Details realistisch. Zum Beispiel starben trotz einer Impfung gegen Gehirnhautentzündung in Nigeria von fünfzigtausend Probanden zweitausendfünfhundert, weil das Serum aus reinem Wasser bestand, oder auf Haiti Hunderte von Kindern, weil ein Hustensaft mit einem giftigen Enteisungsmittel verdünnt worden war.

Die Wissenschaftler von KT beteiligen sich bei der Jagd nach den Kriminellen, verhehlen nicht, leicht angewidert, einen gewissen Respekt vor deren Können und sammeln, um jene zu erlegen, was die ermittelnden Beamten bei ihnen abliefern. Ihre Erkenntnisse teilen sie mit ausländischen Behörden. Vor allem die amerikanische Drug Enforcement Administration (DEA) lobt die Kollegen vom BKA dankbar als die Besten der Welt, was insofern erstaunlich ist, weil sich die Amerikaner ansonsten immer nur selbst für die Besten ihres Metiers halten. Aus den Ermittlungen selbst halten sich alle Spezialisten der Kriminaltechnik raus. Sie sind als Wissenschaftler neutral. Ob das, was sie herausfinden, einen Verdächtigen belastet oder entlastet, ist nicht wesentlich fürs Ergebnis. Es muss stimmen, was sie notiert haben. Schließlich geht es nicht um wertfreie Forschung, sondern im Zweifelsfall immer um ein menschliches Schicksal, um Haft oder Freiheit. Das gilt ebenso bei der Analyse von Schmauchspuren auf der Kleidung. Vereinfacht ausgedrückt setzt jeder Schuss mikroskopische Partikelchen frei, auch auf der Kleidung oder an den Händen des Schützen. Auf denen sind die Spuren nach ein paar Stunden und intensiver Reinigung unterm Wasserhahn nicht mehr existent, doch in den Kleidern stecken sie. Da setzt die Schmauchspurenanalyse an. Dabei muss sich jeder, also auch ich, der das alles genau wissen will und deshalb von den Fachleuten ihre Möglichkeiten vorgeführt bekommt, einer Prozedur unterwerfen wie auf der Intensivstation, wo ja alle Besucher, die von außen kommen, Schutzanzüge tragen. In Kliniken geht es darum, die Übertragung von Keimen zu verhindern, hier darum, Spuren zu vermeiden. Dadurch ist ausgeschlossen, Schmauchspuren zu kontaminieren. Andernfalls wäre das Ergebnis verfälscht und das wiederum ein Super-GAU, weil die Spur, die als Ergebnis vorliegt, eine selbst erzeugte ist.

Die Methoden in der Kriminaltechnik werden laufend verfeinert, je nach Stand der Forschung und der Technik. Alle zwei, drei Jahre braucht es neue Methoden, weil neue Module und neue Technik erforderlich sind, um den neuen Herausforderungen durch das Verbrechen wirksam begegnen zu können. »Spurenlose Tatorte gibt es nicht, es gibt nur die Latenz von Spuren. Aufgabe der Kriminaltechnik ist es, mit naturwissenschaftlichen Verfahren und Techniken diese Latenz zu beheben, Beweissubstanz herauszufiltern und gewonnene Schlussfolgerungen als Sachbeweis zu präsentieren«, hatte bereits vor vierzig Jahren Horst Herold, der damalige Chef des BKA, die Bedeutung der Kriminaltechnik, die bis zu seinem Amtsantritt keine Rolle spielte, definiert, und entsprechend hat er sie gefördert. Mit Erfolg. Bei den Prozessen gegen RAF-Mitglieder spielten nicht wie in fast allen anderen Mordverfahren Zeugen die entscheidende Rolle, sondern wissenschaftliche Beweise. Herold: »Die Verurteilungen stützten sich auf etwa eintausendfünfhundert kriminaltechnische Gutachten des BKA.«

Als das Bundeskriminalamt 1951 gegründet wurde, waren die bislang größten Verbrechen der Menschheitsgeschichte, Genozid und Krieg, zwar bekannt, aber die Täter nicht ermittelt. Das BKA beschränkte sich auf die sogenannten einfachen Verbrechen. Die Herstellung von Falschgeld zum Beispiel. Was im Vergleich zu den Massenmorden der Naziverbrecher eher kleinkriminelle Vergehen waren. Sechs Jahre nach dem Ende des Zweiten Weltkriegs, sechs Jahre nach der Befreiung Deutschlands war die Ballung von Macht im Berliner Reichskriminalpolizeiamt alias Reichssicherheitshauptamt noch in schlechter Erinnerung. Laut Gesetz vom 15. März 1951 sollte deshalb das BKA nicht in Eigenregie handeln, sondern vorrangig die Ermittlungen der Kriminalämter koordinieren. Erlaubt war nur, spezielle Ganoven wie Falschgeldproduzenten über die föderalen Grenzen der Republik hinaus zu verfolgen. Die Polizeihoheit der Länder blieb unangetastet, sie war gesetzlich verankert in der Verfassung. Die einschränkende und politisch gewollte Vorgabe hatte historische Gründe. Im Dritten Reich war die Kriminalpolizei degeneriert zu einem willfährigen Werkzeug der herrschenden Bande.

Aufgrund der kriminellen Fakten, einer real existierenden Bedrohung durch das Böse, sind diese Einschränkungen zu den Akten gelegt worden. Zwar wird das Bundeskriminalamt nach wie vor tätig, falls es von einem der sechzehn deutschen Landeskriminalämter um Hilfe und Kooperation gebeten wird, aber aufgrund der zusätzlichen Kompetenzen, die es durch die 1973 und 1997 und 2008 neu gefassten Gesetzestexte bekam, kann es nun sowohl in eigener Initiative als auch auf Anweisung des Generalbundesanwalts aktiv werden. Der Segen föderaler Vielfalt wird immer dann zum Fluch, wenn nebeneinander statt miteinander agiert wird. Was nicht den Schluss erlaubt, dass die Profis in den Landeskriminalämtern schlechter sind als die Profis in Wiesbaden. Denn es gibt keine Hierarchie der polizeilichen Qualität, es gibt nur unterschiedliche Zuständigkeiten. Die Beamten vom BKA haben andere Möglichkeiten. In bestimmten Fällen sogar grenzenlose.

Im Kampf gegen das internationale Verbrechen sind verdeckte Ermittler und Spezialeinheiten des BKA unverzichtbar. Insbesondere bei der Jagd auf global agierende Gangsterbanden: die Händler von Menschen, von Rauschgift, von Waffen, von Sprengstoff. Die Geldwäscher der Mafia. Die weltweit agierenden Terroristen. Die Computerhacker und die Produzenten und Händler von Kinderpornografie im Internet. Die Wirtschaftsbetrüger. Die Erpresser. Das Bundeskriminalamt musste sich verändern, um den Heerscharen, die das Böse fassbar verkörpern, täglich die Gesetze brechen, im Namen der Gesetze gewachsen zu sein, personell und technisch. Und weil es sich veränderte, wuchs ihm automatisch mehr Macht zu.

Eine solche Konzentration von Macht, wenden Kritiker ein, die gegen das von der Großen Koalition 2008 erneut erweiterte BKA-Gesetz Verfassungsklage erhoben, könne aber zu einer alle Bürger – und nicht nur die Dunkelmänner – bedrohenden Übermacht werden. Zum einen hätte man das in der ersten deutschen Diktatur schon mal erlebt, in jenen einst nicht nur von Beamten der Justiz und der Verwaltung, sondern ebenso von denen der Polizei verdrängten finsteren Zeiten zwischen 1933 und 1945 im Dritten Reich. Zweitens habe auch die Polizei in der anderen deutschen Diktatur, in der untergegangenen DDR, mit ähnlichen Kompetenzen ein System der Spitzel und Willkür errichtet, und drittens könnte selbst ein demokratisch kontrolliertes System schleichend unkontrollierbare Monster erzeugen, halb CIA, halb FBI. Dies drohe aufgrund der im »Gesetz zur Abwehr von Gefahren des internationalen Terrorismus durch das Bundeskriminalamt« genehmigten Eingriffe in Persönlichkeitsrechte, der Beschränkung der Pressefreiheit, der Aufweichung der bisher geltenden Unverletzlichkeit der Wohnung.

Der Ex-SPD-Kulturstaatsminister und Ex-Herausgeber der »Zeit«, Michael Naumann, gehörte zu den Persönlichkeiten, die daraufhin Verfassungsklage erhoben. Für ihn ist das vom Parlament mit Mehrheit zum 1. Januar 2009 beschlossene Gesetz ein »Angriff auf Privatheit in Freiheit«. Zwar bleibt nach wie vor verboten, bei Wohnungsdurchsuchungen beispielsweise private Tagebuchaufzeichnungen, Liebesbriefe, Arztrechnungen der Verdächtigen zu konfiszieren, zwar ist es laut Gesetz zwingend erforderlich, dass zwei »juristisch geschulte« Beamte des BKA sowie der von Weisungen einer Amtsleitung unabhängige Datenschutzbeauftragte eingebunden werden und darauf achten, dass die gerichtlichen Vorgaben für die Durchsuchung eingehalten werden.

Aber die neuen Befugnisse erlauben dem BKA weit mehr, als ihm einst im ersten Gesetz gestattet war. Der ehemalige Bundesrichter Wolfgang Nešković, mittlerweile rechtspolitischer Sprecher der Bundestagsfraktion der Linken, fürchtet gar, das Bundeskriminalamt könne degenerieren zu einer vom Parlament unkontrollierten und unkontrollierbaren Spitzelzentrale, weil es die Kompetenzen von Polizei und Geheimdienst besitze und dies praktischerweise alles unter einem Dach vereine. Ob die Bedenken gerechtfertigt sind, kann allerdings mit ebenso guten Argumenten bezweifelt werden. Nur eine starke Behörde sei der Macht von der anderen Seite gewachsen. Beamte mit Allmachtsfantasien jedenfalls habe ich bei meinen Ermittlungen in der Festung nicht getroffen. Über die Klage vor dem Bundesverfassungsgericht ist noch nicht entschieden.

Seit Anfang 2010 ist Sozialdemokrat Michael Naumann Chefredakteur des politischen Monatsmagazins »Cicero«, das eigene Erfahrungen hat mit staatlichen Eingriffen in die Pressefreiheit. Die Redaktion machte 2005 nähere Bekanntschaft mit dem BKA, als sie von dessen Beamten an einem schönen Morgen zu früher Stunde, da in der Demokratie allenfalls der Overnight-Kurier klingelt, unangemeldet Besuch bekam. Im Keller des »Cicero«-Büros hatten sich weder Terroristen versteckt, noch schlummerten Umsturzpläne auf den Festplatten, es war keine Gefahr im Verzug, womit solche Aktionen auf kritische Nachfragen hin gern begründet werden – es ging angeblich um Beihilfe zum Geheimnisverrat. Der Reporter Bruno Schirra hatte in einem Artikel über den Al-Qaida-Terroristen Abu Musab az-Zarqawi, auf dessen Ergreifen ein Kopfgeld von 25 Millionen Dollar ausgelobt war, aus einem hundertfünfundzwanzig Seiten umfassenden Auswertungsbericht des BKA zitiert, der als streng geheim galt.

Ohne den offiziellen Geheim-Stempel hätte der offizielle Bericht kaum jemanden interessiert. Sobald aber etwas als streng geheim bezeichnet wird, weckt das in Journalisten automatisch einen genetisch verankerten Urtrieb namens Neugier. Das ist in dem Beruf, falls man ihn leidenschaftlich ernst nimmt, ein natürliches Verhalten. Was ich meinem Begleiter in Wiesbaden übrigens nicht sage, sonst würde er mir wahrscheinlich selbst auf dem Klo nicht mehr von der Seite weichen.

Nach der »Cicero«-Veröffentlichung leitete die zuständige Staatsanwaltschaft Potsdam ein Ermittlungsverfahren ein, ließ die Redaktionsräume durchsuchen und Festplatten und schriftliche Unterlagen beschlagnahmen. Irgendwelche Querverbindungen zu einem Informanten innerhalb des Wiesbadener Amtes, den sie durch ihre Aktion zu finden hofften, entdeckten die Anstifter nicht. Schirra verweigerte mit dem Hinweis auf das selbstverständlich unantastbare Journalistenrecht namens Informantenschutz jede Aussage. Die »Cicero«-Redaktion, solidarisch unterstützt von der gesamten deutschen Presse, wohl auch in kollektiver Erinnerung an den einst nächtlichen Einsatz der Staatsmacht wegen angeblichen Landesverrats 1961 gegen den »Spiegel«, war nicht bereit, diesen Eingriff in die im Grundgesetz garantierte Pressefreiheit hinzunehmen, zog bis vors Bundesverfassungsgericht und gewann dort in letzter Instanz. Das Urteil wurde allgemein als ein Sieg der Pressefreiheit über staatliche Willkür gefeiert und ist seitdem Pflichtstoff bei der Ausbildung an Journalistenschulen.

Denn das grundsätzliche Misstrauen der vierten Gewalt gegen den Leviathan Staat, hier in Gestalt einer Behörde wie des Bundeskriminalamtes, der Festung auf dem Geisberg, saß und sitzt tief. Was viele der Nachgeborenen dort empört, denn sie fühlen sich ohne Unterschied unter den Generalverdacht gestellt, im Zweifelsfall zu denken und zu handeln wie die Generation vor ihnen. Bei meinen Ermittlungen habe ich keinen getroffen, der eine solche Verdächtigung verdient hätte. Allerdings nach wie vor eine geradezu pathologische Scheu vor der öffentlichen Meinung, die man am liebsten nur dann einsetzen würde zugunsten des BKA, sobald es in den üblichen Berichten Erfolge zu vermelden gibt oder wenn sich der Präsident in einem sorgfältig abgestimmten und sorgfältig redigierten und sorgfältig von politischen Anstößen befreiten Interview zu diesen oder jenen Gefahrenlagen äußert. Entsprechend langweilig liest es sich dann auch.

Oberstes Gebot für alle im Amt ist die peinlich genaue Einhaltung der Regeln unseres Rechtsstaates, auch wenn dadurch mancher Verbrecher einer gerechten Strafe entgeht. Nicht nur von der CIA, auch vom FBI ist das Bundeskriminalamt trotz der im Gesetz festgeschriebenen zusätzlichen Kompetenzen weit entfernt. Das Federal Bureau of Investigation, ein Bundesamt für Ermittlungen aller Art, direkt dem US-Justizministerium unterstellt, wird in den Vereinigten Staaten automatisch eingeschaltet bei Verdacht von Spionage, bei Landesverrat – was hierzulande die Aufgabe des Verfassungsschutzes ist – und nicht nur eingesetzt bei Entführungen, Morden, Geiselnahmen oder dem Verdacht auf Bildung einer terroristischen Vereinigung zur Vorbereitung eines Attentats.

Unterschiedlich auch die Methoden bei der Verbrechensbekämpfung. Beim FBI wird Profiling von einzelnen Beamten betrieben, in Deutschland arbeiten die operativen Fallanalytiker im Team. In den USA darf das FBI zentral eine *Most Wanted List* der meistgesuchten Verbrecher veröffentlichen. Auf der stehen Schwerstkriminelle ebenso wie Terroristen. In Deutschland gibt es auf der Homepage des Bundeskriminalamtes zwar auch eine Top-Liste, aber die wird nach Anfragen verschiedener Landeskriminalämter gewichtet, und so kann es durchaus sein, dass ein nur durchschnittlich begabter Bankräuber ganz oben auf der Gesuchtenliste steht. Grundsätzlich ist Polizei in der Bundesrepublik Ländersache. Und deshalb ist das Bundeskriminalamt trotz all seiner Kompetenzen keine zentrale Polizeibehörde wie das FBI.

Grundsätzlich aber sind Wachsamkeit und gesundes Misstrauen gegenüber staatlichen Organen die Grundvoraussetzung des anderen ermittelnden Berufsstandes. Desjenigen der Journalisten.

Was den staatlich sanktionierten Eingriff in Bürgerrechte betrifft, verhalten sich die Aktivitäten von CIA und FBI, erweitert nach den Anschlägen vom 11. September 2001 in den USA, zu denen des BKA eher wie Äpfel zu Birnen. Beide gehören zwar zur Gattung Obst, beide können von Fall zu Fall faul sein und deshalb ungenießbar, aber was sie essenziell voneinander unterscheidet, ist die geltende Rechtslage der Nation. In den USA dominieren, und dies nahezu ohne Rücksicht auf die laut Verfassung garantierten Bürgerrechte inklusive willkürlicher Verhaftungen, die Kompetenzen des Heimatschutzministeriums. Bereits eine Telekommunikationsüberwachung, wie das Abhören eines Verdächtigen per Lauschangriff politisch verniedlichend genannt wird, unterliegt in Deutschland einer juristischen Kontrollinstanz. Ohne richterliche Genehmigung geht hierzulande zumindest offiziell gar nichts. Falls sich ein Beamter nicht daran hält in der Hoffnung, der Erfolg gebe ihm notfalls recht, muss er mit disziplinarrechtlichen Konsequenzen rechnen.

Seit 2004 arbeitet in Berlin zwar ein sogenanntes Terrorismusabwehrzentrum (GTAZ), was dem von Kritikern befürchteten Moloch zwar substanziell nahe kommt, aber aufgrund der tatsächlichen Bedrohung durch islamistischen Terrorismus, belegbar durch Anschläge in New York, in Madrid, in London, eine dringend notwendige Abwehrmaßnahme war, um Ähnliches in Deutschland zu verhindern. Im GTAZ tauschen die Experten vom Bundeskriminalamt, vom Bundesnachrichtendienst, vom Bundesamt für Verfassungsschutz, von den Landeskriminalämtern, der Bundespolizei, der Zollfahndung, dem Militärischer Abschirmdienst und der Generalbundesanwaltschaft ihre jeweils in Eigenregie ermittelten Daten aus. Sie alle haben ihre speziellen Erkenntnisse aus ihren Rechnern gefiltert. Was die ausgespuckt haben, wird koordiniert zur gemeinsamen Prävention.

Das Programm, mit dem dagegen der zentrale Rechner des

BKA gefüttert wird, INPOL, ist die Abkürzung für ein bundesweites Informationssystem der Polizei, das blitzschnell die Verbindung herstellen kann zwischen gespeicherten Daten im Bundeskriminalamt und denen in den Kriminalämtern der sechzehn deutschen Bundesländer, dort POLIS genannt. Dank INPOL vermögen sowohl die Besatzung einer Funkstreife im sächsischen Freiberg als auch der Passbeamte am Flughafen in München im Falle eines in ihnen aufsteigenden Verdachts beim Überprüfen bestimmter Personen eine Anfrage elektronisch auf die Reise zu schicken und werden unmittelbar erfahren, ob sie sich getäuscht haben oder ob sie richtiglagen mit ihrem Instinkt. Und entsprechend handeln.

INPOL ist für die Firma BKA das, was bei anderen Firmen deren substanziellen Marktwert ausmachen würde, beruhend auf einer exklusiven Geschäftsidee, die außer ihr niemand hat. Im Management-Deutsch würde man das USP nennen, eine *Unique Selling Proposition*. Das Bundeskriminalamt jedoch ist eine Behörde mit einem im Haushalt des Bundesinnenministeriums verzeichneten Jahresetat von 390 Millionen Euro, weshalb Umsatz und Rendite irrelevant sind. Allerdings will, wie bei kommerziellen Firmen auch, bei diesem Unternehmen der Vorsitzende des Aufsichtsrates, hier in Person des Bundesinnenministers, entsprechende Ergebnisse sehen. Im Kampf der Guten gegen die Bösen ist INPOL eine wirksam einzusetzende Waffe.

Als das System während Horst Herolds BKA-Präsidentschaft 1972 eingeführt wurde, war bereits heftig umstritten, wie weit es dem Staat erlaubt sein dürfe auf der Jagd nach Tätern, bundesweit und flächendeckend persönliche Daten zu ermitteln und dabei mitunter auch unschuldige Bürger in ihren durch die Verfassung garantierten Persönlichkeitsrechten zu verletzen. Dennoch ließ Herold sammeln, allerdings ahnend, dass sich seine Gegner ebenfalls sammelten. Bei der Aufrüstung der informationstechnischen Verbindung zwischen Bund (BKA) und Ländern (LKA) mehr als zwanzig Jahre später, jetzt genannt »INPOL neu«, spielten weder Gute noch Böse eine Rolle, sondern nur Unfähige und

Frustrierte. Die Programmierung des Projekts, die 1998 begann, scheiterte an der Unfähigkeit derer, die es auf den neuesten technischen Stand bringen sollten, und erzeugte Frust bei denen, die es für ihre Arbeit brauchten. Weil »INPOL neu« immer und immer wieder innerhalb weniger Minuten zusammenbrach, mussten »Installateure« und Benutzer zusätzlich noch mit veröffentlichter Häme leben. Kurz vor dem schon geplanten und damit endgültig peinlichen Abschalten durch den damaligen Bundesinnenminister Otto Schily, zu dessen zehn größten Tugenden Geduld nicht zählt, gelang es doch noch, »INPOL neu« zu installieren. Seit 2003 funktioniert es. Mehrkosten durch die Verzögerung bis dahin: fünfzig Millionen Euro.

Ein im Vergleich zu den Vorteilen, die INPOL immer schon bot und erst recht jetzt bietet, lächerlicher Betrag. Denn hier sind sie versammelt und gesammelt, alle aktenkundig gewordenen Täter und Taten, und können per Doppelklick auf einem Bildschirm sichtbar gemacht werden. Und deshalb siegt eben manchmal dann doch, mittels modernster Technik, das Gute gegen das Böse, nein, kühler: erzielen die Jäger des Bösen einen Etappenerfolg. Die Zeiten davor muten im Rückblick prähistorisch an, doch der Eindruck täuscht. Die Kriminellen von damals waren im Vergleich zu denen von heute zwar so etwas wie die Neandertaler des Verbrechens, aber nicht weniger gefährlich. Das Amt hat sich im Laufe der Jahrzehnte zu einer der modernsten Polizeibehörden der Welt entwickelt, manche meinen, zur besten weltweit, um der Aufrüstung der anderen Seite stets einen von Fall zu Fall entscheidenden Schritt voraus zu sein.

Danach sah es anfangs nicht aus. Schon allein der Standort roch nach provinziellem Mief. Warum hat es das Bundeskriminalamt ausgerechnet in die hessische Landeshauptstadt Wiesbaden verschlagen, dieses beschauliche Kurbad mit Thermal- und Mineralquellen, idyllisch gelegen am Rhein, deshalb bei Rentnern beliebt, aber nicht unbedingt erste Wahl für die Zentrale einer deutschen Polizeibehörde? Zwar war der Rhein-Main-Flughafen nicht weit entfernt, und damit auch die dort anlandenden amerikanischen Freunde vom CIA und vom FBI, zwar bot sich das brachliegende Gelände auf dem einstigen Galgenberg für den Neubau einer fünfstöckigen Festung an. Aber dass der für Organisation und Konzeption zuständige BKA-Vize Paul Dickopf, später wie bereits erwähnt auch mal Präsident des Amtes, für Wiesbaden statt zum Beispiel für Karlsruhe plädiert hatte, mag andere Gründe gehabt haben. Nahm er sich Konrad Adenauer zum Vorbild? Der hatte 1949 die Residenzstadt Bonn gegen die Metropole Frankfurt als Regierungssitz durchgesetzt – angeblich flossen bei der entscheidenden Abstimmung zwei Millionen Mark Bestechungsgeld für rund hundert Abgeordnete aller Fraktionen –, weil er von seinem Wohnort Rhöndorf bis zum Amt nur die Fähre über den Rhein benutzen musste. Von Dickopfs Heimat Hattert, gelegen im Westerwald, sind es nur neunzig Kilometer bis Wiesbaden. Ein solcher Zusammenhang ist jedoch nicht beweisbar. Also darf ich die Indizien bei meinen Ermittlungen in Sachen Bundeskriminalamt nicht benutzen.

Paul Dickopf, der sich unverschämterweise eine Biografie als Widerständler gegen das Hitler-Regime zugelegt hatte, dem angeblich im Dritten Reich kurz vor der drohenden Verhaftung durch die Gestapo die Flucht in die Schweiz gelungen war – was so nicht stimmte und nach dem Krieg nie hinterfragt wurde –, war zwar ein in der Wolle gefärbter Nazi gewesen. Er gehörte im Dritten Reich zum Führungskader einer Schule, in der die polizeiliche Nazi-Elite ausgebildet worden war. Nach dem Zusammenbruch 1945 teilte er sein Insiderwissen mit dem amerikanischen Geheimdienst OSS, der sich im bald beginnenden Kalten Krieg der einst braunen Volksgenossen bediente, um mit denen gemeinsam den eigentlichen Feind in Moskau, den real existierenden Kommunismus, zu bekämpfen.

Beispielhaft für diese unmoralische Kehrtwende ist der ehemalige Leiter der Abteilung Fremde Heere Ost, General Reinhold Gehlen, auch ein treuer Diener seines Führers, der mithilfe der CIA im demokratischen Deutschland unbelästigt durch Fragen nach seiner Vergangenheit wieder Karriere machen konnte, später als erster Chef des Bundesnachrichtendienstes ehemaligen Wehrmachtsoffizieren seiner Couleur eine neue Heimstatt bot. Er kannte sie eh alle von früher und wusste: Auf die konnte er sich schon deshalb verlassen, weil die wiederum wussten, dass er Dossiers über ihre Vergangenheit besaß und die im Zweifelsfall benutzen würde.

Alte Kameraden scharte Dickopf schon um sich, lange bevor er 1965 Präsident des BKA wurde, aber um die zu finden musste er nicht weit fahren. Viele waren vor Ort, die Mehrzahl sogar in leitenden Positionen. In der braunen Frühgeschichte des BKA hatten sie, einander treu verschworen über den Tod dessen hinaus, dem sie einst Treue geschworen hatten, ohne Probleme auf dem Geisberg eine neue Heimat gefunden. Ihre gemeinsame frühere war das Reichssicherheitshauptamt. Diese dunkle Seite des Bundeskriminalamtes ist jener Teil seiner Geschichte, den es lange verdrängt hatte. Jörg Ziercke auf einer Veranstaltung seiner Behörde, in der sie sich ihrer braunen Vergangenheit stellte: »Nach bisherigen Erkenntnissen waren Ende der Fünfzigerjahre im Bundeskriminalamt fast alle leitenden Positionen mit ehemaligen Nationalsozialisten besetzt, von 47 Führungsbeamten 33 ehemalige SS-Führer, darunter 2 Sturmbann- und 20 Hauptsturmführer.« Er bedauerte, welche wichtige Rolle diese ehemaligen Angehörigen des Verbrechersystems gespielt haben bis zu ihrem »Ausscheiden aus dem BKA Mitte der Siebzigerjahre«.

Ausgebildet worden waren sie wie ihr Chef Paul Dickopf in der Führer-Schule in Berlin-Charlottenburg. Eingedenk vergangener, von ihnen als glorreich empfundener Zeiten nannten sich die alten Kameraden »Charlottenburger«. Der Kriminologe Armand Mergen schreibt in seinem Buch »Die BKA Story«, in den Anfangszeiten des Amtes seien fast alle Beamten Parteimitglieder gewesen – ihre einstige Partei hieß NSDAP –, woraus sich für ihn ergibt, dass sie entweder »gute und erfahrene Kriminalisten oder überzeugte Nazis und SS-Männer« gewesen waren. Beides zusammen kam so gut wie nie vor, was logisch ist, denn wer einst konsequent und ideologiefrei ermitteln wollte gegen Mörder, wäre im Zuge von Ermittlungen zwangsläufig auf Mörder gestoßen, die Uniform trugen, braune Uniformen, und unter den herrschenden Schreibtischtätern in Amt und Würden waren. Die Polizei im Dritten Reich war eine das Unrecht tragende Stütze des Systems, deren Verbände systematisch beteiligt waren an Völkermord und Vernichtungskrieg, sie hat sich schuldig gemacht. Was sie taten, hielten sie für ihre Pflicht.

Und die erfüllten sie, sobald sich wieder die Gelegenheit ergab und sie durch den ihre Untaten deckenden, faktisch einer Amnestie gleichenden Beschluss des Deutschen Bundestages 1951 wieder verbeamtet wurden. Nach dem entsprechenden Artikel 131 im Grundgesetz wurden Mitläufer, die bei der Entnazifizierung nicht aufgefallen waren, unter denen sich nichtsdestotrotz viele Mörder und Verbrecher befanden, »131er« genannt. Rund siebenhundertfünfzigtausend von ihnen gelangten wieder in den Staatsdienst. Ein Beamter, der bis 1944 Chef der Gestapo in Minsk war, schaffte es, ausgestattet mit einem Empfehlungsschreiben vom Referenten des damaligen BKA-Präsidenten Hanns Jess, Karriere als Leiter des Landeskriminalamtes im benachbarten Rheinland-Pfalz zu machen. Zuständig war er dabei auch für die Fahndung nach Verbrechern des NS-Regimes. 1958 flog Georg Heuser endlich auf, wurde verhaftet und 1963 wegen Beihilfe zum Mord in 11 103 Fällen zu fünfzehn Jahren Zuchthaus verurteilt. Bereits sechs Jahre später stellte er einen Antrag auf Erlass der Reststrafe, was vom Leiter der Anstalt, in der er saß, unterstützt wurde, weil der Ex-Kollege Heuser »kein Krimineller im üblichen Sinne« sei. So geschah es.

Die polizeilichen Seilschaften aus dem Dritten Reich hielten auch nach der Befreiung 1945 zusammen und halfen sich gegenseitig, ohne dafür im Nachkriegsdeutschland ihre Gesinnung ändern zu müssen. Beispielhaft im Bundeskriminalamt. Nicht verwunderlich, denn ihr Verhalten, weiß der heutige Chef Jörg Ziercke, sei nicht einzigartig gewesen, sondern repräsentativ für den »Umgang westdeutscher Funktionseliten mit der NS-Vergangenheit«. Als er das sagte, kannte er noch nicht die Ergebnisse, die eine von Joschka Fischer berufene Kommission von Historikern über eine Organisation mittlerweile herausgegeben hat, genannt Auswärtiges Amt, wo sich ebenfalls ungestört und schamlos die bürgerlich-adeligen Nazi-Eliten auch nach der Befreiung, nach Ende der Hitler-Diktatur im neuen Deutschland über viele Jahrzehnte hinweg breitgemacht hatten. Der ehemalige BKA-Kommissar Dieter Schenk, ein unerschrockener Demokrat, äußerte über die Behörde, in der er lange arbeitete: »Es war eine Versorgungsanstalt für alte Nazis und Verbrecher.«

Dass anfangs im Bundeskriminalamt so viele Nazis tätig waren, passte in die politische Landschaft des aufsteigenden Wirtschaftswunderlands. In der Justiz, in der Verwaltung, an den Universitäten war es nicht anders. Woher sollten so viele Unbelastete, die man gebraucht hätte für den Neubeginn, auch kommen? Schon deshalb dauerte es zehn, fünfzehn Jahre, nachhaltig befördert durch die »Spiegel«-Affäre 1961, als die Staatsmacht ein letztes Mal versuchte, kritische Geister mundtot zu machen, bis ausgerechnet in der Folge einer Nacht-und-Nebel-Aktion aus der Adenauer'schen Demokratur eine wehrhafte Demokratie erwuchs. Als Herold sein Amt antrat, waren die von der Banalität des Bösen geprägten alten Seilschaften aber kein Problem mehr. Der einst in der Diktatur gewachsene Männerbund hatte sich entweder zur Ruhe gesetzt oder seine letzte bereits gefunden.

Heute ist das Bundeskriminalamt frei von Ideologie, nicht apolitisch, aber frei von Parteipolitik. Die Beamten empfinden sich als Mitbürger, als Mitglieder einer gefestigten, einer streitbaren Demokratie. Mit einer speziellen Aufgabe betraut, nämlich dem Schutz der demokratischen Ordnung. Die Firma hat einen Auftrag zu erfüllen, sie muss Ergebnisse liefern. So einfach ist das – und so schwer.

Bekanntlich ist jeder Mensch, egal ob gut oder böse, Träger einer einzigartigen Desoxyribonukleinsäure, abgekürzt DNS, inzwischen im allgemeinen Sprachgebrauch bezeichnet mit der aus der englischen Bezeichnung *Deoxyribonucleic Acid* abgeleiteten Abkürzung DNA. Früher musste jede einzelne DNA-Analyse von einem Richter genehmigt werden, doch die gesetzlichen Bestimmungen wurden geändert. Verboten ist nach wie vor, spezielle genetische Veranlagungen von Personen zu ermitteln, verboten ist, bei Ermittlungen Informationen über die ethnische Abstammung eines möglichen Täters zu verwenden. Aber wenn die Wissenschaftler eine Übereinstimmung mit der von Verdächtigen am Tatort hinterlassenen Spur zweifelsfrei belegen können, darf dies vor Gericht als Beweis eingebracht werden. Das ist zwar in der alltäglichen Praxis nicht so atemberaubend wie die Arbeit der Detektive in der britischen BBC-Serie *Waking the Dead* oder gar wie die Ermittlungen ihrer amerikanischen Kollegen aus den spannenden Krimis *CSI Miami* oder *Navy CSI*.

Manchmal jedoch helfen selbst die besten wissenschaftlich abgesicherten Ergebnisse nicht, weil der Faktor Mensch übersehen wird. Jahrelang zum Beispiel wurde unter allgemeiner gespannter Anteilnahme der Öffentlichkeit eine Serienmörderin gejagt, die offenbar in ganz Europa zwischen 1993 und 2009, also sechzehn Jahre lang, raubend und mordend unterwegs war. Zuletzt wurde sie verdächtigt, 2007 in Heilbronn eine zweiundzwanzigjährige Polizistin erschossen zu haben. Monatelang verfolgten mehr als zweihundert Beamte in mühsamer Kleinarbeit dreitausendsiebenhundert Hinweise, die sich aufgrund der an den jeweiligen Tatorten gefundenen DNA-Spuren ergeben hatten. Immer wieder wiesen die auf eine UBW hin, was mal wieder eine Abkürzung ist, diesmal die für eine »unbekannte weibliche Person«. Die manchmal mikroskopisch kleinen Hautabriebsreste ergaben nach Untersuchungen mit speziellen Wattestäbchen Treffer um Treffer.

Bis eines Tages Kommissar Zufall den Fall löste: Im Zuge einer Ermittlung sollte die Identität einer verbrannten männlichen Leiche geklärt werden. Wie sich herausstellte, handelte es sich um einen bereits 2002 verschwundenen Mann. Die bei den Untersuchungen im Labor gefundene DNA-Spur der Leiche aber stimmte überein mit der beim Mord von Heilbronn 2007 hinterlassenen Spur der gesuchten UBW. Alle genetischen Fingerabdrücke hatten bis dahin eindeutig auf eine bestimmte, wenn auch unbekannte Frau hingewiesen, auf jenes europaweit gejagte Phantom. Sie war jedoch keine Serientäterin, sondern als Packerin in einer Firma beschäftigt, die genau die für die DNA-Analyse eingesetzten Wattestäbchen produzierte. Es waren ihre Hautabriebsreste, die dann von den Ermittlern an den verschiedenen Tatorten gefunden wurden, weil sie mit denen immer wieder beim Verpacken die Wattestäbchen kontaminiert hatte. Eine Pointe, die jedem Drehbuchautor eines Krimis von seinem Regisseur gestrichen worden wäre.

Aber auch das, was im November 2011 ermittelt wurde, hätte sich kein Krimischreiber besser ausdenken können und auch das wäre als unwahrscheinliche Hypothese zu den Akten gelegt worden. In Zwickau war ein Hausteil in die Luft geflogen, in einem ausgebrannten Wohnwagen in Eisenach fand die Polizei etwa zur gleichen Zeit die Leichen zweier Männer. Sie gehörten zu einer Neonazi-Terrorbande, verantwortlich für eine Mordserie an türkischen und griechischen Mitbürgern in den vergangenen dreizehn Jahren. Und bei der Untersuchung des Zwickauer Unterschlupfs entdeckten die Ermittler die Dienstwaffe der damals in Heilbronn erschossenen Polizistin. Bald stellte sich heraus, dass die Nazi-Killer, die ihre Taten auf DVDs dokumentiert hatten, auch verantwortlich waren für den Mord auf dem Parkplatz in Heilbronn. Die Dritte des mörderischen Trios stellte sich der Polizei, schwieg aber.

Profis von der Abteilung Staatsschutz des Bundeskriminalamts übernahmen im Auftrag des gerade ernannten Generalbundesanwalts Harald Range die Ermittlungen. Bald stellte sich heraus, dass es ein Netzwerk von Unterstützern der Nazi-Killer gegeben hatte, mehrere Verdächtige wurden verhaftet, die Titelzeile des »Spiegel« erwies sich als schrecklich wahr: »Die Braune Armee Fraktion«.

Für den ursprünglichen DNA-Gau und die Suche nach jener unbekannten weiblichen Person kann zwar das Bundeskriminalamt nicht verantwortlich gemacht werden – aber auch da zeigte der Schock nach den Veröffentlichungen über Pannen von Polizei und Verfassungsschutz Wirkung. Nach den so genannten

»Döner-Morden« (was allein sprachlich einer Verunglimpfung der Opfer gleichkommt) wurde stets nach möglichen Verbindungen in Milieu der Organisierten Kriminalität gesucht, nie aber im Milieu der rechtsextremen Szene ermittelt, Nach dem öffentlich gewordenen Versagen der bisher eingesetzten Ermittler verkündete BKA-Chef Jörg Ziercke, man werde in Zukunft härter gegen rechtsextreme Gewalt vorgehen und die Innenminister als auch Justizminister des Bundes und der Länder beschlossen die Errichtung eines Gefahrenabwehrzentrums gegen Rechts mit einer Verbunddatei, in der alle Namen auffällig gewordener gewalttätiger Rechtsextremer gespeichert werden sollten.

Doch auch nach der späten und eher zufälligen Aufklärung des Mordes von Heilbronn bleibt am Beispiel jener peinlichen Suche nach der unbekannten Serienmörderin die Frage: Wie viele der von den mittlerweile 820 194 in den Rechnern gespeicherten Erbinformationen – 658 525 Personendatensätze sowie 161 669 Tatortspuren – könnten auch auf einem bislang unbekannten, noch nicht entdeckten *human factor* beruhen, könnten auf ähnliche Weise entstanden sein wie jene Spuren, die auf ein Phantom hingewiesen haben? Monat für Monat kommen schließlich rund zehntausend neue Datensätze dazu. Die genial einfache Lösung, in einer gesonderten Datenbank die DNA-Profile aller bei zuliefernden Biotech-Firmen beschäftigten Mitarbeiter zu speichern, um einen Fall wie Heilbronn zu vermeiden, klingt zwar gut. Ist aber nicht machbar. Es gibt mehr als hundertdreißig solcher spezieller Firmen, verstreut in ganz Europa, und es gibt Datenschutzgesetze, die einen solchen Massentest ausschließen.

Was dagegen leichter machbar wäre – in Österreich mit einer Police Elimination Database (PED) teilweise in die Tat umgesetzt –, ist die Aufnahme der DNA-Profile aller bei Ermittlungen eingesetzter Exekutivbeamter, um Kontaminationen auszuschließen. Längst eine Selbstverständlichkeit, sagt mir ein Staatsschützer aus Meckenheim, machen wir schon lange. Und erinnert sich süffisant lächelnd an ein Erlebnis, das er in Österreich hatte, als bei einer gemeinsamen Tatortspurensuche die Kollegen dort fröhlich rauchten und dabei entsprechende Spuren hinterließen, die mit denen des Täters nichts zu tun hatten. Beschlossen wurde die PED im Nachbarland, nachdem eine Untersuchung von etwa fünfundzwanzigtausend Spuren eine sogenannte Kontaminationsrate von knapp 0,5 Prozent ergeben hatte. Was im Klartext bedeutet, dass etwa hundertfünfundzwanzig der bei der Analyse biologischer Spuren gesammelten Daten nicht von möglichen Tätern stammten, sondern von denen, die sie jagten.

Modernste Methoden haben dazu geführt, dass in Deutschland über dreißig Prozent von einst ergebnislos in verstaubten Akten abgelegten Fällen erfolgreich wieder aufgerollt, die Toten erweckt und ihre Mörder verhaftet wurden. Sei es der Sexualmord an einer sechzehnjährigen Frankfurterin, wo dank DNA fünfundzwanzig Jahre nach der Tat 2006 der Täter gefunden wurde, sei es die Festnahme eines Mörders 2003, der 1988, also ein Jahr vor dem deutschen Umbruch 1989, in der damals real noch existierenden DDR in Brandenburg eine dreizehnjährige Schülerin umgebracht hatte.

Zum Vergleich (in diesem Fall dürfen BKA und FBI verglichen werden): In der zentralen Datei des Federal Bureau of Investigation sind die Fingerabdrücke von mehr als dreiundvierzig Millionen Amerikanern gespeichert. Alle Polizeireviere in den USA haben die technischen Möglichkeiten eines Zugriffs, ebenso die meisten Streifenwagen draußen im Land. Auch in Deutschland sind viele Polizeifahrzeuge mit einem Fast-ID-Scanner ausgerüstet. Falls es mithilfe eines mobilen Einzelfingerscanners bei der Überprüfung einen Treffer gibt, dauert es höchstens fünf Minuten, bis die Handschellen klicken, und falls sich bei AFIS nichts finden lässt, wissen die draußen vor Ort das auch nach zwei, manchmal nach einer Minute. Wenn Fingerabdrücke von Verdächtigen übereinstimmen mit den just an einem Tatort sichergestellten, ist ein Haftbefehl sowieso nur noch Formsache. Kein Richter zweifelt an solchen Beweisen.

Selbst solche Fingerabdrücke können aber lügen. In England hätte 1998 ein falsch zugeordneter Fingerabdruck eine junge

Polizistin fast in den Selbstmord getrieben. Niemand wollte ihr glauben, dass sie den Tatort eines Verbrechens, bei dem eine alte Frau bestialisch ermordet worden war, nie betreten hatte, obwohl dort eindeutig ihre Fingerabdrücke gefunden worden waren. Das hatte die Nachfrage in der bei Scotland Yard angelegten Datei ergeben. Zwar gelang es dann doch einer Task Force von Kollegen, die ihr glaubten, den wahren Täter zu überführen – und der wurde dann auch wegen Mordes verurteilt –, aber die Karriere der Polizistin war beendet. Ihre Vorgesetzten hielten sie nicht mehr für eine Mörderin, aber für eine Lügnerin, die vor Gericht einen Meineid geleistet hatte, weil sie beschwor, die Wohnung der Toten, in der ihr Abdruck gefunden worden war, nie betreten zu haben. Sie wandte sich an einen in England bekannten Forensiker. Der brauchte nicht lange für den Beweis, dass der am Tatort entdeckte vermeintliche Abdruck ihres rechten kleinen Fingers gar nicht von ihr stammte, sondern dieser vielmehr mit dem ihres linken Daumens aus der Personalakte verglichen worden war.

Für jedes Verbrechen gibt es nicht nur ein passendes Gesetz. Es muss im Bundeskriminalamt zunächst einmal definiert werden, um welche Art von Verbrechen es sich in einem Fall handelt. So unterschiedlich wie die Verbrechen sind auch die unterschiedlichen Ausbildungen der Beamten, und es wäre eine Vergeudung von besonderen Fähigkeiten, wenn beispielsweise die auf Internetkriminalität spezialisierte Expertin bei Bedarf als Personenschützerin eines mit Freunden durch die Welt fliegenden deutschen Außenministers eingesetzt werden würde.

Den legendären langen Arm des Bundeskriminalamtes haben Staatsfeinde bereits in den Siebzigerjahren des vergangenen Jahrhunderts zu fürchten gelernt, in jener bleiernen deutschen Zeit, als die Terroristen der Rote Armee Fraktion mordend durchs Land zogen und davon überzeugt waren, dass der Staat, der sie im Namen des Gesetzes jagen ließ, sich als das entlarven würde, was sie ihm unterstellten – als faschistisch. Woraufhin dann, so ihr Wahnglaube, das Volk sich erheben und die Revolution ausrufen würde.

Der damalige Chef des Bundeskriminalamtes, Horst Herold, aber hatte sich nicht nur verlassen auf einen langen Arm, was für die besonderen Fähigkeiten seiner zugreifenden Beamten stehen soll, sondern alle technischen Möglichkeiten ausgeschöpft und den Bundeskriminalisten das in diesen Zeiten modernste Werkzeug an die Hand gegeben, um den sich als revolutionär links gerierenden Desperados das blutige Handwerk zu legen. Das schaffte der Intellektuelle an der Spitze des Amtes dadurch, dass er alle erreichbaren Informationen und Tatortspuren durch Rechner jagen ließ, um für die Fahndung relevante Daten über Täter und deren Verhalten zu bekommen. Danach konnte man basierend auf Zahlen und Querverbindungen und Auffälligkeiten die Ermittlungen steuern und tatsächlich manchmal vor den Tätern am Tatort sein.

Das alles habe ich mir angelesen, bevor ich mich auf die Reise machte von Wiesbaden an den Ort, in dem Horst Herold lebt. Ich verlasse die Festung und fahre in die seine.

Aber ich werde wiederkommen.

KAPITEL 2

Der Mann, den die RAF hasste

Am Bahnhof der oberbayerischen Stadt, die mit aquarellfarbenen Häuserfassaden Lust auf Italien macht, wartet auf mich ein alter Mann. Er ist siebenundachtzig. Ein langes Leben hat Spuren hinterlassen, weshalb er ein wenig gebeugt dasteht, doch das ist ja nicht ungewöhnlich bei Männern seines Alters. Was man Horst Herold nicht ansieht, sind die seelischen Folgen der Nackenschläge, die ihn gebeutelt haben. Sie taten weh, und manche tun immer noch weh, das schon. Aber er hat sich nie gebeugt und von ihnen auch dann nicht verbiegen lasen, wenn er selbst seine einzige Stütze war.

In einem Gespräch mit dem linksliberalen Publizisten und Rechtsanwalt Sebastian Cobler, dessen veröffentlichte Meinung der linksliberale Jurist und Polizist Horst Herold kannte und schätzte, jedoch nicht teilte, gab er sogar mal zu, dass er sich am wohlsten fühle, wenn er alleine sei. Das war er damals natürlich nie, denn selbst innerhalb der Festung BKA hielten auf dem Flur vor seinem Zimmer stets ein paar starke Männer Wache. Sobald er das Amt verließ, ließen sie ihn Tag und Nacht erst recht nicht aus den Augen.

Bedingung für ein Interview mit Cobler im Juli 1980 in Herolds Büro im Bundeskriminalamt war die Zusage, dass ihm die zum Druck vorgesehene gekürzte Fassung des mehrstündigen Dialogs zur Genehmigung vorgelegt würde. Das geschah. Horst Herold beugte sich über den Text, las und machte Vorschläge für Änderungen und Kürzungen. Cobler war damit nicht einverstanden und hielt sich deshalb nicht an seine Zusage. Das von Herold nicht autorisierte Interview erschien im Monatsmagazin »Trans-Atlantic«, die Äußerungen des BKA-Präsidenten wurden in der gesamten deutschen Presse zitiert. Herold klagte, weil seine Antworten in einzelne Bestandteile zerlegt und sinnentstellend gedruckt worden waren, und da er in dem Fall recht hatte, bekam er recht. Seine Sätze aber, seine Worte, hingen fortan über ihm.

Unbestritten ist, dass Herold ein Einzelkämpfer war, allerdings einer mit der Begabung, viele für seinen Kampf zu begeistern. Der in Thüringen geborene Franke, ein Mann der Widersprüche, wird sowohl von denen, die zu ihm standen, als auch von denen, die ihn in den Ruhestand zwangen, als stur und sensibel beschrieben, als dynamisch und depressiv, wehleidig und wütend, empfindsam und empfindlich. Es war nie einfach mit ihm, sagen noch heute alle, die ihn persönlich erlebten beim Bundeskriminalamt. Sie erinnern sich an einen leidenschaftlichen Workaholic, der von ihnen aber nur das gefordert habe, was er sich selbst abverlangte. Die Freuden der Pflicht trieben ihn bis zur Erschöpfung, aber er war ihnen verfallen. Darum fehlten sie ihm so, als er von ihnen entbunden wurde.

Als ich den damals schon pensionierten Chef des Bundeskriminalamtes zum ersten Mal traf, wurde er nach wie vor von Personenschützern bewacht. Die hätten nie zugelassen, dass ich ihn an seinem Wohnsitz oder gar in seinem Haus aufsuchen würde, denn Herold galt auch mehr als zehn Jahre nach seinem Rücktritt als gefährdet. Sein Aufenthaltsort wurde geheim gehalten. Während seiner Amtszeit war er ein Fall für Gefahrenstufe eins und stets umgeben von sechs BKA-Beamten der Sicherungsgruppe. An jenem Vormittag in München, an dem wir damals verabredet waren, waren es nur noch drei, die seine Umgebung nie aus den Augen ließen. Sie überprüften die Lobby des Hotels, und sie wirkten dabei harmlos wie Gäste auf der Suche nach einem bekannten Gesicht. Zufrieden mit dem, was sie sahen, gingen sie nach draußen zu einer schwarzen Limousine, öffneten die hintere Tür und begleiteten danach ihren ehemaligen Chef zu dem Tisch, an dem ich bereits saß. Anschließend nahmen sie

Platz an einem anderen, von wo aus sie freies Blickfeld in Richtung Eingang hatten.

Seit März 1981 ist Horst Herold nicht mehr im Amt, aber noch die folgenden fünfzehn Jahre wurde er rund um die Uhr von Beamten des BKA oder des bayerischen Landeskriminalamtes geschützt. Die Terroristen von der Rote Armee Fraktion hätten ihn nach Überzeugung der Sicherheitsbehörden leidenschaftlich gern umgebracht, denn er symbolisierte wie kein anderer ihre verlorenen Schlachten. Er hatte die Strategie ausgeklügelt, mit der sie letztlich besiegt worden waren. Im geeinten Deutschland wurde Herold zeitweise von zwei unbelasteten ehemaligen Personenschützern Willi Stophs bewacht, bis 1989 Ministerpräsident der DDR, jenes Staates, in den sich einige der einst von Herolds Beamten gejagten Terroristen abgesetzt hatten. Sie glaubten in der zweiten deutschen Diktatur sicher zu sein vor dem gefürchteten langen Arm des BKA. Als die Mauer fiel, dauerte es aber nicht lange, bis sich das Bundeskriminalamt ihrer annahm und ihnen im Westen sichere neue Bleibe bot, ebenfalls hinter einer Mauer – und hinter Gittern.

Von ständigen Begleitern ist Horst Herold inzwischen befreit. Im Alter gehört er nur sich, nicht mehr dem Staat. Seine einstigen Todfeinde sind tot oder haben sich, zu Tode erschöpft, vom vorgeblich revolutionären Kampf losgesagt oder sitzen verurteilt wegen vielfachen Mordes ihre Strafe ab. Herold hat die RAF überlebt. Aber dafür muss er, der sich selbst nicht nur ironisch gemeint als »letzten Gefangenen der RAF« bezeichnet, zeitlebens bezahlen. Er ist zwar tatsächlich ein freier Mann, kann sich frei bewegen, ohne sich zuvor abmelden zu müssen. Die Freiheit hat dennoch ihre Grenzen. Der Bungalow, auf dessen Terrasse wir jetzt an einem Sommernachmittag sitzen, ist seine letzte Burg, umgeben von grauen Mauern, aber dank der nachwachsendes Leben schaffenden Natur sind die nicht mehr sichtbar, sondern verborgen hinter großen Bäumen und blühenden Sträuchern und starken Hecken, und in denen lauern keine Schützen mehr.

Als die Baader-Meinhof-Bande mordend und bombend die

Bundesrepublik erschütterte, mit einer »Serie von Terroranschlägen, deren Intensität, Brutalität alles Vorausgegangene in Schatten stellte«, schützte Herold als Präsident des Bundeskriminalamtes im Namen der Gesetze die Gesellschaft vor ihr. Deren Mitglieder bezeichneten sich als politische Kämpfer, und dementsprechend als politische Gefangene, sobald sie gefasst wurden, aber auf diese krude Logik fielen nur blauäugige Sympathisanten rein. Herold bekämpfte die Terroristen stattdessen als »schlichte Kriminelle«, was sie doppelt traf. Die Triebkraft für »ihren an Radikalität nicht zu übertreffenden Entschluss, in den Untergrund zu gehen, um zu morden, war ihr unbändiger, alles ausfüllender Hass auf das Bestehende«, erkannte er, zudem hätten sie sich in einem wahren Machtrausch befunden, weil sie brutal über Tod oder Leben glaubten entscheiden zu dürfen. Als Motiv verkündeten die selbst ernannten Revolutionäre, das Volk von seinen Unterdrückern befreien zu müssen. Doch das wollte schon deshalb nicht befreit werden, weil es gar nichts von der ihm angeblich widerfahrenen Unterdrückung spürte.

Die Rote Armee Fraktion fürchtete Herolds Taktik. Er war die Spinne im BKA-Netz, in dem sich die Terroristen verfingen, er war der Stratege, der sich in ihre Gedankenwelt versetzte – heute würde man sagen: dem es gelang, einen Trojaner in ihren Köpfen zu installieren und frühzeitig zu erahnen, wo sie beim nächsten Mal wahrscheinlich zuschlagen würden. Herold: »Der Terrorismus selbst sollte die Daten seiner Überwindung liefern.« Genau dafür, für die Sammlung relevanter Daten im Kampf gegen Kriminalität, hatte er das Bundeskriminalamt systematisch ausgebaut, dessen Wirksamkeit erhöht, indem er nicht nur die Manpower stärkte, sondern die Beamten mit allen neuesten Errungenschaften der Technik ausstatten ließ. Ende 1976 konnten die Jäger des BKA Personen aus ihren gesammelten Daten herausfiltern, die »möglicherweise zu erwartende Kapitalverbrechen des folgenden Jahres verüben würden« (Herold). Scheinbar wussten die Beamten mehr über die Terroristen als die über sich selbst. Der kriminalistische Triebtäter im Amt war ihnen überlegen, denn der agierte nicht wie ein Polizist, der naturgemäß erst nach einer Tat mit den Ermittlungen beginnt, sondern verhielt sich wie ein Schachspieler, der die nächsten Züge des Gegners antizipierte, um auf alle Attacken vorbereitet zu sein.

Dafür musste er möglichst alles über sie wissen, ihre Gewohnheiten, ihre Eigenheiten, ihre an Tatorten hinterlassenen Spuren. Je mehr Daten er sammeln ließ, desto größer war die Chance, sie zu fassen. Die Stadtguerilla, wie sich die RAF selbst nannte, wäre auf dem Land aufgefallen, sie brauchte das Dickicht der Städte, und sie brauchte Geld für die Anmietung von Wohnungen, für den Barkauf von Autos, fürs Überleben auf der Flucht. Wie lange die Beute aus einem Banküberfall ausreichte, wann sie wohl wieder eine Bank ausrauben mussten – selbst das erschloss sich aus dem über sie gespeicherten Material.

Herolds Ruf bei denen, für deren Ruf er sorgte, die er mit seiner Leidenschaft ansteckte und antrieb, ist ungebrochen, auch dreißig Jahre nach seinem Abgang. Bevor ich aus der Festung BKA, in der damals auch er sich verschanzt hatte, hierher in die Stadt fuhr, in der er heute lebt, traf ich auf einem der verwinkelten Flure in Wiesbaden einen Kriminaldirektor aus der Abteilung Schwere und Organisierte Kriminalität. Nicht besonders überraschend angesichts des Ortes sprachen wir über Verbrecher und Verbrechen, über Schuld und Strafe und Sühne auch. Plötzlich begann er von Herold zu schwärmen, den er nur vom Hörensagen kennt, über den er aber sagenhaft Gutes gehört hat.

Aus solchen Stoffen werden Legenden gewoben. Herold weist dies von sich, spielt alles herunter, reduziert seine Anmerkungen über die Zeit, der er nicht entronnen ist, heute eher auf die Ebene »Wenn Opa erzählt«. Doch das meint er natürlich nicht so. Jung geblieben im Kopf, kann er wie einst sich aufregen zum Beispiel über die Strafgesetzgebung, weil die »Sozialschädlichkeit bei Gerichtsurteilen im Vergleich zu Eigentumsdelikten« seiner Meinung nach völlig falsch gewichtet wird. Der Gesetzgeber stelle zwar Sachverhalte unter Strafe, die »das ethische Minimum verletzen, aber die Sozialschädlichkeit eines Tuns als Normgrund wird kaum berücksichtigt. Weil das leider weltweit so ist, kommen raffgierige Verursacher einer Finanzkrise, die die Existenz ganzer Staaten bedrohen, ungeschoren davon. Bei uns können Steuerhinterzieher von Millionen Euro durchaus mit einem Deal rechnen, der sie letztlich nur mit einer Nachzahlung, Geldbußen oder im schlimmsten Fall mit einer Bewährungsstrafe belastet.«

Niemand nenne sie Kriminelle, obwohl gerade ihr Handeln nun wirklich unter den Begriff der Sozialschädlichkeit fallen würde. In der Tat: Niemand wird beispielsweise einen Klaus Zumwinkel nach seiner Verurteilung als Kriminellen bezeichnen. Wer dagegen im »Warenhaus einen billigen Kamm klaut und erwischt wird, erhält das Stigma eines kriminellen Diebes«. Die Frage, wann die Interessen der Allgemeinheit mehr verletzt sind – bei einer von Banken initiierten Finanzkrise, bei Steuerbetrügern oder bei Schwarzfahrern und Kaufhausdieben, beantworte sich von selbst.

Der eherne Grundsatz des Strafrechts *Nullum crimen sine lege*, kein Verbrechen ohne Gesetz, bedeutet im Wortsinne, dass es schlicht keine Kriminalität gibt, wenn es entsprechende Paragrafen im Strafrecht nicht gibt. Es passierten aber schwerste Verbrechen, weiß der gebildete Jurist, die zu anderen Zeiten in anderen Systemen als normales Verhalten akzeptiert wurden, also ungestraft blieben. Herold gehört zu der Generation, die staatlich sanktioniertes Morden als Teil des Systems im Dritten Reich erlebt hat, vollzogen von einer willigen Polizei, vollstreckt von einer willfährigen Justiz. Und von der alle nach 1945, insbesondere auch im Bundeskriminalamt, ungeschoren davonkamen. Sein Amt hat Horst Herold auch deshalb stets als moralische Verpflichtung betrachtet, als Dienst an einer freien Gesellschaft. Was bedeutet, dass er sich der bundesdeutschen Verfassung verpflichtet fühlte und nicht seinen jeweiligen Dienstherren. Die waren zwar seine Vorgesetzten, aber er ließ sie bei Gelegenheit gern spüren, was er in Wahrheit von ihnen hielt. Konflikte waren deshalb programmiert. Den Nachfolgern des damaligen Innenministers Hans-Dietrich Genscher, der ihn 1971 zum Chef des Bundeskriminalamtes ernannte, wurde er irgendwann zu mächtig.

Mag stimmen, dass er im Austeilen besser war als im Einstecken. Doch das galt ebenso für seine Kontrahenten. Als das Gerücht aufkam, gesteuert von denen, die ihm etwas anhängen wollten, er habe sich moralisch entrüstet darüber, dass der damalige Bundeskanzler Willy Brandt nachts in ebenjenem Hotel, in dem ich ihn zum ersten Mal getroffen hatte, sich manchmal die Einsamkeit der Macht mit schönen Frauen erträglich gestaltete bis zum Morgen danach, stand er auch noch als Moralapostel da, als Denunziant. Von Brandts Amouren hätten ihm dessen Personenschützer erzählt, die ihm regelmäßig Bericht erstatten mussten, und daraufhin habe er den Präsidenten des Bundesverfassungsschutzes, Günther Nollau, informiert. Herold gab zunächst nichts auf solche Gerüchte. Erst als sich der ehemalige Bundeskanzler in seinen Memoiren darauf bezog, schrieb er an Willy Brandt. Der Preuße in ihm fühlte sich in seiner Ehre verletzt, und für die kämpft er, egal, wie lange der Kampf auch dauern mag. Es vergingen allerdings Jahre, bis er endlich unter dem Datum des 25. Oktober 1990 den Brief in den Händen hielt, den er für sein Seelenheil wollte:

»Lieber Herr Herold,
Sie haben mich wissen lassen, dass Sie sich durch meine Darstellung der Ermittlungen gegen den DDR-Spion Guillaume in meinem Erinnerungsbuch als ehemaliger Chef der Behörde betroffen fühlen, deren Beamte in diese Vorgänge einbezogen wurden. Ich bedaure dies, da ich Sie als einen hochqualifizierten und äußerst korrekten Beamten geschätzt habe, auf dessen Arbeit ich mich als Bundeskanzler stets stützen konnte. Nach Ihrer Darstellung der Ereignisse vom April/Mai 1974 habe ich keinen Anlaß, Zweifel an Ihrem ordnungsgemäßen amtlichen Vorgehen zu haben.
Mit freundlichen Grüßen
Willy Brandt«

Arroganz der Macht warfen ihm vor allem diejenigen Ministeria-
len vor, die sich selbst mit Macht nach oben geboxt hatten und
alle Tricks der Machterhaltung beherrschten. Seine ihm auf Zeit
verliehene Macht, die des obersten deutschen Polizisten, spielte
Herold aus, wenn es darum ging, die für den Kampf gegen das
Verbrechen nötigen Voraussetzungen zu schaffen. Er wollte nicht
mehr Macht für sich, sondern für das Amt, denn nur dann konnte
das BKA die Verbrecher wirksam bekämpfen, seine Aufgabe erfüllen. Seine Behörde sollte – und von der Richtigkeit dieser Strategie ist er bis heute unbeirrt überzeugt – eine »perfekte Einheit
sein, die sich zentral konzentriert auf das Sammeln von Informationen, die dann, wie es sich im Föderalismus geziemt, von den
einzelnen Landeskriminalämtern abgerufen werden können. Sie
braucht aber in bestimmten Fällen eine Spezialeinheit für eigene
Ermittlungen und für die Gefahrenabwehr.«

Die vor ihm Präsidenten des Bundeskriminalamtes waren, das
er von 1971 bis 1981 leitete, sind längst vergessen. Die nach ihm
kamen, ehrenwerte Männer, zeichnete bei aller Professionalität
nicht das aus, was Horst Herold bei allen normal menschlichen
und deshalb auch ihm eigenen Schwächen hervorhob: die Begabung eines unheilbaren Denkers, sich vorzuwagen auf noch unbekanntes Gelände. Sein eigentliches Ziel war es, so wahnsinnig
das klingen mag, vor den Tätern an einem Tatort zu sein, und im
Idealfall sogar vor Ort so präsent, dass sie gar nicht erst auf die
Idee kamen, ihre Tat zu begehen. Er war aber dennoch nicht der
Technokrat, als den ihn seine Gegner attackierten, er schätzte die
Technik als besten Freund und Helfer der Polizei. Denn der gebildete Historiker, der zum Zeitzeugen wurde durch seine Arbeit,
wusste früh, dass er in der Kriminaltechnik ein tool, ein Handwerkszeug besaß, für das es bisher in der Kriminalgeschichte keine
entsprechenden Vergleiche gab, weil man mit Hilfe der Technik
und der Kriminalwissenschaft die These aufstellen kann – und
die auch oft beweisen – dass im Prinzip sämtliche Spuren bei
einem Tatort zur Erkenntnis und damit letztlich zur Ergreifung
des Täters beitragen. Die Festnahme der beiden meistgesuchten

RAF-Terroristen Brigitte Mohnhaupt und Christian Klar ein Jahr nach Herolds Rücktritt jedoch ist letztlich seiner Methode namens Rasterfahndung zu verdanken, war ein nachgetragener Sieg seiner Strategie der Datensammlung.

Herold verteidigte sie als erfolgreiche polizeiliche Methode der Fahndung und konnte dies an Fällen belegen, was seine Gegner und Kritiker allerdings nicht beeindruckte. Sein konkretes Beispiel für die Wirksamkeit seiner Taktik war überzeugend. Er wusste, dass die gesuchten Terroristen nie per Scheck oder Überweisung bezahlten, um keine Spuren zu hinterlassen, sondern bar. Genau das war der Ansatz für eine sogenannte negative Rasterfahndung, erprobt in der Großstadt Frankfurt. Alle erwachsenen Einwohner wurden dabei erfasst, was die Kritiker schaudern ließ, weil es das war, was in George Orwells »1984« als bedrohliche Zukunft beschrieben worden war. Im ersten Durchgang der Frankfurter Totalfahndung blieben übrig die Kunden der Stromwerke. Im zweiten wurden die gelöscht, die per Banküberweisung ihre Rechnung bezahlten. Übrig blieben jetzt die Bargeldzahler. Die schauten sich die Terrorismusspezialisten des BKA genauer an. Bis sie auf den gesuchten RAF-Terroristen Rolf Heißler stießen und ihn festnehmen konnten.

Herold war kein Superman, und schon gar kein Doktor Seltsam alias Peter Sellers, er liebte seine Computer keinesfalls so wie dieser die Bombe. Er sorgte mit der technischen Aufrüstung des verschlafenen Bundeskriminalamtes lediglich dafür, dass seine Beamten das nötige Handwerkszeug bekamen, um ihre Arbeit machen zu können. Der Mann, der von draußen kam, aus Nürnberg, war anfangs bei den meisten in der Provinzhauptstadt Wiesbaden *persona obscura*, eine fragwürdige Persönlichkeit. Sie hatten sich an die Art seines Vorgängers Paul Dickopf gewöhnt, der nach alter Polizistenweise regierte und sich nicht unterschied von den Methoden, wie sie bereits seit Kaiser Wilhelms Zeiten im Kampf gegen Kriminelle üblich waren: ermitteln, fahnden, verhaften, verurteilen – und dann ab in den Knast. Herolds analytisch-wissenschaftliche Strategie einer präventiven Polizeitaktik, von der seine künftigen Mitarbeiter schon vor seinem Amtsantritt gelesen und gehört hatten, verstärkte trotz bereits in Nürnberg messbarer und belegbarer Erfolgszahlen die Skepsis. In Herolds Worten: »Ich spürte förmlich die geballte Macht der Ablehnung«, was ihn allerdings, auch das gibt er zu, erst recht bestärkte in dem, was er vorhatte.

Schon allein deshalb empfingen viele Beamte den neuen Mann voller Misstrauen, weil er zuvor bei Anhörungen im Bundestag in Bonn angekündigt hatte, dass er außer in der Kriminaltechnik überall beim BKA Handlungsbedarf erkennen würde – und zwar dringenden. Es gab in Wiesbaden noch keine Computer, es waren beim BKA nicht mal deren Ahnen, die Lochkarten, vorhanden. Zahlenmäßig war das BKA gut gerüstet, alle Planstellen waren besetzt, aber es mangelte an der notwendigen Qualität vor allem im höheren Dienst. Die von Innenminister Genscher vorgeschlagene Lösung, den Mangel dadurch zu beheben, dass man schnell möglichst viele Beamte beförderte, hielt Herold für keine so gute Idee, denn die Beförderten würden ja dank der Beförderung nicht besser. Allenfalls würde ihre mangelnde Befähigung durch höhere Dienstgrade zementiert. Herold setzte sich durch.

Dass er Sozialdemokrat war, sprach allerdings nicht gegen ihn. Sein Aufstieg an die Spitze der Behörde fiel in die Zeit der sozialliberalen Koalition. Dieser politische Wandel, die überfällige geistig-moralische Erneuerung der Nachkriegsdemokratie, war getragen von der Mehrheit der damals noch leidenschaftlich zur Wahl gehenden Bürger. Denkmuster aufzubrechen galt auch für das durch zu viele ehemalige Nazis in Spitzenpositionen belastete Bundeskriminalamt als Gebot der Stunde. Die ehemaligen Parteigenossen waren zwar mittlerweile geräuschlos in den Ruhestand entsorgt worden, nachdem der Skandal ihrer Biografien öffentlich geworden war, aber der Geist, den sie verbreitet hatten, mieft noch auf den Fluren.

Herold musste, frei nach Karl Marx, die bestehenden Verhältnisse zum Tanzen bringen, auch die in der Festung Bundeskriminalamt. Er erhöhte zunächst einmal die Schlagkraft der Behörde, zu der damals tausendeinhundert Beamte gehörten und die über einen Jahresetat von knapp vierzig Millionen Mark verfügte, investierte in Technik und in das entsprechend kundige Personal, baute Zug um Zug das Amt zur Festung aus. Eine, wie sich herausstellen sollte, weitsichtige Investition in die Zukunft. Als die Rote Armee Fraktion dem Staat den Krieg erklärte, war das Bundeskriminalamt vorbereitet für den Kampf gegen die Staatsfeinde Nummer eins genannten Desperados. Es ging vieles, was sonst der Behörde laut BKA-Gesetz strikt untersagt ist. Nämlich nicht nur laut besonderem Auftrag zu ermitteln, sondern in Eigeninitiative aktiv zu werden bei der Gefahrenabwehr, denn es war kaum erfolgversprechend, den Terrorismus wirksam zu bekämpfen, wenn das Bundeskriminalamt zwar den Ermittlungsauftrag hatte, aber keinen Zugriff bei drohender Gefahr.

Eine solche vom Gesetzgeber gewollte Beschränkung hat zudem, bis heute, Auswirkungen auf die Motivation der Beamten. Die dürfen nicht alles, was sie können. Selbst im aktuellen BKA-Gesetz von 2009 gibt es allenfalls partielle Verbesserungen, aber keine grundsätzlichen. Aktiv zu werden gegen den längst internationalen Terrorismus ist zwar jetzt den BKA-Beamten erlaubt, aber mit dem jüngsten Urteil des Bundesverfassungsgerichts, nach dem die bislang übliche Art der Vorratsdatenspeicherung untersagt wird, ist ihnen ein wesentliches Instrument für diesen Kampf genommen worden. Es gebe, sagt mir Wochen später ein Bundesanwalt in Karlsruhe, keinen einzigen Fall, bei dem Missbrauch betrieben worden wäre bisher, dass ihm beispielsweise Ermittler sozusagen unter vier Augen gesagt hätten, gebt uns doch schon mal unabhängig von der Rechtslage ein paar hilfreiche Daten. Alle für die innere Sicherheit zuständigen Behörden aller europäischer Staaten haben es einfacher. In denen sind Aufklärung plus Abwehr plus Information, also Datensammlung und Datenspeicherung, in einem Amt vereint.

Mit dem klassischen Bild eines Sherlock-Holmes-ähnlichen detektivischen Genies konnte Herold nie etwas anfangen. Er glaubte zu wissen, dass es so viele Genies, wie er brauchen würde, einfach nicht gab. Also brauchte ein Amt wie das BKA nicht nur geniale Ermittler. Er ließ deshalb schon früh keinen Zweifel daran, dass er vorhatte, ein verkrustetes System zu zerlegen und gleichzeitig parallel dazu ein effizientes aufzubauen. Das machte ihn bei den jüngeren Mitarbeitern nachhaltig beliebt, sie fühlten sich von einem Mann vertreten, der den anderen, die sie jagen sollten, eine durchdachte Strategie entgegensetzen wollte statt des üblichen martialischen Aktionismus. Herold verstand es, sie zu motivieren.

Was von der wachsamen Öffentlichkeit als Rasterfahndung teils beargwöhnt, teils sogar gefürchtet wurde, was als George Orwells Überwachungsstaat, übersetzt aus der literarischen Fiktion in die bundesdeutsche Wirklichkeit, interpretiert werden könnte, kritisierten Journalisten als einen Eingriff in die Bürgerrechte, nannten Kriminalisten beobachtende Fahndung. Sie war die ihrer Überzeugung nach beste Methode, die Terroristen der Rote Armee Fraktion aufzuspüren. Herold gewann deshalb innerhalb des Bundeskriminalamtes seine erste Schlacht. Diese Strategie ließ so etwas wie einen neuen *Company Spirit* entstehen, der mit der altgewohnten Kameraderie, dem Corpsgeist, in dessen Namen auch Verfehlungen innerhalb der Kameradschaft Polizei gedeckt wurden, nichts mehr gemein hatte. Als das geschafft war, mussten dringend außerhalb des Amtes vorzeigbare Erfolge her, Siege dank beobachtender Fahndung.

Das gelang. Mit der kriminalistischen Technik, Bewegungsbilder zu erstellen, aufgrund derer Gewohnheiten und Reisen sowohl der RAF-Terroristen als auch ihrer klammheimlichen Unterstützer ermittelt werden konnten – und dies in Zeiten, da es noch keine Handys gab, deren Signale die jeweiligen Standorte oder Ziele ihrer Besitzer verrieten –, schaffte das Bundeskriminalamt einen Quantensprung an Effizienz. Er habe, sagt Herold, die Kriminalität benutzt als »Datenlieferant zu ihrer Bekämpfung«. Erfolgreich getestet im lokalen Rahmen der Stadt Nürnberg, wo er vor seinem Amtsantritt beim BKA Polizeipräsident gewesen war, wo er mittels Hochrechnung ermitteln ließ, wo in der Stadt laut Statistik die meisten Straftaten begangen worden waren, und genau da dann mit verstärktem Polizeieinsatz vor Ort die Kriminellen abschreckte.

Beim Bundeskriminalamt hatten jüngere Kommissare, die nicht zufällig Naturwissenschaften oder Mathematik studiert hatten, bevor sie sich bewarben, ihre Ermittlungen nicht in den üblichen zum Schnarchen langweiligen Berichten zu Papier gebracht, sondern mit ihren Informationen Schaubilder voller Tabellen und Grafiken erstellt. Das kam bei Staatsanwälten und Richtern in einem Prozess zwar gut an, weil sie neben den schriftlichen Gutachten zusätzliche Informationen bekamen, weil bildsprachig verständlich wurde, was zumeist in unverständlichen Sätzen aufgeschrieben worden war. Weniger Beifall kam von älteren Kollegen, die auf die klassische Art ermittelten, ihr Wissen im Kopf speicherten und für sich behielten, weil sie irgendwann, so wie sie es gelernt hatten, ihren eigenen Fall erfolgreich lösen und entsprechend belobigt werden wollten. Das verhalf dann auf die nächste Stufe der Beförderungsleiter.

Manche der Jungen malten anhand von Listen, die Namen und Spuren und Tatorte enthielten, ihre Schaubilder selbst. Computer mit den entsprechenden integrierten Tools wie heute gab es noch nicht. Die höchstamtliche Zeichenstelle des BKA war damit beschäftigt, Organigramme der Behördenstruktur zu erstellen. Einer dieser Kommissare war Max-Peter Ratzel: »Ich habe die Profis von der Zeichenstelle dann gebeten, ob sie diese amateurhaft selbst gemalten Übersichten in professionelle Zeichnungen umsetzen können. Da waren die sogar begeistert, weil das auch für die endlich mal was Neues war. Und für die Ermittlungen war es hilfreich, denn man konnte Kontaktbilder zeichnen, Bewegungsbilder erstellen und zeigen, wer war wann wo, wer hat wann wo wen getroffen, wo sind Lücken in den Aussagen, wo sind Unstimmigkeiten.«

Von einem eher intellektuellen Herangehen an Kriminalität musste der neue Mann an der Spitze des Amtes nicht erst überzeugt werden. Davon war er eh überzeugt. Ab 1971 hatte Horst Herold die Macht, seine Visionen durchzusetzen: »Im Grunde war das eine großartige Situation, ich konnte bei null anfangen.« Der von ihm angeordnete Einsatz modernster wissenschaftlicher wie technischer Methoden kam einer Kulturrevolution gleich. Auf dem aktuellen Stand der Wissenschaft war nur die kriminaltechnische Abteilung. Die wurde zu einer entscheidenden Waffe gegen die Terroristen der Rote Armee Fraktion. Herold ließ Datenbanken aufbauen, um für die Fahndung möglichst viel Material zu haben, das sich auf Schaubilder, auf Bewegungsbilder übertragen ließ und die für die Suche nach den Mördern nötigen Erkenntnisse lieferte. Für solche Ermittlungshilfen sind unabdingbare Voraussetzung gute Daten und eine gute Software. Umzusetzen beides am besten in der Superbehörde Bundeskriminalamt. Was nicht heißt, dass die aus Wiesbaden besser sind als die aus der Provinz, sie haben einfach bessere Möglichkeiten, sind technisch besser ausgerüstet, haben bessere Kontakte sowohl im Inland als auch im Ausland.

Gegen die ihre Arbeit behindernde Gesetzgebung setzte der Jurist Herold zunächst einmal das System PIOS, um die künstliche Grenze zwischen Verbrechensaufklärung und -bekämpfung zumindest informationstechnisch aufzuheben. Polizeibehörden auf der ganzen Welt hatten bereits diese notwendige Doppelkompetenz. Nur das BKA nicht. Ins System PIOS wurden sämtliche Akten der einzelnen Bundesländer eingespeist, die Hinweise auf Terrorismus – in dem Fall den der RAF – enthielten. Ein Fundstellenregister mit Kommentierungen einzelner Fundstellen, um denen »in der vordersten polizeilichen Linie ohne hierarchische Barrieren direkt das gesammelte Wissen verfügbar zu machen« (Herold). Und zwar anhand von verdächtigen Personen (P), von Institutionen, im konkreten Fall einzelnen Gruppierungen der RAF (I), von Objekten wie den von Terroristen benutzten Wohnungen und darin gefundenen Spuren oder Telefonnummern (O), von Sachen wie Waffen, Ausweisen, Autos (S). Das System PIOS darf man sich im Prinzip so vorstellen wie die Suchmaschine Google. Herold ist überzeugt davon, dass PIOS »der Sargnagel für die RAF« gewesen ist.

Erfolgreich sogar über damals kaum überwindbare Grenzen hinweg. Sogar im Ostblock. Beste Erfahrungen machte Herold mit Behörden ausgerechnet in Bulgarien. Es waren Geschäfte auf Gegenseitigkeit. Die Kommunisten teilten auf dem inoffiziellen Dienstweg per Fax dem Klassenfeind mit, wo am berühmten Goldstrand ihrer Republik gesuchte RAF-Mitglieder badeten, die sich dann unter stillschweigendem Einverständnis der Bulgaren ein Kommando des BKA, eingereist als Kegelverein aus Wiesbaden, direkt vor Ort griff und für die Rückreise über eine gemeinsam ausgewählte grüne Grenze gut verpackt mit nach Hause nahm.

Im Gegengeschäft hatten die Deutschen nichts dagegen, in Absprache mit Versicherungen, dass bestimmte hochklassige Kfz, die in Deutschland geklaut und in Bulgarien sichergestellt worden waren, dort im Lande blieben, wodurch sich die Polizei in Bulgarien einen erstklassigen Wagenpark aufbaute und gleichzeitig den Autodieben ihr Geschäft verdarb. Denn an jeder Grenze stand ein Gerät, vom BKA zur Verfügung gestellt, in dem die Kennzeichen geklauter Fahrzeuge gespeichert waren, was den Grenzern die Arbeit wesentlich erleichterte. Heute würde man das eine *Win-Win*-Situation nennen. Alle profitierten davon: Die Bulgaren bekamen hervorragende Autos made in Germany, die Versicherer mussten bald weniger auszahlen, weil sich die erfolgreichen Zugriffe der Grenzer in bestimmten Kreisen herumsprachen und daraufhin weniger Limousinen in Deutschland geklaut wurden, und das BKA freute sich, ein paar Namen auf RAF-Fahndungsplakaten streichen zu können.

Die Geschichte der RAF und die der Symbolfigur, die sich quasi in ihre Köpfe einnistete, ist in wichtigen Büchern von Stefan Aust und Wolfgang Kraushaar und Caroline Ehmke und Michael Sontheimer erzählt worden. Aufstieg und Fall sind zwar tatsächlich Geschichte, aber für Herold endet die Historie nie. Der größtmögliche Erfolg, die Rettung des entführten – und dann ermordeten – Hanns Martin Schleyer, blieb ihm versagt, weil der dank Rasterfahndung entscheidende Hinweis auf das

Versteck in einem Hochhaus auf dem üblichen Dienstweg zwar freitags bei der zuständigen Sonderkommission des Landes Nordrhein-Westfalen per Telex ankam, aber bis Montag unbearbeitet liegen blieb. Herold ist bis heute überzeugt davon, dass es seinen Spezialkommandos in Kenntnis dieses Fernschreibens gelungen wäre, den Arbeitgeberpräsidenten unverletzt zu befreien. Wenn damals der Hinweis richtig bewertet worden wäre, übersetze ich das für mich, dann wäre die GSG 9 da irgendwann rein ins Hochhaus und hätte ihn rausgeholt.

Basierend auf Erkenntnissen aus früheren Attentaten der RAF hatte Horst Herold nach der Entführung von Schleyer in Köln, in deren Verlauf der Fahrer und drei begleitende Polizisten gnadenlos ermordet worden waren, ein Raster erstellen lassen, wonach sich die Terroristen wahrscheinlich in einem Hochhaus nahe einer Autobahnausfahrt aufhielten, wahrscheinlich in einem Gebäude mit einer Tiefgarage, von der aus sie unbeobachtet per Lift zu einer Wohnung fahren konnten, in der sie Schleyer gefangen hielten. Die Theorie erwies sich als richtig. Ein entsprechender Hinweis kam von der Vermieterin eines Appartements in Erftstadt-Liblar. Es handelte sich um ein Hochhaus in der Nähe der Autobahn, vierzehn Kilometer vom Tatort Köln entfernt. Sie und der Hausmeister gaben bei der örtlichen Polizei am 7. September, zwei Tage nach dem Attentat, eine Begegnung zu Protokoll. Die Frau, die ein paar Wochen zuvor im dritten Stock eine Wohnung gemietet hatte, habe die Kaution in Höhe von achthundert Mark bar aus ihrer Handtasche geholt. Dabei waren dem Hausmeister außerdem dicke Bündel mit Geldscheinen aufgefallen.

Genau dieses Fernschreiben mit den beiden Aussagen blieb auf dem Dienstweg liegen, nachdem noch ein Beamter der Kölner »Soko 77« am 10. September den Eingang bestätigt hatte. Die Ermittler vom BKA dagegen hätten nur den Namen der verdächtigen Mieterin in ihre Datei eingeben müssen und wären dabei auf einen Decknamen gestoßen, den eine lange gesuchte RAF-Angehörige benutzte. Dann hätte Schleyer wahrscheinlich gerettet werden können, denn die Einsatzkommandos des BKA waren für genau solche Fälle einer Geiselbefreiung perfekt ausgebildet worden. Herold: »Wir wussten nicht, was wir wussten.«

Die Vergangenheit lässt ihn auch mehr als dreißig Jahre danach nicht los. Um mit ihr ins Gespräch zu kommen, muss Horst Herold nur ein paar Stufen in den Keller seines Bungalows steigen. Dort liegt sie systematisiert begraben in vielen Leitz-Ordnern oder abrufbar im Speicher seines Computers. Dass er sich aller Möglichkeiten des Internet spielend bedienen kann und sich hervorragend im World Wide Web auskennt in einem Alter – Herold ist Jahrgang 1923 –, in dem andere die Spinnweben auf Grabsteinen entfernen auf der Suche nach ihnen bekannten Namen, ist nicht überraschend. Er war immer ein Mann – und der ist er auch im Ruhestand geblieben –, der sich leidenschaftlich mit den Errungenschaften der Technik verbündete. Sowohl im Kampf gegen die Kriminalität als auch im für ihn ebenso alltäglichen gegen die Bürokratie.

Der gar nicht altersmilde Herold hat eine denkbar kurze treffende Erklärung dafür: »Viele Politiker betrachteten die Polizei als ›schimmernde Wehr‹ und als Instrument, das meinungslos zu parieren und zu funktionieren hat und auf Knopfdruck hin und her bewegt werden kann, gelenkt von eisenharten Männern. Eine demokratische Polizei braucht jedoch weder militärische Strukturen noch eisenharte Männer, sondern hochprofessionelle und zugleich nachdenkliche Beamte, die sich und ihre Arbeit immer wieder hinterfragen, um sie besser zu machen.« Auch Polizeipräsidenten, von denen es viele gibt, sind zumeist nur Verwaltungsbeamte, zwar unentbehrlich für Stellenpläne, Dienstzeitregelungen, Sachausstattung, aber außer für die erwähnten Verwaltungsaufgaben überflüssig, seit die Kommunikationstechnik dem Sachbearbeiter, dem Ermittler, dem Fahnder an der kriminellen Front unmittelbaren Zugriff auf die zentralen Datenbestände des BKA erlaubt. Spannungen zwischen Landeskriminalämtern und dem Bundeskriminalamt sind nach wie vor ein Thema bei gemeinsamen Fortbildungskursen, aber im Laufe der Jahre wurden sie dank gemeinsamer Erfolge größtenteils abgebaut.

Herold erinnert sich an konkrete frühe Versuche, die Arbeit des Bundeskriminalamtes lächerlich zu machen. Im wahrsten Sinn des Wortes seien BKA-Wissenschaftler zugemüllt worden mit Banalitäten, geschickt von den Landeskriminalämtern mit der höhnischen Bitte um Amtshilfe. Zum Beispiel sollten sie bitte klären anhand von dreißig übersandten handschriftlichen Proben, welcher Schüler in irgendeinem deutschen Kaff den Brief geschrieben hatte, in dem die Erdkundelehrerin als »Zicke« beschimpft worden war. In solchen Fällen lernten sie dann die andere Seite des hochgebildeten Intellektuellen kennen, die des arroganten Machers.

An der missglückten Befreiung des Arbeitgeberpräsidenten Hanns Martin Schleyer hat es nicht gelegen, dass Herold danach bei den Regierenden in Ungnade fiel. Sogar im Scheitern hatte sich seine Strategie der Rasterfahndung, der Bewegungsbilder, der Analyse von Taten und Tätern als die richtige erwiesen. Ein simpler Faktor hatte den Triumph verhindert, ein simpler menschlicher Faktor. Ein nachlässiger Beamter irgendwo. Ein arbeitsfreies Wochenende. Eine Panne.

Nein, es hatte andere Gründe. Herold war bekannt dafür, von Fall zu Fall seine Gegner vorzuführen, sie spüren zu lassen, wie überlegen er ihnen war und was er von ihren Fähigkeiten hielt. Manchmal wenig, oft gar nichts. Das diente der Sache. Nämlich präzise eine Lage zu analysieren – in seinen Fällen stets eine kriminelle –, um daraus notwendige Konsequenzen zu ziehen. Die Abgebürsteten reihten sich ein in die Schar seiner Gegner. Zu denen gehörten sowohl Politiker als auch Intellektuelle, Journalisten, Schriftsteller, Anwälte. Horst Herold und seine Datenbanken wurden als Gefahr für die bürgerlichen Freiheiten attackiert, die sei größer als die Bedrohung durch die RAF.

Das verletzte den Menschen Herold, denn er fühlte sich in Frage gestellt als Demokrat, der er war und der nichts anderes wollte, als die Demokratie mit allen legalen Mitteln zu verteidigen. Herold betonte immer wieder, wie wichtig es sei, dass Datenschutz nicht degeneriere zum Täterschutz, beteuerte bei jeder

Gelegenheit, dass es ihm nicht darum ging, einen gläsernen Bürger zu schaffen, sondern um nichts anderes als um eine lückenlose Speicherung von Straftaten und Straftätern. Mehr noch als das ihm begegnende Misstrauen vieler Politiker trafen ihn die Attacken der Meinungsführer »Spiegel« und »Stern«, die ihm vorwarfen, eine Art von Stahlnetz über die Gesellschaft spannen zu wollen, in dem sich auch unschuldige Bürger verfingen. Mit Verweis auf die Erfahrungen aus der Nazizeit lautete das Motto: Wehret den Anfängen.

Er wehrte sich anfangs gegen diese Parolen, doch schließlich resignierte er, weil er sich von der Politik allein gelassen fühlte, womit er objektiv recht hatte. Herold reichte zweimal seinen Rücktritt ein, zweimal wurde der abgelehnt. Denn eines bezweifelten selbst seine Gegner im Innenministerium nicht – seine fachlichen Fähigkeiten. Nach einer Untersuchung durch einen Amtsarzt, die keine seine Arbeit behindernden Krankheiten ergab, wurde ihm nahegelegt, im Alter von siebenundfünfzig Jahren aus gesundheitlichen Gründen um die vorzeitige Entlassung in den Ruhestand zu bitten. Innenminister Gerhart Baum, ein Linksliberaler, erfüllte pro forma 1981 diese »Bitte«. Im Frühjahr 2010 hat ihn der inzwischen auch alt gewordene Gerhart Baum besucht und sich für manches entschuldigt, was er damals gegen Herold unternommen hatte. Die beiden standen sich zu ihren aktiven Zeiten zwar unversöhnlich gegenüber wie die Anführer feindlicher Heere. Die gegenseitigen Vorwürfe heute noch mal aufzuwärmen ist angesichts der späten Versöhnung obsolet.

Nach seinem Rücktritt hatte Herold, um dem Staat die Kosten seiner nach wie vor nötigen Bewachung zu ersparen, Gerhart Baum vorgeschlagen, sich im Ausland niederzulassen, wo ihn niemand kannte. Zum Beispiel sei es möglich, dank seiner guten Kontakte zum FBI, in den USA eine neue Identität zu bekommen und fortan in Kalifornien zu leben, ohne ständige Begleiter. In welchem Land er seine Pension verzehre, sei doch letztlich egal. Er bat lediglich von dem Staat, dem er viele Jahre seines Lebens geopfert hatte, ohne in der Zeit ein privates zu haben, um einen

Kaufkraftausgleich zwischen Dollar und Mark. Ausnahmerege-lungen waren in den Paragrafen für Beamtenpensionen jedoch nicht vorgesehen, weshalb die Ministerialbürokratie entschied, Herold müsse bleiben, koste es, was es wolle.

Also musste er sich künftig im Lande einrichten. Nicht ir-gendwo als Bürger unter Bürgern, denn er stand weiterhin auf der Todesliste der RAF ganz oben. Solange die noch existierte, war sein Leben in Gefahr, also musste ein Ort gefunden werden, an dem er sich optimal beschützen ließe. Man bot ihm schließlich ein Grundstück mitten in einem Kasernengelände an. Wahrlich kein Platz, den sich Herold und seine Frau freiwillig ausgesucht hätten. Seitdem wohnen sie hier.

Im Wohnzimmer zeugen alle Bücherwände vom profunden Wissen des Bewohners. Der ist immer noch auf dem aktuellen Stand der kriminologischen Forschung. In den vergangenen Jahr-zehnten und Jahren gab es riesige Fortschritte in der Kriminal-technik und in den Wissenschaften, die sich auf die Strafverfol-gung positiv auswirkten. Doch nach wie vor gilt die Faustregel, dass es stets dann mehr Kriminalität gibt, wenn die Polizei ver-stärkt ermittelt, wenn also aus dem Dunkelfeld ein Hellfeld wird. Eine steigende Kriminalitätsrate muss nichts zu tun haben mit einer verschlechterten Sicherheitslage, ist oft einfach nur ein Fall für die Statistik, weil sich im Vergleich zum Vorjahr die Poli-zei konzentriert hat auf bestimmte Felder der Kriminalität. Ist die Aufklärungsquote bei Einbruch, Diebstahl, Autoklau, Körper-verletzung etwa deshalb höher, weil die Klientel von der Polizei intensiver verfolgt wurde, oder kam sie zustande, weil weniger Straftaten angezeigt wurden? Sind die Zahlen in ihrer Aussage-kraft also erhellend, oder bleiben die eigentlichen Entwicklungen im Dunkeln?

Die Zahlen werden vom Bundeskriminalamt in der Polizeili-chen Kriminalstatistik (PKS) jedes Jahr veröffentlicht. Gespeist von allen sechzehn Landeskriminalämtern, ergibt sich daraus die Ver-brechenslage der Nation. Die statistisch definierte allein aber sagt noch gar nichts aus, denn jeder Profi im Amt weiß schließlich aus

Erfahrung um die Grauzone zwischen Hell- und Dunkelfeld. Sie kann schon deshalb nicht die Wirklichkeit widerspiegeln, sich allenfalls der Realität bei verschiedenen Delikten annähern. Die PKS ist eine Ausgangsstatistik, was bedeutet, dass in ihr nur die der Polizei bekannt gewordenen und von ihr bearbeiteten Straftaten bis zum Zeitpunkt der »Abgabe an die Staatsanwaltschaften« erfasst werden. Insgesamt gab es 2009 laut PKS 6 054 330 Straftaten in Deutschland, was im Vergleich zu 2008 einem Rückgang um 59 798 Fälle entspricht. Davon wurden aufgeklärt 3 368 879 Fälle, also 55,6 Prozent. Die höchste Aufklärungsquote gab es bei den 2277 Fällen von Mord und Totschlag, nämlich 95,7 Prozent, die geringste beim Betrug mit sogenannten »unbaren Zahlungsmitteln«, also dem Betrug mit Kreditkarten, denn die lag bei 9,6 Prozent.

Die Kriminalstatistik ist eine Momentaufnahme. Deshalb klaffen die Zahlen der Strafverfolgung und die der Gerichte über dann tatsächliche Verurteilungen weit auseinander. Kaufhausdiebstähle sind besonders beliebt für Statistiken – Erfolgsquote 92,7 Prozent –, weil sie sich im Hellfeld der Aufklärung ohne Mühe als Erfolge platzieren lassen und mit wenig Arbeitsaufwand für die Polizei verbunden sind. Die meisten Täter werden von angestellten Detektiven auf frischer Tat ertappt und per Strafanzeige direkt weitergeleitet an die Justiz.

Statistik erzeugt Kriminalität, provoziert Herold, aber er begründet dann kühl analysierend diese provokante These: »Kriminalität ist nach allen Ergebnissen der Dunkelfeldforschung über alle Schichten der Gesellschaft entsprechend verteilt, egal ob Unter-, Mittel- oder Oberschicht. Nur die Hälfte aller Straftaten wird der Polizei bekannt und erscheint im Hellfeld. Von dieser Hälfte wird wiederum nur die Hälfte aufgeklärt. Davon stellt die Staatsanwaltschaft etwa ein Drittel aus Rechtsgründen ein; der Rest wird angeklagt. In wiederum einem Drittel der angeklagten Fälle endet das gerichtliche Verfahren mit Freisprüchen, Geld- oder Bewährungsstrafen. Nur ein Bruchteil aller Straftäter kommt letztlich ins Gefängnis. Unbestreitbar sind darunter in einer nicht unbeträchtlichen Zahl auch solche, denen es an Ausdrucksver-

mögen, Geschick oder materiellen Möglichkeiten mangelt, sich –
wie andere – mithilfe von Anwälten oder Sachverständigen der
Strafe zu entziehen«.

Man könnte es Klassenjustiz nennen. Jedoch nicht im marxisti-
schen Sinne, so wie es von Ideologen gemeint ist, also als system-
immanent, sondern als »Produkt ineinandergreifender Schwach-
stellen und Defekte«.

Herold gibt schon lange keine Interviews mehr. Von der dritten Generation der Rote Armee Fraktion zum Beispiel, deren
Gründer sein Leben mehr beeinflussten als alles andere, weiß er so
viel wie jeder andere Zeitungsleser. Sie stellt keine Gefahr mehr
für den Staat dar, weil die Szene von klammheimlichen Sympathisanten ausgestorben ist. Es bestätigt die immer schon vorhandene Überzeugung des Analytikers, dass ohne unterstützen-
des Umfeld eine terroristische Bewegung im Untergrund nicht
überleben kann. Auch diese frühe Erkenntnis gehört zu seinen
späten Siegen.

KAPITEL 3

Stumme Zeugen

Auf genau diesen Moment muss der Mörder gewartet haben. Es ist kurz vor Mitternacht. Seit Einbruch der Dunkelheit liegt er in einem Schrebergarten auf der Lauer. Im ersten Stock des Backsteinhauses, auf das er freies Schussfeld hat, geht das Licht an. Vor dem hellen Hintergrund sieht der Schütze die Silhouette seines Opfers wie auf dem Präsentierteller. Er drückt ab. Schon der erste Schuss, der die Wirbelsäule durchtrennt, ist tödlich. Am Ostermontag 1991, dreißig Minuten vor Mitternacht, stirbt Detlev Rohwedder.

Seine Frau wird die Nacht, in der ihr Mann ermordet wurde, natürlich nie vergessen. Auch körperliche Schmerzen sind seitdem ihre ständigen Begleiter. Ihren linken Arm kann Hergard Rohwedder nicht mehr richtig bewegen. Der zweite Schuss, der aus dem Dunkel abgefeuert wurde, traf sie, weil sie in das Zimmer gestürzt war, in dem sie ihn fallen sah. Er zerschmetterte den Ellbogen. Nerven und Gelenk sind zerstört, implantiertes Metall muss stützen. In den vergangenen zwei Jahren ist sie erneut viermal operiert worden.

Darüber klagt sie nicht. Anderen in ihrem Alter, sagt sie, gehe es schlechter. Mit einem Arm lässt sich leben. Und wie lebt es sich mit dem Hass auf die Mörder? Sie gibt mir meine Frage zurück. Hass? Nein. »Ich empfinde keinen Hass. Was sollte ich tun, falls ich wüsste, wer es war? Ihn erschießen?« Das klingt nach Schicksalsergebenheit. Aber Hergard Rohwedder neigt nicht dazu, ergeben zu sein. Am Schicksal, das ihr den Mann nahm, kann sie nichts mehr ändern. Aber an denen, die den Anschlag nicht verhindert haben, obwohl sie ihn hätten verhindern können, ja müssen, wie sie glaubt, an denen, die ihren Mann und sie nicht besser beschützten, lässt sie auch zwanzig Jahre nach dem Mord noch ihren Zorn aus.

Sie ist zornig, dass die Sicherheitsbehörden nicht genügend getan haben, um das Leben ihres Mannes zu schützen, und sie ist zornig, dass die Aufklärung nach dem Tod »fehlerhaft und fahrlässig war«. Die Erklärung der zuständigen staatlichen Stellen des Landes Nordrhein-Westfalen nach dem Attentat, ihr Mann habe eine intensivere Bewachung abgelehnt und die Familie oder die Firma Hoesch, der die Villa gehörte, habe eine Panzerverglasung auch der oberen Etage des Hauses verweigert, »entspricht nicht der Wahrheit«. Auch habe Detlev Rohwedder den Beamten nicht etwa über Ostern freigegeben. Er konnte ihnen schon deshalb nicht freigeben, weil die für den Dienst gar nicht vorgesehen waren in Nordrhein-Westfalen.

Da gilt für ihn Sicherheitsstufe zwei, angeordnet vom zuständigen Innenministerium, obwohl er qua Amt zu den am meisten gefährdeten Personen in der Bundesrepublik gehörte und obwohl er in Berlin am Sitz der Treuhandanstalt selbstverständlich einen Begleitschutz hatte – eben wegen der aus dem Amt herrührenden Gefährdung –, der dem des Bundeskanzlers entsprach. Also höchste Stufe. Die Bewachung in NRW war beschränkt für die Wege von und bis zum Flughafen Düsseldorf oder von oder bis zu den Landesgrenzen. »Die Einstellung des Landes gipfelte neben den Unwahrheiten im Satz des Landesinnenministers in seinem Bericht an den Sicherheitsausschuss des Bundestages, auch nach dem Attentat bleibe es richtig, dass Herrn Rohwedder nur die Sicherheitsstufe zwei zustand. Ein Satz, der in seiner Dreistigkeit und Tölpelhaftigkeit für sich selbst spricht.«

Worte wie »Zufall« oder »Schicksal« sind verbunden mit »hätte«, »wäre«, »wenn«. Auch im Fall Rohwedder: Wenn es nach dem Notruf der schwer verletzten Hergard Rohwedder in der Ringfahndung gelungen wäre, den oder die Täter zu fassen, oder wenn in den beiden Jahren danach Zielfahnder des BKA die Mörder des Treuhand-Chefs gestellt hätten, wäre ein Polizist namens Michael Newrzella noch am Leben. Der Kommissar war erst zweiundzwanzig Jahre alt, als er, ohne noch das Bewusstsein erlangt zu haben, 1993 an den Folgen seiner Verletzungen im Krankenhaus starb. Eine DNA-Analyse im BKA-Labor Wiesbaden ergab 2001 zweifelfrei, dass der Mann, der ihn niederschoss, identisch ist mit dem Mann, der am Rohwedder-Mord entweder beteiligt war oder eigenhändig die Schüsse auf den obersten Treuhänder abgegeben hatte. In beiden Fällen sind die Beweise eindeutig, in beiden Fällen sind die Analysen identisch, in beiden Fällen können die Spuren zweifelsfrei zugeordnet werden. In beiden Fällen handelt es sich um den RAF-Terroristen Wolfgang Grams.

Aber wer hat ihn begleitet? Wer hat die Flucht nach der Tat organisiert? Wer half bei der Ausspähung des Tatortes? Die Hinweise auf ein junges Paar, das sich vor Ostern in der Nachbarschaft aufgehalten hatte, erreichten die für die Ermittlungen dann zuständigen Beamten des Bundeskriminalamtes erst nach dem Mord. Vorbereitung und Ausführung des Verbrechens entsprachen geradezu wie aus dem Lehrbuch den bisherigen Taten der Rote Armee Fraktion. Die Terroristen ihrer Couleur traten meist paarweise auf. Bereits Wochen vor dem Attentat mussten Haus und Umgebung ausgespäht worden sein. Vielleicht hatten die Attentäter dabei sogar mitbekommen, dass nur im Erdgeschoss der Rohwedder-Villa die Fensterscheiben ausgewechselt worden waren, dass im ersten Stock alles beim Alten geblieben war – und daraufhin beschlossen, auf den Moment zu warten, in dem sich ihr Opfer genau dort oben am Fenster zeigen würde.

Der Patriot Detlev Rohwedder war nicht das letzte Opfer der Rote Armee Fraktion. Chronisten könnten es einen dem Schicksal geschuldeten Zufall nennen, dass ein Mitglied des RAF-Kommandos »Ulrich Wessel«, wie sich im Bekennerschreiben die Mörder nannten, mehr als zwei Jahre danach am 27. Juni 1993 auf dem Bahnhof von Bad Kleinen Michael Newrzella niederschießt. Vor dem alle überraschenden Fall der Mauer lag die Kleinstadt am Schweriner See auf dem Hoheitsgebiet der DDR. Kriminalbeamte aus dem Westen hätten da Grenzen überschreitend nie ermitteln dürfen.

Dass sich daran nie mehr etwas ändern würde, glaubten – oder hofften – nicht nur Politiker beider Seiten. Darauf verließen sich auch Aussteiger der RAF und entzogen sich durch die von Stasi-Agenten organisierte und von Erich Mielke abgesegnete Flucht ins Arbeiter- und Bauernparadies den Zielfahndern des Bundeskriminalamtes. Als das System der SED-Greise zusammenbrach, bedeutete Freiheit fürs Volk das Ende der ihren. Bevor sie sich jedoch erneut absetzen konnten, nach Syrien oder nach Nordkorea, bekamen sie morgens in ihren Plattenbauverstecken Besuch von unauffälligen Herren der Abteilung Staatschutz des BKA. Die holten sie in schweren Limousinen mit verdunkelten Scheiben über die plötzlich durchlässige schussfreie Grenze zurück ins Land ihrer ungesühnten Taten, die Bundesrepublik.

Schicksal oder Zufall haben keine Beweiskraft. Beide Morde, der in Düsseldorf, der in Bad Kleinen, wären ohne das historische Faktum Einheit nicht passiert. Doch ist das nicht zeitgeschichtlichen Tatsachen anzulasten, sondern reellen Tätern. Dass Grams es war, der den GSG-9-Beamten Newrzella erschossen hat, ist bewiesen. Die Diagnose der Rechtsmediziner, die dessen Leiche untersuchten und das Kaliber der Kugeln feststellten, die ihn töteten, lässt daran keine Zweifel. Grams selbst kann nicht mehr befragt werden. Nach dem Schusswechsel in Bad Kleinen beging er, auf dem Gleis vor Bahnsteig 4 liegend, Selbstmord mit seiner eigenen Waffe. Das ergab die Spurensicherung am Tatort. Das ergaben die Aussagen aller Zeugen. Das sind Fakten. Ausschließlich auf die stützen sich, und in diesem Fall besonders genau, die Ermittler des Bundeskriminalamtes.

Es blieb deshalb am Ende nichts übrig vom vorschnell geäußerten Verdacht, Grams sei kaltblütig aus Rache hingerichtet worden. Täter seien die Kameraden des erschossenen jungen Michael Newrzella. Die hätten sich geschworen, ihre Tat totzuschweigen. Und dennoch blieb etwas hängen. Trotz nicht widerlegbarer Befunde schwelt weiterhin der Verdacht, wonach es doch kein Selbstmord, sondern Mord gewesen und dieser anschließend bis heute auch noch durch alle staatlichen Instanzen vertuscht worden sei. Verschwörungstheorien dieser Art, aufgestellt von Fanatikern und Vollidioten, werden verbreitet im Internet. Der seit zehn Jahren und aktuell immer noch beliebteste Wahnsinn zum Beispiel lautet, dass die CIA oder der Mossad und nicht Osama bin Ladens Terroristen am 11. September 2001 die Flugzeuge in die Türme des New Yorker World Trade Center gejagt und dabei Tausende in den Tod geschickt hätten. Der öffentlich gemachte und öffentlich kontrovers diskutierte Verdacht, dass Grams in Wahrheit eben doch von einem der achtunddreißig beim Einsatz beteiligten Beamten einer BKA-Spezialeinheit per aufgesetzten Kopfschuss getötet worden sei, wurde zwar eindeutig widerlegt. Doch für viele ist nach wie vor der Fall Grams ein Indiz für die grassierenden Vorurteile über eine mit Spezialkommandos besetzte geheimnisvolle Festung in Wiesbaden, eine Darth-Vader-artige Organisation, die in der ansonsten von friedlichen Rentnern besetzten Kurstadt residiert.

Ob Wolfgang Grams persönlich die Schüsse auf Rohwedder und seine Frau abgefeuert hat, ist durch den Vergleich seiner am Tatort in Düsseldorf gefundenen telogenen Haare mit denen vom Tatort in Bad Kleinen nicht mehr zu klären. Damals an Ostern 1991 fanden die Spurensucher einzelne Haare auf dem Handtuch, das neben einem umgekippten Gartenstuhl lag. Wahrscheinlich war das Gewehr des Todesschützen darin eingewickelt. Die Hinweise auf Grams sind zwar eindeutig, er war sicher am Mord beteiligt, es sind jedoch keine Beweise. War er auch der Todesschütze?

»Das Ihnen zum Trost, Frau Rohwedder«, sagte einer der BKA-Beamten, die nach dem Mord zu ihr ins Krankenhaus kamen, um sie zu befragen, »wen die wirklich haben wollen, den kriegen die.« Mit »die« meinte er die Terroristen der Rote Armee Fraktion. Wer von ihnen tatsächlich auf Detlev Rohwedder geschossen hatte, der im Arbeitszimmer seiner Villa verblutet war, wussten die Ermittler damals nicht. Das wissen die Staatsschützer bis heute nicht. Was sie aber sicher wissen, was für sie feststeht, ist die Täter-schaft der RAF. Nicht allein aufgrund eines Bekennerschreibens mit dem üblichen Stern, dem Zeichen der Rote Armee Frak-tion. Der Brief hätte schließlich ja gefälscht sein können, denn die Sprache der Terroristen war leicht nachzuahmen, weil sie voller Klischees steckte und deshalb ähnlich klang wie andere ideolo-gische Leerformeln deutscher Nation. Dennoch waren die Ana-lytiker vom Staatsschutz schon früh überzeugt davon, dass es sich um ein RAF-Kommando gehandelt haben muss, das den Treu-hand-Chef ermordet hatte, und nicht um ehemalige Stasi-Agen-ten. Es gebe, sagt mir einer der in dem Fall nach wie vor tätigen Ermittler vom Staatsschutz, kein einziges Indiz, keinen einzigen Anhaltspunkt, der auf die ehemalige Staatssicherheit hinweisen würde. Aber eine ganze Menge Indizien in Richtung RAF.

Der Verdacht, dass ihn in Wirklichkeit Fanatiker aus dem un-tergegangenen DDR-System erschossen, um sich beispielhaft an ihm zu rächen, den hatte – und hat – nicht nur Hergard Roh-wedder: »Davon sind auch Politiker wie Angela Merkel oder Günther Nooke oder Dagmar Schipanski überzeugt. Das haben sie mir so gesagt. Denn die RAF hat nie auf die Verwandten ih-rer Opfer geschossen. Ein so perfekt geplantes Verbrechen deutet eher auf Profikiller hin. Ich glaube, wie viele andere, dass es die Stasi war, vielleicht in einem Joint Venture mit der RAF, was den Bekennerbrief erklären würde. Die das geplant haben, die müs-sen vorher heimlich im Haus gewesen sein, denn sonst hätten sie nicht gewusst, dass es oben im ersten Stock kein Panzerglas gab.«

Auch für ihren Verdacht lassen sich Argumente finden, obwohl die für einen Beweis vor Gericht nie reichen würden: Ihr Mann war, symbolisch als Strohpuppe bei Demonstrationen verbrannt, im Osten die Hassfigur Nummer eins. Am Karfreitag, drei Tage vor dem Mord, verübte »Thomas Müntzers wilder Haufen«, wie sich die Täter in einem Bekennerschreiben nannten, in dem sie Rohwedder ausdrücklich erwähnten, einen Brandanschlag auf eine Treuhand-Filiale in Berlin. Der historische Bezug zu Tho-mas Müntzer, der im 16. Jahrhundert einen Aufstand geknechteter

Bauern angeführt hatte, passt nicht zur Ideologie der Rote Armee Fraktion und deren Kampf gegen den angeblich menschenvernichtenden Imperialismus. Das würde eher entsprechen einem Szenario, nach dem nicht die RAF, sondern die Stasi die Mörder beauftragte. Danach hätten Ex-Stasi-Agenten selber Rohwedder ermordet oder aber für die RAF das Attentat geplant. Die mögliche Begründung, verbreitet Jahre später in einem spekulativen TV-Film, getarnt als Dokumentation: Rohwedder sei Altkader-Seilschaften von roten Socken auf der Spur gewesen, die gemeinsam das Milliardenvermögen der SED für den Eigenbedarf verschoben hatten.

Knapp anderthalb Jahre nach der wunderbaren Revolution, mit der die unwürdigen Greise der SED samt ihrer real existierenden Diktatur auf den Müllhaufen der Geschichte gefegt worden waren, richtete sich tatsächlich der Volkszorn vor allem gegen die Treuhand. Die verkörperte ihr Chef Detlev Rohwedder. Dass er und seine Mitarbeiter, unter denen sich zweifellos auch drittklassige Abkassierer statt erstklassiger Sanierer befanden, nach dem aufrichtigen Motto des Patrioten Rohwedder, »erst die Menschen, dann die Paragrafen«, unbürokratisch zu retten versuchten, was wegen jahrzehntelanger staatlicher Misswirtschaft kaum zu retten war, hatten viele bereits vergessen oder verdrängt. Die wahren Schuldigen besaßen alle das Parteibuch der SED, sie hatten die DDR zugrunde gerichtet. Deren willige Vollstrecker, Büttel des einst mächtigen, jetzt aufgelösten Ministeriums für Staatssicherheit, waren bestens ausgebildet im Gebrauch von Waffen. Sie wussten, wie man einen Klassenfeind erledigt.

Dass sie zu den geheimen Unterstützern der RAF gehörten, deren Topleuten Zuflucht gewährten, war zudem nicht nur dem Bundeskriminalamt bekannt. Das hatte bereits in allen Zeitungen gestanden. Die ostdeutschen Genossen hatten sich fürsorglich um die westdeutschen Genossen gekümmert, als die, durch Zielfahnder des Bundeskriminalamtes in die Enge getrieben, einen sicheren Ort suchten. Den vom Staatsschutz gewonnenen Erkenntnissen aber hält die Stasi-Theorie nicht stand. Nicht mal die

Vermutung bleibt, die Rote Armee Fraktion habe mit dem Mord alte Schulden bei der Stasi eingelöst und sich danach mit ein paar der von einstigen Stasi- oder SED-Oberen im Chaos der Revolution 1989 verschobenen Millionen bezahlen lassen. Druckstockuntersuchungen des verwendeten Papiers, die mit Spuren des Bombenanschlags auf den Bankier Alfred Herrhausen verglichen wurden, weisen eindeutig in Richtung RAF. Die Kugeln, die Rohwedder und seine Frau trafen, stimmen überein mit denen, die im Januar 1991 während des Golfkriegs vom anderen Rheinufer auf die amerikanische Botschaft in Bonn abgefeuert wurden. Auch dazu hatte sich die Rote Armee Fraktion bekannt.

Manche Altkader der SED mögen sich klammheimlich über den Mord gefreut haben, das wohl schon, aber es waren, sagt das BKA, die Mörder der RAF, die Rohwedder erschossen. Wie gewohnt haben sie sich stolz zu ihren Taten bekannt, niedergelegt in einem der nach Anschlägen üblichen Bekennerschreiben der Rote Armee Fraktion: »Wir haben am 1. April 1991 mit dem Kommando Ulrich Wessel den Chef der Berliner Treuhandanstalt Detlev Karsten Rohwedder erschossen.« Was außerdem in dem Pamphlet verbreitet wurde, entsprach zwar dem Weltbild der vom Volk entsorgten Nomenklatura, doch das beweist nur eine ideologische Verwandtschaft: »Seit ihrer Annexion ist die DDR faktisch Kolonie der Bundesrepublik [...]. Für die Durchsetzung dieses Plans hat die Bundesregierung Rohwedder ausgesucht und er war dafür mit seiner Brutalität und Arroganz auch der Richtige [...]. Er war einer dieser Schreibtischtäter, die täglich über Leichen gehen.«

Dummheit jedoch, selbst dann, wenn sie ein kriminell tiefes Niveau erreicht, ist nicht Gegenstand einer Ermittlung, sondern erlaubt in einer freien Gesellschaft. Die allzu großer Nähe zu irgendwelchen staatlichen Stellen nie verdächtige »taz« kommentierte: »Säßen in den Chefetagen der ehemaligen Kombinate heute anstelle der Politbürokraten des alten Regimes mehr Manager vom Range Rohwedders, es sähe um die Zukunft der angeblich Erniedrigten und Beleidigten in den neuen Ländern wesentlich besser aus. Zaubern aber können auch die intelligentesten Manager nicht. Nur die RAF kann das – auf dem Papier.«

Rohwedder ist der Einzige, der durch die umjubelt begrüßte deutsche Einheit sein Leben verlor. Die meisten Manager schwafelten in ihren Sonntagsreden von vaterländischen Pflichten, wollten sich aber persönlich im Osten nicht so gern engagieren. Die Entscheidung, das schwierigste Amt zu übernehmen, das es damals in Deutschland gab, machte sich Rohwedder nicht leicht. Ja, es fiel ihm sogar schwer. Aber nicht aus Feigheit, sondern aus Pflichtbewusstsein. Denn er hatte kurz zuvor seinen Vertrag als Vorstandschef von Hoesch um fünf Jahre verlängert, und der Ex-SPD-Staatssekretär im Bundeswirtschaftsministerium hielt bestehende Verträge für verpflichtend. Doch dass ihn der damalige Finanzminister Theo Waigel und Bundeskanzler Helmut Kohl in die Pflicht nehmen wollten, weckte seine Leidenschaft. Er wollte es »mit jeder Faser seines Herzens« (Hergard Rohwedder). Historisch interessiert und gebildet, dazu ein überzeugter Patriot, war es für ihn nicht nur eine spannende Herausforderung, sondern eine Verpflichtung, ja sogar eine Freude, beim Wiederaufbau der früheren DDR mitzuhelfen. Seine Frau und seine Kinder band er in die Entscheidung ein. Er ahnte, dass seine Frau Angst hatte vor dem, was auf ihn zukommen würde. Sie konnte diese Angst nicht begründen, aber sie war da. Um einen Nachfolger für den Hoesch-Job kümmerte sich die Deutsche Bank. Sie entschied sich für Kajo Neukirchen, der als härtester Manager der Republik galt.

Konkret sind auch die Vorwürfe, die Hergard Rohwedder gegenüber den Beamten äußert, die ihren Mann besser hätten beschützen müssen. Die den Staat vertraten, dem er diente. Denen wirft sie Versagen vor. »Ich habe den Sicherheitsleuten, die ihn immer vom Flugplatz Düsseldorf nach Hause begleiteten, wenn er aus Berlin kommend in der Nacht gelandet war, am Gründonnerstag gesagt, es braut sich etwas zusammen. Ich hatte nächtliche Anrufe bekommen, und nie hatte sich am anderen Ende jemand gemeldet. Dann hatte es einmal mitten in der Nacht an der Tür geklingelt, und als ich vorsichtig rausschaute, war niemand da. Die Straße war leer, kein Mensch zu sehen. Das alles habe ich dem Begleitschutz gesagt. Die Antwort lautete: Wir haben das Prinzip der verdeckten Fahndung, sollen wir vielleicht mit dem Schiff auf dem Rhein hin- und herfahren?« Der floss nicht weit entfernt vom Haus der Rohwedders jenseits einer Schrebergartenkolonie. Daraufhin fragte sie an, ob es nicht möglich sei, so wie es bei den ausländischen Botschaften in der Bundeshauptstadt Bonn üblich war, das Objekt, also das Haus, mit bemannten Wachhäuschen zu sichern. »Es geschah jedoch nichts. Offenbar sind meine Beobachtungen nicht weitergegeben oder als irrelevant angesehen worden.«

Am Tag vor dem Mord, auch daran erinnert sich Hergard Rohwedder, denn so hatte es ihr eine Bekannte aus der Nachbarschaft erzählt, habe diese bei ihrem Osterspaziergang in der Schrebergartensiedlung ein junges Paar gesehen, das lange die Villa des Treuhand-Chefs betrachtet habe. »Ihr war aufgefallen, dass die beiden sich mit Gesten und Blicken intensiv mit unserem Haus zu beschäftigen schienen. Sie meldete sich nach dem Anschlag bei der Polizei, sie wurde jedoch nie angehört.« Falls es sich bei dem Mann um Wolfgang Grams gehandelt hat, wofür vieles spricht, liegt die Vermutung nahe, dass die junge Frau Birgit Hogefeld gewesen ist. Sie und Grams waren ein Paar. Seit vielen Jahren gemeinsam auf der Flucht. Birgit Hogefeld sitzt, zu einer lebenslänglichen Strafe verurteilt wegen mehrfachen Mordes und als Mitglied einer terroristischen Vereinigung, längst im Gefängnis. Aber sie schweigt. Das Schweigegelöbnis der Rote Armee Fraktion, verkündet 1998, als die übrig gebliebenen sogenannten Kämpfer bekannt gaben, sich vom bewaffneten Kampf zu verabschieden, aber niemals mit den Vertretern des Staates zu kooperieren, hält sie für verpflichtend. Bei der Mafia nennt man so etwas *Omertà*.

Ein architektonisches Prachtstück, das intensiv betrachtet zu werden gelohnt hätte, war das Haus mit der Nummer 7 am Kaiser-Friedrich-Ring, das dem Hoesch-Konzern gehörte, einst die

Dienstvilla von dessen Vorstandschef Rohwedder, jetzt von ihm gemietet, wahrlich nicht. Zwar gingen hier viele Leute spazieren, weil ein schmaler Weg hinunterführte zum Rhein, aber die schenkten ihrer Umgebung kaum einen Blick. Genau deshalb war der Frau aus der Nachbarschaft das junge Paar aufgefallen. Der Mann und die Begleiterin schienen sich nur für das Haus von Rohwedder zu interessieren. Das aber fiel ihr erst nach dem Attentat wieder ein. Normales Verhalten. Ermittler des Bundeskriminalamtes, die nach Anschlägen wie dem auf Detlev Rohwedder im Auftrag des Generalbundesanwalts tätig werden, arbeiten erst einmal routinemäßig eine Checkliste ab: Wem ist etwas aufgefallen, was erst aus heutiger Sicht ungewöhnlich ist? Dem Bäcker? Dem Postboten? Dem Zeitungsausträger? Dem Müllmann?

Auch Hergard Rohwedder hat sich an ihr seltsam erscheinende Begebenheiten erst wieder erinnert, als sie im Krankenhaus lag und die BKA-Beamten sie dort befragten. Einige Tage vor Ostern, sagte sie ihnen, sei bei einer Anwaltskanzlei im Kaiser-Friedrich-Ring eine junge Frau erschienen mit der Bitte, mal telefonieren zu dürfen. Obwohl sie irgendwie merkwürdig, irgendwie ungewöhnlich wirkte, ließ man sie telefonieren, allerdings von einem im Büro ansonsten kaum benutzten Apparat aus. »Sofort nach dem Attentat wurde die Kriminalpolizei benachrichtigt, um gegebenenfalls Fingerabdrücke zu nehmen. Es erschien niemand. Sechs Jahre später rief einer aus der Fahndungsgruppe bei mir an, man wolle dort jetzt nachfragen und ob ich den Namen der Kanzlei noch wisse. Zur Erfolgsaussicht einer Recherche nach sechs Jahren fällt dem gesunden Menschenverstand wenig ein …« Leider gab es damals noch keine Handys, sagt mir einer der Bundesanwälte, mit denen ich mich in Karlsruhe über den heutigen Stand im Fall Rohwedder unterhalte. Denn sonst wäre es uns ein Leichtes gewesen, die Besitzer zu orten.

Mord verjährt nicht. Deshalb gibt es bei der Generalbundesanwaltschaft in Karlsruhe nach wie vor ein Ermittlungsverfahren gegen Unbekannt wegen des »Verdachts der Mitgliedschaft in einer terroristischen Vereinigung, des Mordes, des versuchten Mordes und anderer Straftaten (Mordanschlag auf den Leiter der Treuhandanstalt, Dr. Rohwedder, und dessen Ehefrau am 1. April 1991 in Düsseldorf-Oberkassel«. Nach wie vor gehen die Ermittler des Bundeskriminalamtes davon aus, dass es mindestens zwei Täter waren.

Lebensläufe von Tätern sind beschrieben in Büchern, sind untersucht vom Kriminalistischen Institut des Bundeskriminalamtes, sind ausgeleuchtet in Fernsehdokumentationen oder Spielfilmen bis in alle Winkel des Baader-Meinhof-Komplexes. Michael Newrzella ist das letzte Opfer der Rote Armee Fraktion – und genauso vergessen wie viele andere Beamte, die in Zeiten des deutschen Herbstes im Dienst von Mitgliedern der RAF erschossen wurden.

Die Verbindungen zwischen dem, der im Juni 1993 auf Newrzella geschossen hatte und dann selbst tot auf einem Bahnsteig in Mecklenburg-Vorpommern lag, und denen, die ihn bis dorthin verfolgt und dann gestellt hatten, sind nicht nur die nun mal üblichen zwischen Polizei und Täter. Der Zufall wollte es, dass Wolfgang Grams, Mitglied der Rote Armee Fraktion, in Wiesbaden auf die Welt gekommen war. Dort, in Reichweite der für die Überwachung und Bekämpfung seiner Gesinnungsgenossen zuständigen Behörde, hatte er sich der »Sozialistischen Initiative Wiesbaden« angeschlossen. Seitdem war er bei denen, die entsprechend dem von Horst Herold aufgestellten Raster fahndeten, auf dem Bildschirm. Sie verloren ihn erst, als er 1984 in den Untergrund abtauchte. Seine Freundin Birgit Hogefeld ging mit ihm.

Neun Jahre später stellten sie das Paar auf dem Bahnhof von Bad Kleinen in Mecklenburg-Vorpommern. Zielfahnder des Bundeskriminalamtes hatten Wolfgang Grams und seine ständige Begleiterin aufgespürt, die sich in eine Ferienwohnung in Wismar eingemietet hatten, und anschließend rund um die Uhr überwacht. Der Zugriff durch Spezialisten der Antiterroreinheit GSG 9 in Zusammenarbeit mit dem BKA, bei gemeinsamen Einsätzen gegen Schwerkriminelle oft schon gelungen, geriet zum Fiasko. Der oberste Dienstherr des Bundeskriminalamtes, Innenminister

Rudolf Seiters, übernahm die politische Verantwortung für den tödlich verlaufenen Einsatz und verkündete wenige Tage später seinen Rücktritt. Andere wie Generalbundesanwalt Alexander von Stahl folgten eher unfreiwillig seinem ehrenwerten Beispiel.

Bei der gemeinsamen Aktion von BKA und GSG 9 und LKA Mecklenburg-Vorpommern auf dem Bahnhof von Bad Kleinen waren schwere Pannen passiert, sowohl bei der Observation von Wolfgang Grams und Birgit Hogefeld – die unverletzt festgenommen werden konnte – als auch beim Zugriff selbst. Das ergab eine anschließende interne Analyse des Falls.

Die Ergebnisse wurden beim Bundeskriminalamt in Wiesbaden hinter verschlossenen Türen diskutiert, doch nichts, wie mir einer erzählte, der dabei gewesen ist, wurde vertuscht oder schöngeredet, nichts dem Schicksal oder einem unvorhersehbaren Zufall vor Ort angelastet. Die Selbstkritik mündete im Gegenteil sogar in einer neuen Strategie für künftige Einsätze. Denn die nach dem Mord an Rohwedder auf Beschluss der Innenminister eingerichteten sogenannten »Koordinierungsgruppen Terrorismusbekämpfung« (KGT), in denen Spezialisten von Bundeskriminalamt, Landeskriminalämtern, Verfassungsschutz und Bundesanwaltschaft vertreten sind, hatten festgestellt, dass sowohl bei der Planung als auch bei der Kommunikation während des Einsatzes vieles schiefgegangen war. Zu viel. Das Bundeskriminalamt zog in Eigenregie zeitnah personell und organisatorisch Konsequenzen aus den Fehlern. Nicht nur für die Bekämpfung des Terrorismus, sondern grundsätzlich für alle Einsätze gegen die Organisierte Kriminalität, nicht nur bei der taktischen, sondern auch bei der strategischen Ausbildung seiner Beamten.

Seitdem ist es selbstverständlich, was früher bloß die Ausnahme war, dass Staatsanwälte bei Ermittlungen und Fahndungen und sogar beim Einsatz von Anfang an dabei sind. Sie wissen, was die Kriminalbeamten tun, können jeden Schritt nachvollziehen, haben unmittelbare Eindrücke, die sich dann niederschlagen beim Prozess, in dem sie die Anklage vertreten. Bad Kleinen war ein GAU, wie mir viele im Bundeskriminalamt bestätigten, manche mehr, manche weniger zögernd. Aber einer mit am Ende dann doch positiven Auswirkungen.

Ohne die Wissenschaft wäre nie herausgekommen, was die beiden Tatorte Düsseldorf-Oberkassel und Bad Kleinen miteinander verband. Wolfgang Grams konnte vom BKA-Labor aufgrund einer vergleichenden DNA-Analyse mit Haaren, die damals auf dem am Tatort gefundenen blauen Frotteehandtuch gesichert worden waren, zweifelsfrei seine Verbindung zu dem bis dahin unaufgeklärten Mord am Treuhand-Chef nachgewiesen werden. Warum wurde das Ergebnis aber erst 2001 veröffentlicht? Die Zeitverzögerung, acht Jahre nach dem Selbstmord von Grams, taugt ebenfalls nicht für eine paranoide Verschwörungstheorie, für die Unterstellung eines Komplotts von Politikern, Rechtsmedizinern, Staatsschützern, BKA- und GSG-9-Beamten, wonach Grams in Wirklichkeit von Kameraden des erschossenen Kommissars kaltblütig auf dem Gleis liegend hingerichtet worden sei. Es gibt eine einfache Erklärung: Die für Vergleiche dieser Art, in diesem Fall eine Analyse von telogenen Haaren, notwendige Technik molekulargenetischer Untersuchungen kann erst seit der Jahrtausendwende bei der Bearbeitung weit zurückliegender Verbrechen eingesetzt werden. Zuvor gab es sie schlicht nicht.

Als die erste Generation der RAF gejagt wurde, konzentrierte man sich auf das, was bei der Rasterfahndung hängen geblieben war, was als typisch galt für das Verhalten der Terroristen: Stromrechnungen, Mieten, Mietwagen bar oder sogar per Überweisung zu bezahlen. Dazu kamen bei den Ermittlungen gegen die zweite Generation bewährte Methoden der Daktyloskopie und der Serologie – Untersuchungen von Blutgruppe, Ausscheidungen. Alles allerdings noch eher grobrastig. Ab Ende der Achtzigerjahre konnten sich die Beamten auf DNA-Analysen stützen, auf Handschriftenvergleiche, sogar auf Restspeichel auf den Bekennerschreiben. Beim Zukleben der Briefe wurden Spuren hinterlassen. Oder es blieben beispielsweise beim Angurten in den Fluchtfahrzeugen verräterische Hautpartikelchen der Fahrer zurück. Auch die ergaben eindeutige Beweise für die Täterschaft. Die dritte Generation der RAF, von der nach wie vor einige gesucht werden – denn der Haftbefehl bleibt gültig, obwohl sie dem bewaffneten Kampf abgeschworen haben –, hat aus Fehlern ihrer Vorgänger gelernt. Trägt Handschuhe. Mietet keine Fahrzeuge mehr. Benutzt öffentliche Verkehrsmittel. Taucht in Ferienwohnungen unter. Geht nicht mehr auf Reisen.

Erst nach dem Vergleich der telogenen Haare stand also fest, dass Grams am Attentat auf Rohwedder beteiligt war. Die Kommissare vom Staatsschutz in Meckenheim sind sich sicher, dass es mindestens zwei Attentäter gegeben haben muss. Doch wer von den beiden die tödlichen Schüsse abgab, wissen sie nicht, denn Grams ist tot, und nach der oder dem anderen wird nach wie vor gefahndet. Sie mutmaßen zwar, dass die von ihnen Gesuchte sich ganz in ihrer Nähe befindet. Vieles spricht dafür, dass die heute in einem Frankfurter Gefängnis einsitzende Birgit Hogefeld, die in Bad Kleinen ihren Partner begleitete, auch bei der Ermordung Rohwedders an seiner Seite war. Die Beobachtungen der Rohwedder-Nachbarin und des Anwalts – die eine von einem jungen Paar berichtend, der andere von einer jungen Frau – legen diesen Verdacht nahe. Und es gibt noch ein weiteres Indiz: Hergard Rohwedder sah am Nachmittag des Ostermontags im Vorhof der Anwaltskanzlei einen dort geparkten Jeep, in dem ein junges Paar saß und sich unterhielt. Es konnte sich nicht um Mandanten des Anwalts handeln. Es war schließlich ein Feiertag, es war Ostern, das Büro deshalb geschlossen. Sie ist überzeugt davon, dass es sich bei dem Pärchen im Jeep um Birgit Hogefeld und Wolfgang Grams gehandelt hat. Aber beweisen lässt sich das nicht.

Selbstverständlich ist der ehemaligen Richterin bewusst, dass ihre Beobachtung vor Gericht wenig hilft. »Ich bin zwar Juristin, aber ich habe nicht das Gerechtigkeitssyndrom, den Wunsch, dass unbedingt herauskommen muss, wer es war, der auf uns geschossen hat. Ich leide nicht darunter, dass ich es nicht weiß oder dass die es nicht wissen, die dafür zuständig sind.« Deshalb hat sie auch keinen Wert darauf gelegt, bei jeder neuen Spur in den Jahren danach immer sogleich informiert zu werden. Sondern nur dann, wenn die Fahnder tatsächlich sicher seien, am Ziel zu sein. Jeder Anruf versetzte sie neuerlich in eine entsetzliche Unruhe, und sie wollte ja, soweit das überhaupt geht, wieder ein normales Leben leben.

Hergard Rohwedder hat ihr schweres Trauma, verursacht durch den Mord an ihrem Mann, verursacht durch die eigene Verletzung, die psychischen und die physischen Folgen jener Nacht, nach schlaflosen Nächten über viele Jahre hinweg als Schicksal zu akzeptieren gelernt. Anfangs waren nur Depressionen und Angst ihre Begleiter. Sie bewegte sich zwischen Operationen und Therapien, zwischen Himmel und Hölle, ohne festen Boden unter den Füßen. Erst allmählich fand sie dank eines Therapeuten, der sie lehrte, ihr Schicksal anzunehmen, und dank der Liebe ihrer erwachsenen Kinder wieder festen Halt.

Die Fenster im Erdgeschoss ihres Hauses waren damals mit schusssicheren Scheiben verglast worden. Die im ersten Stock allerdings nicht. Hergard Rohwedder beklagt, dass sich die Beamten vom Landeskriminalamt gar nicht interessiert hätten für das obere Stockwerk: »Da mein Mann die ganze Woche über in Berlin war, habe ich die Gespräche über die Sicherung des Hauses geführt. Die obere Etage wurde bei den Besprechungen weder besichtigt noch in Gegenwart des für den Umbau zuständigen Architekten von Hoesch in die Gespräche überhaupt einbezogen. Weshalb hätten wir den Einbau unten billigen, einen oben aber ablehnen sollen?« Sie habe genau das gemacht, was die ihr rieten. Die waren die Spezialisten, sie doch nicht. Oben hätte sie nur den dunkelblauen Chintzvorhang vorziehen müssen, dann hätten die von den Schrebergärten aus gar nichts sehen können, wer im Zimmer war in jener Nacht.

In jener Nacht: Neben dem leeren Koffer auf seinem Bett hat Rohwedder ausgebreitet, was er am nächsten Morgen nach Berlin mitnehmen will, Akten hauptsächlich, auch Hemden und Wäsche. Er trägt ein langes weißes Nachthemd. Über den Flur, in dem sich Regale voller Bücher bis zur Decke strecken, geht er in sein Arbeitszimmer. Er schaltet die Deckenlampe an. In dem Moment fallen Schüsse.

Man muss kein ausgebildeter Scharfschütze sein, um aus dreiundsechzig Meter Entfernung ein Ziel vor beleuchtetem Hintergrund, zumal einen Hünen wie Rohwedder, zu treffen, dafür braucht es keine spezielle Ausbildung. Jeder, der bei der Bundeswehr mal mit einem G1-Gewehr geübt hat, könnte ein Ziel treffen, wie Rohwedder es bot. Vielleicht hat sein Mörder nicht einmal ein Zielfernrohr benutzt. Ein Fernglas wohl, denn das finden die Beamten neben einem schwarzen Plastikstuhl, neben einem blauen Handtuch – jenem, auf dem sich auch die Haare fanden, die zu Wolfgang Grams führen sollten –, neben Patronenhülsen und Spuren eines Motorradreifens in einem der Gärten in der Schrebergartenkolonie, die zwischen der Straße und dem Rheinufer liegt. Zweifellos sind die Attentäter zu zweit gewesen, einer hat das Gewehr auf den Stuhl gestützt und gezielt, der andere durchs Fernglas geschaut und das Zeichen gegeben. Drei Kugeln werden abgefeuert, Rohwedder ist bereits nach dem ersten Schuss tot. Seine Frau wird von der zweiten Kugel getroffen, die dritte Kugel durchschlägt den Band mit Alexis de Tocquevilles »Erinnerungen« im Bücherregal. Irgendwann werden sie, auch nach mehr als zwanzig Jahren, die zweite Person, die Grams begleitete, noch verhaften, irgendwann wird die, falls sie bereits verurteilt ist wegen anderer Straftaten, doch noch reden. Wer schnelle Erfolge will, sagt mir ein Ermittler, hat beim Staatsschutz nichts verloren, der soll zur Abteilung Rauschgift gehen.

Die Rote Armee Fraktion zu bekämpfen war stets Aufgabe der Polizei. Um eine Fraktion von fanatischen Kriminellen zu besiegen, die in ihrem Größenwahn für sich in Anspruch nahmen, aus politischer Notwendigkeit heraus bomben und morden zu müssen, brauchte es keine Armee, sondern bestens ausgebildete, bestens ausgerüstete, bestens befähigte Ermittler, Spurensucher, Zielfahnder. Das gilt im Prinzip bis heute. Auch wenn inzwischen Spezialkommandos der Bundeswehr in entlegenen Gegenden der Welt, zum Beispiel in Afghanistan, präventiv eingesetzt werden.

Nach Erkenntnissen von Verbindungsbeamten des BKA und des Bundesnachrichtendienstes werden in geheimen Lagern von Al-Qaida neue Terroristen ausgebildet. Deren Auftrag lautet, auch in Deutschland Angst und Schrecken zu verbreiten.

Nach den Anschlägen von New York und Washington am 11. September 2001, die sich unter dem Rubrum *Nine Eleven* ins globale kollektive Bewusstsein eingebrannt haben, ist der Kampf gegen den internationalen Terror national nicht mehr zu gewinnen, so wenig wie der gegen die international organisierte Kriminalität. Als in Deutschland aufgewachsene und in Pakistan ausgebildete Islamisten einen blutigen Anschlag in Deutschland, vergleichbar denen in London oder Madrid, planten, war es deshalb zwar die Aufgabe des Bundeskriminalamtes, sie zu finden und festzunehmen. Der erste Hinweis aber kam von einem Geheimdienst, einem amerikanischen. Aus Fehlern und Schlampereien und mangelnder Koordination der betreffenden Behörden vor dem Anschlag, durch den die Attentäter dreitausend Menschen in den Tod schickten, hatten die Amerikaner die nötigen Konsequenzen gezogen. Im Gegensatz zu früheren Zeiten teilen sie seitdem das, was sie bei ihren Ermittlungen erfahren, weltweit nicht nur befreundeten Dienststellen mit, sondern auch zum Beispiel den russischen, die nicht zu den traditionellen Freunden der USA gehören.

Deutsche Sicherheitsbehörden hatten einiges wiedergutzumachen. Der Vorwurf, die terroristischen Schläfer, die in die USA einreisten, vier Flugzeuge entführten und sie als tödliche Waffen benutzten, hätten sich in aller Ruhe ungestört in Hamburg-Harburg auf ihre Mission vorbereiten können und seien nie auf dem Radar des Staatsschutzes aufgetaucht, traf ja zu. Der Stachel, versagt zu haben, saß tief.

Deshalb nahmen die Deutschen todernst, was NSA (National Security Agency) und CIA beim Durchforsten von verdächtigen E-Mails oder gespeicherten Meldungen in einem sogenannten Entwurfsordner bei Yahoo, vergleichbar einem ordinären Postfach in irgendeinem Postamt, auf das jedoch mehrere Menschen Zugriff haben, entdeckten und an sie weitergaben. Internetpostfächer wie die des Providers Yahoo zu knacken ist für CIA oder NSA, aber auch für die Experten vom BKA kein Problem. Die Amerikaner hatten einen regen Onlineverkehr zwischen Pakistan und Deutschland registriert, wobei es in den E-Mails ganz offensichtlich nicht um Liebesgrüße oder Gewürze ging. Ein Anschlag, so der dringende Verdacht, stand offenbar unmittelbar bevor – doch wo und wann?

Im Oktober 2006 begann aufgrund der verdächtigen Internetbotschaften die »Operation Alberich«. Zu der Zeit hatten, wie sich später herausstellen sollte, auch die Täter mit den Vorbereitungen zu ihren Operationen begonnen. Die Planungen der Polizei wurden abgestimmt im Gemeinsamen Terrorismusabwehrzentrum (GTAZ) in Berlin, in dem als Reaktion auf die Attentate von New York, Madrid und London alle Aktivitäten gegen terroristische Bedrohungen koordiniert werden. Antiterrorspezialisten aus den Vereinigten Staaten unterstützten ihre deutschen Kollegen. Mögliche Attentäter waren dank der entschlüsselten E-Mails zwar namentlich ermittelt worden, doch nichts lag gegen die vor. Sie waren nirgends aufgefallen. Völlig unbeschriebene Blätter. Aber alle hatten ihre biografischen Wurzeln in Deutschland.

Der Fachbegriff für solche Terroristen, nicht nur in Deutschland, lautet *home grown terrorists*. Die aus Deutschland schienen sich amerikanische Einrichtungen ausgesucht zu haben. Bestimmte Codewörter, die entschlüsselt worden waren, ließen das vermuten. Das konnten zum Beispiel Kasernen sein oder auch Diskotheken, die hauptsächlich von US-Soldaten besucht wurden. Weil alles auf eine Konzentration der möglichen Täter im Südwesten der Republik hindeutete, wurden die einzelnen Ermittlungsgruppen aus dem Saarland, aus Hessen und aus Baden-Württemberg unter Leitung des in solchen Fällen zuständigen Bundeskriminalamtes zusammengefasst in der »Ermittlungsgruppe Zeit«. Die Bundesanwaltschaft hatte die Ermittlungen übernommen, zum Zeitpunkt der Anklage füllten die Protokolle dann rund sechshundert Leitz-Ordner.

Mögliche Ziele von Anschlägen wurden fortan vorbeugend observiert. Am Jahresende 2006 fiel Beamten dabei in Hanau ein Auto auf, das in regelmäßigen Abständen, aber stets in langsamem Tempo an einer amerikanischen Kaserne vorbeifuhr. Sie baten über Funk Kollegen von der Verkehrspolizei, bei nächster Gelegenheit eine Alkoholkontrolle durchzuführen. Was am Silvesterabend nicht ungewöhnlich ist, also auch keinen Verdacht erregt. Der Fahrer war nüchtern, und obwohl das ja genügt hätte, wurden gleich auch seine Mitfahrer um ihre Personalausweise zwecks Überprüfung ihrer Identität gebeten. Damit hatte man ihre Namen, und die wurden ins System INPOL eingegeben. Drei von ihnen standen auf der Liste der beim GTAZ gespeicherten Verdächtigen. Zwar durften sie damals mit besten Wünschen für ein gutes neues Jahr weiterfahren, aber von da an wurden sie Tag und Nacht überwacht. Anfang 2007 begann so der größte bundesdeutsche Polizeieinsatz seit der Entführung von Hanns Martin Schleyer 1977 und der Ermordung des Treuhand-Chefs Detlev Rohwedder an Ostern 1991.

Die Aktion wird inszeniert wie ein Theaterstück. Wohnungen der drei Verdächtigen zu observieren ist dabei die einfachste Übung. Technische Bautrupps, die scheinbar nur Stromleitungen oder Glasfaserkabel verlegen, bauen in Wirklichkeit an passenden Stellen Überwachungskameras auf, die in den kommenden acht Monaten alles aufzeichnen werden, was sich auf der »Bühne« abspielt, vor allem alle Personen, die in der Umgebung auftauchen. Die Fahrzeuge der Hauptverdächtigen sind verwanzt. Auch dann, wenn sie später Autos mieten werden, fährt in denen stets eine Wanze mit. Und alles, was im Fahrzeuginnern geredet wird, hören die vom Staatsschutz mit. Auf den »Aus«-Knopf müssen sie laut Gesetz bei der Wohnraumüberwachung oder beim Abhören der Telefonate nur dann drücken, sobald die Gespräche um Privatangelegenheiten gehen. Solche mitzuhören ist in Deutschland verboten. Worüber die Beamten, die in Italien, Frankreich, Großbritannien das Organisierte Verbrechen bekämpfen, oder potenzielle Terroristen nur lachen können.

Was sich die jungen Männer gegenseitig mailen oder wohin sie online was auch immer mitteilen im fernen Pakistan, lesen Beamte in Echtzeit mit. Observierungsteams des BKA sind dabei, als jene in Hannover neun je fünfundsechzig Kilogramm fassende Kanister mit einer fünfunddreißigprozentigen Lösung von Wasserstoffperoxid besorgen, eine Chemikalie, die ungefährlich und in Kanistern frei verkäuflich ist, die aber bei entsprechender Mischung mit anderen Stoffen hochexplosiv werden kann. Das wissen die Wissenschaftler der Abteilung Kriminaltechnik selbstverständlich auch. Bald haben die Verdächtigen einen Vorrat zusammen, der bei Aufbereitung durch Experten eine explosive Mischung von fünfhundertfünfzig Kilogramm ergeben würde, was in etwa der Sprengkraft von vierhundertzehn Kilogramm TNT entspricht. Bei den beiden Anschlägen im Juli 2005 in London wurde ebenfalls Wasserstoffperoxid benutzt. Beim ersten waren es 2,5 Kilogramm, beim zweiten sechs. Man kann sich vorstellen, was man mit der hundertfachen Menge würde anrichten können. Deshalb muss schnell etwas geschehen, sehr schnell.

Wo die Männer das Zeug lagern, ist kein Geheimnis, denn sie werden auf allen Fahrten unauffällig verfolgt. Vielleicht – aber darüber gibt es selbstverständlich keinen Aktenvermerk oder gar ein Protokoll – hatte ein kreativer Beamter eine kinoreife Idee zur Lösung des Problems. Denn es war eindeutig Gefahr im Verzug. Bei Nacht und kaum Nebel schleichen sich deshalb dunkle Gestalten in ein Schwarzwalddorf, bewaffnet mit zwölf Kanistern, blau wie die ursprünglich von den Verdächtigen in Hannover erworbenen, und tauschen sie mit denen aus, die hier vor Ort in einer gemieteten verschlossenen Garage lagern. Ihr Inhalt besteht aus einer Mischung von Wasser und absolut ungefährlichen, aber streng riechenden Chemikalien und einer noch gerade mal dreiprozentigen Wasserstoffperoxidlösung. Dafür haben die Kollegen von der Kriminaltechnik in Wiesbaden gesorgt.

Sogar das Ende der »Operation Alberich« ist filmreif. Regie führt diesmal der Zufall. Zwei Verkehrspolizisten kontrollieren routinemäßig auf dem Land neben anderen Pkws auch das Auto der Verdächtigen und geben die Namen auf den Führerscheinen ins System INPOL ein. Dabei reden sie deutlich vernehmbar miteinander, und einer der Polizisten sagt sinngemäß: Mensch, die stehen beim BKA auf der Liste. Das hören die Überprüften, die im Auto sitzen. Jetzt wissen sie, dass man ihnen auf der Spur ist. Doch auch die beim Bundeskriminalamt hören dank der Wanzen alles mit und entschließen sich deshalb zum sofortigen Zugriff. Beim Einsatz wird ein Beamter, der einen flüchtenden Verdächtigen verfolgt, von diesem beschossen und leicht verletzt. Wenige Stunden danach werden die drei Männer, ab dann bekannt als »Sauerland-Terroristen«, weil die GSG 9 in deren gemietetem Ferienhaus im sauerländischen Oberschledorn zugeschlagen hatte, dem Generalbundesanwalt in Karlsruhe überstellt. Der erhob Anklage. Die beiden zum Islam konvertierten Deutschen Fritz Gelowicz und Daniel Schneider erhielten im Prozess, der im Frühjahr 2010 unter strengsten Sicherheitsvorkehrungen stattfand, eine Haftstrafe von jeweils zwölf Jahren, der mitangeklagte türkische Staatsbürger Adem Yilmaz wurde zu elf Jahren Haft verurteilt, und als ihr williger Helfer musste der Deutsch-Türke Attila Selek für fünf Jahre hinter Gitter. Der Richter stellte in der Begründung der Urteile fest, sie hätten ein »ungeheures Blutbad mit einer unübersehbaren Zahl von Toten geplant«.

Dagegen waren deutsche Terroristen der Rote Armee Fraktion nicht einmal Brüder im Geiste, so mörderisch sie auch in ihrem Hass agierten. Attentate der RAF zielten auf Diplomaten wie Gerold von Braunmühl oder auf Justizbeamte wie Siegfried Buback, dessen Begleiter ebenfalls ermordet wurden, oder auf Richter wie Günter von Drenkmann und vor allem auf führende Manager aus dem »militärisch-industriellen Komplex«, in den die Mörder alles aus der Wirtschaft hineinrührten, was in ihrem kruden Weltbild zusammenpasste, tatsächlich aber nicht zusammengehörte. Siemens-Vorstand Karl Heinz Beckurts und sein Fahrer, ein Mann aus dem Volk, das zu befreien sie vorgaben, starben dabei ebenso wie Ernst Zimmermann, der Chef der Motoren- und Turbinen-Union, der unter den Augen seiner von den Terroristen gefesselten Frau in seinem Haus mit Schüssen in den Hinterkopf getötet wurde. Die RAF-Killer trafen den Vorstandssprecher der Dresdner Bank, Jürgen Ponto, ebenso wie den Chef der Deutschen Bank, Alfred Herrhausen. Sie erschossen einfache US-Soldaten, die in Deutschland stationiert waren, ermordeten Arbeitgeberpräsident Hanns Martin Schleyer, seine Personenschützer sowie seinen Chauffeur, sie töteten niederländische Zollbeamte und bei Banküberfällen auch mal unbeteiligte Zivilisten.

Detlev Rohwedder selbst legte wenig Wert auf Bodyguards, aber das hätte die Verantwortlichen nicht davon abhalten dürfen, ihn rund um die Uhr zu schützen – auch gegen seinen Willen. In seinem Haus mit Blick auf den Rhein, Stahltor in der hohen Hecke und Videoüberwachung, fühlte er sich nie in Gefahr. Man hätte aber dennoch, unabhängig davon, was ihm als ausreichend erschien, wissen müssen, dass jederzeit etwas passieren könnte. Es gab ein Telex der Ermittler aus Berlin nach Düsseldorf mit der Schilderung des Brandanschlags auf die Treuhand-Niederlassung. Das Schreiben lag über die Feiertage irgendwo unbeachtet herum. Ähnlich wie das Telex mit dem Hinweis auf das Hochhaus im Fall Schleyer.

Doch selbst wenn Rohwedders Beschützer in dieser letzten Nacht das Haus bis zum Morgen, bis zur Abfahrt Richtung Flughafen Düsseldorf, bewacht hätten, nichts wäre verhindert worden. Die wären ja nicht mit ihm in den ersten Stock in sein Arbeitszimmer gegangen und hätten sich vor ihn ans Fenster oder vor die Balkontür gestellt. Das ganz bestimmt nicht, erwidert Frau Rohwedder bitter, aber trotzdem sind die Sicherheitsbehörden von Nordrhein-Westfalen mitschuldig am Tod ihres Mannes. »Wenn es auch oben schusssichere Scheiben gegeben hätte, dann würde mein Mann noch leben.« Die Terroristen hätten Detlev Rohwedder selbst in Berlin erwischen können, wo er Personenschutz Stufe eins genießt, so wie Bundeskanzler Helmut Kohl, und wo er auch nachts im Hotel bewacht wird. Absolute Sicherheit gibt es nicht. Wenn Rohwedder, in seiner Größe nicht zu übersehen, morgens das Hotel verließ, um zur Treuhandanstalt zu

fahren, zeigte er gern aufs Berliner Haus der Demokratie gegenüber, wo munter rote Fahnen im Wind wehten: »Falls aus einem
der Fenster da jetzt einer auf mich zielen würde, wär's vorbei. Im
ganzen Haus da habe ich doch Feinde.«

Der Spur des Fernglases, das die BKA-Beamten auf dem Bekennerschreiben im Schrebergarten finden, folgen die Fahnder
bis zum Hersteller nach Japan, um über die Lieferkette zurück bis
nach Deutschland den Käufer herauszubekommen. Vergebens, es
ist billige Dutzendware, eine tote Spur. Ein paar Wochen nach
Ostern hätten die Mörder kein freies Schussfeld mehr gehabt,
weil dann die Bäume vor dem Haus und am Straßenrand dicht
belaubt gewesen wären. Aber Anfang April, an Ostern 1991, störte
nichts, erst recht keine Nachbarn, die alle befragt wurden. Jeder,
der einen Hund ausführte, ist auch der tatsächliche Besitzer, denn
aus dem Tierheim geliehene Hunde auszuführen gehörte zu den
Tarnungen, mit denen RAF-Mitglieder Tatorte und Opfer auszu-
spähen pflegten. Resigniert sagte mir der damals zuständige Kriminaldirektor des Bundeskriminalamtes, dass die Terroristen sogar
in Ruhe mit einer Panzerfaust hätten anlegen und das ganze erste
Stockwerk des Rohwedder-Hauses hätten wegfegen können.

In ihrem Wahn glaubte die RAF, mit den Schüssen vom Rhein
die Stimmung des Volkes drüben zu treffen. Wahnsinn. Sie ermordeten im Gegenteil einen Mann, der dringender als andere gebraucht worden wäre für die Verwirklichung der Einheit. Einen
Patrioten, dem sie am Herzen lag. Der das Versprechen des Bundeskanzlers, blühende Landschaften zu schaffen, als Verpflichtung
betrachtete. Mit Helmut Kohl saß der Sozialdemokrat Detlev
Rohwedder, beide in Strickjacken, gern bei einer Flasche pfälzi-
schen Weins, sie redeten über die Erfahrungen mit den bis zum
Mauerfall einander ziemlich fremden Deutschen, stritten sich auch.

Der Kanzler hatte nach der Ermordung seines obersten Treu-
händlers dessen Witwe über die Nachrufe und Beileidsbezeugun-
gen hinaus nicht vergessen, weder im Krankenhaus noch bei ihrer
so mühsamen Rückkehr ins Leben. »Er hat die Kinder zu Hause
besucht, hat sich um sie gekümmert. Mein Mann hat immer ge-

sagt, wenn du mit Kohl ein Problem besprichst, hast du nach zwei Wochen eine Antwort, entweder Ja oder Nein, aber es ist wenigstens eine.« Am Todestag Rohwedders vergaß Helmut Kohl nie, einen Kranz an dessen Grab niederlegen zu lassen.

Als der Mord geschah, als in jener Osternacht 1991 der Schütze abdrückte, als die schwer verletzte Hergard Rohwedder mit letzter Kraft die Polizei anrief, wurde auch beim Kriminaldauerdienst des BKA Alarm ausgelöst. Mit dem, was man aus der spannenden und gut gemachten TV-Serie *KDD* kennt, hat dessen Arbeit allerdings nichts zu tun. Das eine ist Fiktion, das andere Realität. Würden sich die Beamten in Wiesbaden so benehmen wie die Schauspieler im Film, wären sie längst alle suspendiert.

KAPITEL 4

Die Fürsten der Finsternis

Etwa vierhunderttausendmal pro Jahr bekommt der Kriminaldauerdienst des Bundeskriminalamtes Post. Manchmal im Umschlag, oft als Fax, meist per E-Mail. Der KDD, besetzt rund um die Uhr, weil auch die Bösen nie schlafen, ist die zentrale Eingangsstelle für »alle polizeirelevanten Informationen«, wie es in der mir inzwischen schon vertraut gewordenen Amtssprache heißt. Die hier tätigen Profis sichten, verdichten, gewichten. So unterscheiden sie, basierend auf ihren in Jahrzehnten gewonnenen Erfahrungen, zwischen relevanten und irrelevanten Meldungen. Die einen kommen ins Kröpfchen, die anderen ins Köpfchen. Relevantes leiten sie weiter an das zuständige Referat, Irrelevantes lassen sie liegen – darunter kann auch schon mal ein Flash, eine Eilmeldung, aus einem osteuropäischen Staat sein, in dem es nicht etwa um einen flüchtigen Gewaltverbrecher geht, sondern um die Reservierung von Hotelzimmern für eine Delegation in Wiesbaden. Fragen nach dem Hintergrund zu einem Mord, der ein paar Jahre zurückliegt, werden ebenfalls nicht vorrangig bearbeitet. Andernfalls würden die Mitarbeiter des KDD von der eintreffenden Masse erschlagen.

Ausgerechnet beim Kriminaldauerdienst, der angesichts solcher Mengen von Hinweisen ohne die Kommunikationstechnik der Neuzeit den Dienst auf Dauer einstellen müsste, mache ich überraschend Bekanntschaft mit den guten alten Zeiten. Sie sind endlich mal sichtbar und werden nicht nur in Erzählungen beschworen. In Wahrheit war damals nicht alles besser, und schon gar nicht waren es alle, eher gilt da der Satz: Alles hat seine Zeit, und alle haben die ihre. Diese hier hat alles überlebt: In deckenhohen Regalen ist, gelagert in Kriminalakten, Vergangenheit einen schier erschlagend präsent. Auf Papier ruhen hier die Biografien verurteilter Krimineller, ergänzt von Auflistungen typischer Tätermerkmale, ergänzt mit dem passenden Foto aus der Verbrecherkartei. Alle Akten jedoch sind dem Untergang in Schreddern geweiht, denn bald werden die Stammkunden des BKA mit ihren Eigenheiten und Eigenschaften komplett digitalisiert, der Fortschritt unsichtbar und die Regale hier leer sein.

Etwa vierhunderttausendmal pro Jahr zu unterscheiden zwischen Sein und Schein heißt – übersetzt auf die alltägliche Arbeit –, sich tausendmal pro Tag entscheiden zu müssen. Pannen sind im System nicht vorgesehen, aber sie passieren. Um die Fehlerquote gering zu halten, wird grundsätzlich ausgedruckt, was im virtuellen KDD-Eingangskorb, dem hausinternen Intranet, landet. Danach sichten erfahrene Erstbewerter das angehäufte Material. In vielen Jahren der kriminalpolizeilichen Praxis an vielen Tatorten haben sie gelernt, die Spreu vom Weizen zu trennen, was bedeutet, dass sie die Eingänge kühl nach Dringlichkeit gewichten und sich einen Dreck darum scheren, ob dabei irgendein Hierarch aus einem nahen Bundesland oder einem fernen Partnerland ziemlich weit unten im Stapel landet.

Mit richtiger Polizeiarbeit, mit gefährlichen Einsätzen, hat das wohl nichts zu tun, wage ich einzuwenden und vergegenwärtige mir als Beweis ein paar Szenen der ZDF-Serie *KDD*, die ich in meinem persönlichen Kriminalarchiv namens Hirn gespeichert habe. Da lacht Willi Fundermann, der hier das echte Referat KDD leitet, kurz grimmig auf: »Also, ich habe auch ein oder zwei Folgen gesehen, dann habe ich mal kurz überschlagen, wie viele Straftaten im Dienst die Beamten begangen haben, zum Beispiel Erpressungen von Aussagen, Nötigungen, Körperverletzungen…« Er habe sich danach keine weiteren Folgen mehr angeschaut. Es ärgert ihn ein bisschen, dass diese ZDF-Version von KDD den Zuschauern als quasi authentisch verkauft wird, während es in Wirklichkeit, bei seiner KDD, auf ganz andere Dinge ankommt. Andererseits weiß er auch zu trennen zwischen amtlicher Faktenhuberei und spannender Fiktion.

Kriminaldirektor Fundermann ist im Unterschied zu Dauerdienstleistern der Bundesländer, die ihren kriminalistischen Dienst an echten Tatorten verrichten, mit seinen Einsatzkräften an Schreibtische gebunden. Sie haben aber trotzdem das Gefühl, nicht lediglich polizeiliche Hilfskräfte vor dem Bildschirm zu sein, sondern hilfreiche Kraft im Einsatz gegen das Verbrechen. Von dessen Auswirkungen landet das meiste zuerst bei ihnen; sie sind ausschlaggebend für die polizeilichen Reaktionen. Sobald etwas mit dem Stichwort »DRINGEND« eintrifft, beispielsweise eine Geiselnahme, werden von den KDDlern auf der Suche nach relevanten Zusatzinformationen sofort diverse Datenbanken wie die zentrale Kfz-Halter-Datei in Flensburg oder das Ausländerzentralregister durchforstet, gleichzeitig die Mobilen Einsatzkommandos der Bundesländer alarmiert, weil Gangster auf der Flucht in unterschiedliche polizeiliche Hoheitsgebiete ausweichen könnten. In speziellen Fällen, wie zum Beispiel Entführung eines Politikers oder Suche nach dem Versteck von Terroristen, bereiten sie das hauseigene SEK des Bundeskriminalamtes auf einen Einsatz vor. Präsident Jörg Ziercke bekommt eine – selbstverständlich verschlüsselte – SMS oder eine E-Mail auf seinen verschlüsselten und selbst geübten Hackern nicht zugänglichen sogenannten Krypto-Laptop, in den er sich einloggen kann, wo auch immer er sich gerade auf der Welt befindet.

Eine Panne mit tödlichen Folgen wie etwa während der Schleyer-Entführung – damals war übers Wochenende ein Fernschreiben liegen geblieben mit in der Tat sachdienlichen Hinweisen auf das Versteck, in dem der Arbeitgeberpräsident von der RAF gefangen gehalten wurde – ist heute faktisch ausgeschlossen. Der damalige BKA-Präsident Horst Herold konnte in den Hochzeiten des bleiernen deutschen Herbstes bei Eilmeldungen aus Wiesbaden nur auf das zurückgreifen, was damals technisch bereits möglich war. Das war noch nicht so viel. Als er mal wieder zu einem Tatort der RAF unterwegs war mit einem Hubschrauber des Bundesgrenzschutzes, der heute Bundespolizei heißt, ergab die Spurensicherung nach einem von der RAF begangenen Banküberfall eine neue Lage, was deren Verstecke betraf. Das sollte Herold sofort erfahren, denn er als BKA-Chef musste schnellstmöglich entscheiden, ob die Wohnungen zunächst nur beobachtet oder ohne Zeitverzögerung gleich gestürmt werden sollten. Der Pilot, über Funk alarmiert, landete sofort irgendwo am Rand eines Ortes, Herold eilte – man mag es kaum glauben heute in Zeiten von Handy und Internet – zur nächsten Telefonzelle, natürlich unter Begleitschutz, telefonierte mit dem Amt in Wiesbaden, eilte zurück zum Landeplatz, stieg wieder in den Hubschrauber und gab das neue Ziel an.

Menschlichem Versagen geschuldete Fehler kommen bekanntlich in allen großen Firmen vor, sie sind dem System jeder Organisation immanent. Wenn Pannen in der Firma BKA passieren, bei operativen Einsätzen zum Beispiel, oder wenn wie im Fall Schleyer durch ein vergessenes Fernschreiben ein operativer Einsatz nicht mal stattfinden kann, haben sie mitunter aber tödliche Folgen. Es ist ein gängiges Verfahren aller Organisationen, das Versagen Einzelner möglichst lange zu leugnen, um das Ganze zu schützen. Vertreter der vierten Gewalt, wir Journalisten, könnten jedoch alle erst mal ein Lied über eigenes Fehlverhalten singen, bevor wir andere bewerten.

Hier jedoch wird aus einem einzelnen Betriebsunfall ein typischer Fall namens Bundeskriminalamt, gerät damit auf eine andere, eine politische Ebene. Auf der melden sich ernst zu nehmende sachkundige Kritiker zu Wort, aber auch Verschwörungstheoretiker, die seit jeher – und immer noch – davon überzeugt waren und sind, dass in der Festung BKA finstere Mächte wirken, so wie einst der Nazimännerbund in den Anfangszeiten, erfahren in der Kunst des Vertuschens. Kurz: Dass es sich zwar nicht mehr um einen Männerbund handelt, aber um eine Art geheimer Bruderschaft, die sich allen Kontrollen entzieht.

Daraus ließe sich der Stoff für einen spannenden Krimi entwickeln, aber das ist fern der Wirklichkeit. Doch ein über Jahrzehnte gewachsenes Missverhältnis zwischen dem selbstverständlichen Anspruch der Öffentlichkeit auf Information und der offenbar genetisch verankerten Neigung des Amtes, sich mit seiner Arbeit der Öffentlichkeit zu entziehen, hat Spuren hinterlassen, auf beiden Seiten. Die einen blocken selbst die harmlosesten Fragen nach ihren Tätigkeiten ab, die anderen vermuten hinter jeder Antwort den Versuch, vom eigentlichen Thema abzulenken. Ein Tag der offenen Tür in Wiesbaden ersetzt nicht wirklich offene Türen.

Es erleichterte mir hin und wieder die Verständigung, wenn ich zugab, dass es in meiner Branche ebenso viele präpotente Nullnummern geben dürfte wie bei der Polizei. Dass sich aber, da wie dort, jeder einzelne Fall von allen anderen Fällen unterscheidet und keiner pauschalisiert werden darf. Darauf konnte man sich einigen. Vor allem mit Willi Fundermann. Denn der fällt aus dem üblichen Rahmen der polizeilichen Karriere. Er kennt die Begehrlichkeiten der Medien, hat früher in verschiedenen Zeitungen und Fernsehredaktionen hospitiert, war sogar mal beobachtender Praktikant beim nicht als BKA-affin bekannten Magazin »Stern«. Er weiß deshalb um das Misstrauen der Seinen und die Neugier der Meinen, weiß um die Überschneidungen von Ermittlungen und Recherchen. Was die Suche nach Wahrheit betrifft, sind die Seriösen beider Seiten vom gleichen Stamm. Selbstverständlich weiß er auch, dass dabei Fehler passieren können, dass Pannen oder gar Super-GAUs wie die gefälschten Hitler-Tagebücher oder die BKA-Aktion in Bad Kleinen trotz aller Prävention eben nie auszuschließen sind.

Wichtig ist, meinte später auch Max-Peter Ratzel, und ich ahnte, dass er aus eigener Erfahrung spricht, Fehler erstens offen zuzugeben, und zweitens, noch wichtiger, aus den begangenen für die Zukunft die notwendigen, die richtigen Konsequenzen zu ziehen, nämlich die Taktik von Einsätzen zu verändern: »Ich habe immer zu meinen Leuten gesagt, wenn ihr etwas macht, egal erst einmal, ob es gelingt oder nicht, ist allein der Versuch, einen neuen Weg zu gehen, aller Ehren wert. Doch wenn ihr scheitert, stellt bitte im übertragenen Sinne an diesem Weg ein Schild ›Sackgasse‹ hin, damit nicht auch noch andere so fehlgehen wie ihr. So weit sind wir noch lange nicht. Das erfordert auch intellektuelles Umdenken in die Richtung, was eigentlich heute ein Polizist an wesentlichen Fähigkeiten mitbringen muss für den Job.«

Was Ratzel abstrakt formulierte, ließe sich besser anhand eines tatsächlichen Geschehens verdeutlichen. So eines fand ich im Internet auf einer Gedenkseite für »im Dienst gewaltsam ums Leben gekommene Polizeibeamtinnen/Polizeibeamte« auf www.corsipo.de. Dieser konkrete Fall eines konkreten Polizeibeamten an einem konkreten Ort wird seitdem in Kursen und Schulungen den jungen Polizeibeamten als mahnendes Beispiel in allen Details von der Planung bis zum Einsatz geschildert, um sie auf die tödlichen Gefahren selbst bei scheinbar perfekt vorbereiteten Aktionen aufmerksam zu machen. Es wird ihnen eingebläut, dass es sich schon deshalb lohnt, genau zuzuhören, weil es irgendwann bei einem vergleichbaren Einsatz um ihr eigenes Leben gehen könnte.

Im vorgetragenen Präzedenzfall geht es um den Tod eines verdeckten Ermittlers am 4. Dezember 1991 und darum, wie der hätte verhindert werden können: Kommissar Volker Walliser, siebenunddreißig Jahre alt, sollte in der Drogenszene, getarnt als Käufer, der dringend Nachschub für seine Kunden brauchte, einundfünfzig Kilogramm Heroin von einem Rauschgifthändler erwerben, gegen den schon lange ermittelt wurde, dem bislang aber nichts nachzuweisen gewesen war. Beide einigten sich nach langen Verhandlungen auf den Ort der Übergabe, ein Hotelzimmer. Walliser gab den Treffpunkt weiter an seine Vorgesetzten. An einem bestimmten Tag, dem Tag, der sein letzter sein würde, war Walliser mit dem Verkäufer zu einer bestimmten Uhrzeit dort verabredet. Seine Kollegen von der Kriminaltechnik hatten das Zimmer verwanzt und eine Videokamera versteckt. Was die aufzeichnete, konnte dann das Mobile Einsatzkommando auf einem Bildschirm im Nebenraum sehen. Sobald der Deal vollzogen sein würde, der Verkäufer die Ware und der angebliche Käufer das Geld gezeigt und die Ermittler damit ihre Beweise auf der Kassette hätten, wollten sie zuschlagen.

Der Plan schien einleuchtend. Die Beamten glaubten, am Ziel einer langwierigen Spurensuche im Dunkelfeld der Organisierten Kriminalität zu sein. Sie hatten den greifbar nahen, unmittelbar bevorstehenden Erfolg schon vor Augen – und waren genau deshalb für andere Konstellationen blind. Anfangs lief alles noch ab wie erhofft: Der Kriminalbeamte zeigte einen Koffer voller Geld, der Dealer die Ware, und im Nebenzimmer verfolgte das Mobile Einsatzkommando, bereit zum Zugriff, das Geschehen auf dem Bildschirm. Doch in dem Moment, als der Austausch Ware gegen Geld vollzogen war, zog der Rauschgifthändler seine Waffe und erschoss, vor den Augen der entsetzten MEK-Leute, ihren Kollegen Walliser. Der Verbrecher hatte nie vorgehabt, Ware gegen Geld zu tauschen. Er wollte stets beides, Ware und Geld. Im Jargon der Dealer wird das ein *rip deal* genannt. Mit einem solchen für Gangster seines Kalibers aber nicht untypischen Verhalten, mit einem kaltblütigen Mord, hatte von der anderen Seite jedoch niemand gerechnet. So etwas spielte, bis zu jenem Tag, bei den Vorbereitungen nie eine Rolle. Zwar stürmten die Polizisten sofort ins Nebenzimmer und überwältigten den Mörder. Für Walliser aber kam ihr Einsatz zu spät.

Im Wortsinne jeglicher Paragrafen gab es für diesen Tod im Dienst keine Schuldigen. Das Gefühl aber, im übertragenen Sinne schuldig zu sein, das blieb. Damit mussten die Kollegen und Vorgesetzten von Walliser fortan leben. Bei der Nachbearbeitung des tödlich verlaufenen Einsatzes ging es deshalb nicht darum, die Schuld eines Verantwortlichen für die Personalakte festzuhalten. Sondern aus dem Tod des einen etwas zu lernen für das Leben der anderen. Ausschlaggebend für die Tat war ein taktisches Versäumnis bei der Planung gewesen. Geld und Ware befanden sich gleichzeitig an einem Ort. Genau diese Tatsache war der entscheidende, der tödliche Fehler. Denn die Möglichkeit auf eine doppelte Beute weckt Begierden – die genetischen eines Ver-

brechers. Fortan durfte nie wieder ein verdeckter Ermittler un-
geschützt in eine ähnliche Situation geraten, vertrauend darauf,
dass ihm nichts passieren könne, weil in unmittelbarer Nähe seine
Kollegen lauerten und ihn schützen würden. Gegen eine schnelle
Kugel gibt es keinen Schutz.

Es liegt andererseits in der Natur der Sache, sobald es auf die
Jagd nach den Kriminellen oder dem Bösen geht, dass bei Einsätzen Ad-hoc-Entscheidungen getroffen werden müssen. Umso
wichtiger ist es, basierend auf der kühlen Analyse zurückliegender Fälle, Fehler in künftigen Gefahrenlagen zu vermeiden. Der
Fall des erschossenen Volker Walliser blieb der einzige mit töd-
lichem Ausgang für einen bei verdeckten Ermittlungen eingesetzten Kriminalbeamten.

Für neue Wege und Methoden der Verbrechensbekämpfung
war und ist zuständig das Kriminalistische Institut (KI). Da sitzen
die Zukunftsforscher des BKA. Vom Ende her zu denken, danach
die Taktik und die Strategie auszurichten, ist eher untypisch für
Polizisten. Sie gehen umgekehrt von Erfahrungen aus und rich-
ten sich bei künftigen Einsätzen nach denen. Was nichts über ihre
Befähigung für die polizeiliche Kärrnerarbeit aussagt, nur etwas
über ihre Fähigkeiten, sich in die Köpfe der Gegner hineinzuver-
setzen und deren Strategie und Taktik zu antizipieren. Dabei helfen die Profis für kriminalistisch-kriminologische Forschung und
Beratung von der Fachgruppe KI 1, die Fallanalytiker. Sie beur-
teilen nicht die Arbeit der bei vergangenen Aktionen eingesetzten Kriminalbeamten – es sei denn, die wünschen das –, sondern
bewerten nach den Einsätzen nur den von ihnen dabei geleiste-
ten Beitrag.

Im Fall der vergeblichen Jagd auf das Phantom von Heilbronn,
das keines war und dessen vermeintliche Spuren sich letztlich
entpuppten als der genetische Fingerabdruck einer unschuldigen
Frau, die in einer Zulieferfirma Material für die Spurensicherung
verpackte, hatten sich die Analytiker früh in einer Profilierung
festgelegt. Es dürfte sich, schrieben sie, ihrer Einschätzung nach
nicht um eine durch Europa reisende Straftäterin handeln, wo-

von die Ermittler der am Ende zweihundert Mann starken Sonderkommission ja lange ausgegangen waren, denn das Profil einer Serientäterin passe einfach nicht zu den vorliegenden Tathergängen. Damit lagen sie zwar richtig. Sie gaben aber ebenfalls zu, keine Ahnung zu haben, wer denn in Wahrheit dahinterstecken könnte. Der oder die Mörder der jungen Polizistin in Heilbronn, die dem Phantom den Namen gab, sind übrigens bis heute nicht gefunden.

Vor einem Einsatz und nach einem Einsatz benutzen Fallanalytiker ihren Kopf. Der ist ihre eigentliche Waffe. Mit dem haben sie jahrelang trainiert, so wie andere mit ihren Dienstwaffen. Operative Fallanalytiker des BKA entsprechen beileibe nicht dem Image von begabten Spezialisten, ausgestattet mit einem sechsten Sinn statt des Scharfsinns eines Detektivs, ein Bild, das geprägt ist von erfolgreichen Fernsehserien wie *Profiler* oder *Pretender* oder *Criminal Minds*, wo Profiler immer dann um Hilfe gebeten werden, wenn alle anderen Polizisten nicht mehr weiterwissen. Das ist filmische Fiktion, spannend, aber fern der Realität. Zu der gehören beim BKA von Fall zu Fall nach der *Methode Hill*, wie eine vom ZDF ausgestrahlte erfolgreiche britische TV-Serie hieß, auch Diplompsychologen im Namen des Gesetzes.

In der deutschen Wirklichkeit arbeiten in jedem Bundesland bei jedem Landeskriminalamt operative Fallanalytiker, jeweils lokal eingesetzt dort, wo ein Verbrechen passiert. Die sechzehn Experten vom BKA werden nur bei Fällen von schwerster Kriminalität hinzugezogen, bei Organisierter Kriminalität, fünfzig- bis achtzigmal pro Jahr. Im Gegensatz zu den fiktionalen Kollegen arbeiten sie nie als einsam deutender Wolf, sondern alle Fallanalytiker miteinander im Team. Zu dem gehören Psychologen, Pädagogen, Kriminalisten, Analytiker. Für die Lösung eines Falles oder für einen neuen, bisher übersehenen Ansatz bei Ermittlungen ist interdisziplinäre Arbeit von Experten oft entscheidend. Alle handeln gemeinsam im Namen des Gesetzes für die Polizei.

Bei der Definition von Profiler in den Vereinigten Staaten und von Fallanalytiker in Deutschland kommt es auf kleine, aber wesentliche Unterschiede an. Um ungeeignete Bewerber abzuschrecken, die, angelockt durch das via TV populär gewordene Image eines Profilers, glauben ihren Traumberuf gefunden zu haben, hat das BKA auf seiner Homepage die zu bewältigenden Hürden aufgelistet: Voraussetzung für den Beruf eines Fallanalytikers ist das Abitur, danach müssen die Kandidaten einen Eignungstest über sich ergehen lassen und, falls sie den bestehen, an einer polizeilichen Fachhochschule studieren, was drei Jahre dauert. Anschließend dürfen sie praktische Erfahrungen sammeln in bestimmten Bereichen krimineller Delikte und diese noch einmal fünf Jahre lang bei der speziellen Ausbildung zum Fallanalytiker vertiefen. So etwas halten nur die Besten durch, Frauen wie Männer, denn vom Abitur bis zum ersten Einsatz als das, was nun mal landläufig Profiler genannt wird, vergehen etwa fünfzehn Jahre.

Fast alle Mitarbeiter, die ich im Bundeskriminalamt in den verschiedenen Deliktsbereichen getroffen habe, sind emotionslose, professionelle Jäger des Bösen, verpflichtet ausschließlich dem Rechtsstaat und seinen Gesetzen. Sie wissen sich auf der richtigen Seite, der legalen, aber sie wissen aufgrund vieler Erfahrungen auch, dass es im Zweifelsfall Gerechtigkeit erst beim Jüngsten Gericht geben kann. »Wir sind«, definiert das Wesen von KI sein Chef Carl-Ernst Brisach, der wenige Monate nach unserem Gespräch in die Leitung der Zentralen Kriminalpolizeilichen Dienste (ZD) wechselte, »ein Forschungsinstitut für die Polizei, schweben nicht wissenschaftlich im luftleeren Raum auf der Suche nach womöglich noch nicht gestellten Fragen, sondern sind darauf konzentriert, die Fragen, die wir aus der Praxis bekommen, zu lösen.«

Das klingt ernüchternd nach Dienstleister, und genau so ist es gemeint. Er weist auf ein Blatt, das hinter mir an der Wand baumelt, und als ich lese, was dort gedruckt steht, holt mich mal wieder die Vergangenheit ein. Formuliert hat die Merksätze bei seinem Amtsantritt Horst Herold unter der Überschrift »Selbstverständnis des Kriminalistischen Instituts«. Das gilt offenbar auch noch heute, vierzig Jahre danach, denn sonst, logisch, würden Herolds Merksätze nicht mehr im Amtszimmer von Brisach hängen:

> »Das Kriminalistische Institut des BKA sieht sich als polizeiliche Institution, die innovativ und zukunftsorientiert
> – neue oder noch unbeantwortete (kriminal)polizeiliche Fragestellungen und Problemlagen im nationalen/internationalen Kontext aufgreift, dokumentiert und analysiert,
> – Lösungswege und -methoden erforscht und entwickelt,
> – diese in Form von Beratungs- und Serviceleistungen Bedarfsträgern zur Verfügung stellt,
> – die (Forschungs-)Ergebnisse in die kriminalpolizeiliche Aus- und Fortbildung einbringt.«

Um diesen Auftrag zu erfüllen, gibt es im Institut drei Fachgruppen: KI 1 und KI 2 sind zuständig für Kriminologie, Kriminalistik, Recht und Technologie, KI 3 für Aus- und Fortbildung. Die dritte Gruppe interessiert mich allenfalls am Rande, weil ich trotz aller sich ergebenden Schnittmengen von journalistischen Recherchen und polizeilichen Ermittlungen nicht vorhabe, den Beruf zu wechseln. Sinnvoll fürs BKA ist KI 3 allemal, denn was in KI 1 und KI 2 erforscht oder entwickelt wurde zur Verhütung und Bekämpfung von Terrorismus, Menschenhandel, Wirtschaftskriminalität usw., alles also, was die zukünftige Arbeit der Polizei beeinflusst, wird eingearbeitet in die Lehrpläne. Das ist die Pflicht. Zur Kür, die alle Wissenschaftler lieben, und eben auch jene im Kriminalistischen Institut, gehören Forschungen, ausgehend von Fragen, die bisher noch keiner gestellt hat. So lässt sich kriminologisches Neuland erobern.

Anschließend sagen die von KI zu den Kollegen von KT, der Kriminaltechnik, schaut mal, was wir uns ausgedacht und erforscht haben, schaut mal, ob sich unsere Theorien, unsere Konzepte umsetzen lassen in der Realität, ob das die Beamten draußen anwenden können bei ihrer Arbeit. Denn zu entwickeln, was keiner im BKA braucht – so schön es sich auch in Fachkreisen lesen mag –, wäre kontraproduktiv.

Deshalb verlassen die Mitarbeiter des Instituts, insgesamt mehr als sechshundert aus mehr als fünfundzwanzig unterschiedlichen Berufen, auch die Pädagogen und Psychologen, die Naturwissenschaftler und die Sozialwissenschaftler und insbesondere die Techniker, regelmäßig ihren Wiesbadener Elfenbeinturm, gehen hinaus ins wahre Leben, begleiten die Kriminalpolizei bei Einsätzen. Es sei schließlich nicht gerade besonders hilfreich, ein tolles neues technologisches Überwachungsinstrument zu entwickeln, erklärt mir Brisach, das am Ende draußen keiner bedienen kann, weil es zu kompliziert ist. Also schicken sie die Tüftler, die es erfunden haben, in den Einsatz. Die sammeln dann Erfahrungen und können gegebenenfalls das Gerät noch einmal überarbeiten.

So viele in der technologischen Forschung vorausdenkende Spezialisten wie hier gibt es bei kaum einer anderen europäischen Polizeibehörde. Weltweit, auch in den Vereinigten Staaten, werden die Profis von KI als erstklassig, als »Premiumpartner«, anerkannt. Die vom FBI und die vom BKA entwickeln sogar manchmal gemeinsam neue Geräte und Methoden für die Jagd auf Terroristen oder Drogenhändler oder Menschenschmuggler. Deren Modi operandi wiederum sind zwar nicht dieselben, aber im Prinzip doch die gleichen. Nähere Details zu Erfindungen, die bereits eingesetzt werden oder in der letzten Testphase sind, erfahre ich aus verständlichen Gründen nicht.

Umso mehr aber über theoretische Forschungs- und Entwicklungsprojekte des Kriminalistischen Instituts. Die von KI entwickelten theoretischen sind ebenso nützliche Waffen wie die dann vor Ort handfest eingesetzten sowohl gegen die Organisierte Kriminalität als auch gegen einzelne Kriminelle. In den beiden Großlabors von KI 1 und KI 2 – selbstverständlich haben sie andere amtliche Bezeichnungen, aber ich erlaube es mir, sie mit Laboratorien zu vergleichen, in denen experimentiert wird, bis jemand wieder mal »Heureka« ruft – arbeiten dreihundert Wissenschaftler, Kriminalbeamte, Techniker, Juristen, Pädagogen.

Hoch qualifiziert, aber auch hoch motiviert? Brisach beugt sich vor und singt ein schwärmerisches Lied, das so gar nicht passt in das kühle Ambiente seines Büros: »Wenn wir die Kandidaten nach ihrer Motivation fragen, sich beim Bundeskriminalamt statt zum Beispiel an einer Uni oder in einer Kanzlei zu bewerben, kommt in den meisten Fällen die Antwort: Wir wollen auf der richtigen Seite stehen. Wir wollen für eine gute Sache arbeiten. Wir wollen Menschen helfen mit dem, was wir können.«

Für viele ist das besondere Image der Firma entscheidend. Der Hauch des Geheimnisvollen, der sie umgibt. Der Ruf, bei der Polizei Spitze zu sein. Die Hoffnung auf spannende Einsätze. Schließlich haben sie alle entsprechende Krimis gelesen oder gesehen. Aussagen dieser Art hören die Verantwortlichen allerdings nicht so gern. Sie wissen, dass sie nicht schlecht sind, logisch, aber sie wollen nicht als Besserwisser gelten, die dann aus Wiesbaden kommend aufkreuzen, wenn die normalen Cops am Ende ihrer Weisheit angelangt sind. In einschlägigen *Tatorten*, die bei der föderalen Anstalt ARD Ländersache sind, so wie auch polizeiliche Ermittlungen generell in die Zuständigkeit der Landeskriminalämter fallen, ist es immer wieder ein beliebter Gag, dass am Ende des Films die Angeber vom BKA die Deppen sind. Und der beliebte Provinzbulle aus Duisburg, ein gewisser Schimanski, war schon immer der große Zampano.

Das Kriminalistische Institut definiert sich selbst als innovativ, zukunftsorientiert, als polizeiliche Institution, die noch »unbeantwortete kriminalpolizeiliche Fragestellungen [...] aufgreift, dokumentiert und analysiert sowie Lösungswege und Methoden erforscht und entwickelt«. Wissenschaftler von KI 16, die sich auf Kriminalprävention konzentrieren, und KI 24, die sich um neue Technologien bei Einsätzen und um Sicherheit kümmern, waren die deutschen Abgesandten in einem EU-Forschungsteam, das ein Projekt zur dreidimensionalen Gesichtserkennung entwickelte. Das Wort »Biometrie« leitet sich aus dem Griechischen ab – »Bios« gleich »Leben«, »Metros« gleich »Maß« – und wird mit der üblichen Abkürzungslust »3D-Face« genannt. Wäre einsetzbar bei Grenzkontrollen, die es für viele Länder nach dem Schengen-Abkommen zwar nicht mehr gibt, für andere, die wesentliche Schauplätze sind bei der Bekämpfung Organisierter Kriminalität, aber notwendig bleiben.

Im Projekt »3D-Face« sollte jenseits von nach wie vor nicht ausgeräumten rechtlichen Bedenken, die der Gesetzgeber lösen muss, festgestellt werden, ob es technisch machbar ist – und praktikabel, falls ein Prototyp des Systems erfolgreich sein sollte –, biometrische Gesichtserkennungssysteme in einem automatisierten Verfahren einzusetzen. Einhundertvier Freiwillige aus dem Bundeskriminalamt stellten für die entsprechenden Tests, durchgeführt auf dem Bahnhof Mainz, ihr Gesicht zur Verfügung. Ergebnis: Das System erkennt die Gesichter von Gesuchten – im Ernstfall wären es gegebenenfalls die von gesuchten Terroristen – auch inmitten einer großen Menschenmenge, zum Beispiel unter Pendlern auf einem Bahnsteig, unter Reisenden auf einem Flughafen.

Untersucht wurde in einem weiteren Projekt, ob die in den neuen Bundesländern ja ziemlich erfolgreichen Wahlkämpfe der NPD, gesteuert von Funktionären aus dem Westen, getragen von Dumpfbacken aus dem Osten, »stimulierende Auswirkungen auf das rechte und linke Gewaltpotenzial« haben oder ob die Wahlergebnisse eher gewaltdämpfend wirken. Ob es zudem vielleicht ganz bestimmte Faktoren in linksradikalen, rechtsradikalen oder islamistischen Biografien gibt, die unabhängig sind von den jeweiligen Weltanschauungen. Es scheint übrigens so zu sein, dass nicht die ideologische Nähe entscheidend ist, um in eine militante Szene abzugleiten, sondern das soziale Umfeld. Wer aus einer kaputten Familie kommt, wer arbeitslos ist und keine Perspektive für seine Zukunft sieht, findet Anerkennung und wärmende Nähe in einer sogenannten Kameradschaft. Das Ergebnis in den Worten des BKA:

»1. Radikalisierungsprozesse stellen keine von der sonstigen Entwicklung anderer Lebensbereiche (wesentlich: Schule, Familie, Freizeit) isolierten Prozesse dar. Sie sind integraler Bestandteil biografischer Verläufe.

2. Es gibt Gemeinsamkeiten in den psychosozialen Dynamiken der Akteure ideologisch unterschiedlich orientierter Milieus. Hierzu gehören z.b. strukturell und emotional gestörte Familiensysteme, Missverhältnisse zwischen Anforderungen und verfügbaren sozialen Stützsystemen, Brüche in Bildungskarrieren.

3. Die Entscheidung für ein bestimmtes extremistisches Umfeld hängt stark von Zufällen bzw. der Verfügbarkeit von Orientierungsmodellen ab. Die extremistische Szene bietet offenbar Lösungsschemata, um Defizite im eigenen Lebenslauf und in der Persönlichkeit zu kompensieren.

4. Religion und Politik waren für die meisten Befragungsteilnehmer von eher marginaler Bedeutung. Vielmehr standen soziale Aspekte (Zusammenhalt, soziale Anbindung, emotionaler Rückhalt etc.) für sie im Vordergrund.

5. Insgesamt überwog allgemein-delinquentes Verhalten gegenüber politisch motivierten Straftaten. Auch wurde deutlich, dass politisch motivierter Kriminalität häufig keine tatsächliche ideologische Motivation zugrunde lag.«

Da fällt mir Horst Mahler ein, einst ganz links, heute ganz rechts, aber immer für demokratisch legitimierte staatliche Organe zu Recht ein Subjekt der Begierde, was Brisach indirekt bestätigt, denn es seien »andere Faktoren als die politische Weltanschauung, die einen Menschen radikal werden lassen«. Basis für die Forschung waren nicht nur Akten, sondern vierzig Interviews mit Verurteilten oder Sympathisanten aus einschlägigen Szenen mit dem Ziel, Erkenntnisse für eine neue Strategie der Prävention zu gewinnen: Wie wird einer zum Extremisten? Welche Lebensumstände lassen sich als Faktoren identifizieren? Darf man individuelle Ereignisse verallgemeinern? Lassen sich früh

Strukturen präventiv so verändern, dass Gewaltbereitschaft gar nicht erst entsteht? Durch Bildungsangebote, Einsatz von Sozialarbeitern, Bau neuer Jugendzentren statt mehr Polizei auf den Straßen? Durch kürzere Zeitabstände zwischen Verhaftung und Prozess? Durch abschreckend harte Urteile? Durch strengere Haftbedingungen?

Das ist reine Theorie, aus der die Praktiker dann gegebenenfalls für ihr Verhalten, für Ermittlungen und Fahndungen profitieren können. Was ja nicht bedeutet, dass bis dahin die Extremisten, egal ob nun von links oder von rechts, ungestört agitieren und agieren dürfen. Die Technik können auch die inzwischen für ihre kruden Botschaften perfekt nutzen. Neonazis betrieben im Internet ein sogenanntes »Widerstand Radio«, spielten die von rassistischen Texten triefende Musik von Skinhead-Bands ab, moderierten in entsprechender Tonlage. Das Programm war, eben weil es fürs Internet produziert worden ist, weltweit hörbar. Bis im November 2010 in einer gemeinsamen Aktion von BKA und Landespolizei in zehn Bundesländern bei einer sorgfältig geplanten Razzia der Sender stillgelegt und seine Betreiber dem Haftrichter vorgeführt wurden. Zweihundertsiebzig Beamte waren dabei im Einsatz, sie beschlagnahmten Computer, Laptops, Festplatten, auch Waffen.

In einer anderen wissenschaftlichen Untersuchung sollte erforscht werden, ob es bei Sexualmorden, bei Vergewaltigungen oder anderen sexuell geprägten Gewaltdelikten so etwas wie serielle Merkmale gibt, die immer wieder bei solchen Taten vorliegen. Falls dem so wäre, könnten das Fallanalytiker für ihre Arbeit umsetzen. Nicht nur unter kriminalistischen Aspekten hochinteressant war eine Arbeit über sogenannte Ehrenmorde. Die Erkenntnisse aus fünfundfünfzig aktenkundigen Fällen in einem Zeitraum von zehn Jahren wären bei der durch Thilo Sarrazin losgetretenen Debatte über angeblich oder tatsächlich mangelnde Integrationsbereitschaft von türkischen Migranten gerade für Politiker sehr aufschlussreich. Bekanntlich helfen Fakten gegen Populisten am besten. Die Studie, die in Kooperation mit einem

Projekt des Max-Planck-Instituts für internationales Strafrecht entstand, beschäftigte sich mit familiären Tötungsdelikten in europäischen Ländern und untersuchte, ob es in Deutschland mehr davon gibt oder weniger als beispielsweise in Frankreich, Italien, Spanien.

Das Dunkelfeld der Organisierten Kriminalität ist jetzt und in Zukunft die größte Herausforderung nicht nur für die speziell dafür zuständige Abteilung, sondern auch für die sonstigen Experten von KI, egal, ob es dabei in der Technologieforschung um die Entwicklung legaler Methoden der Online-Durchsuchungen geht, um Strategien gegen Menschenhandel, um besseren Schutz von zur Aussage bereiten Opfern vor der Rache der Kriminellen, um Ergebnisse aus der systematischen Beobachtung von Korruption, um betrügerische Finanztransaktionen, um die juristisch abgesicherte Speicherung gewonnener Informationen im Referat KI 14 oder auch um die Frage, was der entwickelte Technologieradar für die polizeiliche Früherkennung von Straftaten im Internet bringt.

Was ist Technologieradar? Ich stütze mich mal wieder auf eine amtliche Definition, wonach es sich um eine für die »Praxis der Strafverfolgung nützliche Methodik zur frühzeitigen Identifikation, Auswahl und Bewertung von Technologien und Technologiefeldern« handelt. Übersetzt in meine Sprache: Je früher man auf dem Radarschirm erkennen kann, aus welcher Ecke sich das Böse nähert, desto schneller lässt sich darauf reagieren. KI also bereitet das BKA auf solche kommenden Bedrohungen vor. Carl-Ernst Brisach: »Ich glaube, polizeiliche Arbeit basiert sehr stark auf Erfahrung. Polizisten tun sich nach wie vor unglaublich schwer, Theorien in die Praxis umzusetzen und Chancen zu nutzen oder auch nur zu sehen, welche gewaltigen Chancen in solchen theoretischen Konzepten für sie liegen.«

Als es noch keine Scanner gab, keine Datenbanken, keine leistungsstarken Rechner, als gar bei der Bestellung von Farbdruckern nachgefragt wurde, ob das denn wirklich nötig sei, Schwarz-Weiß hätte es doch bisher auch getan, fand der Fortschritt in den Köpfen statt. In denen der Ermittler. Oder besser: in den Köpfen einiger. Denn der klassische Ermittler vertraute lieber sich und seiner Befähigung als der modernen Technik. Darin wurde er unterstützt von denen, die das Geld für Fortschritt bewilligen mussten – zum Beispiel für die Anschaffung von Farbdruckern, weil sich da kriminologische Schaubilder besser darstellen ließen –, den Beamten des Bundesinnenministeriums.

Max-Peter Ratzel setzte früh auf Technik, die seine Arbeit im BKA erleichterte, legt aber Wert darauf, nicht als naiver Fortschrittsgläubiger interpretiert zu werden, denn er habe nie Technik als Selbstzweck gesehen, sondern »immer als Dienstleister für uns, die Polizei«. Doch er blieb ihr treu wie einer ersten Liebe. Insofern war 2004 seine Berufung an die Spitze von EURO-POL, einer Behörde, die es ohne die Fortschritte in der modernen Technik gar nicht geben würde, die Erfüllung seiner Sehnsucht. Falls im Zusammenhang mit der Jagd auf Kriminelle das Wort »Sehnsucht« erlaubt ist. »Seh-Sucht« wäre besser, nämlich die Sucht, mehr sehen zu können, mehr zu erkennen als andere.

Ratzel hatte sich nie auf das verlassen, was er schon wusste, sondern nach dem gesucht, was ihm noch verborgen war. Ermittlungen auf zwei wesentlichen Dunkelfeldern bestimmten früher die Arbeit des Bundeskriminalamtes: Bekämpfung des Terrorismus und Bekämpfung der Schwerverbrecher, was man inzwischen unter dem Begriff der Organisierten Kriminalität kennt: »Man definierte das jedoch nicht allgemein als Organisierte Kriminalität, sondern teilte die einzelnen Fachabteilungen auf in organisierte Rauschgiftkriminalität, organisierte Wirtschaftskriminalität, organisierte Waffenkriminalität usw. Entsprechend wurden die Referate besetzt und nicht miteinander verknüpft, weil das gemeinsame Dach noch nicht gespannt worden war. Wir haben alle, auch ich, Anfang der 1980er-Jahre, noch nicht begriffen, welche Verbindungen es gibt zwischen Rauschgift und Waffen, Falschgeld und Prostitution.«

Die gesamte Palette Organisierter Kriminalität war zwar in Wirklichkeit bereits vorhanden, doch ein Gesamtbild aus den einzelnen Farben noch nicht gemalt und zudem die Polizei insgesamt sektoral organisiert. Die einen kümmerten sich um den Handel mit Rauschgift, die anderen um den mit Waffen, Dritte suchten nach Produktionsstätten von Falschgeld. Um Menschenhandel musste man sich nicht groß sorgen, den gab es dank geschlossener Grenzen, insbesondere des hermetisch gesicherten Eisernen Vorhangs, in Europa noch nicht als kriminalistisches Phänomen.

Erschwerend für gemeinsame Aktionen erwies sich von Fall zu Fall immer wieder die Konkurrenzsituation zwischen Bundes- und Länderpolizeien, zum Teil auch noch der Zollfahndung, die an den Grenzen zwar bei Gelegenheit Drogen sicherstellte, aber keine weitergehenden Ermittlungen machte. Ratzel: »Die hatten den Täter, das Auto und das Rauschgift, und damit war der Fall aus deren Sicht abgeschlossen. Das BKA aber brauchte mehr, brauchte Strukturen, um einen Rauschgiftring zerschlagen zu können. Was ich damals eher intuitiv begriff und heute natürlich erst recht weiß, dass es nicht ausreicht, wenn sich der Beamte A und der Beamte B kennen, sondern dass man von diesem *Personal Trust*, von der persönlichen Vertrauensbasis zu einer institutionellen Vertrauensbasis kommen muss.«

Um mehr über ihre Kunden zu erfahren, mussten Drogenfahnder Handarbeit leisten, indem sie aus Listen der bei Grenzkontrollen von Verdächtigen kopierten Pässe und Stempel handschriftlich Schaubilder erstellten und auf denen nach auffälligen Verbindungen suchten. Falls sich bei gewissen Reisenden immer wieder Überschneidungen ergaben, lag der Verdacht auf der Hand, dass hier nicht der Zufall seine Hände im Spiel hatte, sondern die im Hintergrund agierenden Bosse einer Bande die ihren. Kriminalpolizeiliche Denkarbeit aber beginnt an solchen Schnittstellen wie den in den folgenden beiden Fällen zutage tretenden. Eines Tages fiel beim Grenzübertritt von Holland nach Deutschland ein Mann auf, der eine größere Menge von Bargeld unter der Manschette des Schalthebels in seinem Auto versteckt hatte. Das war zwar nicht verboten, doch bei einer Summe von 500 000 Gulden stieg selbst in einem durchschnittlich befähigten Zollbeamten der Gedanke auf, dass hier irgendwas nicht stimmen konnte. Das stimmte. Er meldete den Fall. Die Information landete in Wiesbaden beim Bundeskriminalamt. Sie passte in ein Schaubild über Grenzverkehr zwischen den Niederlanden, wo die meisten europäischen Rauschgiftdepots vermutet wurden, und Deutschland, wo wiederum die Strafen für Dealer ungleich höher waren als bei den Nachbarn. Weshalb es der Kopf des Rauschgiftrings vorzog, Holland nie zu verlassen. Man hätte ihn deshalb im Hoheitsgebiet der deutschen Polizei nie erwischt.

Doch einer seiner aufgeflogenen Kuriere hatte bei einem Verhör zu viel geplaudert, weil er der irrigen Auffassung war, die ihm gegenübersitzenden Herren der Kripo wüssten eh schon alles, und je mehr er freiwillig zu deren Erkenntnisstand beitragen würde, desto höher würde seine Chance auf eine niedrigere Strafe sein. Unter anderem erzählte er, dass sein Chef plane, für eine notwendige medizinische Zahnbehandlung mit einem gefälschten Pass bald nach Deutschland zu kommen.

Bei dieser Einreise nahmen ihn Zollfahnder fest. Sie entdeckten zwar kein einziges Gramm Rauschgift in seinem Auto, nicht einmal Haschisch. Doch das half ihm nicht mehr, denn in Holland hatten Drogenfahnder parallel zur Grenzaktion nach einem Hinweis persönlich bekannter Kollegen vom BKA den Lageristen verhaftet, der die Ware des Delinquenten verwaltete. Er verriet seinen Chef. Es wurde tonnenweise Rauschgift sichergestellt und das Verteilernetz mit den Adressen aller Zwischenhändler gefunden, die auf das Kommando ihres an der Grenze dingfest gemachten Bosses hörten. Die Beweislast war erdrückend, der Prozess fand in Deutschland statt, weil der Mann auf deutschem Staatsgebiet festgenommen worden war. Er bekam wegen Rauschgifthandel die hierzulande mögliche Höchststrafe von fünfzehn Jahren Gefängnis.

In einem anderen Fall waren es offizielle Autowerkstätten, in denen die ermittelnden Beamten Zwischendepots für Rauschgift vermuteten. Aufzeichnungen der Telefonüberwachung klangen unverdächtig, denn es ging immer nur um Bestellungen für bestimmte Motoren und nie um bestimmte Mengen von Heroin. Bis einer der Abhörenden auf die simple Lösung kam, dass nicht Motoren gemeint waren, sondern Rauschgiftmengen. Wer sollte drei Motoren ordern, ohne dabei zu erwähnen, für welches Automodell er die denn brauche? Ein »Motor« entsprach einem Kilo Heroin.

Der Einsatz von Wanzen und verdeckten Ermittlern ist keine neue Taktik, aber in Verbindung mit den technischen Mitteln zur Ortung von Handys oder E-Mails bei der Verfolgung des Rauschgifthandels ein Quantensprung – sowohl im Hinblick auf die Prävention als auch bei der Zerschlagung international tätiger Banden. Die berüchtigte Balkanroute wird noch heute genutzt. Am Transportweg des aus Afghanistan oder Pakistan stammenden Heroins nach Westeuropa hat sich seit Jahrzehnten nichts geändert. Nur die Aufträge werden heute online erteilt und die Überweisungen elektronisch statt mit Bargeld im Koffer erledigt. Die Drahtzieher bleiben dadurch erst recht im Dunkeln.

Damals wie heute waren die Fahnder weniger an den kleinen Fischen interessiert, an Straßenhändlern in Amsterdam oder Berlin, London oder Rom, sondern vielmehr an ihren Hintermännern, an den Großhändlern und an den Produzenten. Nur so ließen sich Strukturen zerschlagen. Im Unterschied zu heute waren Daten hauptsächlich auf individuellen Festplatten, in den Köpfen der Ermittler, gespeichert. Falls die außergewöhnlich begabt waren im analytischen Denken, falls es ihnen zudem gelang, gesammelte Informationen zu abstrahieren, auf ihre Kerninhalte zu reduzieren oder ein Muster in ihnen zu erkennen, hatten sie Erfolg. Polizisten, und nicht nur deutsche, waren es gewohnt, aus ihren bisherigen Erfahrungen die notwendigen Schlüsse zu ziehen, die ihnen bei laufenden Ermittlungen als hilfreiches Raster dienen konnten. Doch an einer sich daraus ergebenden Strategie für die Zukunft, einer möglichen Prävention, mangelte es. Aber genau die brauchte es, um der rasanten Entwicklung von konventionellen Verbrecherbanden hin zu schlagkräftigen kriminellen Organisationen wirksam begegnen zu können.

Im Mai 1990 definierte eine Arbeitsgemeinschaft von Justiz und Polizei, was Organisierte Kriminalität ist und warum die mit einem großen O geschrieben werden musste:

»Organisierte Kriminalität ist die von Gewinn- oder Machtstreben bestimmte planmäßige Begehung von Straftaten, die einzeln oder in ihrer Gesamtheit von erheblicher Bedeutung sind, wenn mehr als zwei Beteiligte auf längere oder unbestimmte Dauer arbeitsteilig

a) unter Verwendung gewerblicher oder geschäftsähnlicher Strukturen,

b) unter Anwendung von Gewalt oder anderer zur Einschüchterung geeigneter Mittel oder

c) unter Einflussnahme auf Politik, Medien, öffentliche Verwaltung, Justiz oder Wirtschaft zusammenwirken.«

Eine richtige Definition, schon recht, mehr allerdings nicht. Organisierte Kriminalität allein ist in Deutschland noch kein Straftatbestand. Paragraf 129 stellt unter Strafe die Bildung einer kriminellen Vereinigung im Inland, ein weiterer die im Ausland. Warum ist es überhaupt wesentlich, die Unterscheidung zu erwähnen? Wenn sich Kriminelle zum Begehen einer Straftat organisieren oder sich vereinigen, ist es letztlich doch egal, ob es hierzulande oder dortzulande geschieht, ob es um Rauschgift, Waffen, Mord, Betrug geht. Eben nicht.

Die Polizei ermittelt auf dem Dunkelfeld der Organisierten Kriminalität, die Justiz klagt dann, wenn dank der Ermittlungen ein Teil des Dunkelfeldes erhellt wurde, an wegen Bildung einer kriminellen Vereinigung. Beim Rauschgifthandel sind es immer mehrere, die sich zu einer Bande zusammenschließen – einer hat das Zeug, einer liefert es, einer nimmt es ab, einer verkauft es –, dahinter stehen immer logistische Strukturen, die Definition OK ist also erfüllt. Aber auch Einzeltäter, die mit Einschüchterung, mit Erpressung, mit Androhung von Gewalt Einfluss zu nehmen versuchen in der Verwaltung, in der Politik, und dabei auf gewachsene Verbindungen zu gewissen Banden verweisen, werden beim Bundeskriminalamt in der Abteilung Schwere und Organisierte Kriminalität registriert. Im Hellfeld der Organisierten Wirtschaftskriminalität tauchen zwar diese und jene Milliarden Euro auf, doch das Dunkelfeld dürfte gigantisch sein, mit den entsprechenden Auswirkungen auf die Volkswirtschaft.

Die richtige Zuordnung verschiedener »Beete« zum weiten Feld der Organisierten Kriminalität war 1990 nicht nur eine Aufgabe für die zentrale Verwaltung, die neue Türschilder beschaffen musste, war nicht nur ein Problem für die Amtsleitung, die ein neues Organigramm zu erstellen hatte. Wesentlich war vor allem die Kulturrevolution in den Köpfen der Vollzugsbeamten, wobei das wörtlich so gemeint ist: Revolution einer traditionellen polizeilichen Kultur. Neue Strukturen jedoch verlangten neues Denken.

Das wurde jetzt verordnet. Dem hatten sich alle zu fügen oder aber um Versetzung zu bitten. Die meisten blieben. Der diskrete Charme einer Zeitenwende im Bundeskriminalamt war stärker als die überholten Lebensweisheiten aller Bürokratien, die auch für die Firma BKA galten, nämlich: da könne ja jeder kommen, das habe man noch nie so gemacht, das können sich nur Betriebsblinde ausgedacht haben. Eine neue Generation von Beamten, bestens geschult, frei von politischen Prägungen, erfüllt vom Selbstbewusstsein, Vertreter des demokratischen Rechtsstaats mit einem besonderen Auftrag zu sein, unterstützte die Kulturrevolution innerhalb des BKA und verinnerlichte die neue OK-Strategie.

Sobald sich auf Anweisung des Generalbundesanwalts oder des Bundesinnenministers die »Superbullen« aus Wiesbaden aber in andere Fälle als die des Terrorismus einschalteten und die Ermittlungen übernahmen, stießen sie auf kollegiales Misstrauen. Was eigentlich können die, das wir vor Ort nicht genauso gut können? Als besonders widerborstig und auch widerstandsfähig erwiesen sich die Zollfahnder. Die erfüllten stur ihre Pflicht, ohne über Grenzen hinaus zu denken. Beispielsweise stellten sie, wie sie es immer gemacht hatten und wofür sie gelobt worden waren, an Grenzen Rauschgift sicher, nahmen die Täter fest, beschlagnahmten deren Autos und legten dann den Vorgang als ihren eigenen Erfolg zu den Akten. Aus ihrer Sicht war der Fall, den Ratzel mir als typisch beschrieben hatte, auch abgeschlossen, aber aus Sicht der BKA-Beamten noch lange nicht. Die wollten an die Bosse ran, deren Geschäftsmodelle lahmlegen, nicht nur zufällig an Grenzen ein paar Einzeltäter festnehmen.

Was man heute ganz selbstverständlich *Controlled Delivery* nennt, wovon auch die Zollfahnder inzwischen überzeugt sind, musste als kriminalistische Taktik erklärt werden, und dies behutsam unter Kollegen statt mit Anweisungen von oben. »Kontrollierte Lieferung« bedeutet, Rauschgifttransporte zwar zu observieren, aber ungestört laufen zu lassen bis zum Endabnehmer und umgekehrt zurückzuverfolgen bis zum Produzenten. Jedes Verbrechen geschieht zwar irgendwo ganz konkret. Aber in der Organisierten Kriminalität sind diese lokalen Aktionen miteinander vernetzt. Diese Vernetzungen aufzudecken schafft nicht der Polizist vor Ort. Dazu braucht er Kollegen, die andere Möglichkeiten haben, andere Fähigkeiten, andere Fertigkeiten, andere Kanäle, andere Kompetenzen. Sie sind nicht besser, sie sind nur mit dem, was sie können, besser eingesetzt dort, wo die anderen noch nie waren, weshalb diese also auch nicht wissen, was da abläuft. Und jene Kollegen sitzen nun mal in Wiesbaden in der Abteilung SO, Schwere und Organisierte Kriminalität. Rangeleien um Kompetenzen, Diskussionen um die passende Beschreibung dessen, was Organisierte Kriminalität ist, sind heute kein Thema mehr. Die Lage ist zu ernst für Grabenkämpfe, und die Lage ist erkannt. Von allen erkannt.

Auf den vorderen Plätzen rangieren in der jüngsten Statistik des Jahres 2010 nach wie vor die deutschen und die türkischen OK-Gruppen, die einen mit 1582, die anderen in deutlichem Abstand mit 550 neu ermittelten Tatvorgängen. Im Potenzial, das sich ergibt aus der Relevanz ihrer Verbrechen, dem Ausmaß und Niveau ihrer Organisation, liegen beide aber fast gleichauf. Es folgen Italiener, Nigerianer, Polen, Serben, Rumänen, Libanesen, Russen, Litauer. Allen OK-Gruppierungen können die Beamten ihre kriminelle Kernkompetenz zuordnen: Bei den deutschen sind es nach wie vor Rauschgifthandel und Betrug, bei den Türken und Libanesen Handel mit Heroin und Kokain, bei den Polen Kfz-Diebstahl und Zigarettenschmuggel, bei den Russen Wirtschaftskriminalität und Drogen und Menschenschmuggel, bei den Rumänen und Nigerianern vorrangig Menschenhandel und Zwangsprostitution, bei Italienern Mafia, 'Ndrangheta, Camorra – Erpressung, Mord, Betrug. Allen gemeinsam ist eine strenge hierarchische Rangordnung. Wer die nicht einhält, stirbt.

Hierarchische Pyramiden haben in Polizeibehörden verwaltungstechnischen und bürokratischen Abläufen geschuldeten Sinn. Das hatte mir auch Horst Herold bei aller Kritik an den Strukturen bestätigt. Und viele, die vor Ort ihren Dienst verrichten, sind im Zweifelsfall kompetent. Sobald sie jedoch auf Verbrechen stoßen, die über ihre Stadtgrenzen hinaus führen, Morde an vietnamesischen Wirten, die sich geweigert hatten, Schutzgeld an das Organisierte Verbrechen zu bezahlen, greift das Landeskriminalamt ein. Falls das an seine natürlichen Grenzen stößt, weil sich die Gesuchten in ein anderes Bundesland abgesetzt haben, helfen die Kollegen des dort zuständigen LKA weiter, doch sobald Täterspuren ins Ausland führen, übernimmt das Bundeskriminalamt, weil dessen Beamte meist gute Kontakte zu Dienststellen in anderen Ländern haben und weil in vielen Ländern sogar Verbindungsbeamte des BKA auf Zeit stationiert sind. Das Bundeskriminalamt wird aber immer dann aktiv, wenn es um die ganz harten Jungs geht. Entsprechend bescheiden in quantitativer Hinsicht, jedoch in seiner Substanz von höchster Relevanz sind seine jährlichen hauseigenen Lageberichte, basierend auf den Ermittlungen in der Abteilung Schwere und Organisierte Kriminalität in den Referaten SO 31, SO 32, SO 33 und SO 34.

Im Bundeslagebericht 2010 des Bundeskriminalamtes werden 579 Verfahren gegen Organisierte Kriminelle aufgelistet, was zwar nur einem marginalen Anstieg von 0,7 Prozent im Vergleich zum Jahr davor entspricht, aber die Schadenssumme stieg von 691 Millionen Euro auf 1,37 Milliarden. Der Löwenanteil mit 1,08 Milliarden Euro entfällt dabei auf Wirtschaftskriminalität. Gewinn für die kriminellen Organisationen: rund 903 Millionen Euro, wiederum das meiste erzielt durch Betrügereien in der Wirtschaft; danach folgen Rauschgift und Eigentumsdelikte. Bei einem einzigen riesigen Fall von Betrug, in dem es einer Bande von gut organisierten *White Collar Criminals* gelang, ahnungslose Kleinanleger mit wertlosen Aktien um ihr Erspartes zu bringen, entstand ein Schaden von 675 Millionen Euro. Die Drahtzieher, die eigentlichen Strategen, saßen in der Schweiz, in den USA, in Kanada, in Panama. Sie wurden gefasst.

Ein Rückgang der Verdachtsanzeigen auf den Dunkelfeldern der Wirtschafts- und Finanzbetrugsfälle von 10 510 im Jahre 2006 auf 7346 im Jahre 2008 kann der beginnenden Finanzkrise geschuldet sein, die auch bei den Dunkelmännern nicht nur aufs Gemüt geschlagen, sondern auch auf ihre Geschäfte durchgeschlagen hat. So wie es den arroganten *Masters of the Universe* in der legalen Welt der globalen Geldtransfers widerfuhr. Die Zahl der verdächtigen Finanztransfergeschäfte sank von 1778 im Jahr 2006 auf 838 im Jahr 2008. In der auf Geldwäsche spezialisierten Zentralstelle für Verdachtsanzeigen – hier gibt es natürlich wieder eine Abkürzung, diesmal FIU, was »Financial Intelligence Unit« bedeutet – wusste man früh, dass dies kein Grund für Entwarnung war, sondern dass sich nur der Modus operandi geändert hat, weil die Strategen von der anderen Seite aufgrund verbesserter Sicherheitsgesetze ihre Geldgeschäfte im Handel mit scheinbar unverdächtigen Waren versteckten. Für diese These spricht, dass sich die Zahl suspekter Gesellschaften in Deutschland quasi übers Jahr halbiert hat. Diese sind ganz sicher nicht alle pleite, sondern eher ins weit entfernte Ausland, zum Beispiel in die Karibik, gegangen.

Der Trick der Geldwäscher, statt einer großen verdächtigen Summe auf ein einziges Konto lieber viele kleine unverdächtige Summen auf mehrere Konten einzubezahlen, fiel den Ermittlern schon seit Langem auf, und natürlich hielten sie das nicht für einen Zufall, sondern erkannten im Trend die neue Taktik ihrer Gegner. Sie gaben ihr einen Namen. Derartige Überweisungen nennen sie seitdem *Smurfing*, abgeleitet von den Comicfiguren der Schlümpfe *(smurfs)*, deren riesiger Stamm sich ja aus nicht weniger als hundert Einzelschlümpfen zusammensetzt.

White Collar Criminals wiederum bekamen im Zuge der jüngsten Weltfinanz- und -wirtschaftskrise plötzlich ein Gesicht über ihrem weißen Kragen. In den USA mussten einige von ihnen, sobald sie aufgeflogen und verhaftet waren, den gediegenen Dresscode der internationalen *Business Class* mit orangefarbener Gefängniskluft und Fußfesseln vertauschen, in denen sie dem Volk zu dessen Befriedigung vorgeführt wurden.

Im Bundeslagebericht gab das BKA für 2009 bekannt, dass 101 340 Fälle von WiKri (Abkürzung!) registriert wurden mit einem Gesamtschaden für die Volkswirtschaft von fast vier Milliarden Euro. Dabei Tendenz steigend auf den Dunkelfeldern Kapitalanlagebetrug und Börsendelikte als Folge der globalen Finanzkrise. Das ist noch immer lächerlich wenig im Vergleich zu den Summen, die der griechischen Volkswirtschaft als Schaden entstanden sind zum Beispiel durch Korruption und Schlamperei und Betrug. Bevor man aber mit dem Zeigefinger des deutschen Pharisäers auf die unsauberen Südeuropäer verweist, sollte man lieber mal die vom Bundesfinanzministerium veröffentlichten Einschätzungen lesen, wonach allein durch Schwarzarbeit in Deutschland dem Staat jährlich bis zu dreihundert Milliarden Euro entgehen. Nicht messbar ist, was die zuständigen Beamten feinfühlig umschreiben als »möglichen Vertrauensverlust in die Funktionsfähigkeit der bestehenden Wirtschaftsordnung«. Anders ausgedrückt, grob journalistisch, ist das eine politisch-gesellschaftliche Zeitbombe.

Am besten gefällt mir in dieser Abteilung das Referat SO 35

namens VIVA, weil sich hinter dieser Abkürzung etwas verbirgt, was braven Bürgern klammheimliche Freuden verschaffen dürfte. Die Bezeichnung VIVA steht nämlich für »Verfahrensintegrierte Vermögensabschöpfung«. Was bedeutet, dass verurteilten Tätern ihr mittels krimineller Aktivitäten angehäuftes Vermögen abgenommen und dem Staat zur gemeinnützigen Verwendung zugeführt wird. Noch gibt es leider, leider zu viele juristische Hürden für diese mir einleuchtende Strategie der ausgleichenden Gerechtigkeit.

Die Volksweisheit, wonach sich Verbrechen nicht lohne, müsste mit nur einem Wort modifiziert werden, und schon wäre es ein passendes Motto: Verbrechen darf sich nicht lohnen. In Italien zum Beispiel wird bei Aktionen gegen Mafia-Bosse deren Vermögen samt Grundbesitz sofort beschlagnahmt. Dann müssen die schon hieb- und stichfest beweisen, dass sie es legal erworben haben. Sonst behält es ganz einfach der Staat. In Deutschland darf nur beschlagnahmt werden, wenn zuvor der Beweis vorliegt, hieb- und stichfest, dass es sich in der Tat um illegal erworbenen Besitz handelt oder dass der mit Geld aus illegalen Geschäften erworben wurde.

Die meisten Geschäfte der organisierten Wirtschaftskriminellen finden im Internet statt. Ihnen kommt man nur auf die Schliche – und auch das ist keine neue Erkenntnis –, wenn man der Spur des Geldes folgt. Diese Spur wiederum aber können die entsprechenden Referate der Abteilung SO nur dann aufnehmen, wenn sie Daten vorrätig haben, um die notwendigen Vergleiche anzustellen. Nur so lässt sich Organisierte Kriminalität perspektivisch, effektiv und letztendlich präventiv bekämpfen. Das Internet bietet große Chancen für die Kriminellen, aber ebenso große für die Polizei. Deshalb sollten Verbindungsdaten beim Provider mindestens ein halbes Jahr gespeichert werden, damit die Ermittler, nach einem entsprechenden richterlichen Beschluss, Zugriff auf sie haben. Zusätzlich müssen sie nicht nur technisch – was sie längst können –, sondern auch juristisch in die Lage versetzt werden, die modernen Verschlüsselungen zu knacken. Denn das ist die Technologie der Zukunft, und auch da gilt: Ohne die Zusammenarbeit mit Providern kommen die Kriminalisten nicht weiter. Der Gesetzgeber müsste jene wiederum verpflichten, bei jeder Neuentwicklung technische Möglichkeiten vorzusehen, aufgrund deren in Fällen berechtigten Zweifels an der Legalität der Geschäfte die Polizei mit einem eigenen Schlüssel die verschlüsselten Daten öffnen kann. Wenn Politik und öffentliche Meinung das nicht wollen, weil sie durch Methoden wie Online-Durchsuchungen oder Lauschangriffe Orwell'sche Dimensionen und den gläsernen Bürger fürchten, darf man sich nicht beschweren, dass gegen die Organisierte Kriminalität in Zukunft bestimmte Erfolge nicht mehr erzielt werden können.

Wie schwer es ist, an die Hintermänner heranzukommen und nicht nur die zu erwischen, die für sie die Dreckarbeit machen, zeigen Beispiele aus Berlin. Man nennt es die osteuropäische Organisierte Kriminalität, um sie von den klassischen OK-Gruppen aus Italien abzugrenzen, der sizilianischen Mafia, der Camorra, der 'Ndrangheta. Ihre Strukturen allerdings sind ähnlich. Bei der sogenannten Russen-Mafia haben die Ermittler allerdings andere Strategien festgestellt, überfallartige statt langfristig geplante Aktionen. Dabei werden aus Ländern wie Rumänien, Bulgarien, Weißrussland die Fußtruppen akquiriert, Söldner, deren Lebensumstände in ihrer Heimat so sind, dass sie nichts zu verlieren haben. Eben weil sie nichts haben und deshalb bereit sind, alles zu tun, damit sie und ihre Familien überleben. Für ihren Einsatz in Berlin werden von den Chefs, die in verschiedenen Ländern sitzen und nie selbst an die Front gehen, ähnlich wie Generäle in Kriegen, Schlachtpläne erstellt: Einbrüche, Überfälle auf Juweliere, Diebstahl teurer Limousinen. Sofort nach vollbrachter Tat kehren sie dahin zurück, woher sie kamen, und liefern die Beute ab. Was für sie dabei herausspringt, ist nur ein Bruchteil des Geraubten. Sie wehren sich nicht. Weil sie wissen, dass dann ihre Familien in Lebensgefahr sind.

Die Mauern des Schweigens werden nicht nur errichtet von Familien, wie man es aus Mafia-Filmen kennt und wie es die

Beamten von OK aus ihrer Erfahrung mit italienischen Mafiosi belegen können, sondern auch im ethnischen Rahmen, nach Dorfgemeinschaften, nach Regionen. Insbesondere die aus Russland stammenden Kriminellen sind hochprofessionell organisiert. Da eine Lücke für Ermittlungen zu finden, einen Stein aus der Mauer zu brechen, ist naturgemäß besonders schwer. Ein großes Problem für die OK-Ermittler. Dabei aber helfen, sagen Beamte, die im Bereich Schwere und Organisierte Kriminalität mit dem Schwerpunkt Rockerkriminalität arbeiten und aus verständlichen Gründen keinen Wert darauf legen, namentlich genannt zu werden, das analytische Denken und das analytische Arbeiten. »Das heißt, aus einem großen Problem zehn kleine herauszufiltern, diese zehn kleinen einzeln für sich zu lösen, dann wieder zusammenzusetzen zu einer Gesamtlösung.«

Es gibt für die notwendigen Analysen einen Katalog, gespeist aus bisherigen Erfahrungen und Ermittlungen, der laufend um neue Erkenntnisse ergänzt wird. Er umfasst mehr als hundert Merkmale, die alle für sich ein besonderes Gewicht haben, wie zum Beispiel professionelle Vorbereitung einer Tat, illegale Finanzströme, Betreuung von inhaftierten Mitgliedern einer Bande, Waffengebrauch usw. Die werden dann nicht nur statistisch, sondern auch qualitativ ausgewertet. Je länger so eine Gruppierung zusammenbleibt, je fester ihr Zusammenhalt, desto größer ist auch die Gefahr, die von ihr ausgeht. Wer gegen die antritt, muss die unterschiedlichsten Fähigkeiten in sich vereinigen, um die so unterschiedlich geschulten Mitgliedern einer OK-Gruppe wirksam bekämpfen zu können.

Nach seinem Jurastudium bewarb sich zum Beispiel der Mann, der mir gegenübersitzt, beim Bundeskriminalamt, wurde dank bester Voraussetzungen genommen, sammelte Erfahrungen im Bereich »Verdeckte Ermittlungen«, beim Staatsschutz, bei der Informationstechnik und widmete sich dann den kriminellen Rockerbanden, die zum großen Deliktbereich OK zählen. Er bezeichnet sich deshalb als einen Überzeugungstäter, der nicht zum Bundeskriminalamt gekommen ist, um Beamter zu werden, sondern um Polizist zu sein. Das motivierte ihn früher, das motiviert ihn heute. In seiner Jugendzeit hatte er viel über die RAF gelesen und versucht zu begreifen, warum junge und an sich ja intelligente Menschen mit einem im Ansatz richtigen Sozialverständnis auf einen solchen Weg in den Terrorismus abrutschen können, und begann dann darüber nachzudenken, wie Staat und Polizei am besten mit ihnen umgehen sollten. Er ist einer jener bestens ausgebildeten Kriminalbeamten, die in kühler Professionalität das weite Dunkelfeld, in dem Fall das der Organisierten Kriminalität, zunächst analysieren und sich dann daranmachen, es Stück für Stück aufzuhellen.

Dass die *Hells Angels* und ihre brüderlichen Todfeinde, die *Bandidos*, dem Vorbild der skandinavischen Hardliner folgend, inzwischen zu den gefährlichsten kriminellen Vereinigungen mit den Geschäftsfeldern Prostitution, Waffen- und Rauschgifthandel zählen – vierzig Verfahren der Organisierten Kriminalität richteten sich 2009 gegen Rockergruppen –, bezweifelt niemand mehr. Von wegen Motorradklub. Von wegen Kult. Von wegen Mythos von Freiheit. Der ehemalige *Hells Angel* Ulrich Detrois, wahrlich nie ein Engel, ist davon überzeugt – und weiß das auch aus eigener Erfahrung –, dass die *Hells Angels* in ganz Deutschland Bordelle betreiben, in manchen Städten wie in Hannover zum Beispiel das Rotlichtviertel beherrschen: »Es werden Straftaten gemeinsam geplant und zusammen ausgeführt und anschließend die Gelder untereinander aufgeteilt.«

In der Sprache von Juristen sind Rocker in »OK-affinen Delikten verstärkt unterwegs«, und das vor allem auf den kriminellen Dunkelfeldern Menschenhandel, Waffenschmuggel, Rauschgifthandel. Neu ist, dass sie sich im Kampf um Einflussbereiche gegenseitig umlegen und sich nicht mehr nur unter brutalstmöglichem Einsatz von Baseballschlägern, Messern, Schlagringen die Köpfe blutig schlagen. BKA-Präsident Jörg Ziercke auf der Herbsttagung des Bundeskriminalamtes im Oktober 2010: »Gewalt ist für kriminelle Rockerklubs Teil ihres Lebensstils. Sie trägt zur Identitätsbildung in der Szene bei und dient gleichzeitig der Provokation. Gewalt wird innerhalb der Rockersubkultur ritualisiert, ist Teil gruppendynamischer Prozesse. Oftmals ist der Aufstieg in der eigenen Klubhierarchie zwingend mit Gewalthandlungen gegen Mitglieder, Einrichtungen oder Symbole verfeindeter Klubs verknüpft.«

Dennoch ist Deutschland im Vergleich zu dem, was in den skandinavischen Ländern passierte und passiert, eine eher friedliche Zone. Ende der Neunzigerjahre gab es regelrechte Rockerkriege in Schweden und Dänemark, es gab Schusswechsel, zum Beispiel in Kopenhagen auf offener Straße, es kämpften verfeindete *Hells Angels* sogar gemeinsam gegen die Banden der nächsten Generation, gegen die Jungen, *Third Generation Gangs* genannt. Und immer ging es darum, wer Prostitution und Rauschgifthandel im kriminellen Milieu beherrscht. Sie haben Verbindungen in der ganzen Welt, die Organisation der *Hells Angels* hält zusammen wie die Mafia. Wer das Schweigen bricht, gilt als Verräter und ist vogelfrei. In der amtlichen Statistik schlägt sich die Kriminalität »deutsch dominierter Rockergruppierungen« so nieder, dass die meisten OK-Verfahren wegen Rauschgift- und Waffenhandel gegen *Bandidos* und *Hells Angels* eingeleitet wurden.

Neunzig Prozent aller Delikte, die zur Organisierten Kriminalität zählen, werden von international agierenden Banden geplant und begangen. Das hat nicht nur Folgen für die Strategie der Ermittler, die gleichfalls grenzüberschreitend funktionieren muss. Sondern auch ganz banal für die Etatplanung des BKA. Der Etatposten Sprachendienst steigt von Jahr zu Jahr. Eine Telefonüberwachung bei Absprachen zwischen deutschen Tätern ist inzwischen eher die Ausnahme, das können die Beamten ja ohne Hilfe von außen verstehen. Auch für Deals zwischen Rauschgiftproduzenten in der Türkei und ihren Abnehmern in Deutschland haben sie im Amt fest angestellte Kollegen, die Türkisch sprechen und übersetzen. Doch wenn es um die Überwachung zum Beispiel von Menschenhändlern aus Nigeria geht, die schwarze Frauen nach Westeuropa schleusen, wird es schwierig, denn so viele Dolmetscher, die das verstehen, gibt es nicht, und innerhalb des BKA schon mal gar nicht. Also müssen sich die ermittelnden Beamten auf dem freien Markt Hilfe holen. Das kann teuer werden. Allein die Dolmetscherkosten in einem einzigen Fall von Menschenhandel, bei dem sich die Überwachung über ein Jahr hinzog, betrug eine halbe Million Euro.

Die Strafgesetzgebung unterscheidet dabei zwischen Menschenhandel zum »Zwecke der sexuellen Ausbeutung«, also Zwangsprostitution, und Menschenhandel zum »Zwecke der Ausbeutung von Arbeitskraft«, also Sklavenhaltung. Beides OK-Deliktbereiche mit einem riesigen Dunkelfeld, was nicht an mangelndem Engagement der Polizei liegt, die in Zusammenarbeit mit EUROPOL, dem BKA, mit nichtstaatlichen Organisationen, den NGOs, alles nur Erdenkliche unternimmt, um den Menschen zu helfen. Sondern an der Angst derer, die man als Kronzeugen gegen die Drahtzieher braucht. Angst vor ihren Peinigern, vor den Schleusern.

Oft muss sich das Bundeskriminalamt Sachverstand von außen einkaufen – Wirtschaftsprüfer, Informatiker, Ingenieure. Ähnlich geschieht es auf der anderen Seite auch. Die Organisierte Kriminalität in der Wirtschaft ist ja nicht durch gewalttätige Auseinandersetzungen geprägt, sondern durch gewaltige Transaktionen. Im Lagebericht des BKA steht sie mit knapp siebzehn Prozent aller Vorgänge zwar nur an zweiter Stelle hinter dem nach wie vor führenden Rauschgifthandel. Aber gerade auf diesem OK-Gebiet schlägt sich technischer Fortschritt sofort auf die Fallzahlen nieder. Die Jäger sind in der Technik immer einen Schritt hinter den *White Collar Criminals* zurück und müssen entsprechend schneller laufen. Sie bilden zwar bestens aus, das Kriminalistische Institut hilft und hat eine große Bandbreite an Lehrgängen und Vorträgen im Angebot, sie arbeiten mit den einzelnen Bundesländern zusammen, aber es gibt zu viele Spezialisten in der Organisierten Kriminalität, auf die sie sich einstellen müssen, die sie unter den Beamten nicht haben können, denn hier geht es vorrangig nach wie vor um polizeiliches Grundhandwerk, das man beherrschen muss.

Ermittler müssen Daten analysieren, Akten lesen, Zusammenhänge erkennen. Letztlich aber, trotz aller moderner Technik, hängen Erfolg und Misserfolg ab von einer alten, einer klassischen, einer seit jeher nutzbaren Software. Der in den Köpfen gespeicherten. Das gilt auch für die Beamten des Bundeskriminalamtes, die das Böse auf den Bildschirmen sehen und verfolgen, die *Cyber Cops*.

KAPITEL 5

Cyber Cops

Von den einstigen Bewohnern gibt es kaum noch Spuren. Außen wie innen haben die Kasernen der Lindsey Air Base, in denen einst in Deutschland stationierte amerikanische Soldaten lebten, die Uniform abgelegt. Die mehrstöckigen Gebäude, zu Kaiser Wilhelms Zeiten in Reih und Glied um einen rechteckigen Platz gebaut, auf dem dann nach dem Zweiten Weltkrieg fast fünfzig Jahre lang das Sternenbanner flatterte, gleichen heute nach vielen Renovierungen einer beliebigen Siedlung in einer beliebigen Stadt. Diese am Rande von Wiesbaden sieht, obwohl sauber verputzt, zwar nicht besonders einladend aus, aber in der soll ja auch niemand wohnen. Nach dem Abzug der GIs wurden die Quartiere, von denen manche trotz aller Neuerungen noch unter Denkmalschutz stehen, für ihren neuen Daseinszweck sorgfältig instand gesetzt – auch das Haus, in dem ich die Treppe zum Referat SO 43 des Bundeskriminalamtes hinaufsteige.

Die Beamten, die hier arbeiten, brauchen für ihre Schlachten weder Waffen noch Munition, sondern nur sichere Leitungen und leistungsstarke Computer. Möglicherweise noch vorhandene Reste vom einst herrschenden militärischen Geist haben Handwerker bei der Renovierung wohl aus den Wänden geklopft. Sichtbar gebliebene Abdrücke der Geschichte, die sich nicht entfernen ließen, wurden übermalt. Deshalb fallen Vertiefungen in Mauervorsprüngen auf den Fluren, in die jeweils der Kolben eines Gewehrs passen würde, allenfalls denen auf, die immer alles ergründen wollen, was aus einem gewohnten Rahmen fällt. Ja, richtig: Genau da wurden griffbereit einst Schusswaffen abgestellt, wobei »einst« bedeutet: im Dritten Reich. Denn vor den amerikanischen Befreiern waren in den Kasernen Regimenter der deutschen Wehrmacht untergebracht.

Die Büros, in denen im Kalten Krieg Uniformierte Dienst schoben, einsatzbereit und allzeit wachsam, falls der Russe überraschend sonntags angreifen sollte, sind heute bevölkert von zivil gekleideten jungen Menschen. Sie sitzen vor Computern und surfen. Ihre Arbeit hat zwar wie die ihrer amerikanischen Vorgänger auch zu tun mit Überwachung – bei denen war es der Luftraum über dem NATO-geeinten Europa –, doch sie nennen ihre Kontrollen »Monitoring«, und sie behalten dabei die ganze Welt im Auge. Was oberflächlich betrachtet aussieht wie spielerisches Surfen in irgendeiner coolen Start-up-Firma, ist in Wirklichkeit kriminalistische Arbeit. Sie surfen nicht spielend, sondern surfen suchend nach verdächtigen Bewegungen und Transaktionen im Internet. Alle sind hoch motiviert bei der Sache, denn sie gehören zur »Cyber Crime Unit« der Firma Bundeskriminalamt.

Die Einheit heißt selbstverständlich offiziell ganz anders, unter »Cyber Crime Unit« würde ich im Organigramm des Amtes keinen Eintrag finden, aber aufgrund meiner Recherchen vor Ort weiß ich zumindest, dass sie zur Gruppe SO 4 bei der Schweren und Organisierten Kriminalität und da zum Referat SO 43 gehört. Mit diesem oberflächlichen Wissen gewappnet, nenne ich sie nichtamtlich so, wie es ihrer Tätigkeit am besten entspricht: CCU. Das klingt geheimnisvoll, eher nach den gesetzlos Guten aus der amerikanischen TV-Serie *24* als nach gesetzestreuen deutschen Beamten mit Pensionsberechtigung.

»Cyber Crime Unit« umschreibt jedoch gut, was sie tatsächlich tun: Sie jagen im Internet die Kriminellen des digitalen Zeitalters. Voraussetzung dafür ist ein spezielles kriminaltechnisches Wissen, weil es bei den CCU-Fahndern eher darauf ankommt, zu wissen, was Drops sind oder Bots oder Proxies oder Trojaner, statt wie ihre Kollegen ein paar Häuser weiter das Kaliber einer Mauser oder einer Glock einem bestimmten Täter oder einer Tat zuordnen zu können oder ein beschlagnahmtes synthetisches Rauschgift nach seiner Analyse einem bestimmten Drogenlabor in den Niederlanden.

Man kann sie getrost mit einem Mobilen Einsatzkommando vergleichen, das online an keinen Ort gebunden ist, das bewaffnet ist mit Tools statt mit Gewehren, das sich von Wiesbaden aus in der ganzen Welt des Cyber Crime bewegt, ohne dafür das Haus verlassen zu müssen, in dem sie vor ihren Computern sitzen. Was nicht immer stimmt. Denn zumindest dann verlassen sie ihre Dienststelle, manchmal sogar für Wochen, wenn sie ihre Kollegen in den Vereinigten Staaten oder in Russland oder, quasi um die Ecke, bei EUROPOL in Den Haag besuchen, um sich mit denen über die neuesten Entwicklungen des Cyber Crime auszutauschen und gemeinsam zu überlegen, was man an eigenen Ideen entgegensetzen könnte. Operative Polizeikräfte planen ihre Einsätze ähnlich strategisch und schlagen dann tatsächlich an einem bestimmten Ort zu. Cyber Cops dagegen ermitteln virtuell im weltweiten Netz.

Den Begriff »Cyber Crime« gebrauchen die Deutschen auch untereinander in Wiesbaden. Die beim Bundeskriminalamt gebräuchliche offizielle Bezeichnung »Informations- und Kommunikationskriminalität«, wofür die Abkürzung »IuK-Kriminalität« steht, würde bereits zehn Meter hinter der nächsten Grenze keiner ihrer europäischen Kollegen mehr verstehen, geschweige denn die Global Players der Cyber Cops. Eine Erkenntnis, die sich inzwischen im Amt durchgesetzt hat. Nur im Bundeslagebild, mit dem das BKA regelmäßig Auskunft gibt über die Entwicklung bei allen möglichen Straftaten, wird Cyber Crime immer noch IuK-Kriminalität genannt, aber das soll sich schon im nächsten Jahr ändern.

Den Cyber Cops des Bundeskriminalamtes muss keiner erklären, was eine IP-Adresse ist. Diese jedem Computer zugewiesene eindeutige viergliedrige Zahl ist ja in der virtuellen Welt so etwas wie die Postanschrift in der realen. Angemeldet werden muss die ebenfalls, denn sonst wären die Adressaten online nicht erreichbar, es gäbe keine Verbindung von Rechnern zum Internet. Das organisieren diverse Organisationen wie die IANA (Internet

Assigned Numbers Authority), die regionalen bzw. lokalen Vergabestellen von RIR (Regional Internet Registry) und LIR (Local Internet Registry) sowie die ICANN (Internet Corporation for Assigned Names and Numbers) mit Stammsitz in Kalifornien. Letztere koordiniert auch die Internet-Domain-Namen und damit mehr als eine Milliarde Webadressen, nämlich alle mit der Endung .com, .net, .info. Um die deutschen mit der Top Level Domain .de, rund dreizehn Millionen, kümmert sich das DENIC, das Deutsche Network Information Center.

Herauszufinden, wer oder was sich hinter einer IP-Adresse im Internet verbirgt, gehört unter anderem zu den Aufgaben der Cyber Cops. Bei stichprobenartigen Überprüfungen durch die jeweiligen Provider hatte sich in der Vergangenheit herausgestellt, dass bei mehr als einem Viertel aller IP-Adressen die Angaben zur Registrierung bei ICANN getürkt waren. Solche Betrüger zu ermitteln klingt nach klassischer Polizeiarbeit, nur eben mit anderen Mitteln. Aber so einfach ist es im Internet eben nicht.

»Und wie gelingt es Ihnen, die Spur von Skimmern zum Beispiel an Bankautomaten zu verfolgen?« Der Mann, der mir gegenübersitzt, wippt mit dem Stuhl und beglückwünscht mich grinsend zu dieser Frage. Mit der habe ich eindeutig danebengetroffen und genau das erwähnt, was nicht in sein Sachgebiet fällt: das Skimming – obwohl es natürlich diese Variante der Kriminalität ja erst gibt, seit allüberall Datenautobahnen den Geldverkehr regeln, seit das digitale Zeitalter erblühte. »Skimming« gehörte einst ausschließlich zum alltäglichen Wortschatz von Milchbauern oder bestimmter Industriezweige – »to skim« bedeutet das Abschöpfen fetter Milch oder das Entschlacken von Werkstoffen. »Abschöpfen« drückt sehr gut aus, in welchem Wortsinn »Skimming« heute benutzt wird. Doch das Bundeskriminalamt hält sich nicht lange mit einer möglichst genauen wörtlichen Übersetzung auf, sondern definiert vielmehr, was dabei im kriminalistischen Dunkelfeld passiert: »Beim Skimming werden illegal Informationen von Karten erlangt, indem Daten von Magnetstreifen ausgelesen und auf gefälschte Karten kopiert werden.«

2009 betraf diese kriminelle Methode der Wertabschöpfung in Deutschland mehr als einhundertzwanzigtausend Bankkunden – ein Anstieg von zwanzig Prozent im Vergleich zum Vorjahr. Geschätzter Schaden allein bei EC-Karten: rund 40 Millionen Euro. Technisch versierte Betrüger übertragen dabei auf *White Plastics*, womit im Fachjargon »jungfräuliche« Kreditkarten gemeint sind, die beim Skimming abgeschöpften Daten, und diese Karten setzen dann Cyber Criminals ein, um fremde Konten zu entschlacken.

Entweder werden insgeheim bereits auf dem Weg zum Geldautomaten Daten geklaut, weil eine EC-Karte, vom nichts ahnenden Kunden benutzt, schon beim Öffnen der verschlossenen Tür zum Schaltervorraum einen heimlichen, unsichtbaren Mitleser hat. Oder aber bei Gelegenheit eingebaute Minikameras und über den Tastaturen der Automaten angebrachte durchsichtige Folien zeichnen beim Vorgang des Geldabhebens die Geheimzahlen (PIN) der Bankkunden auf. Im ersten Halbjahr 2010 wurden bereits so viele Fälle registriert wie im gesamten Jahr 2009. Manche Geldautomaten erwischte es trotz aller Maßnahmen der Banken mehrfach. Ihre Rechner, die das System schützen sollen, werden von Fall zu Fall mit einer DDoS-Attacke mattgesetzt. DDoS steht für »Distributed Denial of Service«, die koordiniert herbeigeführte Überlastung eines Servers durch massenhafte Anfragen, womit dann die Maschine ihren eigentlichen Dienst verweigert, nämlich den der Abwehr von kriminellen Online-Attacken.

Selbstverständlich weiß Hauptkommissar Mirko Manske dennoch alles darüber, auch alles über White Plastics und Bots und Drops und Proxies und Phishing und was noch so alles mit den Methoden der Internetbetrüger zu tun hat und dessen Vokabular sich für Laien liest oder anhört, als handelte es sich um Slang aus der Raverszene oder um Begriffe aus der Drogenberatung. Fast sämtliche Begriffe dieser Art von digitaler Kriminalität stammen aus dem Englischen, denn das Internet mit all seinen Möglichkeiten wurde in den USA bzw. in internationaler Kooperation in der Weltkommunikationssprache Englisch erfunden.

Vieles in gängigen Computerprogrammen geschieht bekanntlich automatisch, weil sich gewisse Abläufe, ganz egal, wo auf der Welt ein PC hochgefahren wird, stets wiederholen. Dienstboten innerhalb eines Programms, die sich um diese langweiligen Aufgaben selbstständig kümmern, heißen *Bots*, abgeleitet von *robots*, Roboter. Sie sind legal. Die illegale Variante ist bei den digitalen Kriminellen deshalb so beliebt, weil sie technisch in der Lage sind, Bots zu manipulieren, sie auf fremden Rechnern zu installieren und sich ihrer für kriminelle Aktivitäten zu bedienen. Betrug mit illegalen Botnets zählt deshalb zu den Geschäftsfeldern mit den höchsten Gewinnmargen, denn da lassen sich, von den Computerbesitzern unbemerkt, Millionen von Daten herausziehen und irgendwo auf der Welt für kriminelle Zwecke nutzen.

Die Betreiber von solchen Botnets setzen zusätzlich ihre virtuellen Kumpane namens Proxies als Stellvertreter ein, die dann, so wie Mittelsmänner im realen Verbrecherleben, die wahren Hintermänner einer betrügerischen Aktion tarnen. Infizierte Rechner werden entweder ferngesteuert oder direkt als Wirtstier genutzt, wovon die Inhaber der Geräte nichts merken. Für virtuelle Überfälle brauchen Cyber Criminals schließlich keine große bewaffnete Bande wie die Kriminellen für ihre Aktionen draußen, es reichen ein paar mit den richtigen Tools ausgestattete Spezialisten, um Millionen von PCs zu attackieren.

Per DDoS wird inzwischen sogar ganz klassisch Schutzgeld erpresst. Es müssen nicht mehr finstere niedere Chargen einer Mafia-Bande von Geschäft zu Geschäft fahren, von Trattoria zu Ristorante, um deren Besitzern gegen Gebühr ihren Schutz anzubieten oder größere Probleme für den Fall, dass sie sich weigern sollten zu bezahlen. Das geht heute alles schneller und effektiver. Mit DDoS lassen sich zum Beispiel, um der Forderung nach Schutzgeld per *Web Money* ganz ohne physische Gewalt mehr Nachdruck zu verleihen, die Homepages der betroffenen Firmen mal kürzer, mal länger stilllegen, sodass sie online keine Geschäfte mehr machen können. Sie werden erst dann wieder vom Würgegriff der DDoS-Gangster befreit, wenn sie aufgeben und künftig das geforderte Schutzgeld pünktlich bezahlen – auf ein Konto in der Karibik, in Russland, auf den britischen Kanalinseln.

Oder aber das erpresste Geld muss als angeblicher Wetteinsatz fürs Online-Gambling überwiesen werden. Da lässt sich im Internet am besten verschleiern, woher gewisse Einnahmen tatsächlich kommen. Diese moderne Form der Geldwäsche funktioniert ganz einfach. Illegal erworbenes Geld wird als Wetteinsatz bei Online-Kasinos platziert, die an keinen Ort gebunden sind. Betreiber solcher Kasinos gehören oft zum Kartell. Illegale und legale Einsätze werden so lange gemischt, bis die Herkunft der Überweisungen nicht mehr zu ermitteln ist. Das so gewaschene Geld wird am Ende den Hintermännern über Offshore-Firmen wieder überwiesen. Die Zentralstelle für Geldwäsche, insbesondere für die im virtuellen Raum des Internet, beim Bundeskriminalamt heißt »Financial Intelligence Unit« (FIU), analog zum internationalen Sprachgebrauch, doch das Gesetz, auf das sich die Ermittler in Sachen Geldwäsche stützen, hat nach wie vor einen geradezu exemplarischen amtsdeutschen Namen. Allein die Abkürzung stellt alles in den Schatten, was ich bisher kennenlernen durfte: GwBekErgG. Sie steht für das seit 2008 geltende Geldwäschebekämpfungsergänzungsgesetz.

Was es unter Strafe stellt, ist selbst im Hellfeld beeindruckend finster: Der Jahresbericht 2009 verzeichnet 9046 sogenannte Verdachtsanzeigen. Vom Dunkelfeld, nach übereinstimmender Ansicht aller Experten ein besonders großes, ganz zu schweigen. Denn es wird nicht nur wie einst in den guten alten Zeiten Schwarzgeld, das aus Erpressungen oder illegalem Rauschgifthandel stammte, mal eben in der Karibik sauber gewaschen. Inzwischen nutzen auch die Spezialisten auf der anderen Seite die Chancen, die ihnen die Globalisierung bietet. Scheinbar ganz normale Handels- und Warengeschäfte, verteilt über die ganze Welt, sind geradezu ideal, um die wahren Absichten zu verschleiern – und Geld zu waschen. Die beim BKA beheimatete »Financial Intelligence Unit Deutschland« benennt in ihrer Bilanz 2009 Betrug und Geldwäsche mit jeweils 44 und 33 Prozent als die hauptsächlichen Delikte. Steuerstraftaten machen laut Statistik nur lächerliche vier Prozent aller Verdachtsanzeigen aus, doch es dürfte der Schluss erlaubt sein, dass es gerade auf dem Gebiet noch viel zu entdecken geben würde. Die nächste CD aus Liechtenstein kommt bestimmt.

Was da unter der Headline »Herausragende Fälle« steht, könnten geübte Zeitungsleser sofort mit den passenden Namen von bekannten Steuerhinterziehern versehen: »Als herausragende Fälle werden die Verdachtsanzeigen eingestuft, die sich auf politisch, wirtschaftlich und sonst exponierte Personen beziehen oder die im Zusammenhang mit hohen Transaktionssummen (über drei Millionen Euro) bzw. einer Berichterstattung in den Medien stehen, bei denen aber keine neuen Typologien erkennbar sind.« Dass sich die bewährte Maxime, der Spur des Geldes zu folgen, bei der Aufklärung von »bisher unbekannten Terrorismusfinanzierungsmethoden« dagegen als wesentlich erwiesen hat, wird nur in einem Nebensatz erwähnt. Sobald es um internationalen Terrorismus geht, wird das Feld der polizeilichen Ermittlungsmethoden vom BKA bewusst im Dunkeln gelassen. Jörg Ziercke weiß, dass die »Modi operandi im Deliktsbereich der Geldwäsche« immer komplexer werden, weil das Waschen des schmutzigen Geldes über fiktive Handelsgeschäfte abgewickelt wird. Sitz der jeweiligen Gesellschaften ist das Ausland, denn auch die Kriminellen wissen, wie lange es dauert, bis ein Rechtshilfeersuchen in Taten mündet. Bis dahin haben sie ihre Spuren längst wieder verwischt und sich aus dem virtuellen Staub gemacht.

Ich flüchte wieder zum – im Vergleich dazu – hellen Dunkelfeld namens Skimming. Die Praktiken der Skimmer sind Banken und Polizei zwar längst bekannt, aber das bedeutet nicht, dass sie deshalb präventiv gestoppt werden könnten. Die digitalen Bankräuber vermeiden Gewalt. Sie sind mobil. Sie hinterlassen keine Fingerabdrücke am Tatort. Sie sind Verbrecher der neuen Zeit. Es ist ein typisches Phänomen der modernen Kriminalität, dass die Strafverfolgungsbehörden nicht mehr nur irgendwelche brutalen Gangster und Mörder jagen müssen – wobei die Aufklärungsquote übrigens wie eh und je über neunzig Prozent beträgt –, sondern es mit bestens ausgebildeten intelligenten Kriminellen zu tun haben, die vertraut sind mit allen technischen Finessen der digitalen neuen Welt.

In den guten, also den alten Zeiten, sagt mir ein pensionierter Kriminaldirektor, hatten die Verbrecher ein Gesicht, das auch je nach Schwere ihrer Tat auf Fahndungsplakaten auftauchte. Das konnte sich ein Polizist einprägen. Oder es war so, dass ein Team von Polizisten die Gruppe observierte, zu der ein Verdächtiger gehörte, um Schwachpunkte zu identifizieren, an denen sich dann Ermittlungen ansetzen ließen. Ein Bandenmitglied war für die Finanzierung einer Aktion zuständig, ein zweites für die Flucht-autos, das dritte fürs Ausspähen einer Bank usw. Jeder kannte den anderen, alle wussten alles von allen, und sobald es gelang, einen von denen zu knacken, wussten meist auch die Krimialbeamten alles von allen.

Im Internet dagegen werden kriminelle Einsätze nach dem für die jeweiligen Coups notwendigen Fachwissen verteilt. Namen und Adressen und Gesichter sind nicht gefragt. Man kennt sich online nur mit der jeweiligen IP-Adresse. Fliegt einer von den Kriminellen beim Skimming auf und wird gefasst, bleiben den-noch andere Mitglieder der Bande und erst recht die Auftrag-geber selbst verborgen im Dunkeln. Der Gefasste kann sie nicht verraten, denn er kennt sie ja gar nicht, weiß nicht, wer die ande-ren Insider sind, die für ihn allenfalls einen anonymen Nickname haben, mit dessen Hilfe im Minutentakt ausgespähte Passwörter, die Drops, von einem Server zum Beispiel in Thailand weiterge-geben werden. Den können die Jäger zwar orten, aber bis sie an dessen Betreiber herankommen, vergehen wegen der langwieri-gen Rechtshilfeersuchen oft Monate. Inzwischen sind die Drops längst wieder zurück in Deutschland gelandet und dort erfolg-reich eingesetzt worden.

Die Arbeitsteilung bei Cyber Criminals ist perfekt organisiert: Die einen programmieren Viren, die anderen liefern geklaute Da-ten, und wer am Ende dann kassiert, ist oft nur, was es auch im legalen Business gibt – ein Geldbote. Er weiß nicht, wem das Konto gehört, auf das er Bares einzahlen muss. Die Spezialisten organisierter krimineller Banden sind immer auf dem neuesten Stand der Technik, um auf Augenhöhe mit denen zu konkurrieren, die ihnen auf der Spur sind. Gern auch einen Schritt voraus. Als die ursprünglich eingesetzte Methode des Skimmings nicht mehr funktionierte, weil Banken über den Tastaturen der Geldautomaten Sichtblenden installiert hatten, um so zu verhindern, dass beim Eingeben die PIN mitfotografiert wurde, kamen sie auf die naheliegende Idee, Minikameras innerhalb der Sichtblenden einzubauen. Abgegriffene Daten werden so unmittelbar auf einen empfangsbereiten mobilen Rechner in einem draußen vor der Bank geparkten Auto gesendet und von Fachkräften direkt online weitergegeben an den kriminellen Außendienst.

Zwischen den erfolgreichen Manipulationen und den ersten Attacken auf fremde Konten vergehen oft nur wenige Stunden. BKA-Präsident Jörg Ziercke fordert deshalb, dass die Prävention verbessert werden muss, was wiederum ohne massive Investitionen der Banken nicht geht, denn »neben dem flächendeckenden Einbau von Anti-Skimming-Modulen in Geldautomaten zeigt sich, dass die Umrüstung von der Magnetstreifen- auf die fälschungssichere Chiptechnologie alternativlos ist«. Diese Umrüstung kostet Geld, viel Geld.

Ein anderer Begriff, der ein lohnendes Geschäftsmodell dieser Art umschreibt, lautet »Phishing«, abgeleitet von »fishing«, angeln. Es geht um ziemlich dicke Fische, um das Angeln nach Passwörtern im Internet, mit denen geheime Daten und PINs erbeutet werden. Im Vergleich zum Vorjahr stieg die Zahl der registrierten Betrugsfälle auf diesem speziellen Gebiet der Wirtschaftskriminalität 2010 um mehr als siebzig Prozent auf fünftausend, bereits 2009 waren es zweitausend Straftaten mehr gewesen als noch 2008. Man darf von einer rasanten kommerziell-kriminellen Entwicklung sprechen und kann getrost davon ausgehen, dass es im nicht entdeckten Dunkelfeld noch einmal so viele Fälle gibt. Das bestätigen auch das Bundeskriminalamt und der Bundesverband der Internetwirtschaft. Ziercke warnt insbesondere vor harmlos wirkenden Spieleapplikationen, mit denen Zusatzfunktionen für den heimischen PC kostenlos angeboten werden. Tatsächlich aber enthalten sie Software, mit denen dann PINs und Kreditkartennummern ausgespäht werden können.

Wenn Cyber Cops bei ihren Surftouren spezielle Seiten entdecken, die für diese Art von Betrug eingesetzt werden, lassen sie die innerhalb weniger Stunden von den alarmierten Providern löschen. Ihre Gegner aber sind grenzenlos kreativ und innovativ. Nicht nur beim digitalen Bankraub wird die Methode Phishing eingesetzt, sondern auch dafür, die Computer von Hotels zu hacken und dort Daten von Gästen abzugreifen. So betrug der Schaden allein der Luxus-Hotelkette »Destination Hotels & Resorts« in den ersten beiden Monaten des Jahres 2010 bei fast siebenhundert Fällen und durchschnittlich dreitausend Dollar Beute pro Karte rund zwei Millionen Dollar.

»Erinnert das nicht alles verdammt an das märchenhafte Rennen zwischen Hase und Igel?«, fragte ich Wochen später in Berlin den damaligen Bundesinnenminister Thomas de Maizière, der zu den wenigen wirklich kundigen Politikern zählt, was das Internet betrifft. Musste er ja auch, denn er war der oberste Dienstherr der BKA-Beamten. Hechelt die Polizei nicht stets den Kriminellen hinterher? Das, antwortet der CDU-Politiker kühl, sei doch schon immer so gewesen, das sei wirklich nichts Neues. »Das ganze Leben des Staates als Kriminalstaat ist stets ein Hase-und-Igel-Spiel gewesen. Täter versuchten immer schon, mithilfe moderner Technik der Strafverfolgung zu entgehen.« Die Regeln der realen Welt gelten aber auch im Internet, und neue Gesetze brauche es wirklich nicht: »Um es salopp zu sagen, Joghurt bleibt Joghurt, egal, was auf der Verpackung steht. Generell soll der Rechtsstaat für neue Techniken keine neue Rechtsform erfinden. Wir wenden also die gleichen Gesetze an.«

Was allerdings nicht mehr zeitgemäß ist, das sind die alten Begriffe. Was ist heute ein Telekommunikationsgeheimnis? Ist eine IP-Adresse gleichzusetzen mit einer Postadresse? De Maizière: »Früher gab es ein Monopol der Post, und da arbeiteten Beamte. Die hatten dem Staat gegenüber Verpflichtungen. Private hatten nichts zu tun mit dem Bereich. Heute ist der wesentliche Teil der Kommunikation in privater Hand und internationalisiert. Nicht mehr der Nationalstaat hat Zugriff auf die Daten, sondern Privatfirmen. Beim Thema Datenschutz geht also logischerweise nicht die größte Gefahr vom Staat aus, wobei es immer Fälle von Missbrauch geben wird, sondern von privaten Firmen. Deshalb muss unter bestimmten rechtsstaatlichen Bedingungen der Staat, um seine Bürger zu schützen, auf bestimmte Daten zugreifen können.«

Zurück in die ehemalige Kaserne nach Wiesbaden. Zum Referat SO 43 der Gruppe Schwere und Organisierte Kriminalität des Bundeskriminalamtes gehören laut Organigramm die Sachgebiete Operative Auswertungen/Ermittlungen, die IuK-Kriminalität – allein da verzeichnet 2009 die polizeiliche Statistik 207 550 Fälle, vom Online-Warenbetrug über Kreditkartenfälschungen bis zum Handel mit sexuell missbrauchten Kindern – und schließlich ZaRD. Obwohl ich inzwischen mit vielen Abkürzungen im Bundeskriminalamt vertraut bin, mit einigen sozusagen per Du, hilft mir das nicht weiter. ZaRD ist als Wortungetüm sperriger, obwohl es so zart klingt, und auch inhaltlich komplizierter. Was nicht daran liegt, dass nur wenige wissen, was die bei ZaRD eigentlich konkret tun. Sondern weil nur wenige im Amt erklären können, vor allem Laien wie mir, warum die das tun und wonach sie suchen und wen sie dabei erwischen wollen. Denn hinter ZaRD verbirgt sich die »Zentralstelle für anlassunabhängige Recherchen in Datennetzen«. Das Wort »anlassunabhängig« ist dabei entscheidend.

Mirko Manske, der gegrinst hat bei meiner Skimming-Frage, leitet in SO 43 die sogenannte Operative Auswertung. Ein jungenhaft lockerer Typ, der so gar nichts hat von einem Kriminalhauptkommissar der üblichen Art. Was natürlich ein Klischee ist, denn warum sollten Polizisten in Zivil anders aussehen als er oder ich? Er wischt das Grinsen aus dem Gesicht und meint lakonisch, seiner Schätzung nach dürften insgesamt kaum zweihundert Kriminalbeamte bei Bundeskriminalamt und Landeskriminalämtern über das Wissen verfügen, das man für einen solchen Job wie den seinen und den seiner Leute braucht. Sie haben das, was er eine Kernkompetenz nennt, zum Beispiel bei der Suche nach Trojanern, die von Kriminellen zum Zwecke des Betrugs sozusagen im Bauch eines Rechners eingebaut wurden.

Endlich mal ein Begriff, der nicht aus dem Englischen, sondern aus der griechischen Mythologie kommt. Bekanntlich besiegten die angreifenden Griechen die belagerten Trojaner dank des listigen Odysseus erst dann, als sie Soldaten im Bauch eines hölzernen Pferds versteckten, das die Belagerten für ein Weihegeschenk hielten und in ihre Stadt zogen, wofür die bislang unüberwindbaren Mauern gebrochen werden mussten. Das besiegelte ihre Niederlage. Der Trojaner heute ist allerdings nicht der Angegriffene, sondern der Angreifer. Insofern wurde die Geschichte ins Gegenteil verkehrt, denn Trojaner werden gezielt zur Eroberung fremder Computerprogramme eingesetzt.

Kaum zweihundert Beamte in Deutschland – klingt erst einmal nicht nach einer besonders schlagkräftigen Truppe, doch das täuscht. Für Schlachten im Internet braucht es keine Heere, da entscheiden hoch qualifizierte Experten über Sieg oder Niederlage. Ihre Aufgabe ist in der Tat eher die der Überwachung, wobei sie global agieren. Sie sammeln das, was an Ermittlungsverfahren in den einzelnen Bundesländern anliegt, beschaffen zudem Informationen aus dem Ausland, denn dort beginnen in 95 Prozent aller Fälle die Attacken, also die Schlachten. Die Männer der ZaRD sind schon aufgrund ihrer speziellen Aufgaben eine verschworene Gemeinschaft innerhalb der Behörden, was aber nichts mit dem oft kritisierten Korpsgeist der Polizei zu tun hat, sondern nur mit ihrem speziellen Wissen, das sie von anderen Kollegen unterscheidet. Um ihren Gegnern gewachsen zu sein, mussten sie aus dem alten Rollenbild herauswachsen, denn die Kriminalität der allerneuesten Zeit erfordert eine andere, eine modernere Polizei. Erfordert ein anderes Denken und auch eine andere als die jahrzehntelang verbindliche übliche Ausbildung. Deutsche Sekundärtugenden wie Disziplin und Gehorsam gehören dabei nicht zu den ersten zehn Bedingungen für ihren Job.

Wie man Spuren an einem Tatort ermittelt, worauf dabei zu achten ist, wann das Kriminaltechnische Institut helfen kann bei der Suche nach Tätern usw. – das alles müssen Kriminalbeamte selbstverständlich wissen, und die beim BKA erst recht. Aber die Ermittlungen in der virtuellen Welt laufen anders ab. Wer die da geltenden Regeln und Tricks und Umleitungen nicht kennt, wer die für Information und Kommunikation nötigen Tools nicht beherrscht, kann logischerweise auch nicht die finden, die sie bei ihren Straftaten anwenden.

Den Kriminellen technisch gewachsen zu sein ist eine Herausforderung. Die andere findet in den Köpfen statt. Es gewinnen die, denen mehr einfällt – und vor allem früher als den anderen. Die deutschen Cyber Cops behalten keinen neuen strategisch hilfreichen Denkansatz nur für sich, kennen sich von Fortbildungskursen, vermeiden die föderalen Zuständigkeitsspielchen zwischen BKA und LKA. Vieles läuft per Klick auf der persönlichen Ebene ab. Wie man auf der am schnellsten kommuniziert, muss ihnen wirklich niemand sagen.

Ein Kriminalbeamter des BKA, der nach dem Abitur Polizeihochschule oder Jurastudium oder beides absolviert und sich für eine Karriere im höheren Dienst beworben hat, ist nicht automatisch zum Einsatz in allen Bereichen des Amtes befähigt. Wenn es um Kriminalität im Internet geht, sind Informatiker vonnöten, weil sie die Voraussetzungen schon mitbringen in den Polizeidienst. Das bayerische Landeskriminalamt sucht ebendeshalb nach Computerspezialisten, die dann in Intensivkursen statt in den üblichen mehrjährigen polizeilichen Ausbildungen zu Cyber Cops geschult werden. Die Bayern können zwar wie andere staatliche Einrichtungen und Behörden nicht besonders viel Geld bieten – in der freien Wirtschaft verdient man viel mehr. Sie garantieren aber eine spannende Tätigkeit im globalen Einsatz gegen das Böse. Das ist ihre ganz eigene besondere USP, ihre *Unique Selling Proposition*.

Hinter dieser unkonventionellen staatlichen Initiative steht eine den technischen Entwicklungen und den sich daraus ergebenden Konsequenzen geschuldete notwendige Strategie der Verbrechensbekämpfung. Nach Terrorismus und Organisierter Kriminalität liegen kriminelle Handlungen im Internet inzwischen an dritter Stelle aller Straftaten. Die Deutsche Polizeigewerkschaft hat ebenfalls erkannt, dass sich der größte Tatort der Welt im Internet befindet, dass mit den Straftaten da zweistellige Renditen erwirtschaftet – besser: ergaunert – werden, Tendenz steigend, und fordert deshalb eine personelle Aufrüstung der Guten. Zusätzlich zweitausend ausgebildete Netzfahnder würden gebraucht, die im Internet Streife gehen.

Indizien aufgrund hinterlassener Schriftproben gibt es da nicht. Die guten alten Scheckfälscher sind fast ausgestorben, weil im modernen Zahlungsverkehr kaum noch jemand Schecks benutzt. Pro Jahr schaffen es höchstens dreihundert Fälle von Betrug dieser einst gängigen Art in die amtliche PKS-Statistik. Allenfalls die nach erfolgtem Phishing eingesetzten Finanzagenten sind noch auf herkömmliche Weise greifbar. Denn irgendwie muss das abgegriffene Geld ja mal greifbar ans Ziel geschafft werden, das meist im Ausland liegt, gern in Osteuropa. Also wird das durch Datenklau erworbene Geld auf das Konto eines Finanzagenten transferiert, der in Deutschland wohnt. Dieser Mittelsmann wiederum hebt alles ab, zahlt cash ein zum Beispiel bei Western Union, womit die Spur des Geldes verwischt ist. Gelockt werden die Strohmänner mit dem unverfänglichen Versprechen, online natürlich, dass sie auf bequeme Art nebenbei ein paar tausend Euro verdienen können, falls sie für eine bestimmte Provision Finanzgeschäfte erledigen. Die Zahl der Bewerbungen für solcherlei Jobs ließ zur klammheimlichen Freude der Cyber Cops beim BKA merklich nach, als unter ausführlicher begleitender Berichterstattung über den Fall ein Finanzagent, im Hauptberuf Ingenieur, für seine kriminelle Nebentätigkeit zu dreieinhalb Jahren Gefängnis ohne Bewährung verurteilt wurde.

Im fein gesponnenen Netz der Spinne BKA soll sich Beute

sammeln, in allen klassischen Bereichen der schweren Kriminalität wie Rauschgifthandel, Waffenschmuggel, Zwangsprostitution, Terrorismus, Geldwäsche. Das BKA reagiert, falls sich Verdächtiges in seinem Netz bewegt, per Weitergabe von Informationen über Ort und Zeit an die zuständigen Behörden, oder es fährt selbst, falls es das BKA-Gesetz erlaubt, seine bekannt langen Arme aus. Bei Datennetzen, wie die ZaRD sie definiert, geht es aber um globale Dimensionen. Es gibt rund drei Milliarden Sites im World Wide Web, hundertfünfzigtausend Newsgroups im Usernet und beispielsweise mehr als fünfundzwanzigtausend Chatkanäle im Internet Rely Chat – also verdammt viele virtuelle Möglichkeiten, real kriminell zu werden.

Aber es funktioniert auch noch das, was man früher Bauerntricks nannte, mit denen blauäugige Gimpel geleimt wurden. Leider ist es mir bis heute nicht gelungen, eine Dummheit dieser Art aus meinem Gedächtnis zu löschen. Ein gebrochen deutsch sprechender Mann, der Bargeld brauchte für die Rückfahrt nach Mailand, weil ihm angeblich außer einigen Lederjacken, die im Auto deponiert waren, alles geklaut worden war, bot mir die Jacken für dreihundert Mark an – so viel würde in etwa das Benzin kosten für seine Heimreise. Ich kaufte sie ihm ab und nahm sie mit nach Hause. Unter dem Hohngelächter meiner Familie wurde die lederfreie Ware umgehend auf dem nächstbesten Flohmarkt als Gesamtpaket für zehn Mark verscherbelt.

Meist wird der Leim online ausgelegt. Auf der vertraut erscheinenden Website seiner Hausbank, die allerdings nicht von dieser stammt, sondern von Cyber Criminals nachgemacht wurde, wird etwa ein Kunde aufgefordert, PINs von Kreditkarten und zwanzig Transaktionsnummern für Überweisungen einzugeben, die TANs. Nur so könne Sicherheit vor fremden Zugriffen gewährleistet werden. Die TANs landen dann jedoch statt beim Kontoführer direkt im Bauch eines Trojaners, mit dem Hacker die Seite infiziert haben, und von dort wandern sie weiter zu den kriminellen Abschöpfern. Natürlich fliegt der Betrug bei der nächsten Abrechnung auf, aber dann ist es zu spät, das Geld ist weg.

Als sich die Fälle von Betrug beim Online-Banking häuften, weil viele auf den Trick hereinfielen und ihre TANs online durchgaben, änderten die Bankinstitute das Online-Banking-System. Die Schäden, die sie erlitten, waren einfach zu groß geworden. Sie installierten das neue Geschäftsmodell der E-TANs, das endlich Sicherheit gegen Phishing versprach. Allerdings dauerte es nicht lange, bis sich die anderen wiederum etwas einfallen ließen, um die Hürde der E-TANs zu überspringen. Die Täter denken inzwischen in strukturierten Prozessen der Problemlösung, setzen sich nicht einfach hin und sagen, wo kriegen wir heute mal locker fünftausend Euro her, sondern loten gezielt die Geschäftsmodelle der Kreditkartenwirtschaft, der Banken und des E-Commerce aus und entwickeln danach eine Strategie.

Cyber Cops im Kampf gegen Cyber Criminals gehen entweder aufgrund konkreter Hinweise auf die Jagd oder lassen sich im Netz treiben, um Verdächtiges zu entdecken. Falls ihnen dabei auffällt, was bei ihrem letzten Streifengang noch nicht sichtbar war, werden sie aktiv – anlassunabhängig, wie es der Name ZaRD sagt. Ihr Auftrag ist, korrekt zitiert, so wie es die Konferenz der Innenminister beschlossen hat, die »ständige, systematische, deliktübergreifende, nicht extern initiierte Suche nach strafbaren Inhalten im Internet und Online-Diensten, einschließlich der Weiterverfolgung von dabei festgestellten, strafrechtlich relevanten Sachverhalten mit Beweissicherung bis zur Feststellung der Verantwortlichen und/oder der örtlichen Zuständigkeiten von Justiz und Polizei«. .

Die von der Streife sorgen dafür, dass Straftaten dokumentiert und Belege aus dem Netz heruntergeladen und auf Papier an andere Dienststellen weitergeleitet werden. Die Beamten im Sachgebiet »Auswertung« sind mitunter zwar bei den Festnahmen dabei, erfahren auch, wie am Ende ein Gericht urteilt, aber wollen »hauptsächlich verstehen, wie die Täter arbeiten, wie ihre Geschäftsmodelle und ihre Infrastruktur aussehen, und vor allem herausbekommen, wo diese Infrastruktur schwache Stellen hat, die wir für uns dann nutzen können« (Manske). In diese Lücken stoßen sie dann beim nächsten Mal rein. Rein technisch gesehen natürlich.

Da es sich bei Kriminalität im Internet, die jährliche Wachstumsraten von bis zu achtzig Prozent aufweist, um globale Strukturen handelt, muss global agiert werden. Die Jagd wird von Jahr zu Jahr schwerer und leichter zugleich. Schwerer, weil die Nutzer, auf gut Deutsch: User, ihre digitalen Informationen austauschen, beispielsweise Dateien mit sexuell missbrauchten Kindern, ohne den Umweg über einen zentralen Server, oft anonymisiert und verschlüsselt. Und leichter, weil die, die sie verfolgen, ebenfalls aufgerüstet haben, ebenfalls auf dem aktuellen Stand der Technik und des Wissens sind, über neueste Hardware und Software verfügen und zudem ebenfalls nicht motiviert werden müssen.

Die Netzfahnder arbeiten eng zusammen mit internationalen Partnern, zum Beispiel dem FBI oder der Serious Organized Crime Agency in Großbritannien, aber auch mit Managern aus der Finanzbranche. Diese trifft Internetbetrug messbar in Zahlen, ist ein gewaltiger Schlag ins Kontor. Von den 206 909 verzeichneten »Straftatenanteilen mit Tatmittel Internet« gehören fast vierzig Prozent zum weiten Feld der Wirtschaftskriminalität und des Warenbetrugs. Wie groß das Dunkelfeld ist, weiß niemand. Statt »Dunkelfeld«, meint Manske, mal wieder ironisch lächelnd, könne man auch den Begriff »Schwarzwald« verwenden. Im Internet geht es zwar unblutig zu, jedoch rücksichtslos unter dem Einsatz aller sonstigen Mittel. Zum Beispiel werden Aktienkurse mit übernommenen Depots manipuliert, werden Depots ausgeplündert, wird das Geld, das verdient wurde, anschließend benutzt, um Pennystocks zu manipulieren und anzupreisen, jene bei Spekulanten wie Kriminellen so beliebten Ramschpapiere, bis die Kurse einen Höchststand erreicht haben. In dem Moment stoßen die kriminellen Broker ihre in Wirklichkeit ja wertlosen Bestände ab.

Eine andere Variante der Wirtschaftskriminalität ist subtiler, hat aber nicht weniger Wirkung bei dem, den sie trifft. Durch den kriminellen Einsatz von DDoS – also absichtlich herbeigeführte

Lahmlegung von Websites – werden nicht nur Schutzgelder erpresst, sondern auch die Geschäftsaktivitäten von Konkurrenten behindert. Es gibt zum Beispiel Angriffe auf die Infrastruktur von großen Speditionen. Oder man pflanzt einen Trojaner in die Rechner, auf denen alle Ladungen und Routen der firmeneigenen Lastwagen verzeichnet sind und sucht sich dann aufgrund der erbeuteten Daten den aus, der nicht Bananen, sondern teure Fernsehgeräte geladen hat. Der wird dann an einer Autobahnraststätte überfallen, nicht von Trojanern, sondern von Maskierten. Die Geschädigten ahnen nicht, woher zum Teufel die Gangster denn wussten, welcher Lkw eine wertvolle Ladung an Bord hatte und wo der Fahrer eine Ruhepause eingeplant hatte. Trojaner sind auch hilfreich bei der modernen Wirtschaftsspionage. Wer die Kalkulationen seiner Konkurrenten kennt, kann beim nächsten Bietverfahren mit günstigeren Angeboten kontern oder gleich in deren Kundenstamm wildern. Mirko Manske glaubt, dass es Tausende gibt, die nicht ahnen, dass sie Opfer solcher Machenschaften geworden sind, und sich wundern, warum ihre Geschäfte nicht mehr so gut laufen wie früher.

Um sich die wahren Dimensionen der virtuellen Möglichkeiten zu verdeutlichen, soch sozusagen ein Bild vorzustellen, genügen schon ein paar Fallbeispiele. In denen wird klar, um welche Summen es in solchen betrügerischen Geschäften geht und warum Tatort und Tatwaffe identisch sind – das Internet. Im März 2009 zum Beispiel wurden bei einem großen amerikanischen Kreditkartenprozessor, der im Auftrag von Banken alle mit deren Kundenkreditkarten zusammenhängenden Einsätze bearbeitet, bei einem Hackereinbruch hundert Millionen dort gespeicherte Kreditkartensätze gestohlen. Ein Milliardenschnäppchen für die Auftraggeber. Denn damit lassen sich alle Arten von kriminellen Deals durchführen, angefangen bei Flugbuchungen im Internet, Tausende täglich auf der ganzen Welt, bis hin zum Kauf hochwertiger Waren wie Maschinen, Autos, Maßanzüge.

Die Underground Economy ist vor allem in den Vereinigten Staaten ein blühender Markt. Da gibt es für die Hightech-Kriminellen am meisten zu holen. In den USA leben die meisten Besitzer von Kreditkarten. Viele kaufen zwar auf Pump, wie man seit der Finanzkrise weiß, aber das stört die Kriminellen nicht. Sie erhöhen halt den Schuldenstand der armen Schweine, indem sie deren Karten für sich benutzen. Mit virtuell geklauten Daten stellen begabte Grafiker, die sich genau darauf spezialisiert haben, Druckvorlagen für die Folien her, mit denen *White Plastics* überzogen werden. Die so massenhaft produzierten Dubletten der Kreditkarten werden dann in der realen Wirtschaft benutzt. Ein Geschäft wie in der freien Marktwirtschaft, basierend hier allerdings auf dem Prinzip von wegnehmen und nichts abgeben.

Die Hintermänner investieren bei den eigentlichen Machern, den Fälschern, damit die die nötigen technischen Voraussetzungen für den Betrug finanzieren können, und wollen dafür dann in den ersten sechs Monaten des Geschäftsbetriebs vierzig Prozent vom Umsatz. Für sie ist Umsatz gleich Gewinn, denn versteuert wird nichts. Noch so ein »Fortschritt« gegenüber der klassischen Kriminalität: Die Täter müssen nicht mehr physisch dort sein, wo sie ihre Straftat begehen.

Und sie haben den Vorteil auf ihrer Seite, anonym bleiben zu können. So was geht nur im Internet. Zu den wesentlichen Errungenschaften des demokratischen Rechtsstaates gehörte es, angstfrei sein Gesicht zeigen, problemlos seine Meinung sagen, eine feste Adresse angeben zu können, ein Namensschild an der Wohnungstür zu haben im Wissen, dass es allenfalls der Zeitungsbote oder der Briefträger sein würde, der morgens klingelt. Thomas de Maizière: »Die Kommunikation ist offen, aber im Inhalt vertraulich. Die Kommunikation im Internet sieht als Regelfall jedoch Anonymität vor, nur in Ausnahmefällen die Personalisierung. Im bürgerlichen Leben ist es umgekehrt.«

Selbst die möglichen Kontrollmechanismen der Prozessoren haben die cleveren Kriminellen bedacht und sich wie vorausblickende Geschäftsleute strategisch auf sie eingestellt. Falls ein Prozessor aufgrund von gespeicherten Daten feststellt, dass der Kunde Peter Jackson entgegen seiner sonstigen Gewohnheit alle zwei, drei Stunden größere Einkäufe tätigt statt wie bisher alle drei, vier Tage, sperrt ein guter Bot automatisch die Transaktion. Der Händler, bei dem die Kreditkarte zuletzt eingesetzt wurde, bekommt ebenso automatisch eine elektronische Warnung, genannt »Denial Of Transaction Authentification«, übermittelt.

Jetzt muss sich der Kunde, der sich über die Verweigerung überrascht oder empört gibt, mit einem Callcenter in Verbindung setzen und sich mit dem Namen melden, der auf der geklauten Karte steht, eben Peter Jackson. Falls der angebliche Peter Jackson aber aus der Ukraine stammt oder aus Russland – beide Länder werden hier nicht von ungefähr genannt –, würde sogar in einem multikulturellen amerikanischen Callcenter auffallen, dass er kaum Englisch spricht. Erst recht bei einer Bank. Und es fiel tatsächlich oft genug auf, denn die für den Betrug eingesetzten »Läufer« waren zumeist dort engagiert worden, wo alles andere besser gesprochen wird als Englisch. Also bauten die organisierten Kriminellen als Zwischenstation ein eigenes Center mit eigenen Leuten auf, deren Muttersprache Englisch ist.

Genau da meldet sich der Kreditkartenbetrüger mit der Bitte, er brauche jetzt dringend einen Anruf bei der zuständigen Bank, zum Beispiel der Bank of America oder der Manhattan Chase, liefert alle Daten der gefälschten Kreditkarte mit, woraufhin sich sein Kumpan am anderen Ende der Leitung in diesmal perfektem Englisch bei der zuständigen Bank als Peter Jackson meldet und auch das Geburtsdatum von Peter Jackson nennen kann, das zuvor ein Trojaner ermittelt hat. Schon wird die Karte wieder freigeschaltet.

Wer seine digitale Identität an einen dieser Trojaner verliert, und damit den exklusiven Zugang zu seinem E-Mail-Postfach und seinen Bankkonten, der ist verloren. Manske: »Es sind Hunderttausende, die nicht ahnen, dass sie längst ein Opfer der Undergroundeconomy geworden sind.« Zusätzlich gibt es bereits gewiefte Subunternehmer, die gegen eine monatliche Gebühr von tausend Dollar ihre Dienste als IT-Experten anbieten – bezahlt wird per *Web Money* –, zum Beispiel eine sichere Verschlüsselung der für die kriminellen Aktivitäten benutzten IP-Adressen oder der Stimme oder der benutzten Hardware. Das Geschäftsfeld nennt man in Fachkreisen »Kryptisierung«.

Das alles wissen inzwischen alle, die sich professionell um solche faulen Geschäfte kümmern. Wiederum gilt, dass dieses Wissen nur dann eventuell zu Ergebnissen führt, zu Erfolgen bei der Jagd im Netz, wenn über Grenzen hinweg global zusammengearbeitet wird. So wie es die Kriminellen auch tun. Die Herausforderung durch das Internet – wie die durch den internationalen Terrorismus – hat die in der Vergangenheit beklagte mangelnde Zusammenarbeit nationaler Polizeibehörden wesentlich verbessert. Die Zeiten, da bei Fällen von Cyber Crime vorrangig in Deutschland ermittelt wurde, sind vorbei. Die Kriminalität hat ein neues Medium gefunden, und sie nützt es global aus, als sei es extra für sie erfunden worden. Was früher per Zeitungsanzeigen verbreitet wurde, um Geldgierige mit hohen Renditeangeboten zu locken, findet jetzt im Internet statt. Jeder fünfte Fall von Wirtschaftskriminalität passiert online. Also müssen die entsprechenden Experten der Polizei sich in den Methoden der Kriminellen auskennen, sonst haben sie gegen die schon verloren, bevor die Streife beginnt.

Die klassische Wirtschaftskriminalität, im BKA-Abkürzungsdeutsch WiKri abgekürzt, blüht trotzdem noch. Die letzten verfügbaren Zahlen darüber stammen aus dem Jahre 2008. Da gab es 84 550 Fälle, jedoch, wie üblich in den Statistiken, sind das nur die bekannt gewordenen, also die aus dem Hellfeld. Allerdings weiß auch das Bundeskriminalamt: »Im Hinblick auf die Interessenlage der Opfer (z.B. bei Anlage von Schwarzgeldern oder Befürchten eines Imageverlustes) ist von einem nur gering ausgeprägten Anzeigeverhalten und damit verbunden mit einem großen Dunkelfeld auszugehen.« Fest steht, dass die Schadenssumme WiKri mit knapp 3,5 Milliarden Euro mehr als ein Drittel aller in der Statistik aufgelisteten *Schäden* verursacht, und das, obwohl der Anteil an allen insgesamt erfassten *Straftaten* nur 1,4 Prozent betrug. Die Wirtschaftskriminalität im Internet stieg in nur einem Jahr um genau 77 Prozent. Ein Wachstumsmarkt, ganz offensichtlich.

Die monetären Schadenssummen im Bereich Cyber Crime sind im Vergleich zu den anderen Kriminalitätsfeldern eher gering. Die digitale Identität hat in Deutschland im Gegensatz zu den Vereinigten Staaten noch keinen hohen Wert. Wenn jemand die seine verloren hat, dann ist das nicht messbar. In den USA hat eine abhandengekommene Kreditkarte einen festgesetzten Wert, nämlich 550 US-Dollar, und insofern sind die Cyber Cops drüben besser in der Lage, die Dimension dieses kriminellen Phänomens aufzuzeigen. Denn wenn irgendwo hundert Millionen Kreditkartendaten nach einem Einbruch verloren gehen, ist das Schadenspotenzial riesig, über fünfzig Milliarden Dollar.

Die Substanz der Straftaten, Diebstahl und Betrug, ist gleich geblieben – es hat sich nur die Art und Weise geändert, wie sie online begangen werden –, denn die technische Entwicklung hat die Kriminalität ja nicht in ihrem sozial schädlichen und amoralischen Charakter verändert. Das Böse ist das Böse geblieben. Kriminelle Handlungen sind nach wie vor kriminelle Handlungen, und die staatlichen Gesetze, aufgrund deren die gefassten Täter verurteilt werden, gelten nach wie vor. Da werden keine Unterschiede gemacht, in welcher Welt die Tat begangen wurde, in der virtuellen oder in der realen. Die sich gegenüberstehenden Teams spielen technisch auf höchstem Niveau, sie gehen mit den Tools des Internet so selbstverständlich um wie alle Nutzer im World Wide Web, nur eben viel effizienter, viel besser, viel geschickter.

Was die Beamten in der von mir mit »Cyber Crime Unit« umschriebenen Abteilung unternehmen, ist Teamarbeit. Einzelgänger haben bei ihnen so wenig eine Chance wie auf der anderen Seite Einzeltäter. Fast alle Experten des BKA bringen einen gewissen Pioniergeist mit in ihren Alltag. Denn sie stehen rechtlich und technisch jeden Tag vor neuen Problemen. Bis vor einigen Jahren wurde Computerkriminalität von zwei, drei Leuten im Amt bearbeitet. Die kümmerten sich ums Hacking von Telefonanlagen und um die gewerbliche Manipulation von Telefonkarten. Mit der Internetrevolution hat sich alles in Quantensprüngen geändert. Das Bundeskriminalamt musste aufrüsten. Mit Material. Mit Menschen. Wenn einer der kriminalistischen Spezialisten etwas entdeckt, was allen Kollegen weiterhelfen kann bei der Recherche im Netz, erfahren es alle, und wenn einer nicht weiterkommt, helfen alle auf der Suche nach einer Lösung.

Der traditionelle Polizist, der auf eigene Faust ermittelt und seine Erkenntnisse möglichst für sich behält, wäre hier eine Fehlbesetzung. Hier steht man jeden Tag vor unerwarteten Problemen, denn der Gegner ist genauso begabt. Hier wie dort ist wesentlich für den Erfolg die Lust auf Neuland. Verbunden mit dem Talent, Expeditionen dahin so auszurüsten, dass sie mit fetter Beute zurückkehren. Manske: »Doch bei uns ist Innovation ebenso gefragt, und das macht unseren Job so spannend.«

Manchmal liegt sogar im Netz das Böse näher, als man denkt. Die Cyber Cops warnen vor dem sozialen Netzwerk »Facebook«, dem so beliebten weiten Feld der sich auf ihm tummelnden Weltbürger mit den scheinbar unbegrenzten Möglichkeiten, weltweit viele Freunde zu finden. Eine gute Idee. Das finden auch die Kriminellen. Mittels eines Trojaners, den sie unbemerkt auf einem Rechner installiert haben, eines virtuellen Geheimagenten, der keinem auffällt, geben sie sich unter dann falscher Identität als Freunde aus und erfahren dabei im Laufe der Zeit mailend und chattend alles, was man unter Freunden so ausplaudert. Wann man in den Urlaub fährt, wann das Haus deshalb unbewacht einlädt für einen dann nicht mehr virtuellen Einbruch, welches Auto man fährt und wo das geparkt ist, welche Träume man sich mit dem Ersparten erfüllen möchte, wo das Geld liegt usw.

Wer stolz angibt, mehr als vierhundert Freunde zu haben, kann nicht mehr wissen, welche davon die falschen sind und wem man sich lieber nicht anvertrauen sollte. Faustregel: Nie Privates preisgeben, keine echten Adressen ins Netz stellen. Was besonders gilt für Jugendliche und Kinder, in deren Herzen sich via Facebook scheinbar verständnisvolle Freunde einschleichen. Mit allen sich daraus ergebenden Konsequenzen, diese wiederum in der realen Welt, auch in der realen Unterwelt.

Hauptkommissar Mirko Manske, der in der Abteilung Informationstechnologie angefangen, dort strukturierte Analysen gemacht und die auch selbst programmiert hat, war danach aktiv bei der Bekämpfung der Geldwäsche, doch noch nie hatte er es auf der Gegenseite mit solch ausgebufften Profis zu tun, die sich nicht stören an den technischen Hürden, die er und seine Leute aufbauen, sondern Hindernisse als Herausforderung begreifen, sie zu überwinden dank eigener Kreativität.

Ich meine, einen gewissen Respekt aus seinen Sätzen herauszuhören, und der Hauptkommissar ist souverän genug, dies zuzugeben. Die Fähigkeiten der unsichtbaren Internetgegner reizen wiederum ihn und die anderen in seinem Referat, sich ebenfalls etwas einfallen zu lassen, was die kriminellen Gegner noch nicht kennen oder noch nicht können. Denn die von der anderen Seite müssen, logisch, ähnlich gut ausgebildet sein, wie die hier beim Bundeskriminalamt, die ihnen auf der Spur sind. Bis sich ihre Wege trennten. Die einen sind fortan beim Staat angestellt, sind Beamte auf Lebenszeit, die anderen werden mit ihren Fähigkeiten und Talenten als Hacker gefördert von kriminellen Unternehmern. Sie zahlen besser als der Staat, eine neue Idee ist ihnen keine Urkunde wert, sondern eine Bonuszahlung von einer Million. Dadurch werden auch ansonsten harmlose Nerds zu Cyber Criminals, doch weil ihnen Schuldbewusstsein fehlt, betrachten sie sich nicht als Kriminelle. Sie schlagen keine Omas auf der Straße nieder, sie benutzen keine Messer und keine Schusswaffen, sie haben keine Gewissensbisse, weil die Verluste angeblich ja nur die Banken tragen, und denen tut das nicht weh. Mehr noch: Die meisten haben es verdient, oder etwa nicht?

Das Dunkelfeld der Underground Economy hat sich prachtvoll entwickelt. Gearbeitet wird nach den Regeln, die auch in der Economy im Hellfeld gelten. Hier wie dort wird Venture Capital zur Verfügung gestellt, und hier wie dort erwarten die Geldgeber, dass sich die Investitionen lohnen. Die Start-ups der Cyber Criminals brauchen deshalb anfangs das, was in der Wirtschaft eine Anschubfinanzierung genannt wird. Man muss nicht mehr selbst eigenes technisches Wissen haben, um Betrug im großen Stil zu betreiben, man kann sich das Wissen kaufen. Auch das Wissen von Profis, die wissen, wie man die Fahnder im Netz am besten austrickst.

Am eindruckvollsten an diesem Vormittag in Wiesbaden war für mich die Demonstration, wie schnell mein Konto geplündert werden kann. Das macht bei Gelegenheit ein sogenannter *Man in the Middle* – als Begriff sowohl in der kriminellen Szene als auch bei denen etabliert, die ihn jagen. Der befindet sich, wie der Name sagt, in der Mitte zwischen mir und meiner Hausbank. Virtuell natürlich. Er kontrolliert alles, was zwischen der Bank und mir hin- und hergeht. Er kann aber nicht nur feststellen, was ich an Ordern rausgebe und was die Bank mit denen macht, er kann unbemerkt sowohl meine als auch ihre E-Mails manipulieren. Wenn ich dann online fünfhundert Euro überweise – und dabei scheinbar alles mit rechten Dingen zugeht –, wird mein Konto dennoch wenig später mit fünftausend Euro belastet. Denn die Bank hat nicht die Summe von fünfhundert, sondern die über fünftausend Euro von mir als Anweisung bekommen. Sie meldet mir jedoch nur die ursprünglichen fünfhundert als ausgeführt, weil der Mann in der Mitte die Übermittlungen gefälscht hat. Als mir Mirko Manske auf seinem Laptop den Trick des *Man in the Middle* erklärt, leuchten seine Augen. Es ist nicht so, dass Jäger wie er vor denen, die sie im Netz jagen, keinen Respekt haben. Es sind Gangster, das stimmt, sie stehen auf der falschen Seite. Doch das ändert nichts an der Feststellung, dass sie verdammt gut sind in dem, was sie tun.

Eigentlich kann man sie nur dann erfolgreich bekämpfen, wenn man die Spuren und Daten, die sie im Internet hinterlassen, in einem großen Rechner speichert und sie bei nächstbester Gelegenheit als Vergleichsmaterial heranzieht. Das sah im März 2010 das Bundesverfassungsgericht nicht so, es verbot die bisher gesetzlich vorgeschriebene sechsmonatige Speicherung von Telefon-, Handy- und Internetdaten, weil sie gegen das Grundgesetz verstößt. Seitdem wird heftig darüber gestritten, ob Datenschutz nicht zum Täterschutz degeneriere, falls der Staat, vertreten durch das Bundeskriminalamt oder die Landeskriminalämter, keinen Zugriff mehr haben darf auf die von der Telekommunikationsbranche gespeicherten Daten.

Allein bei der Telekom lagerten, wie ihr Sprecher bekannt gab und gleichzeitig versicherte, unverzüglich mit der Löschung zu beginnen, neunzehn Terabyte Daten. Ein einziges Terabyte entspricht tausend Milliarden Bytes, umgerechnet wären das ungefähr zweihundertfünfzig Millionen Seiten des vor Ihnen liegenden Buches. Vodafone ging noch einen Schritt weiter und gab am Tag nach dem BVG-Urteil bekannt, ab sofort auch keine Anfragen von Behörden nach bestimmten Daten mehr zu beantworten. Im Streit ging fast unter, dass die Richter nicht ein grundsätzliches Verbot ausgesprochen, sondern nur eine Nivellierung des Gesetzes zur Datenspeicherung verlangt hatten. Dabei wäre dann allerdings vom Gesetzgeber zu beachten, was sie in ihrer Begründung für das Verbot ausführten:

»Auch wenn sich die Speicherung nicht auf die Kommunikationsinhalte erstreckt, lassen sich aus diesen Daten bis in die Intimsphäre hineinreichende inhaltliche Rückschlüsse ziehen. Adressaten, Daten, Uhrzeit und Ort von Telefongesprächen erlauben, wenn sie über einen längeren Zeitraum beobachtet werden, in ihrer Kombination detaillierte Aussagen zu gesellschaftlichen oder politischen Zugehörigkeiten sowie persönlichen Vorlieben, Neigungen und Schwächen. Je nach Nutzung der Telekommunikation kann eine solche Speicherung die Erstellung aussagekräftiger Persönlichkeits- und Bewegungsprofile praktisch jeden Bürgers ermöglichen. Auch steigt das Risiko von Bürgern, weiteren Ermittlungen ausgesetzt zu werden, ohne selbst hierzu Anlass gegeben zu haben. Darüber hinaus verschärfen die Missbrauchsmöglichkeiten, die mit einer solchen Datensammlung verbunden sind, deren belastende Wirkung. Zumal die Speicherung und Datenverwendung nicht bemerkt werden, ist die anlasslose Speicherung von Telekommunikationsverkehrsdaten geeignet, ein diffus bedrohliches Gefühl des Beobachtetseins hervorzurufen, das eine unbefangene Wahrnehmung der Grundrechte in vielen Bereichen beeinträchtigen kann.«

Thomas de Maizière war als Innenminister, was man ihm ja nicht auf den ersten Blick ansieht, ein Radikaler im öffentlichen Dienst. Er ist radikal anderer Ansicht als die Juristen in Karlsruhe, aber er musste sich mir gegenüber vorsichtig ausdrücken, weil der Koalitionspartner FDP, vertreten durch Justizministerin Sabine Leutheusser-Schnarrenberger, dies anders beurteilte als er. »Sobald es einen konkreten Verdacht gibt, muss die Polizei die technische Möglichkeit haben, eine Person zu identifizieren. Auf gespeicherte Vorratsdaten muss der Staat, natürlich unter strengen Regeln wie dem Richtervorbehalt, Zugriff haben, sonst macht er sich zum Affen.«

So sieht es auch sein Nachfolger Hans-Peter Friedrich, so sehen es auch die Strafvollzugsbehörden. De Maizière hatte alle jene auf seiner Seite, die sich täglich in der Praxis mit allen Formen des modernen Verbrechens herumschlagen müssen: Bundeskriminalamt, Polizeigewerkschaft, Landeskriminalämter, die Innenminister der Länder, ganz egal, welcher Partei sie angehören. Deren Kollegen Justizminister wiederum neigen mehr der Bundesjustizministerin zu, die sich bei der angemahnten Gesetzesnovellierung nicht unter Zeitdruck setzen lassen will, wie sie nach dem Urteil erklärte. Die Ermittler, egal woher sie kommen, wissen: »Bei der Aufklärung bestimmter Straftaten aber braucht es Vorratsdatenspeicherung und Suchmaschinen.«

Was mit großem Aufwand, aber auch mit großem Erfolg bei der Bekämpfung der Organisierten Kriminalität funktioniert, der Einsatz verdeckter Ermittler, die allerdings keine Straftaten begehen dürfen, auch auf die Gefahr hin, dadurch auffällig zu werden, geht nicht in den Bereichen, wo sich das Verbrechen nur im Internet abspielt, es keine geografischen Tatorte gibt. Also besteht eine Chance auf Aufklärung und Besiegung dieser Art von Verbrechen nur durch den Vergleich aktuell ermittelter Daten mit gespeicherten. Sobald es sich um Terrorismus handelt oder Geldwäsche, klappt das ja international gut. Eine Vision von de Maizière, die mir realistisch erschien, könnte in zehn Jahren Wirklichkeit werden: »Alles, was über gesicherte Kanäle läuft, Datenautobahnen, das wird per Gesetz geschützt. Alles andere mag der Teufel holen, da gibt es keinen Schutz mehr durch den Staat. Ich weiß natürlich nicht, ob das die Entwicklung sein wird, aber sicher ist: Wir brauchen für das Internet eine staatliche sichere Infrastruktur, und wir brauchen international gültige Beweisverwertungsregeln.«

Auf einem besonders widerlichen Feld des globalen Verbrechens, auf dem sich im Internet weltweit die Kindesmissbraucher tummeln, die Pädosexuellen, haben die Jäger des Bösen im Netz ohne die Möglichkeit, Daten zu vergleichen, keine Chance, Schlachten zu gewinnen. Der Begriff »Dunkelfeld« passt nicht, richtiger ist: »Hölle«. Die Frauen und Männer, die dort ermitteln, steigen täglich online hinab in die Finsternis. Ich mache mich auf den Weg zu ihnen.

KAPITEL 6

Das Netz der Pädophilen

Manchmal erleben sie live, was sie einst für ihren Beruf begeistert hat – Spannung, Einsatz, Action –, manchmal begleiten sie die LKA-Beamten bei einer Razzia vor Ort, sind dabei, wenn Wohnungen oder Häuser oder Büros von Verdächtigen durchsucht werden, manchmal begegnen sie noch real und nicht virtuell pädokriminellen Triebtätern, deren Spuren sie Wochen zuvor beim Surfen geortet haben. Das sind die Momente, in denen sie ihren Träumen endlich mal wieder ganz nahe sind. Zögernd geben sie zu, dass ein Gefühl tiefer Befriedigung in ihnen aufsteigt beim Anblick eines Biedermannes, dem wegen des Besitzes kinderpornografischer Fotos frühmorgens ein richterlicher Beschluss präsentiert wird. Und verständlich ist, dass sie eine professionelle Genugtuung in die Zentralstelle Kinderpornografie des Bundeskriminalamtes mit zurücknehmen, denn ohne ihre Ermittlungen wäre der Mann, dem Anschein nach ein unauffälliger Bürger, nie aufgefallen und verhaftet worden. Solche Erfolge sind motivierend. Denn immer dann wissen sie, warum sie tun, was sie tun.

Andererseits müssen die Ermittler des Bundeskriminalamtes nicht besonders motiviert werden. Wenn sie sich für die Jagd auf Pädokriminelle entschieden haben, brauchen sie keine zusätzliche Motivation mehr. Sie haben Kinder vor Augen. Sie hören deren Weinen oder stellen sich bei jedem Bild von missbrauchten kleinen Mädchen oder Jungen Männer vor, die unsichtbar im Hintergrund bleiben. Täter. Nutzer. Händler. Die wollen sie stellen, die wollen sie erwischen. Allerdings nicht um jeden Preis. Die

Grenzen, die der Rechtsstaat setzt, gelten ausnahmslos, bei allen Ermittlungen und eben auch hier.

Es ist den Ermittlern in Sachen Kinderpornografie Motivation genug, dass mit jedem festgenommenen Täter ein Kind befreit werden könnte. Ganz egal, ob sie beim BKA arbeiten oder in den Landeskriminalämtern, in Berlin fahnden oder in München, in Frankfurt oder in Hamburg, in Dresden oder in Leipzig. Man nennt sie intern »Horrorabteilungen«, weil sie sich in den virtuellen Kammern des Schreckens aufhalten müssen auf der Suche nach kinderpornografischen Spuren im weltweit gespannten Internet. »Netzwerkfahndung« jedoch ist die bessere Bezeichnung für ihre Pflichten. Die sind erdrückend. Nicht nur seelisch, auch faktisch: Allein beim Landeskriminalamt in München werden in einem ganz normalen Jahr durchschnittliche sechstausend Spuren im Netz entdeckt, die dann über die IP-Adressen zu den echten Adressen der Verdächtigen führen könnten.

Hoch motiviert sind ebenfalls viele Staatsanwälte, die vor Gericht den Opfern eine Stimme geben. Politiker haben endlich entdeckt – angetrieben auch von Stephanie zu Guttenberg, die aus dem Anliegen zwar ein Event machte, aber sich dennoch engagiert bemühte –, dass keine Zeit bleibt für Diskussionen. Gleichzeitig wurde im vergangenen Herbst darüber diskutiert, ob im Kampf gegen Pädosexuelle alle Mittel erlaubt sind. Ob sich ausgerechnet einer der Sender – in diesem Fall RTL 2, aber es hätte auch dessen Mutter RTL oder Konkurrent Sat 1 sein können –, die für die Senkung aller einst gültigen Schamgrenzen hinunter auf tiefstes Zotenniveau mit höchstmöglichem Quotenerfolg verantwortlich sind, moralisch empören dürfen. Aufklären wollen wir, Bewusstsein verändern, Tabus brechen, konterten die Verantwortlichen. Mit solch hehren Begriffen verteidigten sich Frau zu Guttenberg, der co-moderierende ehemalige Polizeipräsident sowie Produzent und Redakteur der *Tatort Internet*-Reihe gegen anschwellende öffentliche Kritik. Die dank RTL 2 erstmalig erwischten Online-Täter wurden dabei mit versteckter Kamera in eine Falle gelockt, was ihnen recht geschieht, danach aber nicht gleich samt Material der Polizei übergeben, sondern zunächst von einer Reporterin gestellt. Ihre Gesichter blieben verpixelt, ihre Stimmen wurden verzerrt.

Das sogenannte Cyber Grooming, die sexuelle Anmache von Kindern im Internet, sei endlich thematisiert worden durch die Reihe. Und der Skandal, dass so etwas straflos bliebe, öffentlich gemacht, so die Argumentation. Man berief sich zudem auf die positive Reaktion vor allem des Opfervereins »Innocence in Danger«. Nicht ganz zufällig war der so begeistert von der Sendereihe. Stephanie zu Guttenberg ist Präsidentin des Vereins, und selbstverständlich wurde auf dessen Homepage für RTL 2 geworben. Die Empörung darüber, dass der Gesetzgeber offensichtlich schlafe, erwies sich bei näherer Betrachtung als populistisches Geschrei. Denn längst ist genau dieser Tatbestand der Online-Belästigung von Kindern, und zwar unabhängig davon, ob es je zu einer sexuellen Handlung kommt, nach Paragraf 176, Absatz 4, Nr. 3 Strafgesetzbuch ein Fall für den Staatsanwalt. Cyber Grooming ist immer strafbar, sobald dadurch die sexuelle Handlung an einem Kind, wie es im Amtsdeutsch heißt, »vorbereitet« wird.

Wesentliche Organisationen wie »Dunkelziffer«, »kibs« oder »DgfPi«, die sich seit vielen Jahren um missbrauchte Kinder kümmern, die Aufklärung betreiben in Schulen und in Kindergärten, die allerdings keine fernsehtaugliche Galionsfigur im Angebot haben, distanzierten sich deshalb vom Format der Sendereihe. Bundesjustizministerin Sabine Leutheusser-Schnarrenberger warnte zu Recht vor der Gefahr, dass durchaus auch Unschuldige öffentlich an den Pranger gestellt werden könnten, mit unabsehbaren Folgen für deren Leben, und stellte klar, dass es in einem Rechtsstaat allein die Aufgabe der Polizei und der Justiz sei, Täter zu ermitteln und zu verurteilen. Der Deutsche Kinderschutzbund forderte, ebenfalls sehr zu Recht, härtere Strafen gegen Täter. Aber die zu ermitteln sei wirklich nicht Aufgabe des Fernsehens, sondern die der Polizei. Und die müsse dafür sorgen, dass die einschlägigen Websites vom Netz genommen werden.

Soll man Seiten mit kinderpornografischem Material, wie das

ganz sachlich genannt wird, besser löschen oder besser sperren? Beides, sagt mir Innenminister Thomas de Maizière, beides. Es gehe zunächst einmal darum, die Angebote einzudämmen und bei gelegentlichen Usern solcher Sites durch ein Stoppschild auf dem Bildschirm, versehen mit der Warnung, dass sich strafbar mache, wer auf dieser Seite weiterklickt, Angst und Schrecken zu verbreiten.

Norwegen hat solche Stoppschilder. Da enden täglich rund zwanzigtausend Anfragen. In Deutschland dürften es auf entsprechenden Seiten pro Tag geschätzte dreihunderttausend Versuche sein, sich kinderpornografisches Material anzuschauen. Solche Hochrechnungen ergeben sich aus der Zahl der Klicks, die bei Providern registriert wurden, bis sie dann bestimmte Seiten vom Netz nahmen. Wer aber muss gegen die ermitteln, die sich durch ein Stoppschild nicht abschrecken lassen? Ließen sich auch mit Tag und Nacht laufenden Suchmaschinen die Websites des Schreckens ermitteln oder gar automatisch sperren oder löschen? Braucht es also nicht mehr Beamte beim BKA, sondern eine noch bessere neue Software, die zu entwickeln ich den Tüftlern zutraue, die ich in Wiesbaden getroffen habe?

Auf die war auch Thomas de Maizière stolz, aber der kühle Jurist wusste, dass wir zunächst »eine klare gesetzliche Regelung für beides brauchen, fürs Löschen wie fürs Sperren«, so wie es auch die schwedische EU-Innenkommissarin Cecilia Malmström fordert. Wirksame Bekämpfung dieser besonders widerlichen Kriminalität ist aber weder durch Sperren noch durch Löschen zu erreichen, das verhindert nur die Sicht aufs Material. Die eigentlichen Täter werden dann nicht erwischt. Die FDP-Justizministerin, seine Kabinettskollegin Sabine Leutheusser-Schnarrenberger, will lieber löschen statt sperren, weil sie fürchtet, dass Sperren leicht von technisch begabten Usern umgangen werden können.

Beide waren sich nie einig, aber beiden gleichermaßen schlägt lauter Protest und geballtes Misstrauen von Datenschützern und Providern entgegen, die fürchten, dass es nicht beim Sperren oder Löschen von Kinderpornografieseiten bleiben wird, sondern der

Staat die Chance nutzen würde, peu à peu die Meinungsfreiheit im Netz insgesamt einzuschränken. Die Schwedin kontert, es gehe dabei nicht um Meinungsfreiheit, sondern um Organisierte Kriminalität, nicht um Zensur, sondern darum, »grausame Verbrechen« an Kindern zu verhindern. In zehn europäischen Staaten – darunter Italien, Großbritannien, die Niederlande, Schweden, Finnland, Dänemark, Frankreich – ist die in Deutschland so vehement geführte Debatte um Löschen oder Sperren und die Sorge vor anderen staatlichen Eingriffen längst entschieden. Der Zugang zu kinderpornografischen Seiten wurde gesperrt.

Dazu BKA-Präsident Jörg Ziercke: »Sperren wirken zwar abschreckend, weil alle, die sie umgehen, Spuren auf ihren PCs hinterlassen, aber Netzsperren gegen im Rahmen von sogenannten Filesharing-Netzwerken ausgetauschtes Material mit Kinderpornografie sind wirkungslos.« Außerdem gelinge es zu oft nicht, in jene Communitys der Szene einzudringen, in denen sich die Sammler einschlägigen Materials finden und austauschen, was sie gehortet haben an Bildern, Fotos, Filmen. Sobald sie vermuten, dass ihnen die Polizei auf der Spur ist, wechseln sie blitzschnell auf einen anderen Server, wo sie sich bis auf Weiteres wieder sicher fühlen. Sperren ist also keine Alternative zum Löschen, sondern nur der Versuch, den Zugriff bis zur endgültigen Löschung wenigstens zu erschweren. Am 2. Dezember 2011 wurde im Deutschen Bundestag das Sperrgesetz gekippt und – nahezu einstimmig – beschlossen, in Zukunft Kinderpornografieseiten sofort zu löschen.

Wenn eine einschlägige Seite von den Ermittlern in Wiesbaden entdeckt wird, geben sie zeitgleich alle Informationen darüber weiter an die internationalen Partner des BKA. Dass dennoch die Websites noch wochenlang weltweit im Netz verfügbar sind, ist nicht den Beamten in Wiesbaden anzukreiden. Eine Kritik an dem Referat des BKA, das hoch motiviert und engagiert diesen belastenden Dienst verrichte, lässt ihr Chef Ziercke deshalb nicht zu. Die von seinen Beamten ermittelten Konsumenten von kinderpornografischem Material begehen »Menschenrechtsverletzung an einem Kind«, und jeder, der so etwas anklickt, nur mal aus Interesse anschaut, macht sich strafbar. Pro Jahr werden beim BKA »rund 1500 unterschiedliche Hinweise auf Internetseiten mit jeweils bis zu tausend kinderpornographischen Seiten« registriert.

Sobald die Nutzer auffliegen, sobald ihre Festplatten beschlagnahmt werden, sobald gegen sie Strafanzeige erstattet wird, sobald sie wissen, dass Leugnen zwecklos ist, ziehen sie sich auf die klassische Verteidigungslinie von Pädophilen zurück – sie seien keine Pädokriminellen, sie hätten doch nur Bilder angeschaut, sie hätten doch keinem Kind geschadet. Dass sie mit jedem Klick, mit jedem Tausch, mit jedem neuen Bild jedoch die unterstützen, die irgendwo auf der Welt einem Kind wehgetan haben und wehtun, dass nur wegen ihrer Neigungen Kinder zu sexuellen Posen oder Handlungen gezwungen werden, dass ihre Sucht den Markt anheizt, weil die Nachfrage das Angebot bestimmt, dass sie indirekt Mittäter sind, ist ihnen kaum zu vermitteln. Es fehlt das Schuldbewusstsein. Da es die Bilder nun mal schon gebe und das, was auf denen gezeigt wird, bereits stattgefunden habe, würden sie doch durch ihre Nachfrage keinen zusätzlichen Schaden anrichten und müssten sich nicht mal schämen.

Ihre Neigung ist in der Tat streng juristisch betrachtet keine Straftat, solange sie die nicht ausleben. Pädophilie ist nicht heilbar, ist eine gestörte sexuelle Präferenz, die sich in der Jugend entwickelt hat und danach unveränderbar bleibt. Wissenschaftler und Mediziner unterscheiden zwischen Pädophilie als einer latent vorhandenen sexuellen Präferenz für Kinder und Pädosexualität als einem strafbaren sexuellen Verhalten mit Kindern. Ein Pädophiler wird erst dann zu einem Pädokriminellen, wenn er seine Neigungen auslebt. Bereits das Betrachten von Bildern oder ihr Austausch mit Gleichgesinnten stehen unter Strafe. Pädophilen Männern, die sich um eine Therapie bemühen, um nicht irgendwann straffällig zu werden – falls sie es noch nicht geworden sind –, können Psychotherapeuten und Sexualpädagogen allenfalls anbieten, in Behandlungen zu lernen, ihre Sucht zu kontrollieren.

Der Psychoanalytiker Klaus Michael Beier hatte in der Berliner Charité im Sommer 2009 mit vierundzwanzig Probanden, alle nicht vorbestraft, alle auf eigenen Wunsch zu ihm gekommen, eine Therapie begonnen und nach einem Jahr bestätigt, dass es keine Heilung geben kann. Pädophilie ist vergleichbar mit einer chronischen Krankheit, die regelmäßig behandelt wird wie beispielsweise Diabetes, die zu bekämpfen Zuckerkranke gelernt haben, wohl wissend, dass sie mit ihrer Krankheit leben müssen, dass sie nicht heilbar ist. Nach einer Studie, die Beier wissenschaftlich begleitete, leben in Deutschland hochgerechnet zweihundertfünfzigtausend pädophile Männer, die als unheilbar gelten müssen. Weil sie der Anblick eines nackten kindlichen Körpers erregt. Trost angesichts dieser hohen Zahl potenzieller Täter bietet nur das Wissen um die Fragwürdigkeit von Statistiken und Hochrechnungen.

Eine Therapie ist dann erfolgreich, wenn ein Pädophiler gelernt hat, in Zukunft seine Neigungen im Zaum zu halten, und darauf verzichtet, im Internet nach Fotos zu suchen, auf denen Kinder in sexuellen Posen abgebildet sind. Denn das ist strafbar, seine Neigungen an sich sind es nicht. Die meisten sexuellen Übergriffe auf Kinder, sagt der Berliner Sexualpsychologe Christoph Joseph Ahlers, werden von Männern verübt, die als normal gelten. Er schätzt die Prozentzahl pädophil geprägter Täter bei allen sexuellen Delikten auf dreißig, höchstens vierzig Prozent. Und diejenigen, die um ihre Neigung wissen, aber sie im Griff haben, so wie auch trocken gewordene Alkoholiker gelernt haben, ihre Sucht zu kontrollieren, verdienten eher Respekt.

Alle Männer, die sich für die Therapie bei Professor Beier meldeten, hatten Erfahrungen mit Missbrauchsbildern aus dem Netz und sich deren ganz selbstverständlich bedient. Ihnen musste er zunächst einmal beibringen, dass sie damit schon zu Tätern geworden waren, dass die Kinder, die sie sich anschauten, indirekt ihre Opfer sind. Es gibt nun mal keine siebenjährigen Mädchen oder Jungen, denen es Spaß macht, nackt zu posieren oder sich sexuell benutzen zu lassen.

Von solchen Neigungen sind die kommerziellen Betreiber des

Geschäftes in der Regel unbelastet. Es ist deshalb schwer, jene zu erwischen, die gegen monatliche Beiträge zwischen fünfzig und hundert Dollar, überwiesen per Lastschrift oder abgebucht von der Kreditkarte, ihre Ware anbieten. Sie gehören zum Dunkelfeld der Organisierten Kriminalität, ihnen ist egal, ob sie Rauschgift verkaufen, Waffen, gefälschte Arzneimittel oder eben Pornografie mit Kindern. Über Umsätze und Gewinnmargen auf diesem Markt gibt es nur Vermutungen. Interpol schätzt den Umsatz mit Handel und Herstellung von Kinderpornografie auf weltweit achtzehn Milliarden Dollar. Das entspricht ungefähr dem, der mit illegalem Waffenhandel erzielt wird. Andere Schätzungen gehen eher von fünf Milliarden aus.

2007 wurde eine Website mit Kindern in eindeutigen Posen in Deutschland ins Netz gestellt und zwei bis drei Monate lang beworben. Bei regelmäßigen Transfers auf ein bestimmtes Konto in Manila, hieß es da, würde es im Gegenzug kinderpornografisches Hardcore-Material geben. Hunderte von deutschen Pädophilen überwiesen daraufhin jeweils 79,99 Dollar, nicht ahnend, dass die Seite bereits den Jägern des Bundeskriminalamtes und einer im Kampf gegen Kinderpornografie engagierten Gruppe von Fahndern in Sachsen-Anhalt aufgefallen war. Sie nannten ihre Ermittlungen die »Operation Mikado«.

Um herauszufinden, welche deutschen Kunden auf jenes Konto in Manila Geld überwiesen hatten, ließ man die bei vierzehn Kreditkartengesellschaften in einem bestimmten Zeitraum angefallenen Kreditkartendaten von zweiundzwanzig Millionen Deutschen überprüfen, also allen, die eine Kreditkarte benutzen. Der damals die Ermittlungen leitende Oberstaatsanwalt Peter Vogt hatte Glück, wie er sagt, denn nur durch einen Zufall stieß er im Nirwana des Internet auf die Spur des Geldes. Über die Seite, die ein Journalist entdeckt hatte, kamen sie nicht weiter. Über den Provider, der irgendwo im Ausland diese Seite vertrieb, auch nicht. Als er die ermittelten Daten von KiPo-Kunden aber, was in leistungsstarken Großrechnern machbar ist, mit den zweiundzwanzig Millionen Daten von deutschen Kreditkartenbenutzern vergleichen ließ, gab es dreihundertzweiundzwanzig Übereinstimmungen. Zusammen hatten diese speziellen Kunden in nur zwei Monaten fünfundzwanzigtausend Dollar eingezahlt. Falls jedoch in nur zehn weiteren Ländern diese eine KiPo-Seite offeriert wurde, wobei die Ermittler davon ausgingen, dass es eher zwanzig, dreißig derartige Seiten waren, und auch da jeweils fünfundzwanzigtausend Dollar anfielen, landet man hochgerechnet bereits mit einer einzigen Seite in einem einzigen Monat bei einer Summe von zweihundertfünfzigtausend Dollar. Und falls außerdem die Zahl annähernd stimmt, die UNICEF nennt, dass es im Internet weltweit vier Millionen Seiten mit kinderpornografischen Angeboten gibt, dann wäre man tatsächlich bei einem Milliardengeschäft, und dann ist es geradezu zwingend, dass sich organisierte Kriminelle in dem Markt breitmachen.

Um die zu erwischen, muss es ebenso zwingend der Polizei erlaubt sein, technisch möglichst perfekt ausgerüstet und gesetzlich abgesichert, die Spur des Geldes aus der Karibik oder aus Asien zurückzuverfolgen zu den Absendern in Deutschland und Europa, zu den bei Prozessoren oder Banken gespeicherten Daten von Kreditkarten oder Konten. Nur so lässt sich feststellen, mit welcher Karte von wem auf jenes ferne Konto eingezahlt wurde, und nur so klingelt bei denen morgens nicht der Postbote, sondern die Polizei. Dass die Jäger mit dem Datenschutz in Konflikt geraten können, liegt in der Natur der Sache und ist manchmal geradezu unvermeidlich. Max-Peter Ratzel weiß zwar, dass es »eine stetige Gratwanderung ist. Aber wenn man Kinder aus aktuellen Situationen des Missbrauchs herausholen will, wenn man sie befreien will, ist der Vergleich von Daten, ist die Suche im Internet per Datenfahndung unabdingbar.«

Ohne Datenabgleich sind weder die Produzenten noch die Konsumenten des Horrors zu packen. Ohne gespeicherte Daten sind die neu ermittelten wertlos. Ohne verwertbare Daten endet die Spur des Geldes im Niemandsland. In dem findet mit Kindern das statt, was allgemein »sexuelle Gewalt« genannt wird.

Grundsätzliches Misstrauen gegen Daten sammelnde Behörden war und ist angesichts historischer Erfahrungen aus dem Dritten Reich, aufgedeckter Polizeiskandale in Deutschland West und der Erkenntnisse über staatlich beauftragte Stasi-Schnüffelbanden in Deutschland Ost zwar verständlich. Und in vielen Fällen war es ja auch berechtigt. Da half zuweilen nur Bürgerwehr gegen den Leviathan Staat. Aber man darf den Staat auch nicht wehrlos machen gegen das Böse, gegen die Kriminellen. Dann können Polizei und Justiz ihre Pflichten nicht erfüllen, die Bürger – und ihre Rechte – zu schützen.

Doch wer einmal Fotos von sexuell misshandelten Kindern – oder schlimmer noch: misshandelten Babys – auf den Bildschirmen der Ermittler gesehen hat, wer, was noch unerträglicher ist, ihre hilflos um Gnade bettelnden Stimmen gehört hat und weiß, dass dies die Pädosexuellen und Pädophilen angebotene Realität, dass dies echter Horror ist und kein inszenierter, ist spontan bereit, jedes Gesetz zu brechen, um die Kinder zu befreien. Das darf nur ich denken und sagen. Alle Beamten, mit denen ich darüber sprach, bewegen sich selbstverständlich im Rahmen der bestehenden und sie verpflichtenden Gesetze. Dass sie eigene Meinungen haben über das Urteil des Bundesverfassungsgerichts, nach dem die Vorratsdatenspeicherung in der vom Gesetzgeber festgelegten Form verfassungswidrig ist, ist aber anzunehmen. Die Statistik ist neutral. Seit die Vorratsdatenspeicherung in der bisherigen Form ausgesetzt wurde, können die Provider nur noch bei vierzig Prozent der Anfragen der Polizei Auskünfte über IP-Adressen geben, die zu möglichen Tätern führen. Davor waren es über neunzig Prozent.

Es ist die selbstverständliche Pflicht der Polizei in einem Rechtsstaat, sich an Gesetze zu halten und wie in diesem Fall an ein Urteil des obersten deutschen Gerichts, das die Verfassung zu hüten hat. Ebenso selbstverständlich aber ist es die Pflicht des Gesetzgebers, ein besser formuliertes, ein eindeutiges Gesetz zu beschließen. Denn nur das haben die Richter in Karlsruhe in ihrer Begründung verlangt:

»Eine sechsmonatige, vorsorglich anlasslose Speicherung von Telekommunikationsverkehrsdaten durch private Diensteanbieter […] ist mit Art. 10 GG nicht schlechthin unvereinbar; auf einen etwaigen Vorrang dieser Richtlinie kommt es daher nicht an. Der Grundsatz der Verhältnismäßigkeit verlangt, dass die gesetzliche Ausgestaltung einer solchen Datenspeicherung dem besonderen Gewicht des mit der Speicherung verbundenen Grundrechtseingriffs angemessen Rechnung trägt. Erforderlich sind hinreichend anspruchsvolle und normenklare Regelungen hinsichtlich der Datensicherheit, der Datenverwendung, der Transparenz und des Rechtsschutzes […]. Hinsichtlich der Datensicherheit bedarf es Regelungen, die einen besonders hohen Sicherheitsstandard normenklar und verbindlich vorgeben. Es ist jedenfalls dem Grunde nach gesetzlich sicherzustellen, dass sich dieser an dem Entwicklungsstand der Fachdiskussion orientiert, neue Erkenntnisse und Einsichten fortlaufend aufnimmt und nicht unter dem Vorbehalt einer freien Abwägung mit allgemeinen wirtschaftlichen Gesichtspunkten steht.

Der Abruf und die unmittelbare Nutzung der Daten sind nur verhältnismäßig, wenn sie überragend wichtigen Aufgaben des Rechtsgüterschutzes dienen. Im Bereich der Strafverfolgung setzt dies einen durch bestimmte Tatsachen begründeten Verdacht einer schweren Straftat voraus. Für die Gefahrenabwehr und die Erfüllung der Aufgaben der Nachrichtendienste dürfen sie nur bei Vorliegen tatsächlicher Anhaltspunkte für eine konkrete Gefahr für Leib, Leben oder Freiheit einer Person, für den Bestand oder die Sicherheit des Bundes oder eines Landes oder für eine gemeine Gefahr zugelassen werden.

Eine nur mittelbare Nutzung der Daten zur Erteilung von Auskünften durch die Telekommunikationsdiensteanbieter über die Inhaber von Internetprotokolladressen ist auch unabhängig von begrenzenden Straftaten- oder Rechtsgüterkatalogen für die Strafverfolgung, Gefahrenabwehr und die Wahrnehmung nachrichtendienstlicher Aufgaben zulässig. Für die Verfolgung von Ordnungswidrigkeiten können solche Auskünfte nur in gesetzlich ausdrücklich benannten Fällen von besonderem Gewicht erlaubt werden.«

Gesetzliche Regelungen – genau das brauchen die Ermittler, die Fahnder, die Staatsanwälte für ihren Kampf gegen das moderne Verbrechen. Ohne den Vergleich mit gespeicherten Daten, dem Vorrat an Erkenntnissen, ist die Jagd auf Pädosexuelle erschwert, manchmal sogar unmöglich, weil man nur durch die IP-Adresse im Internet die nötigen Ermittlungsansätze hat, um die Täter zu erwischen. Die Kriminalbeamten, sowohl die hier beim BKA in Wiesbaden als auch die in Den Haag bei EUROPOL, haben sich mit den Opfern solidarisiert. Das macht sie stark. Das hilft gegen Anfälle von Resignation.

Der Kriminalmathematiker Max-Peter Ratzel lobt nicht von ungefähr die zentrale Datenbank bei Interpol – entsprechende Sammlungen gibt es auch bei EUROPOL und im Bundeskriminalamt –, auf der alle Bilder gespeichert sind, die bei Ermittlungen im Internet anfielen. Nicht nur wegen der Möglichkeit des schnellen Vergleichs, sondern auch, um einschlägige Hacker abzuwehren, die ja sonst sozusagen eine Superpornodatenbank erbeuten können, sind die Bilder mit *Hash Values* codiert. »Der Hash Value ist die Zahl, die ich gewinne, wenn ich einen mathematischen Auswertealgorithmus über das digitalisierte Bild laufen lasse; die deutsche Übersetzung ist Prüfsumme. Falls bei einer Anfrage aus einem Partnerland diese Prüfsumme auftaucht, weiß der Experte im BKA oder bei der EUROPOL, dass dieser Prüfsumme dasselbe Bild zugrunde liegen muss, da immer derselbe Algorithmus verwendet wird. Dies fokussiert die Arbeit der Ermittler, da anschließend die Ermittler enger kooperieren, die dasselbe Bild bei unterschiedlichen Tatverdächtigen gefunden haben. Dies führt dann zum Aufdecken von Netzwerken der Hersteller, Verteiler und Besteller kinderpornografischer Bilder«.

Gelegentliche Teilnahme bei Hausdurchsuchungen hilft Internetfahndern, Eindrücke aus der realen Welt eines Pädophilen zu gewinnen. Die setzen sie dann für ihre künftige Suche in der virtuellen Welt ein. Zum Beispiel heißt es nicht etwa, dass ein Verdächtiger unschuldig sein muss, weil die Beamten bei der Durchsuchung keinen Computer entdeckt haben und ohne Zugang zum Internet der Handel mit kinderpornografischem Material nicht möglich ist. Denn im Netz surfen kann man auch mit Playstations oder Spielkonsolen, was die Mitglieder von Pädophilenzirkeln natürlich wissen und nutzen.

Von anderen typischen Indizien, die aber wiederum nur denen sofort auffallen, die sich seit Jahren mit Kindesmissbrauch in all seinen grausamen Erscheinungsformen beschäftigen, erzählte mir in Halle Oberstaatsanwalt Peter Vogt. Im Schmutz zu wühlen, sagt Vogt, war nie das, was er als Jurist eigentlich wollte. Aber als er mit dem Schmutz zum ersten Mal konfrontiert wurde, hatte er auch das Bild seiner damals zehn- und dreizehnjährigen Töchter vor Augen. Er hat sich jahrelang an der Jagd nach Pädosexuellen vor Ort beteiligt, nicht nur hinterm Schreibtisch seiner Behörde verschanzt, lediglich auf Ergebnisse wartend, hat deshalb viel erfahren, was ihm bei Plädoyers vor Gericht eine besondere Überzeugungskraft verlieh aufgrund der normativen Kraft des selbst erlebten Faktischen. Er war anwesend, als im Kleiderschrank eines verdächtigen unverheirateten kinderlosen Junggesellen bei der richterlich angeordneten Durchsuchung zwar kein Computer, aber unter Hemden vergraben für Kleinkinder passende Röckchen, Höschen, Söckchen entdeckt wurden oder Depots mit Süßigkeiten, und konnte deshalb die richtigen Schlüsse ziehen. Man bekomme ein ganz anderes Gespür für die Akten, wenn man so wie er mindestens zweimal im Monat an Durchsuchungen teilgenommen und von den Kriminalbeamten anschaulich gelernt hat, worauf man bei ähnlichen Fällen künftig achten muss.

Dass im Bundesland Sachsen-Anhalt entscheidende Erfolge im Kampf gegen Kinderpornografie erzielt wurden, ist kein Wunder oder gar ein Beispiel für einen bewundernswerten kriminalistischen Leuchtturm Ost. Es ist das Ergebnis einer aus gesundem Menschenverstand gewachsenen Logik. Denn es ist logisch, dass

Erfolg nicht ausbleibt, wenn eine Gruppe von erfahrenen Ermittlern, kundigen Sachbearbeitern und einem engagierten Staatsanwalt fast zehn Jahre lang eng zusammenarbeitet und sich bei der Arbeit, auf das Wesentliche konzentriert, auch stumm verständigen kann. Nach ihrer Motivation muss man auch die nicht fragen. Hinter jedem Foto eines missbrauchten Kindes, das sie bei Recherchen entdeckt haben, steckt ein stattgefundener Missbrauch, schlimmstenfalls sogar ein laufender.

Ganz einfach lässt sich die Motivation jener Kriminalbeamten umschreiben, die in Wiesbaden, ein paar Häuser entfernt von Manske und seinen Cyber Cops, in der Zentralstelle Kinderpornografie des Bundeskriminalamtes arbeiten. Sie suchen nach Spuren für »Ermittlungsansätze«. So heißt in der Fachsprache, was sie, sobald Verdächtiges im deutschen Netz auftaucht, weitergeben an die zuständigen Landeskriminalämter. Darstellungen von Pornografie mit Kindern wurden einst in irgendwelchen schmuddeligen Läden unter der Theke verhökert, heute wird alles früher Unvorstellbare ins Netz gestellt. Bilder von Kindern und sogar Säuglingen, die gequält und vergewaltigt werden. Viele der Darstellungen mit Kindern, die nackt zu pornografischen Stellungen gezwungen oder anderweitig schwerstem sexuellen Missbrauch unterworfen wurden, kommen aus Ländern der ehemaligen Sowjetunion, vieles wird in Asien produziert. Kunden in Deutschland stammen aus allen sozialen Schichten, wie die Ermittler wissen. Es sind Pfarrer wie Müllfahrer darunter, Lehrer wie Bauarbeiter, Politiker wie Kellner, Steuerberater wie hohe Militärs.

Jedes Bild, sagt Kriminaldirektor Christian Hoppe, der das Referat SO 12 leitet, das zur Gruppe Schwere und Organisierte Kriminalität des BKA gehört, beweise aber, dass zwangsläufig »vorher auch eine sexuelle Handlung stattgefunden haben muss, und wenn es uns gelingt, den Täter zu identifizieren, dann ist das die beste Prävention, denn wir haben ihn sozusagen vom Markt genommen und gleichzeitig möglicherweise ein Kind aus einer aktuellen Gefahr befreit«. Er weiß, dass trotz aller psychischen Belastungen, die bei Ermittlungen in Sachen Kinderpornografie entstehen, sein Referat begehrt ist bei Kollegen des BKA, weil dort kriminalistisches Gespür entscheidend ist und nicht immer unbedingt nur die Technik.

Eines Tages tauchte in einem von SO 12 überwachten pädophilen Chatroom ein Mann auf, dem Akzent nach Österreicher, der das Foto eines kleinen Mädchens postete. Das Kind hatte einen Balken vor dem Gesicht. Der Mann, der es anbot, war sein Vater. Schaut sie euch genau an, mailte er stolz an die Community, und die mailte ihm aufmunternd zurück, er könne das Mädchen, da er es schließlich im eigenen Haus zur Verfügung habe, doch auch beim Sex mit ihm, dem Vater, filmen und dies ihnen, seinen guten Kumpeln, als Datei ins Netz stellen. Im Tausch würden sie sich dann mit eigenem Material revanchieren. Er tat es. Die Beamten in Wiesbaden bekamen täglich mit, was der Vater seinem Kind antat, konnten aber trotz aller Anstrengungen den Mann nicht orten, weil er über anonymisierte IP-Adressen, die nicht zu lokalisieren waren, online ging.

Irgendwann aber machte er einen für die Ermittler hilfreichen ersten Fehler, weil er im Chat mitteilte, dass er österreichisches Bier mag und dass er in der Nähe von Wien wohne und dass er mal in Bratislava gearbeitet habe. Damit ließ sich sein Dunkelfeld aufhellen, denn endlich gab es Hinweise auf seine Nationalität und sogar auf seine heimische Umgebung. Entscheidend für den Durchbruch in der Fahndung war jedoch, dass er ein einziges Mal auf einem der zahlreichen geposteten Bilder das Gesicht seiner Tochter ablichtete. Falls Hoppes Leute bei ihren Recherchen auf solche pädosexuellen *Trader* oder *Traveller* stoßen – *Trader* sammeln, versenden oder produzieren Kinderpornografie, *Traveller* suchen ihre Opfer unter online chattenden Kindern –, übernehmen die Beamten vom Referat ZD 13 aus der Abteilung für kriminalpolizeiliche Dienste. So auch in diesem Fall. Deren Kollegen in Österreich machten sich mit dem Foto des kleinen Mädchens in allen Grundschulen, die im Umkreis von Wien in Frage kamen, auf die Suche. Zeigten überall das Bild, bis sie auf die Lehrerin stießen, die das Kind unterrichtete und natürlich wusste, wo es wohnte.

Der Rest war polizeiliche Routine. Der Mann wurde verhaftet. Wie sich bei den Verhören herausstellte, war er nicht der Vater, sondern der Stiefvater des kleinen Mädchens. Wenige Monate vor dem ersten im Internet dokumentierten Missbrauch war er mit seiner neuen Lebensgefährtin, die drei Kinder hatte, in eine gemeinsame Wohnung gezogen und hatte bald begonnen, das Kind, zehn oder elf Jahre alt, zu missbrauchen und dabei die Kleine und sich selbst zu filmen. Die Mutter, befragt, ob sie denn nie Verdacht geschöpft und nie etwas gemerkt habe, sagte aus, sie habe sich nur gewundert, wie oft sich ihr Freund mit ihrer Tochter in sein Arbeitszimmer eingeschlossen habe und dass sie auch manche Nächte zusammen in einem Bett verbracht hätten. Ähnliches hatten Ermittler in anderen Fällen, in denen der Missbrauch quasi vor den Augen der Mutter geschah, die sie aber davor verschloss, schon erlebt. Oft suchen Pädophile in einer der Partnerbörsen des Internet oder durch Kontaktanzeigen, in denen sie sich als sensible, kinderliebe einsame Herzen beschreiben, bewusst fixiert auf ihr Ziel, alleinerziehende Mütter, weil sie aus Erfahrung wissen, dass die vieles übersehen, was eigentlich nicht zu übersehen ist. Hauptsache, es ist endlich wieder ein Mann im Haus, der sich um sie und ihre Kinder kümmert. So auch hier.

Der Österreicher wurde zu neun Jahren Gefängnis und anschließender Sicherheitsverwahrung verurteilt. »Von solchen Erfolgserlebnissen zehrt man lange«, so Hoppe, damit ließen sich die vielen Frustrationserlebnisse überstehen. Zum Beispiel, wenn sie mithören müssen, wie ein Mann, aller Wahrscheinlichkeit nach ein Pädosexueller, sich mitfühlend in einem Chatroom an ein Kind heranzumachen versucht und sie bereits ahnen, dass dieses Kind sein nächstes Opfer sein wird, weil sie keine Chance haben, ihn zu enttarnen. In der Sprache der Täter und derer, die sie suchen, heißt das neudeutsch »Chat Grooming«, was dem Cyber Grooming entspricht und hier bedeutet, sich im Chat schmeichelnd an die Kinder heranzuschleichen.

Schlimmer als der tägliche Horror, den sie sich ansehen müssen, ist der, den sie hören – das Schreien, das Wimmern, das Weinen. Aber weil sie wissen, dass mit jedem Mann – und es sind in neunzig Prozent aller Fälle Männer –, den sie enttarnen, ein so um Hilfe flehendes Kind gerettet wird, halten sie aus, was eigentlich nicht auszuhalten ist. Bei einer identifizierten Seite wird automatisch der Provider aufgefordert, sie zu löschen. Das sei richtig, meint Max-Peter Ratzel, obwohl ein entsprechender Rechner ja in Uganda stehen kann. »Bis wir endlich ein Gesetz haben, ist zu sperren jedoch besser, als gar nichts zu tun. Ich weiß, dass ausgebuffte IT-Freaks solche Sperren umgehen können, aber sie wirken dennoch. Das ist wie beim Straßenverkehr. Wenn da steht ›Durchfahrt verboten‹, fahren viele lieber einen Umweg, als sich der Gefahr auszusetzen, von der Polizei erwischt zu werden.« Außerdem sei es ein deutliches Signal an die Pädosexuellen: Der Staat achtet auf die Kinder. Der Staat bekämpft euch. Der Staat ist kein Papiertiger.

Natürlich spielt auch Kommissar Zufall eine Rolle – man mag in dem Zusammenhang nicht von einem Glückstreffer sprechen –, wenn Hoppe und seine Leute bei Recherchen rein zufällig in einem Chatroom auf einen Pädophilen stoßen, der einem korrespondierenden Partner sagt, wo er wohnt und dass er drei Kinder hat. Nicht ganz so zufällig passiert es, dass der vermeintliche Pädokriminelle, der in einem Chatroom von seinen Neigungen berichtet, in Wirklichkeit ein Ermittler aus dem Referat SO 12 ist und dann keine Zeit verliert, an die zuständigen operativen Kollegen weiterzugeben, was er soeben chattend erfahren hat. Im Gegensatz zu sorgsam geplanten kriminalistischen Einsätzen anderer Art muss man hier schnell reagieren und eingreifen, denn jeder Tag Verzögerung bedeutet, dass ein Kind fortlaufend missbraucht wird.

Bei einer anderen Ermittlung im Internet, die mit einer Festnahme endete, hatte ein Mann, bereits früher wegen des Verdachts auf sexuellen Missbrauch angezeigt, aber mangels Beweisen nicht verurteilt, seitdem wenigstens als Verdächtiger auf dem Radar der Polizei, im Chat angegeben, er ginge regelmäßig zu einem kleinen Mädchen, um ihm vorzulesen und es bei Gelegenheit zu missbrauchen. Wie sich herausstellte, handelte es sich nicht nur um die in Chatrooms auch übliche Verbalerotik unter Pädophilen. Den Eltern des Mädchens war der Verdacht bekannt. Hoppe: »Für mich unverständlich. Die wollten offenbar die Gefahr, dass der sich wieder an dem Mädchen vergreift, nicht wahrhaben und waren froh, dass sie in ihm trotz seiner Vorgeschichte jemand hatten, der auf ihr Kind aufpasste, wenn sie ins Kino gingen oder in die Kneipe.«

Er kann sich nur an einen einzigen Kollegen erinnern, der nach vielen Jahren als Ermittler im Referat Kinderpornografie in eine andere Abteilung versetzt werden wollte. In der Gruppe arbeiten mehr Frauen als Männer. Zu ihr gehört auch eine Psychologin, die sich alle paar Monate mit den Fahndern trifft und ihnen zuhört. Gleichzeitig ist sie eine Art internes Frühwarnsystem, denn sie soll früh und rechtzeitig erkennen, ob vielleicht jemand unter der Last der Bilder zusammenzubrechen droht oder gar auf die Idee kommt, selbsttätig für Gerechtigkeit zu sorgen. Das allerdings ist noch nie passiert. Hoppe und seine Mitarbeiter machen sich keine Illusionen, denn sie wissen, wie groß das Dunkelfeld gerade beim Thema Kinderpornografie ist. Es gibt eine feste Pädophilen-Community im Netz, den harten Kern, dessen Mitglieder sich weder abschrecken lassen durch drohende Strafen, noch Scham empfinden bei dem, was sie tun. Die sich in geschlossenen Chatrooms gegenseitig informieren, wenn einer was erfahren hat über eine neue Ermittlungstechnik der Polizei, und einander Tipps geben, wie man sich dagegen wappnen kann.

Mit Begriffen wie »Chatroom« oder »Provider«, »Posting« oder »Communitys«, »Blogging« oder »Access-Blocking« umzugehen haben auch Staatsanwälte wie Peter Vogt im Laufe der Jahre gelernt. Aber zu oft werden sie noch immer von Richtern, denen ansonsten nichts fremd ist, was in der realen Welt Menschen anderen Menschen antun, mit dem Hinweis gerügt, sich gefälligst verständlicher auszudrücken, also so, dass ein deutscher Richter verstehen könne, worum es denn geht.

»Und was haben Sie in solchen Fällen geantwortet?«, frage ich

Vogt. »Ich sagte immer, Herr Richter, stellen Sie sich einen großen Supermarkt vor, in dem an der Kasse eine große Tafel steht, auf der alle möglichen Angebote stehen, vom Kinderwagen gebraucht bis zu einem Zimmer in der Wohngemeinschaft. Der den Platz zur Verfügung stellt, der Supermarkt, das ist der Host-Provider. Wer sich auf dessen Tafel mit Angebot und Nachfrage tummelt, der postet seine Wünsche. Und jetzt stellen Sie sich vor, diese Tafel gibt es nicht in der Realität, sondern im Supermarkt Internet, und da auch noch ohne Kontrolle der jeweiligen Offerten, dann werden Sie verstehen, was ich meine.« Richter, die das verstanden, ließen dann bei der Festsetzung des Strafmaßes keine falsche Milde mehr walten. Ein Angeklagter, der mehr als tausend Bilder auf der von Vogt so plastisch geschilderten virtuellen Tafel anbot, kam in Sachsen-Anhalt nicht mehr mit einer Geldstrafe davon.

Vor anderen deutschen Gerichten werden solche Täter aber immer noch zu häufig zu milde bestraft. Obwohl ein Angeklagter in Frankfurt am Main Zehntausende von Fotos mit Kinderpornografie auf der Festplatte seines Computers hatte, wurde er im September 2010 nur zu einer Bewährungsstrafe von zwölf Monaten und einer geringen Geldstrafe verurteilt. Strafmildernd sei zu berücksichtigen, so der Richter, dass der Mann erstens geständig sei, zweitens verheiratet und drittens einen gut bezahlten Job habe. Die Antwort auf die eigentlich naheliegende Frage, was das denn zu tun habe mit seiner pädophilen Sammelwut, blieb der Richter schuldig. Nach wie vor kommen zu viele mit einer Geldstrafe davon, was nicht nur Opfervereine wie »Dunkelziffer« als »aberwitzige Rechtsprechung« beklagen, sondern was ebenso Juristen wie Peter Vogt fassungslos macht. »Ich bemängele es immer wieder, weil es fatal ist. Aber tatsächlich ist es so, dass Sexualdelikte und damit auch der mit anderthalb Seiten längste Paragraf des Strafgesetzbuches sozusagen aus dem Jurastudium ausgeklammert sind. Bei Prüfungen gibt es nie einen Vergewaltigungsfall, einen Fall von sexuellem Missbrauch, das ist quasi ein Tabu in der juristischen Ausbildung.«

Mit entsprechenden Folgen in der Praxis: Im Rahmen von Internetermittlungen fielen zwei Beamte, der eine Lehrer, der andere Zollinspektor, beide nach außen anscheinend wohlanständige Bürger, in Sachen Kinderpornografie auf. Auf ihren Computern wurde dann massenhaft gespeichertes Material gefunden. Sie hatten nicht damit gehandelt, sie hatten es sich besorgt und als Dateien runtergeladen. Beide wurden zu Geldstrafen verurteilt, und beide wurden, wie es sich gehört, aus dem Dienst entlassen. Beide klagten dagegen.

Und gewannen. Die Begründung des Bundesverwaltungsgerichts in Leipzig, Aktenzeichen 2C 5.10 und 13.10, lässt »einen schaudern«, wie Richard Wagner in einem Kommentar für die »Frankfurter Allgemeine Sonntagszeitung« schrieb. Denn die Richter waren der Ansicht, dass eine Verurteilung wegen des einfachen Besitzes von Kinderpornografie allein nicht ausreiche für die Entlassung aus dem Dienst. Die Schwere des Vergehens stehe in keinem Verhältnis zur Schwere der Strafmaßnahme, und außerdem sei im Fall des Lehrers die Möglichkeit gegeben, dass er sich das Material aus beruflichen Gründen besorgt habe. Beim Zollinspektor hätte eine Gehaltskürzung als Strafe gereicht. Theoretisch kann der Lehrer also zum Beispiel darauf bestehen, erneut als Erzieher auf Kinder losgelassen zu werden.

Dabei gibt der Paragraf 184 c des Strafgesetzbuches klare Vorgaben für die Richter, ist trotz Juristendeutsch eigentlich unmissverständlich klar in seiner Aussage, denn wer

»pornographische Schriften, die sexuelle Handlungen von, an oder vor Personen von vierzehn bis achtzehn Jahren zum Gegenstand haben (jugendpornographische Schriften), verbreitet, öffentlich ausstellt, anschlägt, vorführt oder sonst zugänglich macht oder herstellt, bezieht, liefert, vorrätig hält, anbietet, ankündigt, anpreist, einzuführen oder auszuführen unternimmt, um sie zu verwenden oder einem anderen eine solche Verwendung zu ermöglichen, wird mit Freiheitsstrafe bis zu drei Jahren oder mit Geldstrafe bestraft. Ebenso wird bestraft, wer

es unternimmt, einem anderen den Besitz von jugendpornographischen Schriften zu verschaffen, die ein tatsächliches oder
wirklichkeitsnahes Geschehen wiedergeben [...]. Wer es unternimmt, sich den Besitz von jugendpornographischen Schriften
zu verschaffen, die ein tatsächliches Geschehen wiedergeben,
oder wer solche Schriften besitzt, wird mit Freiheitsstrafe bis zu
einem Jahr oder mit Geldstrafe bestraft [...] es ist auf Freiheitsstrafe von drei Monaten bis zu fünf Jahren zu erkennen, wenn
der Täter gewerbsmäßig oder als Mitglied einer Bande handelt,
die sich zur fortgesetzten Begehung solcher Taten verbunden
hat, und die jugendpornographischen Schriften ein tatsächliches oder wirklichkeitsnahes Geschehen wiedergeben.«

Die »Zentralstelle Kinderpornografie« des Bundeskriminalamtes ist »eine Art Broker« (Hoppe). Die BKA-Beamten analysieren
die kriminellen KiPo-Märkte und geben anschließend Empfeh-
lungen ab, um sie auszutrocknen. Bei Finanzbrokern geht es um
Aktien, bei den Brokern von SO 12 um Angebote für die Zielgruppe der Pädophilen, der Pädosexuellen, der Pädokriminellen
im Internet. Die Möglichkeiten der neuen Technik entdeckten
die zuerst. Wechselten von der realen in die digitale Welt, weil sie
sich in der sicher fühlten. Das Internet hat einerseits zu einer Verbreitung des Phänomens geführt, geradezu explosionsartig sind
laut Statistik die Straftaten wegen des Besitzes und der Verbreitung von Kinderpornografie gewachsen. Aber die Polizei hat größere Chancen als früher, die Männer zu erwischen, weil die technischen Möglichkeiten auch ihr zur Verfügung stehen.

Früher waren schmuddelige Hefte und zerkratzte Videokasset-
ten mit Bildern sexueller Handlungen an Kindern oder Minderjährigen ein Geschäft, gesteuert aus skandinavischen Ländern
und von dort dann vertrieben in Europa. Falls eine Sendung aufflog, wurde sie beschlagnahmt, die Absender jedoch blieben anonym und unbehelligt. Das waren zynisch gesprochen jene guten
alten Zeiten, in denen Kinderpornografie von Typen mit Angst-
schweiß auf der Stirn gekauft wurde. Im Internet ist das dann

zu einem Massenmarkt geworden, was aber nur bedeutet, dass es wohl immer diese Massen gegeben hat, sie nur keine Gelegenheit hatten, sich hinter der Anonymität einer IP-Adresse zu verstecken.

Inzwischen werden sogar Handys für nichtkommerzielle Tauschbörsen via MMS (Multimedia Messaging Service) eingesetzt, die empfangenen pornografischen Botschaften heruntergeladen und gespeichert. Bei einer Razzia, angestoßen durch im Mobiltelefonspeicher eines Pädophilen gefundenes Material samt Adressen, flog ein Netzwerk auf, zu dem 465 Männer und Frauen gehörten. Sichergestellt wurden bei den Durchsuchungen ihrer Wohnungen 212 Personalcomputer, 644 Handys und 16 282 DVDs und Videofilme aus eigener Herstellung. Es war im Januar 2010 der größte in Deutschland aufgedeckte Fall von Tausch und Handel mit Kinderpornografie.

Sexuelle Gewalt gegen Kinder, ihre sexuelle Ausbeutung durch Erwachsene, der systematische Missbrauch der Schwächsten einer Gesellschaft gab und gibt es in allen Jahrhunderten und in allen Gesellschaften. Vor allem der Missbrauch, der wie kein anderes Verbrechen im Verborgenen stattfindet und von den Tätern, aber zu oft auch von den Opfern totgeschwiegen wird, blieb in den Grauzonen Familie und Kirche ein Tabu. Die Dimension sexueller Gewalt gegen Kinder wurde offenkundig durch den technologischen Fortschritt der vergangenen zwanzig Jahre, digitale Fotografie und Internet sorgten für die massenhafte Verbreitung von Bildern mit Darstellungen brutaler sexueller Gewalt, beförderten die Nachfrage und brachten organisierte Kriminelle auf die Geschäftsidee namens Kinderpornografie.

Parallel ermöglichte die technologische Entwicklung auch geschulten Polizisten, getarnt als gierige Kunden in geschlossene Communitys einzudringen, deren Mitglieder zu enttarnen oder gar pädokriminelle Netzwerke auffliegen zu lassen. Streng untersagt ist ihnen – woran sie sich auch peinlich genau halten –, was verdeckte Ermittler auf anderen kriminellen Dunkelfeldern manchmal machen müssen: zur Tarnung bei einer Straftat dabei zu sein. In ihren Fällen wäre es nämlich die Bereitschaft, ebenfalls

Bilder von sexuell missbrauchten Kindern zum Tausch anzubieten und zu versenden.

»Kinderpornografie im Internet«, stellte das BKA in einem entsprechenden Lagebericht fest, »ist ein Delikt von internationaler Dimension. Ländergrenzen verlieren zunehmend an Bedeutung – der Austausch von Daten über große Distanzen ist problemlos und in Sekundenschnelle möglich. Ein Umstand, der Strafverfolgungsbehörden in Deutschland und die in aller Welt vor enorme Herausforderungen stellt. Die Funktion des Bundeskriminalamtes als Nationales Zentralbüro der Internationalen Kriminalpolizeilichen Organisation (Interpol) und als Nationale Stelle EUROPOL erlangt vor diesem Hintergrund besondere Bedeutung. Der Arbeitsbereich Kinderpornografie im BKA nimmt daher die Aufgabe eines Bindegliedes zwischen in- und ausländischen Strafverfolgungsbehörden sowie einer nationalen zentralen Auswerte- und Koordinierungsstelle für diese Behörden wahr.«

Ohne die selbstverständlichen Verbindungen zu EUROPOL, wohin das Bundeskriminalamt fünfzig Beamte delegiert hat, sind in Europa keine Erfolge gegen das internationale Verbrechertum denkbar. Ohne EUROPOL wäre das BKA ein gefesselter Riese.

Weil das Bundeskriminalamt gegen Kinderpornografie im Prinzip keine originäre Ermittlungszuständigkeit hat, geben die Sammler vom Referat SO 12 in Fällen, in denen es aufgrund ihrer Recherchen im Netz gelingt, hinter einer anonymen IP-Adresse eine konkrete Person in Deutschland zu lokalisieren, die Informationen weiter an das für den Wohnort des Täters zuständige Landeskriminalamt. Die Beamten dort besorgen sich einen richterlichen Durchsuchungsbeschluss und schlagen dann zu – und das sind die Fälle, in denen die Öffentlichkeit von einer erfolgreichen Razzia gegen Pädophile erfährt.

Solche Erfolge, die sich in den letzten Jahren häufen, vermitteln den Eindruck, dass aus dem Dunkelfeld »Sexueller Missbrauch von Kindern« dank polizeilicher Maßnahmen ein Hellfeld wird. In der Tat sind die Fälle von Kindesmissbrauch laut Statistik im vergangenen Jahr um ein Viertel gesunken, von knapp zwanzigtausend auf knapp fünfzehntausend. Diese Zahl sagt aber nichts aus über das gesellschaftliche Dunkelfeld. Die meisten Fälle von sexueller Gewalt gegen Kinder passieren nach wie vor in Familien, und ebenso gehört zur bitteren Wahrheit: Die Opfer werden immer jünger. Missbrauch von Kleinkindern hat um fünfzig Prozent zugenommen. Es betrifft ja sogar Babys. Die Gewaltbereitschaft ist gestiegen. Nicht nur Erwachsene, sondern auch strafunmündige Jugendliche gehören zu den Tätern.

Gibt es auch beim Kampf gegen Kinderpornografie etwas, was sich mit dem Begriff »Prävention« umschreiben ließe? Was auf anderen Gebieten der Kriminalität zum Beispiel die sichtbare Präsenz der Polizei ist, wodurch sie potenzielle Täter abschreckt? Präsenz im Internet ist nicht darstellbar. Darum wird Präsenz beim BKA umschrieben mit »anlassunabhängige Recherche«. Manchmal bleibt das BKA von Anfang bis zum Ende Herr des Verfahrens. Passiert nicht oft und nie im Alleingang, sondern in Absprache mit den Dienststellen der Bundesländer.

Noch einfacher ist die rechtliche Lage, wenn ein zuständiger Staatsanwalt nach einer erfolgreichen Razzia die Hauptverdächtigen als kriminelle Bande anklagen will – nicht als Einzeltäter – und deshalb das BKA beauftragt, die Ermittlungen zu leiten. Denn das Bundeskriminalamt ist zuständig, sobald es um kriminelle Vereinigungen geht. So geschehen in Frankfurt, als neun Mitglieder und Betreiber eines internationalen Kinderpornografie-Rings vor Gericht standen, deren kriminelle Vereinigung in Sachen Kinderpornografie weltweit fünfhundert Mitglieder hatte. Sie selbst hatten in mindestens fünfunddreißig Fällen Kinder sexuell missbraucht und ihre diesbezüglichen Fotos zum Tausch angeboten.

Versierte Helfer, die immer wieder Tools entwickeln, sitzen in den Fachgruppen KI 2 und KI 21, den Technischen Entwicklungs- und Servicezentren Innovative Technologien, wofür es selbstverständlich auch eine Abkürzung gibt: TESIT. Unter ihnen sind Nerds und Internetfreaks, man könnte sie auch schlicht Tüftler im Namen des Gesetzes nennen. Sie treibt der Ehrgeiz, nicht nur auf dem neuesten Stand der Technik, sondern nach Möglichkeit den anderen eine Idee voraus zu sein.

Zwischen überzeugten Pädophilen, die Bilder von missbrauchten Kindern suchen oder aus ihrer Sammlung anbieten, und denen, die das Geschäft kommerziell betreiben, den Produzenten von Kinderpornografie, machen die BKA-Beamten keinen Unterschied. Was sie finden, geben sie weiter, alles andere ist dann Aufgabe der Ermittler und der Justiz. In eigener Regie benachrichtigen die Fahnder vom BKA sofort die jeweiligen Provider. Stehen deren Server im Ausland, kann das Bundeskriminalamt nur Informationen übermitteln, aber was die zuständigen Behörden dann damit anfangen, ob sie die entsprechenden Seiten löschen lassen oder die Hintermänner ermitteln und die verhaften, ist allein deren Entscheidung. Hoppe: »Wir haben gute Erfahrungen gemacht mit Russland, wenn wir den Kollegen dort die Provider melden, von denen aus versendet wird. In den Vereinigten Staaten wird sozusagen die Freiheit des Internet als das höhere Rechtsgut betrachtet. Von dort bekommen wir höchst selten eine Rückmeldung, ob die entsprechenden Seiten nun gelöscht oder welche Maßnahmen unternommen wurden. Zusätzliches und flankierendes Sperren allgemein zugänglicher kinderpornografischer Webseiten bis zu deren Löschung würde aufseiten des Konsumenten zumindest den ungeschulten Internetbenutzer treffen.«

Allein in den Vereinigten Staaten gibt es rund fünfzehntausend registrierte Provider. Nur tausend von denen haben mit der für Kindesmissbrauch zuständigen Behörde, dem NCMEC, dem National Center for Missing and Exploited Children, engen Kontakt und setzen Löschungsersuchen direkt um. Etwa hundert kooperieren in einem sogenannten *Memorandum of Understanding* und sind auf freiwilliger Basis bereit, weitere Maßnahmen gegen entsprechende Seiten zu ergreifen. Welche das sind, ist selbst der zuständigen Behörde im Einzelfall nicht bekannt. Auf andere hat sogar das mächtige FBI keinen Zugriff, weil durch einen Umleitungsservice die Websites zwar in den USA gehostet sind, die eigentlichen Verantwortlichen aber irgendwo in Osteuropa, gern in Russland, sitzen. Thomas de Maizière hatte immer wieder bei Gesprächen in Washington um verstärkten Fahndungsdruck gebeten, denn nach wie vor sind die USA Hauptstandort der einschlägigen Server. So einfach, sagte er, sei es eben nicht, denn es sei mit dem NCMEC eine halbstaatliche Stelle zuständig, und bis dann selbst bei konkreten Hinweisen von Bundeskriminalamt oder EUROPOL die entsprechenden Seiten gesperrt oder gelöscht würden, vergehe zu viel Zeit.

Bei vielen Betreibern der ermittelten Server handelt es sich um kriminelle Vereinigungen, um Organisierte Kriminalität. Das Geschäftsmodell ist simpel. Bilder, auf denen die sexuell ausgebeuteten und missbrauchten Kinder zu sehen sind, holen sie sich aus dem Internet, basteln daraus eine eigene Website, die zunächst von ihren Zielgruppen frei anklickbar ist. Sobald die Angefixten mehr von dem Stoff wollen, härtere Drogen, schlimmere Szenen, müssen sie zahlen. Dass es unter den Anbietern viele Betrüger gibt, die kassieren, aber nie liefern, weil sie wissen, dass von ihren speziellen Kunden keiner vor Gericht ziehen wird, um sie zu verklagen, löst in Wiesbaden klammheimliche Freude aus. Denn endlich mal trifft Betrug die Richtigen.

Peter Vogt hat sich in Sachsen-Anhalt zehn Jahre lang dem Kampf gegen die Pädosexuellen verschrieben, bevor er dann dort 2008 um die Versetzung in ein anderes Referat bat. Er gab keine Begründung für seinen Rückzug, aber es war für Journalisten nicht schwer, seine Gründe zu recherchieren. Man nennt das unter uns nicht Ermittlungen, sondern Recherchen. Es stellte sich dann heraus, dass er sich vergeblich gewehrt hatte gegen eine Polizeistrukturreform, die in seinem Fall dazu führte, dass ein eingespieltes Team aus Ermittlern, Sachbearbeitern und ihm, dem alle Ermittlungen begleitenden Staatsanwalt, auseinandergerissen wurde und er plötzlich mit zwar engagierten, aber unerfahrenen Beamten auf die Jagd hätte gehen sollen. Da gab er auf.

Dabei wirkt er noch heute wie ein Mann, der stets bereit wäre zu einem besonderen Einsatz. Eigentlich war er 1992 aus Nordrhein-Westfalen in die neuen Bundesländer gekommen, für einen besonderen Einsatz, um den so unverhofft näher gerückten Brüdern und Schwestern beim Aufbau einer rechtsstaatlichen Ordnung zu helfen. Die vertrat er später bei der ZERV, der Zentralen Ermittlungsgruppe für Regierungs- und Vereinigungskriminalität in Berlin, in Prozessen gegen Todesschützen an der Mauer. Erst danach, als er 1998 nach Halle in Sachsen-Anhalt versetzt wurde, begann sein Kampf gegen Kinderpornografie. Eigentlich eher zufällig. Wie denn?

Er trinkt einen Schluck Wasser und tunkt mit einem Stück Brot den Rest der Spaghettisauce aus dem Teller, als brauche er die paar Sekunden, um seine Erinnerungen zu ordnen. Der Jurist hat es gern präzise. Es war so, meint er dann, dass der damalige Behördenleiter zu ihm einen denkwürdigen Satz sagte, an den sich Vogt noch heute wörtlich erinnern kann: »Wir haben hier eine Zentralstelle, die soll sich um Kinderpornografie kümmern, das übernehmen Sie.« Und hinzufügte, er fürchte, dass da etwas aus dem Internet auf sie zukomme, dass man dringend Strukturen aufbauen müsse, um auf diese neuen Delikte vorbereitet zu sein.

Das Internet war Vogt fremd, doch das ging seinen Kollegen nicht anders, den Kommissaren und Sachbearbeitern, mit denen Vogt später die Abteilung aufbaute. Anfangs durfte er sich zwar auf dem Türschild seines Büros Leiter der Zentralstelle nennen, aber er hat sich nur selbst geleitet, denn er war damals der einzige Mitarbeiter in diesem Dezernat. Nach und nach gab es Planstellen, erst dann begann die eigentliche Arbeit. Zunächst mit einer Strategie. Vogt: »Wir haben die Experten vom BKA eingeladen und die Sachbearbeiter von der Sitte aus verschiedenen Polizeidirektionen in Sachsen-Anhalt, uns für drei Tage in einer ehemaligen Fortbildungsstätte der Volkspolizei eingeschlossen und diskutiert und natürlich abends auch mal gemeinsam ein Bier getrunken, uns so auch menschlich besser kennengelernt, nicht nur im Austausch über die Sache, und danach ging es dann los innerhalb fester Strukturen.«

Seitdem kennt Vogt auch Hauptkommissar Holger Kind aus

der Zentralstelle für Kinderpornografie des Bundeskriminalamtes. Der war damals dabei und ist nach wie vor in dem Referat tätig. Bei Fortbildungskursen und Seminaren, die der in Hamburg ansässige Opferverein »Dunkelziffer« regelmäßig anbietet, gehört er aufgrund seiner langjährigen Erfahrungen zu den wichtigsten Referenten. Die Öffentlichkeit ist dabei stets ausgeschlossen. Seit Vogt Ende 2008 in ein anderes Referat wechselte, arbeitet Kind mit Staatsanwalt Andreas May von der Generalstaatsanwaltschaft in Frankfurt am Main zusammen. Beide halten es für wichtig und richtig, dass der später bei einem Prozess zuständige Staatsanwalt, in dem Fall May, bereits am Anfang der Ermittlungen einsteigt und dann jeden Schritt der Kriminalbeamten beratend oder tätig mit begleitet.

Richtig, nickt Vogt, richtig. So muss es immer sein. So war es bei ihm in Sachsen-Anhalt, und so sind ihre Erfolge im Kampf gegen Kinderpornografie zu erklären. Jeder Einzelne aus der Gruppe war vertraut mit den Eigenheiten und Eigenschaften des anderen. Was einer nicht verstand, erklärte der andere. Vogt zum Beispiel hatte nicht die geringste Ahnung von der Technik, die hinter dem Prinzip Internet steht. Einen Anschluss, um online gehen zu können, bekam er erst 2001. Die Experten, die damit umgehen konnten, verstanden wiederum oft nicht, warum Vogt bei manchen Verfügungen und Anordnungen so großen Wert darauf legte, dass alles in einer bestimmten, nur Juristen verständlichen, aber nun mal notwendigen Sprache verfasst wurde. Als er anfing, betrafen von den rund hundert Verfahren in Sachen Pornografie nicht mal die Hälfte, genau siebenundvierzig, Kinder- und Jugendpornografie. Und bei den Delikten handelte es sich meist um irgendwelche an Jugendliche verkaufte Schmuddelheftchen. Zehn Jahre später bezogen sich bereits fast alle entsprechenden Strafverfahren in Sachsen-Anhalt, genau zweiundneunzig Prozent, auf Täter, die im Internet aufgefallen waren.

Klassische kriminalpolizeiliche Ermittlungsmethoden bleiben entscheidend. Auf Fotos aus dem Internet, die den Missbrauch eines kleinen Jungen durch einen Erwachsenen zeigten, entdeckten die Beamten aus Vogts Gruppe im Hintergrund eine Limonadenflasche, die selten im Westen, hauptsächlich in den neuen Bundesländern verkauft wurde. Das Bild druckten sie aus, machten davon tausend Kopien und schickten es mit der Bitte um Hilfe an alle sechshundert Grundschulen. Vier Tage später meldete sich beim Landeskriminalamt eine Lehrerin, die auf dem Foto einen ihrer ehemaligen Schüler und dessen Vater erkannt hatte. Der Mann wurde verhaftet, von Peter Vogt angeklagt und vom Gericht zur Höchststrafe verurteilt.

Was in den einzelnen Bundesländern bei deren Dezernaten in Sachen Internet-Kinderpornografie auffällig geworden ist – neue gewalttätige Serien mit missbrauchten Kindern –, wird erst einmal weitergegeben nach Wiesbaden, wo alle Informationen aus der Szene gespeichert sind. Nur die Beamten von der Zentralstelle des BKA wissen, welches Bildmaterial bereits bei anderen Landeskriminalämtern schon aufgetaucht war oder wo es irgendwann eine Razzia gegeben hatte. Das vermeidet doppelte Ermittlungen.

Alle in der Datenbank gespeicherten Bilder mit kinderpornografischem Inhalt sind mit einem digitalen Fingerabdruck versehen, dem Hash-Wert, der es in Sekundenschnelle ermöglicht, aus einer Vielzahl von Bildern dasselbe Bild herauszusuchen. Kein einziges Pixel darf verändert werden, denn das würde bereits zu einer anderen Prüfsumme führen. Gleichartige Bilder oder die aus einer Serie werden – nach den Methoden der klassischen Kriminalistik – durch gezielte Auswertung zusammengeführt und können, bei günstigen Umständen, ins Land der Aufnahme zurückverfolgt werden. Ich bemühe mich, das zu verstehen. Es bedeutet so viel, dass sich mittels einer Algorithmusauswertung ermitteln lässt, welche Hash Values identisch sind, also welche Bilder aus derselben Quelle stammen. Bei den Auswertungen reichen dann schon Segmente eines Bildes von Zimmern, in denen die Taten stattfinden. Details wie Steckdosen zum Beispiel: Ist es eine deutsche oder eine englische? Welche Zigarettenmarke raucht der Täter? Ist es eine Sorte, die in Frankreich verbreitet ist oder eher in Schweden? Mobiliar, insbeondere Betten, Hintergründe wie Tapeten, spezielle Verpackungen von alltäglichen Gebrauchsgegenständen, die auf ein bestimmtes Land hindeuten. Ohne die Methode des »Kleinhackens«, ohne Hash, wäre es unmöglich, aus der Datenbank in der Zentralstelle Kinderpornografie, wo Millionen von Fotos gespeichert sind, das für weitere Ermittlungen nötige Material herauszufiltern. Falls Fälle aus dem Ausland mit Verbindungen zur hiesigen Szene aufgedeckt werden sollen, landen die ebenfalls beim BKA, von dem diese Erkenntnisse dann an das zuständige Landeskriminalamt weitergegeben werden. Und jeweils vor Ort übernehmen dann die zuständigen Staatsanwälte.

So wie der damals zuständige Staatsanwalt Peter Vogt in Sachsen-Anhalt. Bei einem einzigen Beschuldigten hatte man achtundfünfzig Terabyte an Bild- und Videodateien sichergestellt, etwa zehn Terabyte mehr als das gesamte beim Landeskriminalamt gespeicherte Fotomaterial aus zwei Jahren. Umgerechnet auf durchschnittliche Bildgröße entsprach das dreihundertvierundsechzig Millionen Fotos oder, wie ein Kollege von Vogt errechnete, ausgedruckt dem eineinviertelfachen Erdumfang. Dennoch lohnte es sich, alles mithilfe von hochgerüsteten Rechnern, unterstützt vom Prinzip Hash, durchzusehen und anschließend per persönlichem Augenschein ins zu ermittelnde Detail zu gehen. Vogt: »Durch die Sichtung der Bilder konnten wir 2008/2009 allein in Sachsen-Anhalt zehn Kinder aus einem andauernden sexuellen Missbrauch befreien und vier Täter vor Gericht stellen.«

So lief es ab bei der mittlerweile legendären »Operation Marcy« im Jahre 2003. Der Hauptverdächtige, ein Mann aus der Nähe von Magdeburg, hieß mit Vornamen Marcel, daraus wurde für den amtlichen Schriftverkehr und die Planungen dann »Marcy«. Eine Operation dieses Ausmaßes würde Vogt heute nicht mehr so nahe an den Namen eines Täters anlehnen, doch damals wusste er nicht, wie schnell das Frühwarnsystem innerhalb der pädophilen Foren einsetzt, sobald man Gefahr wittert, und seien es auch verdächtige Ähnlichkeiten von bestimmten Namen oder Begriffen. Aufgefallen war den Ermittlern zunächst durch einen Hinweis aus der legalen Internetwirtschaft ein Server, von dem aus offenbar eine Gruppe agierte, die kinderpornografische Dateien tauschte. Die eingeschalteten Experten des BKA fanden heraus, dass der Gründer dieser Gruppe aus Sachsen-Anhalt kam, und gaben die Ermittlungen ab ans dortige Landeskriminalamt und an die Zentralstelle unter der Leitung von Peter Vogt.

Bei der Hausdurchsuchung des Verdächtigen beschlagnahmten die Beamten einen altmodischen Aldi-Computer und achtundfünfzig CD-ROMs. Bei der Auswertung des Rechners stellten die Techniker fest, dass auf dessen Festplatte dreitausend E-Mails abgespeichert und mehr als tausend Kontakte verzeichnet waren. Die E-Mails druckten sie aus. Viele waren verfasst in Englisch, Spanisch, Französisch, also in Sprachen, die höchst ungewöhnlich waren für einen auf den Innenausbau eines Hauses ausgebildeten Handwerker, einen arbeitslosen Trockenbauer aus Sachsen-Anhalt.

Weil es offensichtlich um internationale Verbindungen ging, kam wieder das BKA ins Spiel. Die meisten Kontakte liefen über den Provider Microsoft. Der aber saß in den USA und wollte auf Anfrage nichts preisgeben von den dahinterstehenden E-Mail-Adressen. Peter Vogt wies listig auf den möglichen Imageschaden bei mangelnder Kooperation hin, sobald der Vorgang öffentlich werden würde, woraufhin Microsoft drei Monate später 38 000 E-Mail-Adressen aus 166 Ländern herausrückte. Die Deutschen fanden dadurch 25 000 Bilddateien und 12 Gigabyte Texte bzw. E-Mails über erfolgten Tausch von Kinderpornografie. Vogt: »Das entsprach etwa einer Strecke von 197 Kilometer Papier.«

Zwar schafft es ein erfahrener Ermittler, pro Stunde rund 3000 Bilder zu durchforsten, aber die Menge war zu groß für das kleine Bundesland. Zwei Sachbearbeiter, der zuständige Kommissar des LKA und Staatsanwalt Vogt, fuhren deshalb in die Zentralstelle des Bundeskriminalamtes. Gemeinsam entwickelten sie mit den Beamten dort eine Gesamtstrategie für das weitere Vorgehen: EUROPOL und Interpol bekamen die Adressen aus dem Ausland, darunter übrigens auch sieben Anschlüsse aus dem Vatikanstaat, in Deutschland sollten in zeitgleich stattfindenden Razzien rund fünfhundertfünfzig Wohnungen durchsucht werden.

Sogar vom Justizministerium in Washington kam eine Ermittlerin angereist, um die Aktion live zu erleben. Alles, was von den Funden der deutschen Beamten in den einzelnen Bundesländern auf Personen im Ausland hinwies, gaben sie an die Zentralstelle des BKA weiter und die wiederum an ihre Kollegen in den entsprechenden Ländern. In Sachsen-Anhalt, wo alles mit den Ermittlungen gegen einen arbeitslosen Trockenbauer begonnen hatte, wurden vierzehn Kinder aus sexuellem Missbauch befreit, der auf Bildern festgehalten wurde. Als die Beamten mit Durchsuchungsbefehlen bewaffnet bei Verdächtigen klingelten, waren mitunter nicht zufällig Fernsehteams dabei. Das gehörte zum Konzept, um potenzielle Täter durch den Anblick der Festgenommenen nachhaltig abzuschrecken. Selbst dann, wenn bei der Ausstrahlung ihre Gesichter gepixelt wurden – ähnlich wie von ihnen auch die Gesichter der Kinder anonymisiert wurden –, erkannten Nachbarn ihre heimische Umgebung, und damit allein schon wäre der Mann auf Dauer bestraft, selbst dann, falls es am Ende beim Prozess nur zu einer Geldstrafe reicht.

Peter Vogt neigt nicht zur Resignation und auch nicht dazu, lieber den Mund zu halten, statt laut seine Meinung zu sagen. Der furchtlose Jurist argumentiert aber dabei immer so, dass er unangreifbar bleibt. Zum Beispiel beim Dauerthema Datenvorratsspeicherung. »Ich habe kein Problem damit, wenn mir die Gesellschaft, vertreten durch das oberste Gericht und die Politik, aufträgt, künftig darauf zu verzichten. Dann aber muss die Gesellschaft mit den Konsequenzen leben. Sie muss wissen, dass wir Straftaten auf die klassische Art und Weise im Internet eben nicht aufklären können.«

Am wichtigsten bleibt für ihn nun mal der Ansatz, der Spur des Geldes folgen zu können, also Daten von Kreditkarten zu durchforsten. Und zweitens plädiert er dafür, dass endlich das Gesetz geändert wird, das den Strafrahmen für Ersttäter bestimmt. Es würde ihm reichen, wenn man das Gesetz zum Vorbild nähme, das bei einfachem Diebstahl gilt – fünf Jahre ist da die Höchststrafe. Dass theoretisch jemand, der dreimal schwarzfährt oder eine Tafel Schokolade klaut, härter bestraft werden kann als ein überführter Pädophiler, will ihm nicht einleuchten.

So groß wie das Dunkelfeld der Täter ist logischerweise das der Opfer, auch und gerade in Deutschland. Niemand weiß, trotz aller enthüllten Skandale über sexuellen Missbrauch, wie hoch die Dunkelziffer ist. Jedem missbrauchten Kind muss geholfen werden. Die Frage, die ich an alle Jäger gerichtet habe, wie sie aushalten würden, was sie im Internet sehen und hören, will ich denen stellen, die tagtäglich und tatsächlich versuchen, die Opfer davon zu befreien, was schwer auf ihren Seelen lastet.

KAPITEL 7

Dunkelziffern im Kinderland

Um aufzufangen, was ihnen aufgeladen wird, retten sich Therapeutinnen und Berater von »Dunkelziffer« hin und wieder in Sarkasmus. Lachen hilft, denn zu lachen vermag in großer Not befreiend wirken. Auch so begegnen sie berufsbedingter Verzweiflung, auch so lässt sich mitunter das Unfassbare fassen und das Unerträgliche tragen, wovon ihnen Kinder und Jugendliche berichten, denen Unsägliches widerfahren ist. Körperliche Verletzungen sind zwar nicht mehr sichtbar, wenn die Kinder zu »Dunkelziffer« kommen, aber die seelischen Wunden schmerzen noch lange, und stets bleiben unsichtbare Narben in den Seelen der Mädchen und Jungen zurück.

Was sie verursachte, nennen Kriminalbeamte und Juristen »Sexueller Missbrauch von Kindern«, aber schon im Wortursprung ist die Bezeichnung »Kindesmissbrauch« für diese Verbrechen eigentlich unbrauchbar. Kinder sollten vorbehaltlos geliebt statt gebraucht werden. Dragana Seifert, Rechtsmedizinerin am Universitätsklinikum Hamburg-Eppendorf, täglich konfrontiert mit kindlichen Opfern, unterscheidet deshalb gar nicht erst zwischen sexueller und anderer Gewalt: »Es gibt bei Kindern keine schlimmste Gewalt, jede Gewalt gegen Kinder ist eine Grenzüberschreitung«, und jede Form von Gewalt fördere eine andere, denn »Gewalt gegen Kinder verläuft chronisch eskalierend«. Knochenbrüche und Hämatome allerdings fallen sofort auf, da ist die Diagnose Gewalt klar. Aber bei sexuellem Missbrauch gibt es so »viele Facetten, die wir gar nicht nachweisen können«, sosehr sich auch ein bestimmter Verdacht aufdrängt.

Alle Formen des Missbrauchs sind strafbar, doch die Bestrafung entspricht oft nicht der Schwere des Delikts. Die Opfer dagegen müssen mit den Folgen seelischer und körperlicher Gewalt, die ihnen in der Kindheit angetan wurden, auch als Erwachsene umgehen, sind verurteilt zu Lebenslänglich. Abschreckende Urteile gegen Kinderschänder gehören auch deshalb zu den wesentlichen Forderungen von »Dunkelziffer«, dem in Hamburg ansässigen Verein, der seit bald zwanzig Jahren »Hilfe für sexuell missbrauchte Kinder« anbietet.

Am Anfang stand das Wort. Begleitet von Fotos, weil die tatsächlich in solchen Fällen mehr als Worte sagen. In der Illustrierten »Stern« erscheint 1989 eine Serie über sexuellen Missbrauch von Kindern, basierend auf ein ganzes Jahr dauernden weltweiten Recherchen der beiden Reporter Klaus Meyer-Andersen und Ann Thönnissen. Die Titelgeschichte am 9. November über die Kinderschänder der Nation, unter ihnen Stützen der bürgerlichen Gesellschaft, ist eine Sensation. Doch genau an dem Tag gibt es nachts eine größere, die in den folgenden Wochen und Monaten alles andere in den Schatten stellen wird – den Fall der Mauer in Berlin.

Kindesmissbrauch, vollzogen von prügelnden Lehrern, war in deutschen Schulen bis in die Siebzigerjahre des vergangenen Jahrhunderts alltägliche Praxis, galt als probates Mittel der Erziehung – und wurde auch von den meisten Eltern akzeptiert. Denn sie hatten es in ihrer Kindheit nicht anders erlebt, und sie verhielten sich auch als Erwachsene zu Hause gegenüber ihren eigenen Kindern nicht anders. Selbst die dunkle Variante namens »Sexueller Kindesmissbrauch« war kein die Gesellschaft bewegendes Thema. Einzelne Fälle machten zwar Schlagzeilen, beschäftigten die Öffentlichkeit, doch dabei handelte es sich stets um die im Volk »Sittenstrolche« genannten berüchtigten »guten Onkel«, die sich bevorzugt in der Nähe von Spielplätzen herumtrieben. Sie festzunehmen und wegzusperren war die Aufgabe von Polizei und Justiz. Im Vergleich zu heute könnte man diese Ära zynisch die besseren, weil überschaubareren Zeiten nennen. »Dunkelziffer«-

Beraterin Carmen Kerger-Ladleif: »Die sogenannten guten Onkel auf Spielplätzen sind heute tatsächlich meist gute Onkel, denn die wirklichen Pädosexuellen suchen sich ihre Opfer im Internet, in anonymen Chatrooms – oder in der eigenen Familie.«

Da vor allem. Dass sich die Mehrzahl der Kinderschänder hinter der Fassade einer bürgerlichen Existenz tarnte, oft als respektierte Vaterfiguren in einer angesehenen Familie, oft zudem geduldet von der Ehefrau, vermochte man sich nicht vorzustellen – oder wollte man es lieber nicht so genau wissen? Seit den Enthüllungen des Jahres 2010 weiß man, dass die Strategie »Vertuschen, Verschweigen, Verdrängen« offensichtlich nicht nur in der katholischen Kirche galt. Denn wäre Missbrauch nur dort, hinter den Mauern der Kirchen und Klöster, passiert, könnte man von einem Wunder reden.

Vor der »Stern«-Veröffentlichung war ebenso wenig vorstellbar, dass es ein klandestines Netzwerk von Pädophilen und Pädosexuellen und Pädokriminellen gab, weltweit aktiv, lange bevor das Internet erfunden wurde. Dementsprechend mager waren die Erkenntnisse der Behörden über die Dimension des Verbrechens, egal ob im In- oder im Ausland. Erst Meyer-Andersen und Thönnissen stellten die Männerbünde öffentlich vor und damit an den Pranger.

Erste Hinweise auf ein kriminelles Dunkelfeld namens Kindesmissbrauch entdeckten die Reporter 1988 in Anzeigen eines Pornomagazins. Angepriesen wurden dort unverblümt Lolitas für Sexspiele oder Ehepaare mit kleinem Kind, die Gleichgesinnte suchten usw. Dass Kindesmissbrauch hauptsächlich in Thailand und auf den Philippinen vorkam und deutsche Pädophile deshalb gern ihren Jahresurlaub dort verbrachten, weil es da ihren Neigungen entsprechend einen schier unerschöpflichen Markt für sogenanntes »Frischfleisch« gab, war schon eher bekannt. Aber das Perverse schien weit weg, passierte in armen Dritte-Welt-Ländern und, Gott behüte!, nicht hier in der reichen Bundesrepublik.

Die Reporter flogen nach Asien, erkundeten die pädokriminelle Szene vor Ort und stießen bei ihren Recherchen auf viele deutsche Namen und Adressen. Danach ging es nicht mehr allein um die Bösen in weiter Ferne, denn das Böse lag plötzlich ganz nah. Lauerte vor der Haustür. Die Täter wohnten um die Ecke. Doch sie würden die Tür nur denen öffnen, die ihnen auch selbst anzubieten hatten, worauf sie so scharf waren. Um an sie heran-zukommen, mussten die Reporter, verdeckten Ermittlern gleich, Eigenbedarf heucheln, beispielsweise Videos servieren, die sexuel-len Kindesmissbrauch dokumentierten.

Ein Hauptkommissar des Bundeskriminalamtes, den Meyer-Andersen kennt, ist von Beginn der Recherchen an eingeweiht und unterstützt aus Überzeugung die journalistischen Fahnder. Der »Stern«-Reporter wird als Undercover-Agent aktiv, lässt sich in Absprache mit dem BKA eine falsche Identität verpassen und be-kommt zudem eine Deckadresse. Die für seine Recherchen nötige Tauschware stellt das BKA, in dessen Asservatenkammern beschlag-nahmtes Material aus einschlägigen Pornoshops verwahrt wird. So etwas wäre heute undenkbar, sagt mir Kriminaldirektor Christian Hoppe von der Zentralstelle Kinderpornografie des Bundeskrimi-nalamtes, als ahne er, dass ich auf ganz bestimmte Gedanken ge-kommen bin. Meyer-Andersen bietet seinen Stoff per Anzeige in einschlägigen Schmuddelheften an, sucht parallel in Eigenanzeigen nach Filmen oder formuliert eindeutige Anfragen nach Gelegen-heiten, selbst mit Kindern sexuell aktiv werden zu können.

Die Resonanz ist widerwärtig groß. Typische Antwort auf eine derartige Anfrage:

»Lieber Lolita-Interessent, ich habe – gegen eine Vermittlungs-gebühr von 1000 Mark, versteht sich – eine Lolita anzubieten, die mit ihren elf Jahren schon eine Menge Erfahrung in Erzie-hungsfragen hat. Sie ist devot veranlagt, aber gelegentlich noch reichlich unverschämt und sperrig, was aber korrigierbar sein dürfte. Sie ist blond und gut gewachsen. Zu meiner Person: Ich bin selbstständiger Kaufmann, reise viel, auch auf die Philip-pinen, wo ich hoffentlich viel filmen kann. Es ist immer wie-der erfrischend, mit Gleichgesinnten zu reden. Man muss sich nicht verstecken […], nur weil in der Gesellschaft das Verständnis für dieses Hobby fehlt […].«

Für die daraufhin vereinbarten Begegnungen lässt sich Meyer-Andersen verkabeln, um die »Geschäftsverhandlungen« aufzuzeichnen, ein Begleiter, angeblich ebenfalls an einschlägigem Material interessiert, macht heimlich Filmaufnahmen. So sammeln sie Beweise. Die nächste Begegnung, diesmal eine der anderen Art, hatten der selbstständige Kaufmann oder andere, die auf ähnliche Geschäfte spezialisiert waren, mit der Kriminalpolizei.

Darf ein Journalist so eng zusammenarbeiten mit der Polizei, und darf er an die gar Informationen weitergeben, die er im Zuge seiner Recherchen erhalten hat? Im Prinzip nicht. Muss er aber in solchen Fällen. Sonst macht er sich mitschuldig. Nach der »Stern«-Veröffentlichung meldeten sich viele Eltern, Angehörige und Opfer mit ihren eigenen Erlebnissen, die lange Zeit niemand hatte hören wollen. Die sie irgendwann auch niemandem mehr erzählten, weil ihnen eh keiner glaubte. Endlich war ein lange totgeschwiegenes Thema öffentlich geworden. Eintreffende Spenden wurden an bereits existierende Opferorganisationen wie »Wildwasser«, einen Verein gegen sexuellen Missbrauch von Mädchen und Frauen, weitergereicht. Meyer-Andersen hielt Vorträge zum Tabuthema Kindesmissbrauch, doch das normale Tagesgeschäft eines Reporters ging ja auch weiter. Die Bilder im Kopf jedoch ließen ihn nicht mehr los. Aus der Serie entstand ein Buch. Was da im Klappentext steht, beschreibt in wenigen Zeilen die unendliche Leidensgeschichte der Kinder und ist eine Anklage nicht nur gegen die bürgerlichen Täter, sondern auch gegen professionelle Händler, die deren Triebe kommerziell ausbeuteten:

»Sie wachsen auf in der Hölle, und es gibt niemanden, der ihre Klagen hört: 300 000 Kinder jährlich, überwiegend kleine Mädchen, werden in Westdeutschland von ihren Vätern und nahen Verwandten sexuell mißbraucht. Obwohl Experten seit langem auf die Tatsache hinweisen, ist Kinderschändung noch immer das Verbrechen, von dem keiner spricht. Zu kraß widerlegt das Ausmaß der Untaten das Bild von der heilen Familie. Ann Thönnissen und Klaus Meyer-Andersen brachen das Tabu. In einer Serie für den ›Stern‹ deckten sie die schmutzigste Seite des Kindesmißbrauchs auf: das Geschäft mit Kinderprostitution und -pornographie. In monatelangen Recherchen spürten sie Eltern nach, die ihre eineinhalbjährigen Kinder gegen Geld zum Sex anboten, entlarvten sie Väter, die ihre kleinen Töchter zu Sexspielen vor der Videokamera zwangen. Und sie sprachen mit Opfern, die durch die Vergewaltigung von Körper und Seele fürs Leben gezeichnet sind.«

Der Fotoreporter wollte mehr als nur aufdecken, berichten, reden. »Man müsste einen Verein gründen, der sich um die kindlichen Opfer kümmert und ihnen zurückhilft auf dem Weg in ein einigermaßen normales Leben«, sagte Meyer-Andersen bei einem Flug nach München zu seinem Sitznachbarn, dem er von seinen Erlebnissen erzählte und den er schon lange kennt. »Brauchst du dafür Geld?«, fragte ihn der und schrieb noch vor der Landung einen Scheck aus über 100 000 Mark, gezeichnet Wolfgang Joop.

So wurde 1993 »Dunkelziffer e.V.« gegründet. Es ist, falls man im Zusammenhang mit sexuellem Missbrauch diesen Begriff benutzen darf, eine Erfolgsgeschichte geworden. Finanziert wurden anfangs Projekte in Hamburger Stadtteilen, zum Beispiel Beratung bei akuten Notfällen von Betroffenen, die sich telefonisch meldeten. Popmusiker wie die Gruppe Pur oder Barden wie Reinhard Mey spendeten Einkünfte aus Plattenverkäufen. Der Initiator Klaus Meyer-Andersen blieb die Galionsfigur, die 1998 engagierte Geschäftsführerin Vera Falck, gelernte Betriebswirtin, schuf nach und nach die nötigen Strukturen für den Verein, der inzwischen verankert ist in einem bundesweiten System von Kriminalbeamten, Therapeuten, Pädagogen und Opferanwälten. Sechzig Juristen, spezialisiert auf Fälle von sexuellem Kindesmissbrauch, sind bei »Dunkelziffer« registriert und sofort bereit, Opfern vor Gerichten zu helfen. Viele gehören zu großen Kanzleien, bei denen es Tradition ist, nach dem klassischen Pro-Bono-Prinzip kostenlos all diejenigen zu beraten, die sich keine teuren Anwälte leisten können. Bei kleineren Sozietäten übernimmt »Dunkelziffer« die Kosten der ersten Konsultation.

Für die Bezahlung der acht fest angestellten Mitarbeiter und der sechs Honorarkräfte – Vera Falck: »Gern würden wir aufstocken, aber es fehlt uns das nötige Kapital« –, für laufende Kosten, für Präventionsmaßnahmen, Therapieplätze und Seminare braucht der gemeinnützige Verein 750 000 Euro im Jahr. Er ist auf Spenden angewiesen (Kontonummer 868 000 100, Deutsche Bank, BLZ 200 700 24), auch und vor allem in Krisenzeiten. Warum hat »Dunkelziffer« nie Unterstützung aus öffentlichen Mitteln beantragt? Dorothee Kruse, Vorstand des Vereins, Frau des 2001 verstorbenen Initiators Klaus Meyer-Andersen: »Das ist geboren aus dem bürgerlichen Selbstverständnis der Gründer, die alle der Ansicht waren, so etwas Wichtiges müsse auch ohne Staat zu schaffen sein. Wenn in dieser Gesellschaft, in diesem Staat Kindesmissbrauch passiert, hunderttausendfach jedes Jahr, dann geht das alle etwas an.« Rechtsmedizinerin Dragana Seifert bestätigt: »Es passiert in allen Schichten. Ich habe aber den Eindruck, dass alle Formen von Gewalt gegen Kinder in bürgerlichen Familien von seelischer Gewalt begleitet sind.« In Familien der Unterschicht – aber den Begriff »Unterschicht« würde Seifert nie benutzen – wird zuerst geschlagen und dann missbraucht.

Heidemarie Jung, als Therapeutin bei »Dunkelziffer« engagiert, schildert einen typischen Fall aus ihrer Praxis. Ein knapp sechzehnjähriges Mädchen war in seiner Schule aufgefallen, weil sich nicht mehr verbergen ließ, dass es schwanger war. Das Jugendamt wurde eingeschaltet, und danach kam Daniela (Name geändert, Anm. d. Verf.) zu ihr in die Therapie. »Ich musste zunächst versuchen, die Sprachbarriere zu brechen. Sie sprach einfach nicht, antwortete nicht auf meine Fragen.« Was aber nicht ungewöhnlich ist bei Opfern sexuellen Missbrauchs, vor allem bei denen, denen in ihrer Familie Gewalt angetan worden war.

Viele empfinden das, was ihnen geschah, als Schande und wollen es lieber totschweigen. Jung: »Dieses Mädchen ist in seiner Familie vom Vater und von seinen Brüdern systematisch missbraucht worden, manchmal kamen nachts zwei von denen zu ihr. Es begann bereits in ihrer Kindheit. So benutzt zu werden war ihr normaler Alltag. Sie hatte sich daran gewöhnt.« Das alles erfuhr Heidemarie Jung aber erst, nachdem es ihr gelungen war, Danielas Vertrauen zu gewinnen und sie zum Reden zu bringen. Und die Mutter? Hat die nichts gemerkt? Carmen Kerger-Ladleif: »Oft sind Frauen, in deren Familien es passiert, in einem Abhängigkeitsverhältnis von den Männern. Und immer wieder mal habe ich gehört, wenn ein Kind bei uns war und wir die Mutter sprachen: Was regen Sie sich auf? Meine Mutter hat es überlebt, ich habe es überlebt, meine Tochter wird es auch überleben.«

»Sexueller Missbrauch« ist zwar der gebräuchliche Begriff in der Kriminalstatistik, den gesellschaftspolitischen Debatten, der medialen Berichterstattung. Es geht aber nicht allein um direkten körperlichen Kontakt zwischen Täter und Opfer. Es geht nicht nur um Penetration oder Oralverkehr. Sexueller Missbrauch beginnt bereits, wenn Kinder von Erwachsenen genötigt werden, mit ihnen gemeinsam Fotos pornografischen Inhalts anzuschauen oder zuzuschauen, wenn die miteinander treiben, was auf den Bildern zu sehen war. Volkmar Sigusch, Begründer der deutschen Sexualmedizin, hält ebenso wie Professor Klaus Michael Beier Pädophile für kaum therapierbar, denn dass die darauf verzichteten, »ihre sexuellen Wünsche zu realisieren«, gehöre zu den eher seltenen Glücksfällen. »Zwischen der kindlichen Sexualität und der eines Erwachsenen klafft ein unüberwindbarer Abgrund, der nur durch mehr oder weniger erkennbare Gewalt- und Machtausübung überwunden werden kann.« Er unterscheidet bei sexuellem Missbrauch von Kindern zehn Tätertypen:

1. Inzesttäter wie Vater, Onkel, Bruder, Großvater,
2. Nachbar, sozial gestört, oft alkoholisiert bei seiner Tat, aber nicht krankhaft pädophil,
3. Junge in der Pubertät,

4. in ihrer Entwicklung zurückgebliebene Erwachsene,
5. unreife Erwachsene wie zum Beispiel Priester,
6. geistig kranke Täter,
7. Sextouristen,
8. im Alter enthemmte Männer, die bislang nie auffielen,
9. Perverse mit Neigung zu Gewalt,
10. Pädophile, die ausschließlich Kinder begehren.

Auf der Reise zu diesen Stationen der Finsternis trifft man auf viele unterschiedliche Namen für die alltäglichen Übergriffe auf Kinder. Alle werden registriert unter dem Begriff »Missbrauch«. Rund fünfzehntausend Kinder unter vierzehn werden laut Statistik in Deutschland jährlich Opfer von Missbrauch. Erfasst sind darin aber nur Fälle, die aufgrund von Anzeigen bekannt werden. Bundeskriminalamt und Opfervereine wie »Dunkelziffer« gehen davon aus, dass die tatsächliche Zahl das Zehn- bis Fünfzehnfache beträgt, also pro Jahr zwischen hundertfünfzigtausend und zweihundertfünfundzwanzigtausend Kinder betroffen sind. Was hochgerechnet bedeutet, dass mindestens jedes fünfte kleine Mädchen und mindestens jeder zwölfte Junge Opfer eines sexuellen Übergriffs werden. Wie hoch die Dunkelziffer wirklich ist, weiß niemand, weil es keine belastbaren Studien gibt. In einer Großstadt wie Berlin zum Beispiel könnte sie sogar das Fünfundzwanzigfache der dort bekannt gewordenen Fälle betragen.

Die meisten bleiben unentdeckt, was nicht etwa daran liegt, dass es Kriminalbeamten an Einsatzwillen fehlt. Sondern an verwertbaren Erkenntnissen. Viele Opfer verzichten leider zu oft auf eine Anzeige, schweigen aus Angst vor den Tätern oder weil sie sich schämen oder – so pervers das in dem Zusammenhang klingen mag – weil sie deren sogenannte Liebe nicht verlieren wollen. Denn die meisten Mädchen, die es im Laufe ihrer Kindheit trifft, geschätzt mehr als siebzig Prozent, werden von Mitgliedern ihrer Familie vergewaltigt – Vater, Großvater, Onkel – und glauben mitschuldig zu sein an dem, was ihnen geschah. Es wurde ihnen zudem so eingebläut. Typischer Satz einer jungen Frau, die als Kind jahrelang von ihrem Großvater missbraucht worden war: »Ich fühlte mich als Mittäterin.« Als sie sich endlich zur Anzeige entschloss, war es für eine Strafverfolgung zu spät, die Taten ihres lieben Opas waren schon verjährt.

Sexuelle Nötigung oder Vergewaltigung können in Deutschland zwar je nach Schwere des Falles auch noch, zehn bis zwanzig Jahre nachdem das Opfer die Volljährigkeit erreicht hat, also achtzehn geworden ist, zur Anklage führen. Die oben zitierte Enkelin aber, die sich so lange als Mittäterin empfunden und erst viele Jahre nach dem letzten Missbrauch ihre völlig unbegründeten Schuldgefühle überwunden hatte, war neununddreißig, als sie ihr Schweigen brach. In der benachbarten Schweiz hat nach einem Volksentscheid die Mehrheit der Stimmbürger dafür gesorgt, dass die Verjährung bei sexuellem Kindesmissbrauch ganz aufgehoben wurde. So wie das auch bei Morden der Fall ist. Eigentlich handelt es sich ja bei missbrauchten Kindern um Mord auch dann, wenn die Opfer weiterleben. Ihre Seelen wurden ermordet. Eigentlich sind Pädokriminelle Kindermörder.

Selbst wenn ihre Taten verjährt sind, ist das, was sie taten, bei ihren Opfern nie verjährt. Eine längst erwachsene Frau hat die Wunden nie verwunden, die ihr einst vom eigenen Vater zugefügt wurden. Sie schrieb ihm aus der Psychiatrie, wo man in vielen Therapien versuchte, ihr wieder ein normales Leben zu ermöglichen, einen Brief. Die renommierten Kriminologen Adolf Gallwitz und Manfred Paulus haben ihn als typischen Fall in ihren Sammelband authentischer Kriminalfälle und Fallanalysen mit dem Titel »Kinderfreunde, Kindermörder« aufgenommen:

»Zunächst danke ich dir dafür, dass du mir während meiner Kindheit zu essen gabst und dass ich ein Dach über dem Kopf hatte. Ich gehe auch davon aus, dass du mir während meiner Kindheit ein paar schöne Tage gegeben hast [...], obwohl ich mich an sie nicht mehr erinnern kann. Ich war noch sehr klein, als alles begann [...] du hast mir verboten, mit anderen Kindern zu spielen. Ich habe es dennoch getan. Entgegen deiner

Anordnung war ich an einem sonnigen Wintertag draußen und spielte mit anderen Kindern im Schnee. Als ich, mehr vor Angst als vor der Nässe zitternd, nach Hause kam, hast du mir die Kleider wütend vom Leib gerissen und mich so lange nackt an die Wand gestellt, bis sie wieder trocken waren. Du hast mich beschimpft, und du hast mich geschlagen. Immer dann, wenn deine Erziehungsmaßnahmen bei mir blaue Flecken im Gesicht oder Striemen auf Schultern oder Rücken hinterließen, hast du mir strengstens verboten, darüber zu reden [...]. Dass alles noch viel schlimmer kommen könnte, war für mich damals nicht vorstellbar. Aber es kam schlimmer. Die für mich grauenvollste Zeit begann an dem Abend, als du mir erklären wolltest, was Liebe ist. Als du mir zeigen wolltest, wie man Liebe macht. Du hast mich ausgezogen und du hast mich mit deinen schmutzigen Fingern betatscht und gequält. Du faules Miststück, mach endlich deine Beine breit, hast du mich angebrüllt, und weil ich mich viel zu doof anstellte, hast du mir gezeigt, wie man das macht. Du wolltest, dass ich dich anfasse. Du wolltest, dass ich dich küsse. Du wolltest, dass ich dich verwöhne. Ich empfand nur Ekel, Schmerzen, Schuldgefühle und Scham. Als ich zugeritten war, hat es dir wohl noch mehr Spaß gemacht mit mir. Obwohl du mich nicht mehr so oft geschimpft und auf mich eingeschlagen hast wie die Jahre zuvor, folgte nun die grauenvollste Zeit meines Lebens. Wie schrecklich musste das alles für Mutti gewesen sein, die davon wusste oder ahnte? Warum hat sie nichts unternommen? Hatte sie genauso große Angst vor dir wie ich? Du hast mein Leben, bevor es richtig angefangen hat, zerstört. Ich befürchte, endgültig, unwiderruflich. Du hast Schuld auf dich geladen und du hast nie bereut [...].«

Nachdem sie es endlich gewagt hatte, ihn anzuzeigen, wurde ihr Vater zu dreieinhalb Jahren Gefängnis verurteilt, eine geradezu skandalös lächerliche Strafe. Reue zeigte er nie. Er fühlte sich vielmehr als Opfer des »dummen Geschwätzes« seiner Tochter.

Er würde es wieder tun, denn er ist nach Einschätzung des Ex-Kommissars Manfred Paulus, der fünfzehn Jahre lang in Delikten sexuellen Missbrauchs von Kindern ermittelte, weiterhin gewaltbereit. Der Kriminalist ist überzeugt davon, dass zu verhindern gewesen wäre, was einst dem Mädchen geschah. Es war wiederholt vom Hausarzt der Familie untersucht worden, ohne dass dem je etwas auffiel – aber vielleicht hatte einfach niemand die Signale sehen wollen.

Falls man Täter rechtzeitig vor einer Verjährung erwischt, dauert es in der Regel immer noch durchschnittlich anderthalb Jahre, bis sie vor Gericht gestellt werden. Die lange Wartezeit verlängert die seelischen Qualen ihrer Opfer, denn bis zum Termin leben sie mit der zusätzlichen psychischen Belastung, vor fremden Menschen schildern zu müssen, was der Angeklagte mit ihnen gemacht hat. Vor solchen, für ein Urteil aber notwendigen Aussagen scheuen viele zurück, aus Scham und aus Angst vor der dann befürchteten öffentlichen Schande. Die Therapeuten versuchen, ihnen diese Angst zu nehmen, und klären sie auf, dass es zur üblichen Taktik von Kinderschändern gehört, sich als Opfer darzustellen.

Richtig ist, dass sich in den vergangenen zwanzig Jahren, nicht zuletzt durch die Aufklärungsarbeit und Fortbildungsseminare von »Dunkelziffer«, einiges zum Besseren gewandelt hat. Bei der Kriminalpolizei gibt es mittlerweile genaue Vorschriften, wie in solchen Fällen zu verfahren ist. Opferschutz hat Vorrang vor Täterermittlung. Was Paulus in einem Beitrag für die Zeitschrift »Kriminalistik« beschreibt, entspricht allerdings so nicht den Erfahrungen der Therapeuten von »Dunkelziffer«. Paulus: »Der mit ernster Miene, tiefer Stimme und strengem Blick ausgestattete und dazu noch seltsam und furchterregend verkleidete Vorsitzende Richter, welcher hoch über dem kleinen Opfer thront [...] gehört jedenfalls der Vergangenheit an.« Heidemarie Jung dagegen: »Für mich sind das die schlimmsten Momente, wenn ich die Opfer im Gerichtssaal leiden sehe und nur hoffen kann, dass sie stark genug sind für die Konfrontation mit den Tätern.«

Kinderschänder laden Schuld auf ihre Opfer ab, von denen sie, wie sie behaupten, verführt worden seien, weshalb sie selbst sich keiner Schuld bewusst sind. Doch allein *ihre* Tat ist schändlich, also eine Schandtat. Jede sexuelle Handlung an einem unschuldigen Kind, begangen von einem Erwachsenen, ist ein Verbrechen. Schuld haben immer die Täter. Nie die Kinder. Die müssten sich nicht schämen, weil sie glauben, mitverantwortlich zu sein.

So weit die Theorie. Die klingt einleuchtend. Niemand würde widersprechen wollen. In der Praxis jedoch schämen sich die Kinder eben doch, und erst recht, falls sie vor einem Richter detailliert schildern müssen, was ihnen angetan wurde. Nur dann, wenn ein Täter geständig ist, braucht sein Opfer nicht auszusagen, dann bleibt ihm diese Qual erspart, in Worte zu fassen, woran sie nicht mehr erinnert werden wollen. Das nutzen viele Verteidiger aus und handeln in einem Deal geringere Strafen für die Angeklagten aus. Deshalb sagt die Zahl von Verurteilungen nur etwas aus für die Statistik im Hellfeld der polizeilichen Ermittlungen. Jedoch nichts über die tatsächlichen Vorfälle im Dunkelfeld der Familien.

Laut Bundeskriminalamt ging in den vergangenen Jahren die Zahl der Opfer insgesamt kontinuierlich von 19 179 auf 15 935 zurück. Ein nachhaltiger Erfolg der Recherchen von zwei Reportern. Damals verschärfte die wach gewordene Politik die Gesetze, auch auf Druck einer erschrockenen Öffentlichkeit. Aber wie mir schon Ex-BKA-Chef Horst Herold erklärt hat – eine Statistik allein sagt noch gar nichts aus über das tatsächliche Ausmaß von Kriminalität. Bei sexuellem Missbrauch von Kindern, unter Strafe gestellt nach den Paragrafen 176, 176a, 176b des Strafgesetzbuches, ist zwar laut aktueller Statistik der niedrigste Wert seit 1993 zu verzeichnen, doch selbst das Bundeskriminalamt schränkt in seinem Jahresbericht 2010 ein:

»In diesem Deliktsbereich muss nach wie vor von einem hohen Dunkelfeld ausgegangen werden. Eine deutliche Zunahme der Fallzahlen wurde im Bereich der Verbreitung pornographischer Schriften und Erzeugnisse registriert (+14,5 Prozent auf 18 264 Fälle). Allerdings haben der Besitz und die Verschaffung von Kinderpornographie [...] auf 6707 Fälle abgenommen, nachdem er noch 2007 um 94,3 Prozent zugenommen hatte. Nach dem starken Fallzahlenanstieg im Jahr 2007 aufgrund bundesweiter Ermittlungen hinsichtlich der Verbreitung kinderpornographischen Materials im Internet gingen die Fallzahlen nach Abschluss einiger Großverfahren wieder deutlich zurück. Der Anstieg der Fallzahlen bei der Verbreitung pornographischer Schriften ist auf die verstärkten Bemühungen der Polizei und anderer zur Aufhellung des Dunkelfeldes in diesem Bereich zurückzuführen.«

Was die Forderung von »Dunkelziffer« oder Juristen wie Peter Vogt nach härteren Strafen untermauert, denn offensichtlich werden potenzielle Täter durch ein drohendes höheres Strafmaß abgeschreckt. Eine sogenannte Aufhellung des Dunkelfelds bedeutet nichts anderes als die zahlenmäßig nachweisbare Wirkung der Präventionsmaßnahmen von Opfervereinen, die mit ihrer Aufklärungsarbeit gepunktet haben: »Dunkelziffer« zum Beispiel hatte vor zwei Jahren pro Jahr etwa tausend Anrufe oder E-Mails mit der Bitte um Hilfe bekommen. Inzwischen sind es tausendfünfhundert jährlich. Gleichzeitig aber sanken die gemeldeten Missbrauchsfälle um etwa ein Viertel.

Das ist nur auf den ersten Blick ein Widerspruch, denn offenbar scheuen nach wie vor viele davor zurück, sich bei der Kriminalpolizei zu melden und die Kinderschänder anzuzeigen. »Dunkelziffer« benachrichtigt grundsätzlich nie die Polizei, das gehört zu seinem Selbstverständnis. Erfolgreich helfen können die Mitarbeiter nur dann, wenn alle, die sich telefonisch oder online bei ihnen melden, sicher sein können, dass ihre persönliche Leidensgeschichte vertraulich behandelt wird. Schweigepflicht ist erstes Gebot. Die Entscheidung, die Täter anzuzeigen, bleibt den Opfern überlassen. »Wir geben den Kindern und den Eltern durch unsere Arbeit die Hoffnung auf ein besseres Leben«, sagt Vera Falck. Mehr könnten sie nicht tun, aber genau dies ist aller Mühe wert. Carmen Kerger-Ladleif: »Wir informieren die Opfer oder die Lehrer über die Möglichkeit einer Strafanzeige und darüber, wohin sie sich mit der wenden können, aber wir sagen es nicht direkt der Polizei, außer in ganz akuten Fällen, die ich zum Beispiel in einem Chatroom entdecke, denn da ist dann Gefahr im Verzug, da muss schnell etwas geschehen.«

Die Zahl von missbrauchten Kindern unter sechs stieg in den letzten zehn Jahren von 1475 auf 1849. Pädosexuelle schrecken vor Unzucht mit Kleinstkindern nicht zurück. Auch nicht in der eigenen Familie. Im Oktober 2010 stand in Berlin ein fünfundzwanzigjähriger Vater vor Gericht, der seinen Sohn missbraucht hatte. Begonnen hatte er damit, als der Säugling zwei Monate alt war. Er filmte seine Perversionen und speicherte sie auf der Festplatte seines Computers. Da entdeckte sie die Mutter des Babys und alarmierte die Polizei. Der Mann, damals Berufssoldat bei der Bundeswehr, wurde festgenommen. Außer den Beweisen vom Missbrauch seines eigenen Kindes – »widerwärtige, abartige Handlungen«, wie es dann mal im Urteil hieß – fanden die Beamten noch tausendvierhundert Dateien mit Abbildungen anderer missbrauchter Kinder. Weil er gestanden und gegen einen Kunden von kinderpornografischen Aufnahmen ausgesagt hatte, wurde er nicht für acht Jahre, wie vom Staatsanwalt gefordert, sondern nur für fünf Jahre ins Gefängnis geschickt.

Missbrauch an Zwei- oder Dreijährigen ist treffender mit dem Begriff »Folter« zu bezeichnen. Im Frühjahr 2010 wurde in England ein achtundzwanzigjähriger Vater verhaftet, der ebenfalls sein eigenes Kind, ebenfalls Säugling, auf brutalste Weise sexuell missbraucht hatte. Der Mann hatte Fotos ins Netz gestellt, die dokumentierten, wie er das Baby vergewaltigte. Aufgefallen war er Ermittlern einer Abteilung des Bundeskriminalamtes, die nach kinderpornografischem Material von kriminellen Händlern im Internet sucht.

Aufgrund der vielen Veröffentlichungen über das naheliegende Dunkelfeld des Missbrauchs in Deutschland und in Europa ist das weite Feld in der Ferne vernachlässigt, ja fast vergessen worden, das einst Klaus Meyer-Andersen und Ann Thönnissen erstmals untersucht haben. Laut »Kriminalistik«, dem renommierten monatlichen Fachorgan für »kriminalistische Wissenschaft und Praxis«, fliegen jährlich rund vierhunderttausend Deutsche, als normale Pauschaltouristen getarnt, nach Thailand, auf die Philippinen, nach Marokko, Kuba, Sri Lanka, Kambodscha usw. Sie haben ein Ziel: Sex – was zwar unter Erwachsenen oder bei Prostituierten nicht strafbar ist. Laut einer Untersuchung des Bundesgesundheitsministeriums wollen aber 11,3 Prozent von denen, also wohl mehr als vierzigtausend, ausschließlich Sex mit Kindern. Was bedeutet, dass täglich von deutschen Flughäfen mehr als hundert Männer abheben, um sich an Kindern zu vergehen. In Deutschland ist das strafbar, doch im Ausland kommen sie meist ungestraft davon. Es gibt keine Rechtshilfeabkommen mit Ländern, in denen beispielsweise Militärdiktatoren herrschen oder trotz demokratischer Verhältnisse Armut und Korruption. Was die Sextouristen gnadenlos ausnützen. Aber warum werden sie nicht bei ihrer Rückkehr an deutschen Flughäfen empfangen und vorgeladen? Würde sich das nicht schnell herumsprechen und vielleicht manche davon abhalten, erneut auf Missbrauchsreise zu gehen?

»Dunkelziffer« wartet nicht darauf, dass seine Berater von Schulen eingeladen werden, sondern schreibt selbst gezielt Grundschulen an, führt altersgerechte kleine Theaterstücke auf, in denen bestimmte Szenarios sexueller Kontaktaufnahmen vorgespielt werden, wie sie aus vielen Fällen bekannt sind. Die Kinder sollen früh lernen, worauf sie achten müssen. Je früher, desto besser: »Dunkelziffer« beginnt mit der Aufklärung bereits in Kindergärten. Beamte der Landeskriminalämter und des Bundeskriminalamtes, die sich bei den Seminaren unter Ausschluss der Medien austauschen und informieren, wissen aus Erfahrung, dass es bei sexuellem Missbrauch keine Altersgrenze und auch kein schichtspezifisches Verhalten gibt. Es passiert in Familien der Unterschicht und im archaischen Milieu von Migranten, ebenso oft aber auch, lange verschwiegen, in der heilen Welt einer bürgerlichen Oberschicht oder im Schoß der katholischen Kirche. In dem nisten Pädophile, Pädosexuelle, Pädokriminelle besonders gern.

Wie viele es sind, wie viele ihrem Schutz anbefohlene, ihnen anvertraute Zöglinge sie missbrauchten, wie viele Opfer sie auf dem Gewissen haben, weiß die Öffentlichkeit erst, seit zu Beginn des Jahres 2010 endlich die redeten, die bislang verschwiegen hatten, was ihnen einst angetan worden war. Losgetreten wurde die Lawine durch Berichte ehemaliger Schüler des Canisius-Kollegs in Berlin, wo Patres über Jahrzehnte ihre sexuellen Fantasien an Gymnasiasten auslebten. Weitere unglaubliche Fälle von Missbrauch durch katholische Priester oder die einstigen Prügelorgien eines Bischofs wurden detailliert vor allem in der »Süddeutschen Zeitung« geschildert. Inzwischen sind bundesweit Hunderte von Fällen bekannt geworden. Allen gemeinsam war, dass die Skandale, von denen die Oberen wussten, systematisch totgeschwiegen wurden. Die Empörung ist deshalb so groß, weil die Kirche als ein sicherer Hort galt. Den Priestern – und nicht nur katholischen – vertrauten Eltern ihre Kinder an. Heißt es nicht in der Bibel: Lasset die Kindlein zu mir kommen...? Umso größer war das Entsetzen. Allerdings hätte man nach den Skandalen in den USA und in Irland, wo schon Jahre zuvor der systematische sexuelle Missbrauch hinter Kirchen- und Klostermauern bekannt geworden war, früher auf die Idee kommen können, auch in Deutschland mal genauer hinter diese Mauern zu schauen – und nicht erst dann, als zu leugnen nichts mehr half, als Monat für Monat Dutzende von einst treuen Schafen vom Glauben abfielen und ihre Kirche für immer verließen.

Die Deutsche Bischofskonferenz hatte 2002 Leitlinien zum Thema Kindesmissbrauch veröffentlicht und war überzeugt, alles unternommen zu haben, um Ähnliches in deutschen Diözesen zu verhindern. Was zunächst unerforscht blieb, in der dunklen Ahnung dessen, was dabei auf die Kirche zukommen könnte, war die jahrelange kirchenamtliche Strategie des Vertuschens und Verschweigens. Zu oft waren pädophile Priester, die sich vergangen hatten an denen, die ihrem Schutz anbefohlen waren, einfach nur in eine andere Gemeinde versetzt worden oder aus Fürsorgepflicht der großen Mutter lediglich in Klosterzellen per Gebet therapiert worden. Statt, wie es das Gesetz befiehlt, bei der Staatsanwaltschaft angezeigt. Das wurde im Herbst 2010 von den Bischöfen zur Pflicht gemacht, außerdem mussten fortan polizeiliche Führungszeugnisse vorgelegt werden von allen Mitarbeitern kirchlicher Einrichtungen.

Viele Opfer von damals wagten erst als Erwachsene, ihr Schweigen zu brechen, ihre Scham zu überwinden, als sie erfuhren, dass es viele gab, denen Ähnliches wie ihnen widerfahren war. Der »lange unterdrückte Aufstand der Ungeschützten« (so Caroline Fetscher im »Tagesspiegel«) begann. Seitdem müssen »Betroffene nicht mehr um ihre Würde fürchten«, wie die »taz« schrieb, weil Wegschauen und Leugnen nicht mehr akzeptiert werden. Sexuelle Gewalt könne eben nicht mehr einem spezifischen Milieu zugeordnet und damit vernachlässigt werden, denn »im Erschrecken liegt die Möglichkeit, dass den sexuellen Gewalttätern die gesellschaftliche Anerkennung, die sie bis dato genießen konnten, versagt wird«. Die Öffentlichkeit ist sensibilisiert. Und Dragana Seifert bestätigt: »Gewalt gegen Kinder ist ein salonfähiges Thema geworden.«

Auch das sich als elitär und gebildet empfindende meist protestantische Bürgertum war betroffen, wie Recherchen der »Frankfurter Rundschau« offenbarten. Die Zustände an der renommierten reformpädagogischen Odenwaldschule, wohin sie liebend gern ihre Kinder abgeschoben hatten, waren zwar Insidern seit Jahrzehnten bekannt, aber wie die in der katholischen Kirche vertuscht worden. Vor allem männliche Schüler des feinen Oberschülinternats wurden von ihren Lehrern missbraucht.

Als erst einmal die Büchse der Pandora geöffnet war, kroch auch aus anderen Ecken widerliches Gewürm hervor. Es wurde sichtbar. Es konnte sich nicht mehr verstecken wie bisher in evangelischen Kinderheimen, wie einst in den besonders brutalen Erziehungsheimen der DDR oder in Sportvereinen. Dass sich Pädophile im Netz verabreden, gemeinsam in Vereine einzutreten und sich dort freiwillig für die Jugendarbeit zu melden, hätte man sich zuvor nicht vorstellen können. Jetzt schon.

Am härtesten trafen die Enthüllungen aber die katholische Kirche, weil ihr Anspruch, inmitten einer enttabuisierten Welt die letzte moralische Bastion zu sein, als schamlose, unverschämte Lüge entlarvt wurde. In der Wochenzeitung »Freitag« schrieb Volkmar Sigusch: »Geradezu makaber ist es, wenn kindliche Seelen von Seelsorgern zerstört werden. Der Zölibat produziert zwar keine Pädophilen und Pädosexuellen, er lockt sie aber an, ebenso wie sexuell Unreife, nicht zu sich gekommene Perverse und Homosexuelle [...].« Noch abstoßender als »verwirrte, sexuell unreife Priester« aber sind nach Siguschs Meinung »jene großartigen Reformpädagogen, die Kinder traumatisierten«, aber von ihren ebenso großartigen Gefährten durch »obszönes Vernebeln oder kräftiges Verleugnen« gedeckt wurden. Manfred Paulus sieht »gute Gründe für die Annahme, dass das Delikt des sexuellen Missbrauchs von Kindern in der Evangelischen Kirche, bei den Zeugen Jehovas und in anderen Religionsgemeinschaften sowie in staatlichen und nicht staatlichen Organisationen (Sportvereinen, Jugendfreizeitheimen), die sich Kinder annehmen, nicht weniger häufig ist als in katholischen Einrichtungen«.

Sexueller Missbrauch in Familien der Oberschicht wurde und wird unter den Teppich liebevoll gemeinter Zuwendung gekehrt oder überhöht als Erziehungsmaßnahme zur Bildung freier Geister verteidigt. Was weitaus widerlicher ist als die alltägliche, oft berserkerhafte Gewalt der Unterschicht. Die einen wissen, was sie den Seelen der Kinder antun, die anderen tun es, ohne zu wissen, dass Kinder eine Seele haben. Da wird nicht nur totgeschwiegen, sondern im Zweifelsfall gleich totgeschlagen.

Die Hamburger Universitätsklinik Eppendorf hat für solche Fälle ein Kinder-Kompetenz-Zentrum eingerichtet. Es ist an sieben Tagen der Woche rund um die Uhr besetzt. Bei Verdacht auf Misshandlung, Vernachlässigung und/oder sexuellen Missbrauch werden seine Mitarbeiter aktiv. Ein bundesweit einmaliges Projekt, inzwischen von der Stadt Hamburg fest im Etat eingeplant.

Möglicherweise betroffene Kinder werden ohne bürokratische Hindernisse rechtsmedizinisch untersucht, doch auch hier wird »nur in Extremfällen die Polizei eingeschaltet« (Seifert), und zwar immer nur dann, wenn sich alle Beteiligten einig sind. Zu den Beteiligten gehören allerdings nie die Eltern, vor allem nicht bei Verdachtsfällen auf sexuellen Missbrauch, sondern Ärzte, Sozialarbeiter, Jugendamt.

Durch intensive Öffentlichkeitsarbeit hat »Dunkelziffer« nicht nur die Politik und die Medien problembewusster gemacht. Inzwischen wissen auch kindliche Opfer, wohin sie sich wenden können, falls sie das Gefühl haben, belästigt zu werden, oder falls sie schon missbraucht wurden. So stand eines Vormittags in der »Dunkelziffer«-Beratungsstelle, weit entfernt von den schicken Stadtteilen um die Alster oder an der Elbe, eine Elfjährige in der Tür. Ihre Mutter hatte sie angekündigt, war aber selbst nicht mitgekommen. Sie sei, sagte selbstsicher das Mädchen, deshalb hier, weil ein vierzehnjähriger Mitschüler sie belästigt hatte. Sie habe ihm einen blasen müssen, erklärte sie lakonisch und nannte das, was ihr zugestoßen war, unverblümt beim Namen. Darüber wolle sie mit einer Beraterin reden, eine Therapie allerdings brauche sie nicht. Der Junge, dem sie zu Diensten sein musste, sei von der Schule geflogen, das reiche ihr als Bestrafung. Ein gleichaltriger Klassenkamerad wartete in einem Vorraum, bis sie der Beraterin ihr Erlebnis geschildert hatte. Danach begleitet er sie zurück nach Hause. Kein Gedanke bei ihr, wegen des Vorfalls die Schule zu wechseln, etwa weil es ihr peinlich sein könnte, dass ein paar Idioten sie hänselten. Sie wollte nur wissen, wie sie denen am besten Kontra geben konnte.

Über so viel Stärke freuen sich die Mitarbeiter von »Dunkelziffer«, weil sie bei ihren Gruppensitzungen, in denen sie sich gegenseitig über aktuelle Fälle informieren, oft so wenig Anlass zur Freude haben. »Wir lassen eher unsere Wut raus«, sagt Geschäftsführerin Vera Falck, denn das wirke zumindest für Augenblicke befreiend. Heidemarie Jung: »Die Kinder und Jugendlichen sind über die physische Vorgänge aufgeklärt, aber nicht über das, was emotional mit ihnen passiert. Dieses Niemandsland nützen Täter als angeblich einfühlsame Zuhörende aus. Das Ausmaß derer, die sich so einschleichen, ist viel größer, als wir ahnen. Wir sind zumeist nur die Anlaufstelle für bestimmte Familien. Bessergestellte schweigen oder gehen mit ihren Problemen in eine Privatpraxis.« Und Carmen Kerger-Ladleif ergänzt: »Nicht nur die Kinder wissen mehr, auch wir wissen mehr als früher. So viele minderjährige Täter wie heute gab es früher nicht. Die Sexualisierung durch veröffentlichte Bilder, durch Filme im Internet ist gewaltig gestiegen. Gleichzeitig haben die Heranwachsenden keine Ansprechpartner, mit denen sie reden können über das, was sie sehen.«

Die Zeiten, da elfjährige Mädchen mit ihren Puppen spielten und noch keine Ahnung davon hatten, was es bedeutet, irgendeinem Kerl einen blasen zu müssen, sind schon lange vorbei. Heute wissen sie, was ihnen mitunter angetan wird, und vor allem: Sie wissen es auch zu benennen. Sie haben die ordinären Fachausdrücke in Nachmittagssendungen privater Fernsehanstalten von schamlos verblödeten Moderatoren und hoffnungslos verwahrlosten Gästen oft genug vorgesetzt bekommen. Seit zudem bereits Zehnjährige ungestört miteinander chatten und dabei erfahren können, wonach sie sich ihre Eltern nicht zu fragen trauen, erscheinen alle bisher wenigstens noch für Kinder gültige Tabus obsolet.

Deren Chatrooms, erklärte mir ein Kommissar des Bundeskriminalamtes, sind durchsexualisiert, untereinander mailen sich viele, zu viele Kinder offen alles zu, was man früher selbstverständlich verschwiegen hätte vor ihnen. Es ist zwar zu spät, sich darüber aufzuregen, mit den Folgen jedoch müssen sich die Erwachsenen auseinandersetzen, weil sie zu lange weggeschaut haben. Hinschauen ist das erste Gebot, genau hinschauen. Pädophile schleichen sich unter falscher Identität per E-Mail in die virtuellen Räume der Kinder ein. Sie gehen gezielt auf Jagd im Online-Dschungel. Dann wird es aber real gefährlich. Diese Gefahr haben mittlerweile Politiker und Sozialpädagogen erkannt. Damit vor allem Mädchen, die früher in einem bestimmten vorpubertären Alter ihre geheimen Gedanken noch ihrem Tagebuch anvertraut haben, nicht denen auf den Leim gehen, die mailend angeblich ihre Probleme verstehen und bei Bedarf als Ratgeber bereitstehen, haben Experten ein »zielgruppengerechtes Faltblatt« mit Vorsichtsmaßnahmen zusammengestellt, abrufbar unter www.jugendschutz.net. Die effektivste Barriere gegen fremde Eindringlinge sind einfache und deshalb auch Kindern einleuchtende Regeln: Nie seinen richtigen Namen benutzen, sondern einen Spitznamen. Nie das richtige Alter angeben, nie den Wohnort, nie die Adresse, nie die Telefonnummer, nie die Schule, nie ein Foto ins Netz stellen – und vor allem: nie Verabredungen treffen mit Fremden.

Doch was nützen solche Warnungen, wenn es nicht Fremde sind, die sie belästigen und missbrauchen, sondern sie ihnen entweder gut bekannt sind oder gar zur Familie gehören? In Dünkirchen zum Beispiel, ebenfalls passiert 2010, hatten bei Familienfeiern sämtliche Verwandten die Kinder der Gastgeber, zwischen einem und vier Jahre alt, gemeinschaftlich missbraucht.

Die sexuelle Gewalt gegen Kinder ist trotz aller Veröffentlichungen über das, was in Pfarreien und Internaten, in Sportvereinen und Jugendzentren jahrzehntelang geschah, nach wie vor ein gesellschaftliches Tabu. Über dieses Thema möchte man nicht zu viel reden und schon gar nicht alles wissen. Ja, es ist schrecklich, aber es schreckt ab. Leider nicht die Täter, sondern auch die Opfer. Noch immer scheuen zu viele Mädchen und Jungen davor zurück, auszusprechen, was ihnen zugestoßen ist, und die anzuzeigen, die es ihnen angetan haben.

Entweder schämen sie sich, weil ihnen eingeredet worden war, dass sie mitschuldig sind, oder aber sie fürchten, dass ihnen niemand glaubt, weil die Namen, die sie nennen müssten, nicht zu irgendeinem herumlungernden Sittenstrolch gehören, sondern zu Papa, Onkel, Opa, Freund oder jemandem aus dem unmittelbaren sozialen Umfeld der Familie. Tatsache aber ist, dass zwar ein Viertel aller sexuellen Übergriffe auf Kinder von Fremden begangen wird, in fünfundsiebzig Prozent aller Fälle die Täter jedoch zur Familie gehören oder zum Freundes- und Bekannten-kreis. Oder dass es ein Partner der Mutter ist und manchmal gar die Mutter selbst.

Nicht nur die Opfer werden immer jünger, auch die Täter. Bei einem der Seminare, die »Dunkelziffer« drei-, viermal pro Jahr organisiert und aus seinem Spendenaufkommen finanziert, berichtete eine Kriminalbeamtin aus ihrem Alltag. Geschehen ist der Fall nicht in irgendeiner Großstadt, sondern auf dem Land. Eine Gruppe von vierzehnjährigen Schülern hat eine Neunjährige vergewaltigt. Den Fachbegriff für eine solche Tat – »Gang Banging«, zusammengesetzt aus »Gang« und dem, was eine Gang mit ihren Opfern anstellt, denn »to bang« bedeutet in der Vulgärsprache der englischen Unterschicht, wo der Begriff geboren wurde, so viel wie »vögeln« – kannte die Polizistin. Aber es ist etwas ganz anderes, sich in der Theorie auszukennen, als dann plötzlich mit der brutalen Wirklichkeit konfrontiert zu werden.

In diesen Seminaren tauschen sich Beamte aus, die mit dieser Wirklichkeit in allen Auswirkungen beruflich täglich zu tun haben – Fachleute von den Landeskriminalämtern und vom Bundeskriminalamt. Polizisten sind die ersten Ansprechpartner, sobald endlich eine Anzeige erstattet wird, sie müssen sich bei den stets ja heiklen Fragen zur Tat kindgerecht verhalten können, um nicht neue Wunden aufzureißen, sie müssen äußerst vorsichtig und einfühlsam hinterfragen, sie müssen ausgebildet sein für Ermittlungen bei Kindesmissbrauch. Das können inzwischen viele. Die Befragung von Kindern findet statt in hellen Räumen mit bunten Vorhängen. Tisch in der Mitte, darauf Malstifte und Papier, Spielzeug, Stofftiere. Hinter einem Einwegspiegel verfolgen Therapeuten den Ablauf des Gesprächs.

Bei Behörden hat sich zudem die Erkenntnis durchgesetzt, dass man bei Fortbildungskursen nicht nur erfährt, was im Dunkelfeld Kindesmissbrauch alles passiert, sondern auch von Kollegen hört, worauf die bereits bei ihrer Arbeit gestoßen sind. Das hilft denen, die sich mit sexuellem Kindesmissbrauch bisher nur theoretisch aufgrund entsprechender Paragrafen des Strafgesetzbuches auskannten. Insgesamt haben in den vergangenen Jahren mehr als tausend Kriminalkommissare, Justizbeamte, Sozialarbeiter die Seminare von »Dunkelziffer« besucht.

Es referieren bei solchen Tagungen auch Staatsanwälte, die im Namen des Volkes die Anklage vertreten haben, und informieren die Zuhörer über die rechtlichen Grundlagen ihrer Einsätze bei der Jagd nach den Tätern, die ja oft genug nur virtuell existieren. Das Bundeskriminalamt hat vor Jahren wieder mal seinen Ruf gewahrt, technisch gesehen die beste Behörde der Welt zu sein, als es den Experten aus Wiesbaden gelang, das von ihm unkenntlich gemachte Gesicht eines kanadischen Kinderschänders, der sich bei seinen Taten gefilmt und die Filme ins Internet gestellt hatte, so kenntlich zu machen, dass die Identität des Mannes ermittelt wurde. Er stellte sich. Es treten deshalb bei »Dunkelziffer« auch die besten Experten des Bundeskriminalamtes fürs Internet auf, die dann über die neuesten technischen Tricks der Päderasten informieren und darüber, wie man diese am besten mit eigenen Mitteln aushebeln kann.

Früher blieben die Profis lieber unter sich, aber inzwischen wollen sie selbstverständlich erfahren, was ihnen umgekehrt die Berater von »Dunkelziffer« berichten. Anfangs gab es, nicht so sehr bei den LKAs, mehr beim BKA, Bedenken gegen die Fortbildungs- und Informationsseminare von »Dunkelziffer«. Was ist das denn für ein Verein? Was machen die eigentlich? Was geht die das überhaupt an? Inzwischen kommen Beamte des Bundeskriminalamtes regelmäßig als Fachreferenten und erhalten im Gegensatz zu früher immer schnell die entsprechende Genehmigung ihrer Vorgesetzten. Der Chef der Abteilung Kinderpornografie in der Wiesbadener Behörde hatte einst allen Zweiflern erklärt, was die von »Dunkelziffer« machten, sei gut, außerdem übernehme der Verein auch alle Kosten.

Diese Zusammenarbeit hat nachhaltige Wirkungen, denn die Beamten geben ihre Erkenntnisse weiter und sorgen so für größtmögliche Verbreitung. Auch Polizisten auf dem Land, die sich eher mit Einbrüchen, Autounfällen, Wirtshausschlägereien beschäftigen müssen, haben gelernt, Zeichen von Kindesmissbrauch an scheinbar unauffälligen Symptomen zu erkennen. Etwa Prellungen. Geröteten Stellen auf der Haut. Aggressionen. Daumenlutschen. Oder daran, was ihnen von Kindern erzählt wird über Magen- und Darmstörungen oder regelmäßiges Bettnässen. Kann alles zwar lediglich Ausdruck einer bestimmten Krankheit oder Entwicklungsstörung sein, doch falls mehrere Symptome zusammenkommen, liegt ein Verdacht auf Missbrauch zumindest nahe.

Leider sei die Resonanz bei Richtern ziemlich gering, bedauert Vera Falck. Die kämen nur selten zu den Seminaren, die brauchten, wie sie selbstbewusst betonten, keine Belehrungen. Sie hätten schließlich lange genug studiert und alle Examen bestanden, bevor sie zu Richtern auf Lebenszeit berufen wurden. »Es wäre aber«, sagt Vera Falck, »zum Beispiel hilfreich, wenn bereits während des Jurastudiums die Problematik der besonderen Beziehungen zwischen Opfern und Tätern, Scham und Schuld und Schweigen auf diesem speziellen Gebiet der Sexualdelikte thematisiert würde.«

Lange ist das Thema Kindesmissbrauch von der Justiz nicht als wesentliches Problem der Rechtsprechung betrachtet worden. Doch jetzt, da man weiß, um wie viele Fälle es pro Jahr geht – und dass es in einer durchsexualisierten Zukunft kaum weniger sein dürften, sondern allenfalls mehr Täter erwischt werden –, wäre es umso dringlicher, dass die künftigen Richter besser darauf vorbereitet würden. Je mehr sie über die Methoden der Pädosexuellen wissen, desto besser können sie die Opfer verstehen. Ein diesbezüglich geschulter Richter weiß einfach mehr, was sich dann auch niederschlagen wird in den Urteilen. Weiß zum Beispiel, dass ein Kind bis zum achten Lebensjahr in Bildern denkt und die aufmalt, aber nie präzise Daten nennen kann, was dann Verteidiger oft für ihre Mandanten ausnützen.

Beim kommerziell betriebenen Kindesmissbrauch dürften die Gewinnmargen denen des Menschenhandels ähneln. Für Deutschland schätzt das Bundeskriminalamt den jährlichen Umsatz in den verschiedenen perversen Formen der Kinderpornografie auf über 200 Millionen Euro. Ein Fall für den Staatsanwalt wird es erst dann, wenn es kriminell wird, wenn den Kindern ein Leid zugefügt wird. Pädophile benützen oft verharmlosende Umschreibungen der sexuellen Ausbeutung wehrloser Kinder, etwa, es sei von ihrer Seite stets ein Akt von Liebe im klassischen griechischen Sinne im Spiel, oder ihr Tun befriedige nach ihrer Überzeugung das tiefe Bedürfnis auch von Kindern nach sexueller Nähe. Wer sich Fotos von Kindern auf seinen Computer lädt und entsprechende Dateien anlegt, wer mit solchen Bildern unter Gleichgesinnten verkehrt, schaut sich zwar das Leid der anderen erregt an, aber kommt meist mit einer Geldbuße davon, allenfalls einer Strafe, die zur Bewährung ausgesetzt wird. Erst wenn nachweislich eine Tat vorliegt, jener oben erwähnte sexuelle Missbrauch, wird härter geurteilt. Aber noch immer zu milde. Der am Anfang dieses Kapitels erwähnte Vater, der für dreieinhalb Jahre ins Gefängnis musste, ist wieder ein freier Mann. Seine Tochter dagegen, die er misshandelt und zerbrochen hat, physisch wie psychisch, ist verurteilt, mit ihren Wunden leben zu müssen. Auch wenn die scheinbar vernarbt sind, können sie in Stresssituationen wieder aufbrechen. Lebenslänglich.

Wie zu viele Richter sind auch zu viele Kinderärzte »fortbildungsresistent«, wie das mir gegenüber weniger anklagend, sondern eher fassungslos ein Beamter des Bundeskriminalamtes ausdrückt. Das hält er für weitaus schlimmer als die ihm ebenso unverständliche Milde mancher Richter. Denn Mediziner sind außer den Eltern und Verwandten die Ersten, die bei ihren kleinen Patienten ihnen höchst verdächtig vorkommende Verletzungen, Hämatome, Prellungen entdecken und das den zuständigen Stellen melden könnten, den Jugendämtern oder am besten gleich der Polizei. Es gibt bundesweit Tag und Nacht besetzte Hotlines, es gibt die Möglichkeit, online Beratung einzuholen. Doch viele Kinderärzte scheuen den Aufwand, der mit einer Anzeige verbunden ist, beziehen sich lieber auf ihre Schweigepflicht. Immerhin gibt es erste Anzeichen, dass sich etwas zu ändern beginnt.

Vermeldet wurde 2010 eine Initiative des Bundesverbandes deutscher Jugend- und Kinderärzte, die sich mit anderen Institutionen, zum Beispiel den Opfervereinen, wenigstens auszutauschen zum Ziel gesetzt hat, um mehr über nicht nur physische, sondern auch psychisch auffällige Symptome von Missbrauch zu erfahren, die ihnen in ihrer täglichen Praxis begegnen könnten.

Ein Kinderarzt in Nordrhein-Westfalen hat schon vor Jahren versucht, ein Frühwarnsystem unter Kollegen aufzubauen, damit auch jene Väter und Mütter aktenkundig werden, die immer wieder die Ärzte wechseln, damit die regelmäßigen Verletzungen ihrer Kinder nicht auffallen. Aber er ist von seinen Standesgenossen mit dem Hinweis, er solle sich um seine eigene Praxis kümmern, gestoppt worden. Nun kämpft er wieder alleine. Er weiß, dass sogar beim »Fehlen von Symptomen ein Missbrauch nicht auszuschließen ist«, was viele Rechtsmediziner bestätigen, denn auch das gehört zum Dunkelfeld. Dragana Seifert dagegen verteidigt die Ärzte: »Kinderärzte müssen unter allen Umständen Vertrauenspersonen bleiben. Sie müssen sozusagen die Guten bleiben. Und wenn ihnen etwas auffällt, können sie sich an uns wenden. Wäre es anders, würden wir gar nichts mehr erfahren.«

Opfer verzichten oft schon auf eine Anzeige, sobald geklärt ist, dass der Täter aus ihrem Umkreis verschwindet, sie künftig von ihm nichts mehr zu befürchten haben, sie sind dann nicht mehr bereit, vor der Polizei eine Aussage zu machen. Und ohne ihre Aussage kann die nur dann etwas unternehmen, wenn es Zeugen gibt. Mütter zum Beispiel. Viele schämen sich, weil sie mitschuldig sind, weil sie lange zu dem geschwiegen haben, was sich vor ihren Augen abspielte. Sie wollten ihren Partner nicht verlieren – und verloren deswegen ihr Kind.

Coole Kinder des Internet melden sich per E-Mail bei »Dunkelziffer«. Die Berater in Hamburg erteilen Ratschläge, an wen sie sich bei verdächtigen virtuellen Annäherungen wenden können – Eltern, Lehrer, Polizei. Vera Falck: »Wir tun nur das, was wir verantworten können, wir können nur raten, nicht aufdecken. Falls uns jemand einen Hinweis gibt auf Kinderpornografie im Internet, geben wir den ans Bundeskriminalamt oder ans Landeskriminalamt weiter, aber wir recherchieren nicht selbst.«

Zwar ist »Dunkelziffer« ein anerkannter Opferverein, bewundert und gelobt, unterstützt von Prominenten, aber seine immer wieder vorgetragene Bitte, in den großen weihnachtlichen TV-Spendenmarathons auftauchen zu dürfen, wenn dort Geld für Hilfsorganisationen aller Art gesammelt wird, wurde bisher stets abgelehnt. Man möchte, sagen die Verantwortlichen, quotenträchtigere Anlässe, um Gutes zu tun. Wenigstens wird der Verein hin und wieder bedacht, sobald an gemeinnützige Organisationen von Staats wegen Bußgelder, die bei Steuerstraftaten anfallen, verteilt werden.

Es war übrigens jener Mann, der einst Klaus Meyer-Andersen im Flugzeug den Scheck über 100 000 Mark ausstellte, Modemacher Wolfgang Joop, der in einer populären ARD-Talkshow den Verein vor Millionen von Zuschauern erwähnte und damit vielen Opfern zum ersten Mal eine greifbare Adresse für ihre Probleme gab. In der Sendung ging es um den belgischen Kinderschänder Marc Dutroux, der kleine Mädchen missbraucht und im Keller seines Hauses eingesperrt hatte, dort verhungern ließ, bevor er aufflog. Was in Belgien passiert war, schreckte europaweit die Menschen auf. Das Nachbarland wehrte sich gegen den Pauschalvorwurf, ein Biotop der Kinderschänder zu sein, nachdem bekannt geworden war, dass angesehene Bürger aus der Oberschicht in pädophilen Männerbünden ihre Triebe auslebten. Dreihundertfünfzigtausend Menschen machten sich in Brüssel zur größten Demonstration in der Geschichte des Landes auf, dem »Marche Blanche«, dem Weißen Marsch, um sich schweigend mit den kindlichen Opfern zu solidarisieren und um so gegen das Versagen ihrer Polizei und ihrer Justiz zu protestieren.

Dutroux war früher schon einmal von einer blinden, faulen, verrotteten Justiz aus Mangel an Beweisen auf freien Fuß gesetzt worden und hatte, kaum freigelassen, die nächsten schrecklichen Missbrauchstaten begangen. Als danach wegen eines Verdachts auf Autodiebstahl mal sein Grundstück und sein Haus durchsucht wurden, haben zwei seiner achtjährigen Opfer, die in ihren Verliesen vergewaltigt und dabei gefilmt worden waren, noch gelebt. Man hätte sie retten können. Ein Polizist gab vor Gericht zwar an, Kinderstimmen gehört zu haben. Doch die schienen ihm von der Straße zu kommen, also kümmerte er sich nicht darum. Eine Mitschuld am Tod der beiden Achtjährigen konnte er bei sich nicht entdecken. Dutroux, dem kurzfristig trotz strengster Bewachung gar die Flucht gelang, woraufhin niemand mehr an eine Einzeltäterschaft oder an Zufall glauben wollte, wurde zu lebenslanger Haft verurteilt. Der nie bestätigte, aber auch nie widerlegte Verdacht, dass er im Auftrag von pädosexuellen »ehrenwerten« Bürgern gehandelt hatte, gewann Auftrieb, nachdem während der über Jahre andauernden Gerichtsverhandlung nicht nur der anfangs ermittelnde Staatsanwalt Selbstmord begangen hatte, sondern siebenundzwanzig (!) Zeugen verstorben waren, von denen manche unter höchst merkwürdigen Umständen bei Autounfällen ums Leben kamen.

In Ländern, wo Gewalt von der Gesellschaft als alltägliches Phänomen hingenommen wird, trifft es Kinder besonders hart. Jedes dritte Mädchen, so eine Studie des türkischen Soziologenverbandes, wird im Laufe seiner Kindheit in der Türkei Opfer physischer oder sexueller Gewalt. In der Provinzstadt Siirt ganz im Südosten der Türkei wurden vier Schülerinnen, alle aus armen Familien stammend, viele Jahre lang regelmäßig von angesehenen Bürgern vergewaltigt. Auch der stellvertretende Schulleiter gehörte zu dieser perversen Bande. Die Mädchen schwiegen nicht aus Scham, sondern aus Angst. Ihre Vergewaltiger bedrohten sie mit dem Tod, sollten sie über das reden, was mit ihnen geschah. Der Skandal wurde erst aufgedeckt, als sich eines der Mädchen verzweifelt endlich doch einer Lehrerin anvertraute und daraufhin die auflagenstarke Zeitung »Hürriyet« ihre Geschichte veröffentlichte. Die zutiefst gestörten Opfer wurden zur Behandlung in eine andere Stadt gebracht, um sie vor Racheakten ihrer Peiniger zu schützen.

Noch entsetzlicher, was in der Nähe von Siirt passierte, in Pervari. In einem staatlichen Heim für Dorfkinder hatten dreizehnjährige Schüler ein Mädchen aus ihrer Klasse nackt fotografiert und dann gedroht, diese Fotos ins Internet zu stellen, wenn sie ihnen nicht ihre beiden Cousins übergeben würde. Sie gehorchte. Der Junge war zwei Jahre alt, seine Schwester drei. Beide wurden von den kindlichen Kinderschändern vergewaltigt. Das kleine Mädchen ertränkten sie danach in einem Fluss, den kleinen Jungen warfen sie nach Gebrauch in einen Wald, weil sie ihn für tot hielten. Er wurde zufällig gefunden und überlebte. Die Polizei ermittelte und informierte die Öffentlichkeit. Der Bürgermeister des Ortes erklärte den daraufhin anreisenden Journalisten, es gebe nichts zu berichten, er habe dafür gesorgt, dass »die Sache unter uns geregelt« wird.

So etwas kann doch nur weit weg von uns passieren. Das kommt doch nicht in Deutschland, sondern nur in archaischen, fast mittelalterlichen Gesellschaften vor − »hinten, weit, in der Türkei«. Oder nicht?

Oder nicht.

Sophie war drei, als sie vom Freund ihrer Mutter so brutal vergewaltigt wurde, dass sie mit schwersten Verletzungen wochenlang im Krankenhaus behandelt werden musste. Die Ärzte heilten ihre äußerlichen Wunden. Um ihre inneren kümmerten sich danach die Therapeuten von »Dunkelziffer«. Sophie ist inzwischen sieben Jahre alt. Als sie zur ersten Therapiestunde kam, begann die Behandlung mit einem kindgerechten Spiel. In dem gab es eine gut befestigte Ritterburg, es gab auf den Wallanlagen gut bewaffnete Ritter. Die passten nicht darauf auf, ob ein Feind von außen drohte, sondern die bewachten das Böse, das im Hof der Burg lag. Symbolisiert durch einen Haifisch aus Plastik mit weit aufgerissenem Maul. Sophie verband es mit Mull und verklebte es mit einem Pflaster. Danach prüfte sie vor jeder weiteren Therapiestunde nach, ob die Fesselung noch fest saß. Erst dann war sie sicher, der konnte ihr nichts mehr tun. Das kindgerechte Spiel gab dem Kind Kraft. Sophie ist heute stark genug, auch ohne diese symbolische Geste mit ihrem Trauma leben zu können. Der Täter wurde zu vielen Jahren Gefängnis verurteilt. Auch er kann ihr nichts mehr tun.

Viele Kinder aber, denen Ähnliches widerfahren ist wie ihr, leiden unter Panikattacken, sobald ihre Vergewaltiger entlassen werden. Härtere Strafen würden nicht nur abschreckend wirken, sie würden auch den Opfern die nötige Zeit geben, ihre »Haifische« zu besiegen. Ich frage die Therapeutin, was ich auch Beamte im Bundeskriminalamt gefragt habe, die sich mit Kinderpornografie in all ihren schrecklichen Auswirkungen beschäftigen müssen auf der Suche nach den Tätern: Wie hält man das bloß aus? Carmen Kerger-Ladleif, die Diplompädagogin, hält für wichtig zu spüren, dass es denen, die zu ihr kommen, nach dem Gespräch besser geht, aber sie zieht bewusst Grenzen: »Ich muss mich ebenso um mich selbst kümmern. In mir ruhen. Mir selbst vertrauen.« Dragana Seifert, die Rechtsmedizinerin, sagt emotionslos, denen zu helfen sei ihre Lebensaufgabe als Ärztin, aber sie brauche ein privates Umfeld, das sie auffängt und schützt. Heidemarie Jung, die Jugendtherapeutin: »Ich muss mit mir selbst gut umgehen, sonst kann ich nicht mit anderen gut umgehen. Und ehrlich sein, vor allem ehrlich, ich muss auch Jugendliche, die zu mir kommen, unsympathisch finden können und das sagen. Sonst wäre ich nicht gut in meinem Job. Und wenn die Therapie vorbei ist, ich nicht mehr weiß, was aus einem Mädchen geworden ist, dann hilft mir der Trost zu glauben, dass es sich bei mir melden würde, falls es ihr nicht gut geht.«

Alle sind sich einig, dass Lehrer Kurse besuchen müssten, in denen sie lernen, wie man schon die geringsten Anzeichen von Gewalt an Kindern erkennen kann. Dass jede Kürzung im Sozialbereich unverantwortlich ist. Dass stattdessen neue Planstellen geschaffen werden müssten. Dass nur durch frühe Intervention die Spirale der Gewalt unterbrochen werden kann. Auf die Frage, wer die Schuld hat an einem sexuellen Missbrauch, gibt es für sie nur eine einzige richtige Antwort: die Täter.

Um mehr über deren Communitys und die Methoden der Pädokriminellen zu erfahren, mit denen sie inzwischen im Netz global agieren, sich dort ihre Opfer suchen und ihre Kunden, fliege ich nach Amsterdam. Von dort ist es mit dem Zug nicht weit nach Den Haag. Organisierte Kleinkriminelle, getarnt als Taxifahrer, warten bereits am Bahnhof. Als ich einem mein Ziel nenne, Raamweg 47, und auf seine Frage zugeben muss, keine Ahnung zu haben, wo genau die Straße liegt und wie weit das ist, steigt Freude auf in ihm. Er strahlt. Ich erwähne die Institution, zu der er mich bitte fahren soll, eine Behörde namens EUROPOL. Sein Lächeln erstirbt.

KAPITEL 8

Die Euro-Fighter

In meinem Hippocampus sind die zum Ziel passenden Dateien auf Vorrat gespeichert. Die Szenen stammen alle aus Filmen, in denen am Ende das Gute siegt: Da stürmen kühn kräftig kernige Männer und stolz stark schöne Frauen die Landsitze der Mafia. Da jagen Spezialkommandos auf Schnellbooten die Drogenbarone durch die Nacht. Da knacken geniale Abhörspezialisten die Codes der Geldwäscher. Da holen Scharfschützen eiskalt und präzise den Attentäter vom Dach. Da werden Waffenexporteure, Menschenhändler, Kinderschänder und Serienkiller per Blattschuss zwischen die Augen erledigt.

Mit besten Grüßen von James Bond.

Gegen die Wirklichkeit verlieren die fiktionalen Bilder aber jeden Einsatz. Alles, was im Kopf und im Kino bunt abläuft, sieht in der Wirklichkeit eher grau aus. All das läuft bei EUROPOL nicht: leibhaftig Mörder jagen, auf Speedboats versteckte Drogen beschlagnahmen, eigenhändig Terroristen ausschalten, *White Collar Criminals* verhaften. Was EUROPOL in Wirklichkeit darf, beschränkt sich auf Aktionen in einem engen gesetzlichen Rahmen. In den Worten des deutschen BKA-Kommissars Robert Hauschild, der bei EUROPOL das Referat Netzwerke des internationalen Organisierten Verbrechens leitet, die Abteilung O 6: »Falls wir bei einer Festnahme in einem Mitgliedsland auf Bitten der dortigen Polizei dabei sind, stellen wir uns buchstäblich konkret hinten an und werden erst dann aktiv, sobald es um eine schnellstmögliche Überprüfung von gespeicherten Nummern aus einem Handy oder Daten aus einem Computer geht.« EUROPOL hat keine Zugriffsrechte mittels eigener Spezialkommandos, ist fokussiert auf Daten und Analysen und Strategien, ist vergleichbar am besten einer Datenanalysespinne, die ein strategisches Netz über Europa gespannt hat. Was sie tut und was sie darf und wie das funktioniert, ist am Ende aber dann doch so spannend wie ein Thriller.

Die Entscheidung über den Standort von EUROPOL traf der Europäische Rat im Oktober 1993. Den Haag war nicht unbedingt seine erste Wahl, aber die Holländer hatten für das neu zu gründende Amt kostenfrei ein großes Haus angeboten. Weil die Behörde tätig werden sollte, um gegen »Verbrechen aller Art« zu ermitteln, passte EUROPOL jedoch gut in die Stadt: Die niederländische Metropole ist die Heimat des Internationalen Gerichtshofs für Menschenrechte; an Hollands Regierungssitz müssen sich vor dem Kriegsverbrechertribunal die Militärs und Politiker des einstigen Jugoslawien verantworten.

Das dreistöckige Backsteingebäude, behütet von einem spitzgiebeligen Dach, in dessen Flügeln rechts und links von der Mittelachse je zwei geöffnete Fenster auf innere Betriebsamkeit schließen lassen, efeubewachsen, sichtbar jedoch Bedeutung ausstrahlend durch flatternde Fahnen vor der Vorderfront, wurde in den Zwanzigerjahren des vergangenen Jahrhunderts als katholische Jungenschule erbaut. Während der deutschen Besatzungszeit residierten hier polizeiliche Einheiten, die mit den Deutschen kooperierten, sei es freiwillig, sei es gezwungen.

Nach der Befreiung zog der niederländische Geheimdienst ein, das Bureau Nationale Veiligheid (BNV), und 1998 schließlich kam EUROPOL. Nach und nach wurden containerartige Nebengebäude auf dem großen Gelände installiert, weil mit der Zahl der EU-Mitgliedsstaaten die Zahl der Beamten wuchs, die sie nach Den Haag delegierten. In der Kantine wird in drei Schichten gegessen, geraucht wird auf dem Innenhof. Die Zentrale von EUROPOL, dessen großzügig auf Zuwachs bemessener Neubau in Sichtweite des Altbaus errichtet wurde, ist wie das Bundeskriminalamt von einem hohen Zaun umgeben. Es gibt stählerne

Torgitter, und Uniformierte überprüfen alle Besucher, bevor sie ihnen Passepartouts aushändigen.

Danach aber sind die Unterschiede zum BKA angenehm spürbar und spürbar angenehm. Die Erklärung dafür könnte simpel sein, denn alle Kriminalbeamten außer den einheimischen Holländern sind bei ihrer Ankunft gleich – nämlich Fremde, weil sie aus vielen Nationen nach Den Haag geschickt wurden oder sich dorthin bewarben. Sie müssen sich aneinander gewöhnen, jeder muss die Eigenheiten des anderen achten. Die allen auferlegte Pflichtsprache Englisch hilft bei der Annäherung. Das menschliche Miteinander mit dem gemeinsamen Ziel der Verbrechensbekämpfung kann nur dann funktionieren, wenn alle einander vertrauen. Das lernen sie schnell. So entsteht ein *Company Spirit* im Geiste eines geeinten Europa. Im Sinne dieses selber erfahrenen Vertrauens begegnen sie mir, dem Fremden, mit Vertrauen in meine hehren Absichten statt misstrauisch wie ihre Kollegen in Wiesbaden. Europäisches Sein prägt offenbar das Bewusstsein. Kontrolle ist gut, Vertrauen aber auch.

Immer dann, wenn sich Staaten mit unterschiedlichen Interessen und Zielen und Problemen und nationalen Eigenheiten im Geiste Europas auf Gemeinsames verständigen und dies in Gesetze gießen mussten, zuletzt im Lissabon-Vertrag, wurde es schwierig und damit auch sprachlich sperrig. Warum sollte es ausgerechnet anders gewesen sein, als es bei der Gründung einer supranationalen Polizeibehörde um den Kampf gegen die internationale Kriminalität ging? Wie definiert man die? Was sagen Juristen dazu? In welchem Land werden welche Vergehen wie beurteilt und bestraft? Wo gelten im Kern identische Straftaten eher als kleine Sünden, wo als große Verbrechen? Was zum Beispiel in Dänemark als strafwürdige Bestechung verfolgt wird, ist in Bulgarien die traditionelle Art, Geschäfte abzuwickeln, was in Rumänien als Auslandseinsatz arbeitsloser Frauen gilt, wird bereits zehn Kilometer hinter der Grenze in Österreich Zwangsprostitution genannt.

Die Aufgabe von EUROPOL basiert auf der Charta der Europäischen Union, deren Ziel es ist, eine friedliche Zukunft auf der Grundlage gemeinsamer Werte zu sichern. Theoretisch ist dies im Vertrag von Maastricht 1992 festgeschrieben. Seit dem praktischen Arbeitsbeginn von EUROPOL, anfangs von nationalen Polizeibehörden als bürokratisches Euro-Monster betrachtet, von denen es bereits viele – und vielen zu viele – gab, wurde die Bekämpfung »schwerwiegender Formen der internationalen Organisierten Kriminalität, von der zwei oder mehr Mitgliedsstaaten betroffen sind«, sukzessive in analytische und operative Strategien umgesetzt. Inzwischen sind es siebenundzwanzig Staaten, die ihre Besten zu EUROPOL entsenden, Dutzende sind assoziiert. Am Auftrag hat sich nichts geändert, nur an der Masse des zu bewältigenden Materials.

Zum Beispiel gab es 2008 genau 283 820 Hinweise, Anfragen, Antworten nach und von Den Haag, die sich in der Statistik ein Jahr später niederschlugen in zwölftausend grenzüberschreitenden Operationen. »Die Erfüllung dieser Aufgabe erfolgt durch Erleichterung des Austauschs kriminalpolizeilicher Informationen und Ermittlungsergebnisse« über Polizisten, die von den einzelnen Staaten nach Den Haag geschickt werden. Aus Deutschland sind es Beamte vom Zoll, vom Verfassungsschutz, von den Landeskriminalämtern und vom Bundeskriminalamt. Sie werden eingesetzt für »die Auswertung der Informationen zur Gewinnung neuer nützlicher Erkenntnisse«, also für Analysen, und unterstützt von Wissenschaftlern oder Spezialisten aus der Wirtschaft. Die darauf basierende Strategie gegen das Organisierte Verbrechen hilft den operativen nationalen Ermittlern vor Ort.

Übertragen aus einer auch hier gewöhnungsbedürftigen Amtssprache heißt das konkret: Alle aus den Mitgliedsstaaten in die Zentrale übermittelten Informationen sind zu sammeln, zu gewichten, zu analysieren. Aufgrund dieser Gewichtung werden Strategien entwickelt, wie sich Terroristen, Rauschgifthändler, Cyber Criminals, Falschgeldproduzenten, kurzum: kriminelle Organisationen, wirkungsvoll bekämpfen lassen. Ohne Fortschritte dank moderner Technik, ohne Rechner, ohne Datenautobahnen, die Helmut Kohl, der die Idee zu EUROPOL hatte, damals noch für einen Teil des real existierenden Straßennetzes hielt, wäre dies unmöglich zu bewältigen. Nicht verwunderlich also, dass es im Inneren von EUROPOL aussieht wie in irgendeinem normalen Bürogebäude, wo ebenfalls Frauen und Männer konzentriert auf die Bildschirme ihrer Computer starren.

Bei einem großen Komplex miteinander in Verbindung stehender Straftaten, mit Hunderten von Einzeldelikten, muss eine kriminalpolizeiliche Schneise durch den Datendschungel geschlagen werden, müssen Cluster ermittelt werden, sonst sieht schon der zuständige Staatsanwalt den Wald vor lauter Bäumen nicht, geschweige denn später ein Richter. Einst bestand die Kunst des Ermittlers darin, eine Masse von Informationen im Kopf zu ordnen und zu reduzieren auf die Kerninhalte. Das schafften nur Meisterdetektive wie der Belgier Hercule Poirot oder der Engländer Sherlock Holmes oder der Franzose Maigret. Heute erledigt das der Rechner, und erst dann beginnt die Arbeit der Analysten. Seit 2002 koordiniert außerdem EUROJUST die Strafverfolgungsmaßnahmen der zuständigen Justizbehörden, womit oft zeitaufwendige Rechtshilfeersuchen bei der Vollstreckung von Haftbefehlen, speziell bei Menschenhandel, Terrorismus, Drogenschmuggel oder Geldwäsche, über Grenzen hinweg beschleunigt werden.

Zum kriminalistischen Dienstleister EUROPOL gehören rund sechshundertfünfzig Bedienstete. Davon sind, was endlich mal meinen aus Filmen gespeicherten Bildern entspricht – denen von verführerisch schönen Frauen –, siebenunddreißig Prozent weiblich. Fast fünfhundert Euro-Fighter sind fest angestellt direkt bei der Behörde und müssen deshalb tun, was der Direktor anordnet, egal, woher sie kommen und woher der kommt. Die anderen nennen sich Europol Liaison Officers (ELO), Verbindungsbeamte aus den jeweiligen Staaten, und hören, zumindest theoretisch, nur auf Anweisungen aus ihrer Heimat. Ex-EUROPOL-Chef Max-Peter Ratzel: »Denen gegenüber war ich, und diese Regel gilt für jeden Direktor von EUROPOL, inhaltlich nicht zu Weisungen befugt, nur bei verwaltungstechnischen Angelegenheiten wie Spesenabrechnungen, Sicherheitsvorschriften und Ähnlichem. Bei allem anderen musste ich die *asken*, also bitten, die fest angestellten Mitarbeiter dagegen konnte ich *tasken* und mit bestimmten Aufgaben beauftragen.«

Wichtiger als diese Einschränkungen, die in der täglichen Arbeit keine wesentliche Rolle spielten, sei gewesen, allen immer wieder einzubläuen, dass sie mit Amtsantritt bei EUROPOL nicht mehr Belgier oder Italiener oder Franzosen oder Deutsche seien, sondern Europäer. Wer zu EUROPOL kommt, trägt in sich – was es wissenschaftlich betrachtet natürlich nicht gibt, man in dem Fall aber so bezeichnen dürfte – ein Gen, das zur internationalen Zusammenarbeit befähigt. Ein Kooperationsgen.

Das Wort ist sperrig wie von Bürokraten erdacht, aber es umschreibt eine wesentliche Voraussetzung für alle Beamten, die sich bei EUROPOL bewerben. Sie müssen teamfähig sein. Das kann man lernen. Das kann man trainieren. Kommissar Robert Hauschild, ein in sich ruhendes Kraftpaket, in dessen Büro symbolisch für seine Zuständigkeiten ein heute nicht mehr funktionierender Apparat zur Herstellung synthetischer Drogen steht, der irgendwann mal bei technisch begabten Amateuren konfisziert wurde, besitzt dieses Gen. Er wollte nie etwas anderes werden als Polizist, hat aber früher als andere begriffen, dass in diesen Zeiten kein Land »alleine mehr einen internationalen Fall aufklären kann«, dass es auf strategische und operative Zusammenarbeit ankommt. Ich frage ihn dennoch nach seiner persönlichen Motivation. Er zögert nicht. Sagt dann, er wolle als Polizist dafür sorgen, dass Gerechtigkeit herrscht, und fügt hinzu, als sei ihm das bereits eine Spur zu pathetisch ausgedrückt: »Ich mag halt keine Ungerechtigkeiten.«

»Und wie ist es bei Ihnen?«, will ich später von seinem Chef wissen, EUROPOL-Direktor Rob Wainwright. »Woher kommt bei Ihnen die Motivation? Was hat Sie inspiriert, Polizist zu werden? What makes you run, Sir?« Das macht den hageren dreiundvierzigjährigen Engländer, der an der London School of Economics studierte, bevor er seine Karriere im Staatsdienst begann, für einen kurzen Augenblick sprachlos. »Good question«, rettet er sich erst, um vor der Antwort ein paar Sekunden Zeit zu gewinnen, und sagt dann: »Mein Großvater, ein wirklich guter Mann, kein Polizist, hat mich gelehrt, dass es im Leben Pflichten gibt, die man zu erfüllen hat. Das habe ich nie vergessen, bei allem, was ich später machte und was ich wurde. Die Erfahrungen gewann ich in meinen jungen Zwanzigerjahren im Kampf gegen die IRA. Das waren gefährliche Gegner, sehr gefährliche. Da habe ich den Wert genauer Analysen zu schätzen gelernt. Das alles hat mich geprägt.«

Ist im übertragenen Sinne EUROPOL vergleichbar mit einer Spinne, die aktiv wird, sobald sich am äußersten Rand ihres Netzes etwas bewegt? Im Gesicht von Rob Wainwright, einem überzeugten Europäer, was nicht selbstverständlich ist für einen Briten, zeichnen sich Spuren eines Lächelns ab. Das Bild der Spinne scheint ihm zu gefallen. Dann präzisiert er mit dem Begriff »Information Hub« die Funktion der Behörde, was übersetzt so viel bedeutet wie »Drehkreuz«, eine Drehscheibe für Informationen: »Wir haben uns stetig fortentwickelt zu einem Informationscluster. Um das Organisierte Verbrechen zu bekämpfen, müssen wir über mehr und bessere Informationen verfügen als die Kriminellen. Nur dann können wir sie zielsicher attackieren und ihre Strukturen zerstören. Deshalb brauchen wir die besten analytischen Köpfe aus allen Mitgliedsländern.« Er ist überzeugt davon, dass er sie im Amt hat. Doch das Infosystem EUROPOL wird von den zwei Millionen Polizeibeamten in Europa noch zu wenig genutzt.

Selbst ein polizeigenetisch eigenbrötlerisch auf eigene Erfolge fixierter konservativer Kriminalist in Dingsda müsste aber mittlerweile begriffen haben, dass Verbrechen ein *Global Business* geworden ist, dass die ihm vertrauten ethnischen oder regionalen Gangsterbanden Franchiseverträge in Sachen Crime abgeschlossen haben, dass er nur dann Aussicht auf Erfolg hat, wenn er seine Ermittlungsergebnisse nicht für sich behält. Die Analysten in Den Haag können ihre – in hochgerüsteten und gegen kriminelle Hackerangriffe gesicherten Rechnern – gespeicherten Informationen mit den seinen abgleichen und Bezüge aufzeigen, die dann zu gezielten Maßnahmen vor Ort führen. Rob Wainwright: »Erste Herausforderung für unsere Arbeit ist es also, möglichst viele Informationen zu sammeln, diese zweitens bestmöglich zu analysieren und dann drittens das so aufbereitete Wissen wieder zurückzugeben an die betreffenden und betroffenen Staaten.«

Robert Hauschild, der 1986 beim BKA seine Laufbahn im Bereich Staatsschutz, Terrorismus, Rauschgift begann, fünf Jahre bei Interpol in Lyon eingesetzt war, dann beim Personenschutz an der deutschen Botschaft in Beirut und im UN-Ermittlungsteam, das den Mord am libanesischen Präsidenten Rafik al-Hariri aufklären sollte, und seit 2008 in Den Haag arbeitet: »Der Mehrwert EUROPOL kostet nichts und bringt viel.«

Das internationale Verbrechen hat sich im Zeitalter des Internet zu einer Krake mit grenzübergreifenden Armen entwickelt. Die Jäger mussten zumindest strategisch gleichziehen, besser wäre es, denen von der anderen Seite stets einen Schritt voraus zu sein. Aber das ist in der Praxis nicht so einfach. Die Guten, um es mal simpel auszudrücken, sind gebunden an rechtsstaatliche Grundsätze, und das ist wirklich gut so, die Bösen aber nicht. Eine Strategie zum Beispiel, die in den USA erfolgreich angewendet wird, nämlich bei Mitgliedern des *Organized Crime Business* deren Besitz zu konfiszieren – Autos, Häuser, Bankkonten –, ist dort aufgrund des anderen Rechtssystems möglich, ist erfolgreich, in Europa jedoch – abgesehen von Italien – flächendeckend schwierig. Alle aber, die sich im Organisierten Verbrechen auskennen, wissen um die Wirksamkeit solcher Maßnahmen. Vermögensabschöpfung trifft die Gangster da, wo es ihnen wehtut.

Noch vor zehn Jahren, als der britische Verbindungsbeamte Wainwright erstmals zu EUROPOL delegiert wurde, war es eher die Ausnahme als die Regel, dass alle sachdienlichen Informationen über nationale Dunkelfelder der Kriminalität von Mitgliedsländern freiwillig nach Den Haag übermittelt wurden. Inzwischen ist der Transfer von lokalen, regionalen und nationalen

Ermittlungsergebnissen an die europäische Zentrale und von dort, mit Material aus der EUROPOL-Datenbank angereichert, zurück an alle Mitglieder selbstverständlicher geworden. Man hat voneinander gelernt und auch, einander zu vertrauen.

Nichts hatte Skeptiker besser überzeugen können als Erfolge, die es in den vergangenen Jahren durch Schritt für Schritt abgestimmte Zusammenarbeit mit nationalen Polizeibehörden nachweislich gab: Bei der Zerstörung eines riesigen Labors zur Herstellung synthetischer Drogen im fernen Island. Bei der Zerschlagung eines weltweit operierenden Rauschgiftrings in zwölf europäischen und fünf amerikanischen Staaten, wobei die verdeckten Ermittlungen unter Federführung des Bundeskriminalamtes fast drei Jahre dauerten. Bei der »Operation Bagdad« gegen eine im Irak verwurzelte Organisation von Menschenhändlern, die illegal Einwanderer aus China, Afghanistan, Bangladesch und der Türkei nach Westeuropa schmuggelte und deren Netzwerk durch den zeitgleichen Einsatz von tausenddreihundert Polizisten aus Belgien, Deutschland, Frankreich, Norwegen, Schweden, Großbritannien, Luxemburg und Irland zerschnitten wurde. Bei der Aufdeckung einer weltweit auf Skimming von Kreditkarten und Geldautomaten spezialisierten Bande, strategisch geplant in Den Haag, vor Ort im Einsatz mehr als zweihundertfünfzig Polizisten aus sechs Ländern. Bei einem Rauschgiftdeal, der den Analysten in Den Haag aufgefallen war, mussten bis zum operativen Tag X die Ermittlungen von zwanzig Ländern unter strikter Geheimhaltung koordiniert werden. Das gelang. Hundertzehn Verdächtige wurden den nationalen Haftrichtern vorgeführt.

Im Prinzip gleichen Auftrag und Aufgaben von EUROPOL denen des BKA. Die Kriminalisten in Wiesbaden sind ebenfalls Sammler von Informationen, erstellen Analysen und geben ihre Erkenntnisse weiter an die Landeskriminalämter, so wie EUROPOL seine an die nationalen Jäger in den siebenundzwanzig Mitgliedsstaaten weiterreicht. Allerdings darf in bestimmten Fällen das BKA auch eigene und eigens ausgebildete Beamte operativ einsetzen. Das genau darf EUROPOL nicht.

Dass es ohne Datenspeicherung keine Chance gibt, die Ergebnisse neuer Ermittlungen mit anderen zu vergleichen, oder ohne die Datenbank von EUROPOL gar die aus verschiedenen europäischen Staaten, ist logisch. Die Vorteile einer zentralen Speicherung leuchteten im Laufe der Jahre deshalb auch jenen Polizisten ein, egal aus welcher Nation, die früher automatisch abwehrend reagierten. Oder wie es ein EUROPOL-Beamter in professioneller Gelassenheit mir gegenüber ausdrückte: Falls in der Presseverlautbarung über einen erfolgreichen Schlag gegen irgendeine Bande in irgendeinem Land das Wort EUROPOL gar nicht erst auftaucht, dann habe man einen doppelten Erfolg zu verzeichnen.

»We don't take the credits and the headlines«, bezeichnet das in bester Tradition britischen Understatements Rob Wainwright. Über Erfolge nicht zu reden und sie stillschweigend zu genießen hat er geübt in den zwanzig Jahren, in denen er in den Bereichen Organisierte Kriminalität, Terrorismusabwehr und nachrichtendienstliche Analyse tätig war. Da gehört Schweigen zum Anforderungsprofil. Anfangs ermittelte er hauptsächlich gegen die IRA, dann gegen die international operierenden Terroristen von Al-Qaida und gegen alle Dunkelfelder des *Serious Crime*, des organisierten schweren Verbrechens. Seine Wurzeln hat er beim geheimnisvollen, berühmten MI 5. Dessen Zentrale in London werde ich später noch bewundern dürfen. Als Polizist real auf Streife, also im operativen Einsatz auf der Straße, war der Kopf von EUROPOL nie. Seine Erfolge waren stets Kopfgeburten. Das erleichterte ihm die Tätigkeit in Den Haag, dem Hort der Köpfe, wo er bereits als Chef der britischen Abordnung eingesetzt war, bis er im April 2009 an die Spitze der Behörde berufen wurde.

Die Manpower der Polizeibehörden Europas wird da eingesetzt, wo die Kriminellen Europa angreifen. Fünf kriminelle Schwerpunkte, fünf *Criminal Hubs*, ergab die kriminologische Analyse aller Informationen, aller Fälle, aller Aktionen, aller Statistiken aus allen Mitgliedsstaaten. Wainwright ist ein kühler Analytiker, der aufbaut auf der Arbeit seines Vorgängers. Er hat aber eigene strategische Schwerpunkte gesetzt und EUROPOL konzentriert auf diese fünf *Criminal Hubs*. Über diese geografisch zu verortenden Drehkreuze wird Europa angegriffen. Und darauf muss die Spinne im Netz in Den Haag vorbereitet sein, um sofort reagieren zu können:

1. Über das Nordwestdrehkreuz in Belgien und Holland mit Verbindungen nach Großbritannien, Irland, Frankreich, Spanien, Deutschland und in die skandinavischen Länder werden Heroin, Kokain, Cannabis sowie synthetische Drogen aller Art verteilt, finanziert von Hintermännern in Pakistan, Afghanistan, Iran.
2. Über das Südwestkreuz der Iberischen Halbinsel werden, gespeist aus Nordafrika, Kokain und Cannabis nach Europa transportiert, aber vor allem illegale Einwanderer von professionellen Schleuserbanden.
3. Über das Nordostdrehkreuz kommen aus Russland, aus der Ukraine, aus Weißrussland, aus Litauen usw. Zigaretten, gefälschte Markenartikel, illegale Einwanderer und Frauen, die unter falschen Vorgaben für Jobs in Westeuropa verpflichtet und, dort angekommen, zur Prostitution geprügelt werden.
4. Über das Südostdrehkreuz an der Grenze zwischen Europa und Asien rund um das Schwarze Meer wird vor allem Heroin- und Kokainhandel betrieben. Über Rumänien kommen illegale Einwanderer, über Bulgarien Falschgeld und gefälschte Kreditkarten. Nach wie vor läuft vieles über die klassische Balkanroute über die Türkei und die westlichen Balkanstaaten Albanien, Kroatien, Bosnien-Herzegowina, Montenegro, Serbien, vor allem Kosovo, im Osten über die Ukraine und Moldawien.
5. Über das Südkreuz in Italien schließlich betreiben OK-Gruppen nicht nur Rauschgift- und Menschenschmuggel, sondern investieren von dort aus auch die illegal erworbenen Gelder in legale Unternehmen.

Verbrecher aller Länder haben sich in kriminellen Vernunftehen vereinigt. So kooperieren die kalabresische 'Ndrangheta und die neapolitanische Camorra mit chinesischen Triaden über alle fünf Hubs hinweg. Rumänen, Bulgaren und Nigerianer haben sich auf das Geschäftsfeld des Menschenhandels konzentriert, übernehmen aber auch Auftragsarbeiten von anderen europäischen OK-Banden. Kommerzielle Produzenten von Kinderpornografie sind in Weißrussland und in der Ukraine aktiver als anderswo. Hersteller von Falschgeld oder gefälschten Arzneimitteln stammen etwa aus Ungarn oder Litauen oder Marokko. Der Rauschgifthandel über spanische Häfen oder westeuropäische Flughäfen wie Amsterdam, Brüssel, Frankfurt wird nach wie vor finanziert von Kartellen in Südamerika.

Das Organisierte Verbrechen kommt mir vor wie ein Supermarkt, in dem es in verschiedenen Regalen und auf verschiedenen Ebenen alles gibt, was an der Kasse Gewinn macht. Rauschgift, illegale Einwanderer, Betrug, Prostitution, Pornografie mit Kindern, Waffen. Sobald der Verkauf einer bestimmten Ware nachlässt, Heroin zum Beispiel, nehmen die Besitzer des Supermarktes andere Waren in ihr Sortiment auf, etwa Kokain. Wenn ein Konkurrent ihre Preise unterbietet, überlegen sich die Bosse geeignete Maßnahmen, mit billigerer Ware den wiederum vom Markt zu drängen. Es geht eigentlich zu wie in der legalen Wirtschaft. In der bewegen sich unauffällig wie Fische im Wasser inzwischen auch viele Kriminelle.

Gegen grenzenlos tätige kriminelle Strategen hilft nur eine international abgestimmte Strategie der Polizei. In Den Haag wird die regelmäßig bei den Sitzungen im Konferenzraum diskutiert und mit jeder neuen Analyse von Fall zu Fall aktualisiert. Die Vertreter der Mitgliedsstaaten konnten sich anfangs jeweils links und rechts von ihren Stühlen ausbreiten, heute sitzen sie, weil EUROPOL gewachsen ist, eng Seit' an Seit' mit anderen. Das schafft aber wiederum auch Nähe. Die Chefs der jeweiligen Referate aus den drei Gruppen, auf denen die Organisation des Amtes aufbaut – Information Management and Technology (IMT), Serious Crime (SC), Corporate Governance (CG) –, Fachleute für Falschgeld, Menschenschmuggel, Kindesmissbrauch, Drogenhandel – sie alle warten auf ihr Stichwort. In Glaskabinen erfüllen Dutzende von Dolmetschern ihre Pflicht, über eine große Leinwand sind Experten aus nationalen Polizeibehörden zugeschaltet, oder es leuchten da die neuesten Diagramme auf. Im Neubau des Amtes war der Konferenzraum bereits in der Planung auf Zuwachs angelegt.

Gemeinsame Ermittlungen gibt es aber nicht nur geplant von langer Hand, sondern auch spontan auf Zuruf. Die Beamten sitzen ja nicht zufällig Tür an Tür, denn es wäre im Sinne der Idee EUROPOL wenig hilfreich, wenn die neunundfünfzig vom Bundeskriminalamt, davon zehn Verbindungsbeamte, ein deutsches Häuflein bildeten oder die dreiundvierzig Franzosen unter sich blieben oder die fünfundfünfzig Briten oder die fünf Rumänen oder die siebenundzwanzig Spanier usw. Gemischt werden Nationalitäten natürlich nach Bedarf, aber auch nach Kriterien wie Ausbildung, Erfahrung, Begabung. Keiner gewinnt mehr für sich allein. Dementsprechend hat sich die Ausbildung an den neuen Zeiten zu orientieren. Es sei, sagt Robert Hauschild, auch eine Generationenfrage, denn die Generation vor ihm musste noch nicht mit Computern vertraut und in mindestens einer Fremdsprache zu Hause sein.

Als die politische Kopfgeburt EUROPOL damit begann, Ermittlungsergebnisse und Daten zu sammeln, zu ordnen, zu koordinieren, war das Verhältnis zwischen der Zentrale in Den Haag und den nationalen Polizeibehörden so kompliziert wie einst das zwischen Bundeskriminalamt und den einzelnen Landeskriminalämtern. Mittlerweile haben die meisten begriffen, hier international wie dort national, dass sie nur dann im Kampf gegen die Organisierte Kriminalität erfolgreich sein können, wenn sie als Einheit antreten, darin ihre besonderen Eigenschaften einbringen, aber nicht ihre besonderen Eigenheiten. Nur im nationalen Rahmen zu reagieren auf die Aktivitäten der Kriminellen wäre erfolglos, weil man so allenfalls die Kleingangster erwischt, die Hintermänner jedoch, die ihnen die Aufträge erteilt haben, nicht zu fassen bekommt.

Und selbstverständlich wissen heute alle, dass Organisierte Kriminalität multinational ist. Dass türkische Rauschgiftbanden, um kein zufällig gewähltes Beispiel zu nehmen, genauso international aufgestellt sind mit Holländern, Engländern, Deutschen, Franzosen, Spaniern usw. in ihren Reihen wie ihre Gegner, die Rauschgiftfahnder in Den Haag. Dass Marketingmethoden der legalen Wirtschaft im Einsatz sind. *Lean Management* zum Beispiel bedeutet im Drogengeschäft, nahe an den Absatzgebieten, den reichen Ländern Westeuropas, wo die Kunden leben, die Ware zu lagern, um auf steigende Nachfrage flexibel reagieren zu können und nicht erst im fernen Kolumbien bestellen zu müssen.

EUROPOL will in seinem virtuellen Netz die Kriminellen möglichst schon bei den ersten Anzeichen von Aktivität orten und sie von da an im Auge des Gesetzes behalten. Also reagieren sie in der niederländischen Metropole bereits dann, wenn etwas bekannt Gefährliches oder gefährlich Unbekanntes einen Impuls in der Zentrale auslöst. Das vermag Kriminalbeamte nicht zu ersetzen, die vor Ort aktiv werden müssen. Aber alles, was in den Köpfen einzelner Ermittler gespeichert ist oder in einzelnen Rechnern der einzelnen europäischen Polizeibehörden, hat EUROPOL gesammelt, und es kann dieses Wissen jedem einzelnen Ermittler gebündelt zur Verfügung stellen. Wie notwendig das ist, wie nützlich, leuchtet mir ein.

Doch zunächst überfällt mich mal wieder eine Abkürzung. Sie lautet OCTA und steht für »Organized Crime Threat Assessment«, den Bericht der europäischen Polizeibehörde über die Bedrohung durch die Organisierte Kriminalität. Durch das Wort *threat*, Bedrohung, wirkt er weitaus dramatischer als die vom Bundeskriminalamt veröffentlichte Analyse. Nicht etwa nur aus dem simplen Grund, weil das BKA auflistet, was passiert ist, und EUROPOL prognostiziert, was kommen kann an Taten und Tätern, sondern schlicht aufgrund des kriminellen Potenzials von fünfhundert Millionen Europäern. EUROPOL muss mit höheren Verbrechensraten rechnen als eine auf deutschen Hellfeldern beruhende Statistik. Auf der EUROPOL-Rangliste des Bösen stehen ganz oben

Kinderpornografie, Menschenschmuggel, Terrorismus, Cyber Crime, Falschgeld, Rauschgift. Synthetische Drogen werden inzwischen in mobilen Labors hergestellt, die zu finden naturgemäß besonders schwierig ist, obwohl man weiß, wo sie hauptsächlich unterwegs sind – in Holland, in Belgien, in Osteuropa.

Mit »threat« sind auch die Europa attackierenden apokalyptischen Reiter gemeint, die sich als weiße Ritter tarnen. Sie sind nicht nur jetzt, sondern auch in Zukunft noch bedrohlicher als die in *Criminal Hubs* sich kreuzenden kriminellen Vereinigungen. In einzelnen Ländern, von EUROPOL allgemein als *Weak States* umschrieben, um bloß kein Mitgliedsland konkret anzuprangern, managen sie wie ehrenwerte Kaufleute diverse Firmen oder engagieren sich wie ehrliche Bürger in Stiftungen, Fördervereinen und staatlichen Organisationen. Das ist, so stellten Experten aus vielen Ländern bei einer der traditionell vom BKA veranstalteten Herbsttagungen fest, die Herausforderung für die Zukunft: Scheinbar seriöse Geschäftsleute in den Chefetagen der Finanzwelt, die ihre Steuern bezahlen, aber im Keller immer noch für besondere Fälle ihre Killerkommandos unterhalten.

Auch das Bundeskriminalamt hat längst erkannt, dass Kriminelle in die legale Wirtschaft wechseln und Geschäfte machen, statt sich wie in der Vergangenheit blutige Straßenkämpfe um Marktanteile zu liefern. Die Zusammenarbeit der Profis von EUROPOL und BKA funktioniert reibungslos. Beider OK-Berichte stimmen zum Beispiel in der entscheidenden Analyse überein, wonach immer mehr kriminelle Banden nach dem Vorbild der italienischen und amerikanischen Mafia ihre schwarzen Gelder in der legalen Wirtschaft nicht nur sauber waschen, sondern selbst als Unternehmer tätig sind. Bürger werden dabei nicht mehr ausgeraubt, sondern benutzt.

Gangster im Nadelstreifen sind nicht auf den ersten Blick zu unterscheiden von seriösen Geschäftsleuten. Im Zweifelsfall haben sie denselben Schneider, wohnen in denselben besseren Vierteln der Städte, machen Urlaub an denselben beliebten Stränden oder in den Nobelorten Davos und St. Moritz, lassen ihre Kinder ausbilden an teuren Privatschulen – und falls sie aus Russland stammen, wo nach Schätzungen von Fachleuten rund siebzig Prozent der legalen Wirtschaft von der russischen Mafia kontrolliert werden, sogar an den besten weltweit. Die Strategie der Mafiosi in der vernetzten globalen Wirtschaft lautet, als erfolgreiche Unternehmer in den besseren Kreisen als gleichrangig anerkannt zu werden. Die in jenen Kreisen, zu denen sie eigentlich gehören, traditionell üblichen Methoden der Markteroberung durch Mord und Erpressung haben sie der Unterwelt überlassen. Sie bewegen sich lieber in der Oberwelt, wo zwar auch gelogen und betrogen wird, aber nicht geschossen und gebombt, und wo sie deshalb unter den legalen Geschäftsleuten gar nicht weiter auffallen.

Roberto Scarpinato, Staatsanwalt in Palermo, auch in Deutschland seit Carmen Buttas TV-Berichten und Reportagen bekannt, Nummer eins auf der Todesliste der kalabresischen Mafia-Organisation 'Ndrangheta, deren Geschäfte sich von der Kokainproduktion in Kolumbien bis zur Geldwaschanlage in Form einer Pizzeria in Sachsen erstrecken, ist überzeugt davon, dass der gefährlichere Teil des Kraken unsichtbar ist. Angesehene Juristen, Ärzte, Unternehmer hätten die Führung der Mafia übernommen und deren kriminelle Geschäfte durch ihre etablierte Position in der bürgerlichen Gesellschaft getarnt. Die klassische alte Mafia ist verglichen damit eine Puppenstube des Verbrechens, ihre einstigen Gewinne sind im Vergleich zu denen ihrer Nachfolger, erzielt im Waffenhandel, in der Prostitution und im Drogengeschäft, gewaschen im legalen Wirtschaftskreislauf, geradezu Peanuts.

Abrechnungen finden nicht mehr nur wie früher üblich per Kopfschuss oder Autobombe auf den Straßen statt, sondern im Internet, im internationalen Finanzwesen. »Es geht«, erklärte Scarpinato der »Süddeutschen Zeitung« in einem gnadenlos realistischen Interview, »um ganze Staaten, die von der Mafia unterwandert werden«, indem die sich Verbündete suche in der Politik, der Justiz, den Banken. Zwar sei es ihm gelungen, in nur zwei Jahren in der sizilianischen Mafia-Hochburg Palermo drei Milliarden

Euro zu beschlagnahmen, die aus illegalen Geschäften stammten, aber seiner Meinung nach war das allenfalls ein Prozent des geschätzten Gesamtumsatzes: »Von jedem Drogen-Euro nämlich wandern siebzig Cent in den legalen Markt.«

Die Gefährlichsten von denen, die man landläufig Mafiosi nennt, sind ihrem Wesen nach immer noch brutale Killer, aber sie sitzen dennoch gottesfürchtig »neben dir am Sonntag auf der Kirchbank«, so Scarpinato, und viele haben dieselbe Schule und dieselbe Universität besucht. Ihre Geschäftspartner ahnen meist nicht, woher sie kommen. Die russische und die italienische Mafia investieren ihr Geld am liebsten im westeuropäischen Energiemarkt, Clans aus Osteuropa und Lateinamerika haben parallel zur legalen Wirtschaft längst eine illegale aufgebaut, die oft größere Umsätze erzielt als die offizielle. Bilanzen allerdings werden nicht erstellt.

Wenn die andere Seite, gegen die sie täglich antreten, alle Möglichkeiten und unbegrenzte Mittel hat, müssten die Jäger auch alle Möglichkeiten und Mittel haben. Wenigstens dürfen die Ermittler in Italien bei einem nur vagen Verdacht auf Zugehörigkeit zur Mafia bereits Wanzen und Mikrofone einsetzen, also abhören. Ohne Lauschangriffe hätten sie gegen die Mafiosi keine Chance. Das ist nachweisbar. Im Juli 2010 gelang es italienischen Spezialeinheiten bei einem Großeinsatz, den obersten Boss der 'Ndrangheta – deren Jahresumsatz mit schmutzigen Geschäften übrigens grob auf vierzig Milliarden Euro weltweit geschätzt wird – sowie dreihundert Lokalpolitiker, Unternehmer, Mafiosi zu verhaften, auf die sie gestoßen waren durch abgehörte Handygespräche und ausgespähte Computerdateien.

Roberto Scarpinato würde, falls er ein Mafioso wäre, langfristig in Deutschland statt in Italien schmutziges Geld in saubere Geschäfte investieren, vor allem nach dem Urteil des Bundesverfassungsgerichts, das Vorratsdatenspeicherung verbietet. Auf diese Idee sind die Gangster auch schon gekommen. Das Bundeskriminalamt hat deshalb in den vergangenen Jahren hundertzweiundneunzig Ermittlungsverfahren gegen italienische Mafia-

Gruppierungen angestoßen; die BKA-Experten vermuten, dass Hunderte von Mitgliedern nicht ganz ehrenwerter Gesellschaften gut getarnt durch scheinbar bürgerliche Existenzen in Deutschland leben.

Hat der italienische Mafia-Jäger recht? Müsste nicht manche erkämpfte Errungenschaft des Datenschutzes zugunsten einer effizienten Überwachung organisierter Krimineller aufgegeben werden? Müssen sich Strafverfolger auch dann noch an die Regeln halten, wenn die anderen ohne Regeln spielen? Auf solche Fragen antworten weder die Beamten in Wiesbaden noch die in Den Haag. Keiner wagt sich offiziell auf dieses Minenfeld. Politiker könnten mit neuen Gesetzen oder Bestimmungen die Spielregeln zugunsten der Jäger ändern. Sie sollten es tun, und zwar möglichst schnell. Die meisten Gesetze zur Verbrechensbekämpfung wurden bekanntlich formuliert und verabschiedet in jenen Zeiten, da kaum jemand ahnte, was sich die Kriminellen alles würden einfallen lassen im Zeitalter offener Grenzen und erst recht des grenzenlosen Internet.

Der nächste Schritt der organisierten Kriminellen von der wirtschaftlichen Macht zur politischen ist irgendwann die logische Konsequenz. Neben Profitstreben ist Machthunger ein entscheidender Trieb der Organisierten Kriminalität. Solange die Staatsmacht sie bei ihren Geschäften nicht stört, besser noch: solange die stillschweigend mitmacht, spielt sie ihre Macht nicht gegen jene aus. Sobald die Organisierte Kriminalität aber, beispielsweise nach einem Regierungswechsel, ihre Pfründe bedroht sieht, erklärt sie dem Staat den Krieg. In Osteuropa ist er schon entbrannt. Alle Verbündeten sind ihr daher lieb. In allen Institutionen und auf allen Ebenen.

Es war nicht nur der Volkszorn, der sich 2009 in Georgien in Demonstrationen und Straßenschlachten artikulierte, dahinter stand auch der Zorn der georgischen Mafia über die Anti-Korruptionsgesetze des nicht lupenrein demokratischen Präsidenten Saakaschwili. Mit klammheimlicher Unterstützung höchster Staatsdiener, die ihr zu Diensten waren, wollte sie die Regierung stürzen, indem sie den Volkszorn schürte und die Proteste finanzierte. Geld aus ihren Drogengeschäften hatten sie erstens genug und zweitens inzwischen auch in Westeuropa in die legale Wirtschaft investiert, hauptsächlich in Restaurants, wo sich am einfachsten schmutziges in sauberes Geld verwandeln lässt.

Diese Geldwaschanlagen waren das eigentliche, das ursprüngliche Ziel der europäischen Ermittler. Ein Jahr lang wurden in der koordinierten »Operation Java« die Telefone verdächtiger Georgier abgehört, eher nebenbei die Verbindungen zu den Unruhen in Georgien entdeckt, bis schließlich genügend Beweise vorlagen und zeitgleich in Deutschland und Österreich, in der Schweiz und in Spanien fünfundsiebzig Mitglieder einer kriminellen Bande verhaftet werden konnten. Aufgrund der abgehörten Telefongespräche ließen sich nicht nur ihre herkömmlichen kriminellen Aktivitäten beweisen, sondern auch ihre Beteiligung am geplanten Staatsstreich.

Was in Georgien passierte und letztlich scheiterte, die Kooperation von Mafia und Politik zum gegenseitigen Nutzen, ist kein Einzelfall. Im Sommer 2010 brachen in Kirgistan blutige Unruhen zwischen Kirgisen und Usbeken aus, geschürt von Anhängern des gestürzten Präsidenten Bakijew, unterstützt vom Drogenkartell, das die Route kontrolliert, auf der aus Afghanistan Rauschgift über Kirgistan nach Westeuropa gelangt. Wie die georgische Mafia sah auch die kirgisische durch einen Machtwechsel ihre Pfründe bedroht und verbündete sich mit der bisherigen Nomenklatura, die ihre verlorene Macht zurückerobern wollte.

Vermischungen von Politik und Organisierter Kriminalität sind zwar geradezu typisch für die von EUROPOL als *weak* bezeichneten Staaten. Aber durch kriminelle Machenschaften erworbene Macht verleiht Dunkelmännern auch in äußerlich stabilen Staaten Statur und Status in besseren Kreisen, in deren Gesellschaft sie dann stolz in der ersten Reihe einer Opernpremiere in St. Petersburg oder Palermo oder Wien sitzen. Im Gegensatz zu Terroristen, die bestimmte Staaten herausfordern oder zerstören wollen, sind diese Kriminellen aus Überzeugung staatstragend. Sie brauchen ein funktionierendes Finanzwesen, funktionierende Transportwege und eine funktionierende Infrastruktur, damit ihr Business reibungslos funktioniert.

Unterwegs zum EUROPOL-Hauptquartier lese ich den OCTA-Bericht. Dabei denke ich nicht ganz so zufällig, aber spontan an Staaten wie Russland, die Ukraine, Serbien, Kroatien, Italien usw., in denen eine dreckige Hand die andere wäscht. Es mag daran liegen, dass ich zu viele Politthriller gesehen habe. Oder zu viel darüber gelesen, wie schnell es sich beispielsweise als Journalist in Moskau stirbt, sobald die Verbindungen zwischen Mafia und Staatsmacht recherchiert werden und wo die Mörder sowohl zur einen als auch zur anderen Seite gehören können. Aber eines gemeinsam haben sie: Höchst selten müssen sie sich vor einem Gericht verantworten.

Was die grundsätzliche Beurteilung der Lage betrifft, entspricht die Bilanz von EUROPOL inhaltlich den Erkenntnissen und Prognosen des BKA. Der OCTA-Bericht fasst dabei zusammen, welche Taten von den siebenundzwanzig Mitgliedsstaaten in die Zentrale nach Den Haag übermittelt wurden, wobei manche Staaten wegen enger verwandtschaftlicher oder ethnischer Verbindungen zwischen Kriminellen und Kriminalisten kaum Wesentliches beigetragen haben und umgekehrt nicht immer alle jene Daten bekommen, die gespeichert werden. Aufgabe von EUROPOL ist es, wie auch die des Bundeskriminalamtes, kriminelle »Zusammenhänge und Strömungen und Netzwerke« aufzuzeigen, auf die sich Strafvollzugsbehörden sowohl präventiv als auch taktisch einstellen können.

Die Funktion von EUROPOL ist vergleichbar der von ICPO, von Interpol. In Lyon geht es um globale kriminelle Netzwerke, in Den Haag um die in Europa. Interpol sammelt Erkenntnisse seiner Mitgliedsstaaten, archiviert und verteilt sie, den gesetzlichen Bestimmungen des Datenschutzes gehorchend. Mehr dürfen sie, entgegen der Legende von speziell für den Nahkampf ausgebildeten Interpol-Einsatzkommandos, nicht. Die Kollegen in Den Haag können ihre Daten zielgenauer und wirksamer benutzen. Sie scheinen zu wissen, wer unter ihren Partnern vertrauenswürdig ist und bei welchen sie vielleicht von Fall zu Fall besser manches zurückhalten sollten. Zu EUROPOL gehören neben den siebenundzwanzig »festen« Mitgliedern Dutzende von assoziierten Staaten wie zum Beispiel die Türkei, Bosnien-Herzegowina, Russland, Norwegen. Auch die Zusammenarbeit mit der DEA (Drug Enforcement Administration) und dem FBI und der CIA in den Vereinigten Staaten läuft auf Knopfdruck professionell reibungslos. Da bei Interpol Staaten wie Syrien oder Iran oder Irak, um nur drei von den üblichen Verdächtigen zu nennen, im Mitgliederverzeichnis stehen, wird denen zwar bei Anfragen der Zugriff auf die hauseigene Datenbank gestattet, aber die Qualität der ihnen übermittelten Daten ist nicht vergleichbar mit der Handelsklasse A von EUROPOL.

Die wunderbare Idee namens Europa und das Sicherheit versprechende Wort »Polizei« wecken bei gesetzestreuen Bürgern zunächst einmal Vertrauen. Gebündelt in einem Wort müssten sie in ihrer öffentlichen Wirkung unschlagbar sein. Ob EUROPOL das tatsächlich auch ist, ob die Organisation schlagkräftig genug ist, um gegen bestens organisierte Kriminelle bestehen zu können, ob die Zusammenarbeit unter den verschiedenen Staaten abseits aller großen Worte von Politikern im europäischen Alltag auch funktioniert, muss, wie es sich nun mal gehört, recherchiert werden.

Der Ansatz dafür ist unstrittig, die Ausgangslage auch: Nationale Polizeibehörden – selbst dann, wenn sie so effizient sind wie das BKA – können das internationale Verbrechen nicht ohne ihre europäischen Kollegen besiegen. Dessen kriminelle Energie kennt keine Grenzen, und deshalb darf im Zusammenhang mit Organisierter Kriminalität das Wort »Grenze« nur noch eingesetzt werden, um die grenzenlosen Aktivitäten von Kriminellen auf ihren wichtigsten Geschäftsfeldern Rauschgifthandel, Menschenhandel, Betrug, Falschgeld zu beschreiben.

Die Idee eines vereinten Europa ist bei Gangstern jedweder Couleur und Herkunft auf furchtbar fruchtbaren Boden gefallen.

Sie sind im Gegensatz zu manchen braven Bürgern nicht europamüde und würden stets mit absoluter Mehrheit für ein grenzenlos vereintes Europa votieren. Einst lokal oder höchstens national agierende Banden in Rumänien oder in Süditalien, in Polen oder in Kroatien, in der Türkei oder in Serbien, konzentriert auf ein, zwei kriminelle Felder, die sie als ihren Claim betrachteten, haben längst ihre Strategien denen von Konzernen aus der legalen Wirtschaft angepasst. Sie haben überall in Europa Niederlassungen gegründet, ihre Aktivitäten auf mehrere Märkte verteilt und sich nicht wie früher auf nur einen Handelsplatz mit Rauschgift oder Waffen beschränkt. Um des kriminellen Mehrwerts willen kooperieren sie sogar mit kriminellen Global Players aus China, aus Japan, aus Südamerika. Seit die Kontrollen an vielen europäischen Binnengrenzen weggefallen sind, reisen sie für Geschäfte locker von Land zu Land, wie die gesetzestreuen Manager auch.

Ihnen zumindest ein paar virtuelle Schranken zu setzen ist eines der Ziele der supranationalen Behörde mit einem Jahresetat von knapp neunzig Millionen Euro, die fest eingebunden ist in das politische und juristische und finanzielle System der EU. Die Behörde wird gern verglichen mit dem amerikanischen FBI. Doch ähnlich wie der Vergleich des FBI mit dem Bundeskriminalamt hinkt auch dieser. Vieles von dem, was die Amerikaner selbstverständlich dürfen, ist den Europäern selbstverständlich nicht erlaubt. »Wir sind eben nicht das europäische FBI, wir sind aber analytisch sehr gut gerüstet, wir helfen den Mitgliedsländern nur. Die können gern den Erfolg, falls es einen gibt, für sich reklamieren«, sagt Rob Wainwright. EUROPOL hat bekanntlich keine Befugnisse, Gesetzesbrecher zu stellen und zu verhaften. Selbst bei Gefahr im Verzug nicht. Selbstverteidigung bei einer Attacke ist erlaubt. Aber das darf auch jeder Normalbürger. Vergleichbar immerhin ist, was EUROPOL und FBI im Wesentlichen tun – beide sammeln und analysieren alles, was an Daten über das Organisierte Verbrechen bei ihnen aufläuft.

Ihre Erkenntnisse über die Aktivitäten der Kriminellen geben sie weiter an deren Heimatländer. In Fällen, in denen Kriminalbeamte den dringenden Wunsch äußern, die Masterminds aus Den Haag mögen ihnen vor Ort helfen, kommen die tatsächlich angereist. Bleiben aber bei polizeilichen Aktionen stets in der letzten Reihe, nur kenntlich an der Aufschrift »EUROPOL« auf ihren dunklen Blousons.

Ihre Geheimwaffe, gleichzeitig die einzige und die beste, die sie haben, heißt »Mobile Office«. Ausgestattet mit einer sicheren Datenleitung direkt nach Den Haag, ist Mobile Office ein auf Knopfdruck einsetzbarer Ermittler. Was auch immer am Tatort die jeweilige nationale Spurensicherung feststellt, wird in die Zentrale übermittelt und mit dort gespeicherten Spuren abgeglichen. Ergibt sich eine Übereinstimmung, erfolgt die Antwort ebenso schnell. Gleichzeitig entwirft ein Profi des zuständigen Departments – Rauschgift, Menschenhandel, Betrug, Kinderpornografie – im fernen Holland ein virtuelles Schaubild. Gibt es Verbindungen zu anderen Ländern? Verknüpfungen mit anderen kriminellen Hochburgen? Zu anderen kriminellen Banden? Zu einem anderen Drehkreuz?

Bei aller Wertschätzung von hilfreichen Daten hat stets der Datenschutz oberste Priorität. Würde EUROPOL den verletzen, hätte Direktor Rob Wainwright ein Problem, unter anderem mit den Abgeordneten im Europaparlament. Das weiß er. In seinem Job kommt es nicht nur auf besondere Fähigkeiten als Kriminalist an, sondern auch darauf, die Bedingungen zu kennen, unter denen Politik betrieben wird. Wenn er zum Beispiel den bulgarischen Staatspräsidenten besucht, ist es eher angebracht, den Mann für seine vorbildlichen Bemühungen im Kampf gegen die Korruption zu loben, statt für die Zukunft mehr Engagement einzufordern. Zwar kann sich der Engländer, der Distanz auch dann wahrt, wenn er lacht, durchaus vorstellen, dass in zehn Jahren EUROPOL noch mehr zu bieten haben könnte als die besten Daten, die besten Analysten, die besten Prognosen und ein Mobile Office, nämlich ein Mobiles Einsatzkommando mit entsprechend ausgebildeten Profis aus verschiedenen Ländern. »Wir haben aber schon heute ein starkes Mandat. Wir haben alle Talente. Wir bringen sie hier mit ihren

Fähigkeiten zusammen. Wir schaffen so die besten Teams für die anfallenden Aufgaben. Wir holen aus allen das Beste heraus.«

Aber der Brite, erfahren im Kampf gegen Organisierte Kriminalität und Terroristen wie denen von der IRA, ist Realist. Er packt nur an, was Aussicht hat auf Erfolg. Seine Amtszeit dauert, so wie die eines jeden Direktors, vier Jahre. Wichtiger als die Vision FBI ist die Vision Europa. Alle Verbindungsbeamten, die während ihrer Zeit bei EUROPOL tagtäglich erlebt haben, was Europa im Kampf gegen moderne Kriminelle verwirklichen kann, sind nach der Rückkehr in ihre Heimatländer die besten Vertreter für den Europagedanken. Aus eigener Erfahrung können sie berichten, und bei besonderen Fällen mit nur einem Telefonanruf statt mit einem Rechtshilfeersuchen ihre internationalen Verbindungen aktivieren, die sie einst in Den Haag geknüpft haben.

Bei EUROPOL ist Europa sogar sichtbar verwirklicht. In der Eingangshalle hängen alle Fahnen der Mitgliedsstaaten. Es werden von Jahr zu Jahr mehr. Geeint im Kampf gegen das internationale Verbrechen, haben die Beamten hier besondere Fähigkeiten, die sie von normalen Polizisten unterscheiden – und die sind gefragt. Besser ausgebildet zu sein als andere ihres Berufes ist überhaupt die Bedingung, um in dieser Internationale von Ermittlern mitspielen zu dürfen. Dazu gehören auch Verbindungsbeamte der Behörden jener Länder, aus denen sie stammen. Im internen Sprachgebrauch heißen sie »Satelliten«, weil sie zwar innerhalb des Amtes arbeiten, aber angedockt sind an ihr nationales Mutterschiff und streng genommen ihre Weisungen nur von dem entgegennehmen. Zuständig für die Deutschen ist das Bundeskriminalamt.

Die Satelliten funken nach Hinweisen aus Wiesbaden aber ebenfalls direkt zu ihren Kollegen im Büro nebenan. Zum Beispiel einem aus Belgien. Falls der aus seiner Heimat bereits Ähnliches erfahren hat und eine Tür weiter der aus Dänemark feststellt, dass ein in Belgien aufgefallenes Autokennzeichen bei einem Überfall in Kopenhagen eine Rolle spielt, verlassen die Satelliten ihre Umlaufbahnen und tragen bei der nächsten Konferenz im großen Saal ihre Informationen vor. Max-Peter Ratzel, vier Jahre lang bis 2009 Direktor von EUROPOL, den viele in Den Haag anerkennend stöhnend als Workaholic in Erinnerung haben, der oft bis Mitternacht in seinem Büro brütete, dann wenige Stunden schlief, anschließend joggte und am frühen Morgen wieder tatendurstig an seinem Schreibtisch saß, umschreibt das so: »Falls alle siebenundzwanzig Mitgliedsstaaten die Behörde konsequent mit Daten gespeist haben, dann wird aus einer einzelnen Anfrage an einen einzelnen Verbindungsbeamten ein Fall für alle.«

Bevor es EUROPOL gab, bevor der kleine Dienstweg auf dem Flur eine lange Reise mit dem Auto ersetzte, mussten nationale Ermittler an den Grenzen ihre Jagd einstellen, weil sie auf dem Gebiet des benachbarten Staates nicht tätig sein durften. Das wussten auch die Kriminellen. Mittlerweile sorgen die nationalen Verbindungsbeamten in der internationalen Behörde für Transparenz im Kampf gegen alle Arten von Verbrechen, darunter so widerliche wie sexuelle Gewalt gegen Kinder, wovon noch niemand sprach, als vor mehr als dreizehn Jahren der deutsche Bundeskanzler die Idee hatte zu einem europäischen FBI. Seinem Anstoß, auch wenn aus der Idee FBI nie das wurde, was Helmut Kohl aus dem Fernsehen kannte, ist es zu verdanken, dass nach vielen Gipfeltreffen und heftigem Streit um Sitz und Einfluss und Kompetenzen einer solchen Behörde EUROPOL entstand.

Einst gingen bei klassischen Grenzkontrollen den Fahndern viele kleine Fische aus dem kriminellen Milieu ins Netz, aber schon damals schlüpften die richtig großen Fische durch die Maschen. Aufgrund des SIRENE genannten Informationssystems der Schengen-Staaten sind viele von den Haien inzwischen identifiziert. Was nicht bedeutet, dass sie schon deshalb leichter zu fangen sind. Aber man kennt ihre Namen, man hat ihre Arbeitsweise und ihre Modi Operandi gespeichert, kann ihre Handschrift selbst dann erkennen, wenn sie keine unmittelbaren Spuren hinterlassen haben. Parallel zu den Polizeibeamten haben auch sie Fortbildungskurse besucht. Die ihren finden ebenfalls unter Ausschluss der Öffentlichkeit statt. Referenten kommen aus allen Bereichen der Organisierten Kriminalität, die Zuhörer auch. Im Saal sitzen gut getarnt wissbegierige Studenten, die als V-Männer auf den Gehaltslisten der Polizei stehen.

EUROPOL ist ein europäischer kriminalistischer Thinktank. Es darf sich immerhin mit *Joint Investigation Teams* an gemeinsamen Aktionen beteiligen – bei Verdacht auf Drogenhandel, Handel mit gestohlenen Autos, sexuelle Gewalt gegen Kinder, Geldfälscherei und Handel mit nuklearen oder radioaktiven Substanzen. So steht es geschrieben. *Joint Investigation Teams*, abgekürzt JIT, sind die jüngsten Kinder der Mutter EUROPOL, befinden sich also noch im Wachstumsprozess. Dass sie wesentlich sind für Einsätze gegen Organisierte Kriminalität, wissen alle. Denn sogar miteinander eigentlich bis auf den Tod verfeindete Kriminelle haben inzwischen ähnliche *Joint Teams* gegründet und dort ihre Aktivitäten gebündelt.

EU-Innenkommissarin Cecilia Malmström ist überzeugt, dass besonders beim Menschenhandel, beim Rauschgifthandel, bei Waffenschieberei und bei Geldwäsche unbedingt noch engere Zusammenarbeit und eine Angleichung der Strafen in den einzelnen Staaten vonnöten sind. »Ansonsten ermöglichen wir den Kriminellen so etwas wie Straf-Hopping«, erklärte sie in einem »Zeit«-Interview, was bedeutet, dass sie sich aussuchen können, wo sie am besten operieren und wo ihnen, falls sie auffliegen, am wenigsten passiert.

Rob Wainwright kann dies mit Zahlen belegen. Er schätzt die Zahl der Opfer von Menschenhandel auf jährlich mehr als zweihundertfünfzigtausend, den Umsatz des weltweiten Drogenhandels auf mehr als hundert Milliarden Euro. Hauptabnehmer außer den Süchtigen in den Vereinigten Staaten sind Europäer. Und um den Wirtschaftsbetrügern auf die Spur zu kommen, die nach Schätzungen von EUROPOL jährlich den Staaten hundert Milliarden Euro allein an Mehrwertsteuer entziehen, braucht es ganz einfach diese *Joint Investigation Teams*.

In seiner Diplomarbeit definiert Kriminalkommissar Stan Bergner von der BKA-Außenstelle Meckenheim Sinn und Zweck der JITs: »Das Joint Investigation Team (Gemeinsame Ermittlungsgruppe) ist eine durch Abschluss eines bilateralen oder multilateralen Vertrages zwischen den beteiligten Staaten eingerichtete Ermittlungsgruppe zum Zwecke der Strafverfolgung, insbesondere in Fällen der Organisierten Kriminalität und des Terrorismus« – und prognostiziert, dass dieses noch in den Windeln strampelnde Kind von EUROPOL eine große Zukunft vor sich hat: »Die stetig voranschreitende Globalisierung und Internationalisierung führt zu weltweit wachsenden Verflechtungen, welche sich auf nahezu alle Lebensbereiche erstrecken. Die sich aus dieser Entwicklung eröffnenden neuen Freiheiten für Bürger, Unternehmen, Institutionen und Staaten hat auch die Organisierte Kriminalität erkannt und sie für ihre eigenen Interessen zu nutzen gelernt.«

In der Praxis bedeutet das wieder mal, nationale Interessen zurückzustellen, Rücksichten auf die verschiedenen Mentalitäten und Eigenheiten zu nehmen. Die Lösung, die gefunden wurde, ist einfach und einfach gut: Bei allen Einsätzen eines Joint Investigation Team ist *Lead Country* immer das Land, in dem am Ende die Täter dingfest gemacht werden sollen. Aufgrund der grenzenlosen Verbrechen und seiner europäischen Aktivitäten dürfte jedes Land einmal *Lead Country* sein.

Selbstverständlich kämpfen alle vereint gegen Terrorismus. Insgesamt listet EUROPOL für das Jahr 2009 zweihundertvierundneunzig tatsächlicher, geplanter oder fehlgeschlagener Anschläge auf, die meisten davon gehen auf die Konten von Separatisten in Frankreich (95) und Spanien (171). Vor Ort muss es immer eine zuständige Stelle geben, die Spuren aufnimmt, die ermittelt und verarbeitet, was gefunden wurde. Falls sich dabei herausstellt, dass es internationale Verflechtungen gibt, ein Anschlag woanders geplant und ausgedacht worden war, brauchen die Fahnder in möglichst vielen Ländern möglichst gute Beziehungen zu ihren ausländischen Kollegen. Das stärkt nicht nur den *Company Spirit* von EUROPOL, das verhilft dann auch ganz konkret zu Fahndungserfolgen.

Eines Tages ging bei einer bestimmten Behörde in England – gab es damals in einem speziellen Team der nationalen Antiterroreinheit einen hoch begabten Ermittler namens Rob Wainwright? – ein Hinweis darauf ein, dass jemand in London via Western Union eine hohe Geldsumme aus dem Jemen empfangen hatte. Der Jemen ist inzwischen ein Land, das islamistische Terroristen gerne als Rückzugsgebiet benutzen und von dem aus sie weltweite Aktionen planen, zum Beispiel Sprengstoff in scheinbar harmlosen Luftfrachtpaketen verstecken, um dann per Fernzündung Flugzeuge in die Luft zu jagen, möglichst über dicht besiedelten Gegenden Europas oder über amerikanischen Metropolen wie Chicago. Ein Verbindungsbeamter des Bundeskriminalamtes, stationiert in Saudi-Arabien, bekam zum Beispiel Anfang Oktober 2010 in Riad erste Hinweise, aber man wusste noch nichts Genaueres. Als sich die Warnungen häuften, als die Gefahr eines Anschlages nicht nur eine Frage von Tagen, sondern von Stunden war, alarmierte der Beamte seine Dienststellen in Deutschland. Da befand sich das Paket mit dem hochgefährlichen Sprengstoff Nitropenta, versteckt in einer Druckerpatrone, bereits in der Luft. Landete zunächst auf einer Zwischenstation in Köln, bevor die Maschine nach London weiterflog und die Fracht dort entschärft werden konnte. In Deutschland werden die Erkenntnisse der Sicherheitsbehörden vom Verfassungsschutz in der »Operation Mondschein« koordiniert, unterstützt von der BKA-Einheit »Sterne«. Die Amerikaner vom CIA und dem Militärgeheimdienst DIA sind stets zugeschaltet oder auch persönlich bei den Lagebesprechungen in Berlin dabei.

Damals vor ein paar Jahren in England, beim verdächtigen Geldtransfer, hatte man nichts Greifbares, doch lag der Verdacht nahe, dass es sich bei der Überweisung möglicherweise um die Finanzierung eines Attentats in England handeln könnte und terroristische Aktivitäten bevorstanden; außerdem war der Absender aus dem Jemen schon mal in anderen Zusammenhängen aufgefallen. Die Briten, die als beste Ermittler Europas gelten, hatten zwar das Gefühl, dass auch der Empfänger zu einem bestimmten Netzwerk gehörte, sie hatten einen dringenden Verdacht, aber sie hatten keine *Hard Evidences*, keine Fakten, mit denen sie den hätten festigen können. Eine Telefonüberwachung wurde deshalb nicht gestattet.

Einer der Ermittler hatte aus seiner Tätigkeit als Verbindungsbeamter noch beste Kontakte bei EUROPOL. Es gehört schließlich zum Mehrwert der Behörde, dass die Beamten, die wieder zurückkehren in ihre jeweiligen Heimatländer, für ihre Kollegen in anderen Staaten die natürlichen Ansprechpartner bleiben. Der Engländer rief also einen ehemaligen Kollegen an, der noch in Den Haag saß, erzählte ihm, was sie gesammelt hatten, und bat um Hilfe. Streng juristisch nach Dienstvorschrift hätte er wahrscheinlich einen Brief schreiben und das Gesuch begründen müssen, stattdessen wählte er eine auf seinem Handy gespeicherte Nummer. Der Adressat in Den Haag fand den Fall ebenfalls höchstinteressant, schlug ihm spontan vor, ins nächste Flugzeug zu steigen, die CD mit den gespeicherten Daten mitzubringen, um sie mit denen bei EUROPOL zu vergleichen und eventuell Übereinstimmungen festzustellen.

Treffer. Der Fall aus Großbritannien glich einzelnen Sachverhalten in den Niederlanden und in Belgien, die bisher nicht miteinander verknüpft werden konnten. Ab dann war es ein Fall für EUROPOL. An einer operativen Arbeitsgruppensitzung nahmen Ermittler aus den drei Ländern teil. Von ihren belgischen und holländischen Kollegen bekamen die Briten Informationen über einen anderen Mann, den die im Visier gehabt hatten wegen ähnlicher verdächtiger Geldtransfers in die Niederlande und nach Belgien. Aber vor der Festnahme war er ihnen entwischt und hatte sich abgesetzt nach Syrien. Von dort aus war er legal nach England eingereist.

Da wiederum wusste man nicht, dass er bereits durch merkwürdige Finanztransaktionen in Holland aufgefallen war. Ohne die Möglichkeit, via EUROPOL die im nationalen Rahmen gewonnenen Erkenntnisse miteinander zu verknüpfen, über alle Grenzen hinweg, wäre es beim bloßen Verdacht geblieben. So aber ahnte man, was der Verdächtige mit dem Geld aus dem Jemen vorhatte. Einen Anschlag, in London. Die Telefonüberwachung wurde jetzt genehmigt, ebenso eine Observation rund um die Uhr. Seine Verbindungsleute sollten gefunden werden. Erst dann wurde er verhaftet und wegen der Planung eines Attentats zu einer Haftstrafe von zehneinhalb Jahren verurteilt.

In jedem Mitgliedsstaat steht ein Rechner, installiert und programmiert von EUROPOL, auf den per sichere Leitung bei Bedarf Relevantes aus der Sammlung in Den Haag überspielt werden kann. Für gewisse Staaten bleibt die Leitung gesperrt, und zwar stillschweigend immer dann, wenn nach Ansicht der Verfasser von OCTA Strukturen herrschen, die eine Verbindung zwischen organisierten Kriminellen und staatlichen Stellen vermuten lassen. Bei verdeckten Einsätzen gegen Menschenhändler oder Autoschieber sind in bestimmten Ländern die Reihen der Polizei nicht geschlossen, sondern durchlässig. Es gibt da zwischen Jägern und Gejagten so gute Beziehungen, dass im Zweifelsfall EURO-POL lieber darauf verzichtet, die Loyalität von örtlichen Polizisten zu testen, die bei Monatsgehältern von umgerechnet fünfhundert Euro das eine oder andere Auge oder bei einem entsprechenden Bonus auch beide Augen zudrücken.

Wenn gegen den Tauschhandel mit Kinderpornografiebildern im Internet ermittelt wird oder wenn es um Einsätze geht gegen pädokriminelle Hintermänner, ist allerdings stets Verlass darauf, dass die Dienststellen aller angeschlossenen Länder bedingungslos mitmachen, nichts von den Einsätzen verraten wird, insbesondere niemand fragt, ob vor der Aktion etwa noch offene juristische Fragen zu klären seien. Alle eint die Überzeugung, dass die sexuelle Ausbeutung von Kindern, der Missbrauch, die Gewalt gegen die Kleinsten zwar nicht die finanzielle Dimension des Rauschgifthandels erreicht, aber die Opfer viel schlimmer dran sind als die Abhängigen von Heroin oder Kokain oder LSD.

Valerio Papajorgji aus Neapel ist seit siebeneinhalb Jahren bei EUROPOL in Den Haag und die im großen Netz zuständige Spinne, die *child offenders, child molesters, child abusers* fangen soll. Unterschiedliche Begriffe für ein einziges Verbrechen: sexuelle Gewalt gegen Kinder.

Der italienische Europäer erzählt mir von einer Fahndung, bei der der Zufall eine große Rolle spielte, bei der die Ermittlungen über Jahre gingen, die aber beispielhaft dafür war, wie entscheidend die Zusammenarbeit über alle Grenzen und Kontinente hinweg ist. Man hört, dass er stolz ist auf die »Operation Koala« genannte gelungene Aktion, an der mehr als tausend Beamte in zwanzig Ländern beteiligt waren und bei der zweiundvierzig Kinder aus der Gewalt ihrer Folterer befreit werden konnten. Ich will ihm seinen Stolz nicht verdüstern und ihn fragen, was ich alle, die sich gegen die Hydra stemmen, ja immer wieder gefragt habe – wie sie aushalten, was sie anschauen müssen. Es sind ja nicht allein die sichtbaren Zeichen der Gewalt, die den Atem stocken und die Seele erstarren lassen. Es sind die wimmernden Schreie, das »Bitte nicht« in Sprachen, die man zwar nicht versteht, wobei man aber immer versteht, was gemeint ist: das Weinen, das Schreien und das brutale Gestöhne der Männer, die sie so quälen.

Papajorgji schweigt. Lieber schildert er einen Ermittlungserfolg, als über die eigenen Gefühle zu sprechen. Die »Operation Koala« begann im Sommer 2006 mit Ermittlungen gegen Pädophile in Australien. Bei einer Hausdurchsuchung stellten die Beamten ein Video sicher, auf dem zu sehen war, wie ein Mann ein kleines Mädchen sexuell missbrauchte. Er redete, stöhnte, brüllte und übertönte die Schreie, die Bitten, das Weinen. Die Australier verstanden nicht, was er sagte, ahnten allerdings, dass es sich um eine europäische Sprache handeln musste. Sie schickten den Film zu Interpol nach Lyon, und die gaben ihn weiter nach Den Haag. Von EUROPOL wurde schnell ermittelt, dass der Mann auf dem Video Niederländisch mit flämischem Akzent sprach, wahrscheinlich also aus Belgien stammte. Alle lokalen belgischen Polizeibehörden bekamen daraufhin Kopien des Materials. Ein Polizist aus einer Provinzstadt erkannte auf den Bildern ein kleines Mädchen, das er schon oft auf seinem Weg zum Dienst an der Haltestelle des Schulbusses gesehen hatte. Ihre Adresse mithilfe der Schulbehörde zu ermitteln war Routine. Der Einsatz der örtlichen Polizei erfolgte tags darauf. So schnell wie nur möglich sollten das

Mädchen oder andere Kinder vor weiterem Missbrauch geschützt und befreit werden.

Wie sich herausstellte, war der Vater des Mädchens der Täter. Bei der Hausdurchsuchung wurden viele Videos gefunden, die seine Taten dokumentierten. Der Mann gestand und gab im Verhör den Namen des Produzenten preis. Ein Italiener. Den nahm die Polizia di Stato in Italien kurz vor seiner Flucht in die Ukraine fest, wo er die meisten seiner Filme mit minderjährigen Mädchen produziert hatte. Die italienischen Kriminalbeamten fanden aber nicht nur Filmmaterial, sondern Dateien mit Kunden aus ganz Europa, darunter Lehrer, Fitnesstrainer, Manager und Militärs. Die Italiener gaben ihren Fund weiter nach Den Haag. Dort wurden die Kunden identifiziert, was meist einfach war, weil viele Sammler von kinderpornografischen Darstellungen ihre E-Mails unverschlüsselt verschickt hatten oder in ihrer Gier so dumm waren, dem Produzenten ihre Postadresse mitzuteilen. In der Ukraine konnten sie gegen entsprechenden Aufpreis auch eigens für sie gedrehte Filme bestellen, in denen ihre besonderen Wünsche berücksichtigt wurden – bestimmte sexuelle Stellungen, bestimmte Kleidung oder gar am Ende des gefilmten Missbrauchs ein persönlicher Gruß des Kindes an den Kunden, der die Ware bestellt hatte.

Sobald die Kunden identifiziert waren, übermittelte EUROPOL Namen und Adressen an die Polizeibehörden der entsprechenden Staaten. Mehr als hundert Männer wurden bei einer in mehreren europäischen Ländern gleichzeitig durchgeführten Razzia festgenommen: Kinderschänder ebenso wie Produzenten des Materials oder Händler, die es im Internet verbreiteten. Wichtiger war die Befreiung der Opfer. Viele blieben dennoch unauffindbar, weil der Missbrauch in der Ukraine produziert worden war. Die Methode dort war in allen Fällen die gleiche: Mit dem Versprechen, ihnen eine Karriere als Model in Westeuropa zu ermöglichen, waren Teenager zu Modeaufnahmen gelockt worden. Je mehr Haut die jungen Mädchen bereit waren zu zeigen, bis hin zu Nacktaufnahmen, desto mehr Honorar bekamen sie oder ihre Eltern. Beweise für einen sexuellen Missbrauch wie in Belgien,

wo der Vater seine minderjährige Tochter vor der Kamera vergewaltigte, aber waren auf den Filmchen mit den jungen ukraini-
schen Mädchen nicht zu sehen.

Mit Hardcore-Produktionen dagegen, für die in vielen Fällen
die Väter ihre eigenen Kinder anboten, wird das große Geld verdient. Die Bedürfnisse der Pädosexuellen trieben die Preise in die
Höhe. Bezahlt wurde anfangs zum Beispiel via Western Union,
doch als die Firma nach Hinweisen der Ermittler die Konten
sperrte, wechselten die Hintermänner über Nacht zu anonymisierten Zahlungssystemen mittels E-Commerce-Konten in Ländern, die nicht zu EUROPOL gehörten.

Beim Thema Menschenhandel sind selbst erfahrene Fahnder
wie Valerio Papajorgji auf Schätzungen angewiesen, wonach es
jährlich ungefähr hunderttausend Frauen trifft, die aus Osteuropa
oder Afrika nach Westeuropa gelockt werden, mit dem falschen
Versprechen, dass es dort Jobs für sie geben würde. In Wahrheit
werden sie aber von Schleuserbanden nach ihrer Ankunft zur
Prostitution gezwungen. Selbst wenn die Opfer bei einer Razzia befreit werden, sind sie vor der möglichen Rache ihrer Peiniger nicht mal dann sicher, falls die dank ihrer Aussagen verurteilt
werden. Die bis zu ihrem Prozess gewährte Aufenthaltserlaubnis
ist befristet, gilt nur für die Dauer der Gerichtsverhandlung. Danach werden sie abgeschoben. Zurück in der Heimat, der sie einst
voller Hoffnung auf eine bessere Zukunft entflohen sind, warten
meist schon Verwandte und Freunde des Mannes, den sie der Justiz ausgeliefert haben. Kein Wunder also, dass sie Angst haben und
lieber die Aussage verweigern. Ein Kartell des Schweigens schützt
die Kriminellen, von denen sie missbraucht wurden.

Diese Angst teilen sie mit Opfern einer anderen Geschäftsidee
der Menschenhändler. Sie holen sich dreizehn-, vierzehnjährige
Mädchen aus den Flüchtlingslagern Afrikas, vermitteln sie an Familien vorzugsweise in England oder Frankreich, wo die rechtlo-
sen Mädchen in den Häusern reicher Bürger wie Sklaven gehalten und behandelt werden. Falls es je zu einem Prozess kommt,
weil sich ein Mädchen retten konnte in die Arme einer Hilfsor-

ganisation des betreffenden Landes, lesen sich die Vernehmungs-protokolle wie Aufzeichnungen aus Dantes Höllenkreisen: Die Flüchtlinge mussten kochen, putzen, die Kinder beaufsichtigen, täglich zwölf bis vierzehn Stunden, durften das Haus nicht verlassen, bekamen keinen Lohn, nur zu essen und zu trinken, und sobald sie aufmuckten, gab es Prügel mit dem Holzstock. Zu selten werden solche Fälle bekannt, und nur selten werden die verurteilt, die unter der Tarnung ihrer gesellschaftlichen Position als wohlhabende Bürger die Mädchen ausbeuten.

Seit das Organisierte Verbrechen auf Diversifizierung setzt, mal wieder folgend den Erfolgsmodellen aus der legalen Wirtschaft, müssen die Jäger umdenken. *Joint Investigation Teams* braucht man nicht nur vor Ort, solche Teams sitzen auch in Den Haag zusammen, um sich strategisch auf die geänderte Lage einzustellen. Der Handel mit Waffen, die aus den ehemaligen GUS-Staaten stammen oder vom Balkan, ist wie Menschenschmuggel ein florierendes Geschäft. Die Produzenten von Falschgeld wiederum betreiben in ihren Unternehmungen auch Handel mit Kinderpornografie im Internet, und alle OK-Gruppierungen erzielen nach wie vor die höchsten Renditen im Rauschgifthandel. Und weil die Gewinnmargen da so riesig sind, werden Beschlagnahmungen nach Razzien der Polizei als normales Geschäftsrisiko betrachtet. Eine konfiszierte Ladung Rauschgift verschmerzen die OK-Banden leicht, weil der Einkaufspreis nur ein Bruchteil dessen ist, was sie später auf dem Markt erzielt hätten – und mit nicht konfiszierten Liefermengen erzielen werden.

Wie schnell kriminelle Profis auf veränderte Bedingungen in Europa reagieren, schildert mir Paulo Borges von der Counterfeit Unit, dem Referat Falschgeld. Bereits drei Monate nach der Einführung der europäischen Einheitswährung tauchten im März 2002 die ersten Euro-Blüten auf. Als noch jedes Land seine eigene Währung besaß – manche eine schwächere, manche eine stärkere –, kümmerten sich die nationalen Polizeibehörden um die Produzenten der Blüten. Jetzt war EUROPOL gefordert. Vertreten durch Polizeioffizier Paulo Borges aus Lissabon.

Einen Besseren hätte man kaum finden können. Er kann, was er mir beiläufig erzählt, weil er dieses Talent offenbar für selbstverständlich hält, oft schon nach einer Schilderung am Telefon – wie fühlt sich das Papier des Geldscheins an? wie sieht das Wasserzeichen aus? – und einem Vergleich mit seiner Datenbank genau sagen, in welchem Land sich die Fälscherwerkstatt befindet, welche europäische Bande dahintersteckt, wie die Verteilung der Blüten organisiert ist. Borges: »Bei rund fünfundneunzig Prozent der Blüten kann ich identifizieren, woher sie kommen. Und ich kann den Kollegen, bei denen die Blüten zuerst auftauchten, Arbeit ersparen, wenn ich ihnen sage: Sucht nicht lange nach den Fälscherwerkstätten, denn die stehen in der Ukraine, konzentriert euch in eurem Land auf die Verteiler.«

Oder er warnt schon mal die Verbindungsbeamten aus Italien, dass drei Wagenladungen mit Falschgeld aus Osteuropa unterwegs sind, und instruiert sie, worauf sie achten sollen bei der Fahndung. Die geschicktesten Fälscher arbeiten, wie er weiß, in Litauen und in Bulgarien. Insgesamt geht es, Tendenz steigend, um rund siebzehn Millionen gefälschte Euroscheine pro Jahr. Gefälscht werden lieber die Hunderter und Zweihunderter, seltener die Fünfer und die Zehner. »Die nationalen Polizeibehörden können nur einen kleinen Ausschnitt sehen, zum Beispiel wenn Falschgeld eingesetzt wird bei Hotelrechnungen, bei Wareneinkäufen, beim Tanken oder beim Geldwechsel in Ländern, in denen eine andere Währung gilt, English Pounds oder US-Dollars. Wir in Den Haag haben naturgemäß das ganze Bild vor Augen.«

Mit Erfolg: In Irland gelang es im Juni 2010 in einer *Joint Operation* von EUROPOL und der Garda – wie die Polizei dort heißt – eine Fälscherwerkstatt auszuheben, ihre Betreiber zu verhaften. Mit den Maschinen und beschlagnahmten Zutaten – Papier, Tinte, Gravurstöcke, Computer – hatte der Underground-Betrieb ein Potenzial von zweihundert Millionen Euro-Blüten. Die Verbindungen der Betrüger nach England, nach Deutschland und nach Übersee wurden gekappt. Übersee? Borges nickt, klar, je weiter die Länder entfernt sind von der Euro-Zone, das gilt auch für Südamerika, desto schwerer ist es für Banken und Geschäftsleute dort, Falschgeld von echtem Geld zu unterscheiden. Klar? Klar.

In Polen ist nach dreijährigen Ermittlungen mithilfe der Analysten von EUROPOL und polnischer Polizisten vor Ort eine Bande zerschlagen worden, die das produzierte Falschgeld über Europa verteilte, ihre achtzig Mitglieder sitzen im Knast. Sechzehn Fälscher erwischte es in Spanien, auch hier durch die Hinweise von EUROPOL. Die Verhafteten dort hatten sogar so viel Material und so gute Druckmaschinen, dass sie bis zu sechshundert Millionen Euro-Blüten hätten produzieren können. Und im fernen Kolumbien gelang es mit Unterstützung des U.S. Secret Service, der kolumbianischen Polizei und einiger entsandter Experten von EUROPOL vor Ort, Falschgeld im Wert von sechs Millionen Euro zu konfiszieren.

Dass ein Verbindungsbeamter aus Litauen in Borges' Abteilung sitzt, ist kein Zufall. Der kann noch schneller erfassen, was der portugiesische Experte nicht sofort erkennt: typische Merkmale von Landsleuten. Und ein anderer, zum Beispiel einer aus Zypern, weiß sogar, in welcher Stadt auf der Insel Aphrodites sich eine Fälscherwerkstatt befindet. Das sei, sagt Borges, die Philosophie von EUROPOL: Gemeinsam wissen wir mehr.

Ob ich die Geschichte von den drei Blinden im Wald kennen würde? Nein, kenne ich nicht.

Also, sagt Paulo Borges, beugt sich vor, die geht so: Der erste Blinde tastet einen Schwanz ab und meint, was er gefühlt habe, sei ein Seil. Der zweite tastet einen Fuß ab und meint, was er gefühlt habe, sei ein Baumstamm. Der dritte tastet einen Rüssel ab und meint, was er gefühlt habe, sei ein Rohr. Sie diskutieren ihre Erkenntnisse, analysieren und vergleichen sie, bis sie endlich auf die Idee kommen: Sie stehen vor einem Elefanten. Jeder für sich hätte die Sinneseindrücke fehlgedeutet. Erst der Austausch aller Informationen brachte sie auf die richtige Lösung. Der von Max-Peter Ratzel formulierte kriminalistische Dreisatz würde auf den Fall der drei Blinden angewandt bedeuten: *need to know*, was sie tastend glauben gefunden zu haben, darauf *need to share,* der Austausch aller Informationen, und als Kür schließlich *dare to share.* Erkenntnis!

Diesen »Ratzel'schen Dreisatz«, den mir Paulo Borges so wunderbar plastisch mit Leben erfüllt hat, haben englische Kriminalpolizisten in einer Umfrage als den entscheidenden Gewinn bezeichnet, den sie dank EUROPOL hätten. Das will ich genauer wissen. Ich fliege nach London zu Scotland Yard.

KAPITEL 9

Die Deutsche von Scotland Yard

Den Weg in ein Großraumbüro von Scotland Yard hat sich Christine Leist mit dem Orientierungssinn einer Geografin und dem Spürsinn einer Zielfahnderin geebnet. Zum einen vertraute sie ihrem Kopf, zum anderen ihrem Bauch. Das eine hatte sie studiert, das andere begehrt. Geografen vermessen die Erdoberfläche und suchen darunter Schicht für Schicht auch nach verborgenen Spuren. Insofern brachte sie die besten Voraussetzungen mit für ihren heutigen Beruf. Vorübergehend musste sie sich zwar auch auf Nebenpfaden bewegen, aber danach fand sie immer wieder auf ihre eigentliche Route zurück. Das Ziel verlor sie dabei nie aus dem Sinn. Sobald es in ihrem Blickfeld auftauchte, hielt sie darauf zu.

Ihr Traumberuf hieß Crime Mapperin, Kriminalgeografin. Diese Verbindung von akademischem Wissen und instinktiver Begabung lag einerseits nahe, andererseits fern. Nahe, weil Christiane Leist nach einem abgeschlossenen Studium der Geografie und dank profunder Kenntnisse aller Möglichkeiten elektronischer Datenanalyse die besten Voraussetzungen für einen derartigen Job mitbrachte. Fern, weil es für ein solches Arbeitsfeld, ein solches Berufsbild in Deutschland noch gar keine allgemein verbindliche inhaltliche Definition gab, geschweige denn entsprechende Planstellen. War ihr Berufsziel allein schon ein schier unerreichbarer Traum für eine junge Frau aus der schwäbischen Provinz, musste es bei ihr unbedingt noch die berühmteste Polizeibehörde der Welt sein, in der sie sich ihren Traum erfüllen wollte.

Beides hat sie geschafft. Christine Leist gehört seit nunmehr fünf Jahren zur legendären Metropolitan Police in London, die auf der ganzen Welt noch immer ehrfürchtig Scotland Yard genannt wird. Der Name wurde geboren, weil sich das Polizeihauptquartier früher am Whitehall Place und ein Hintereingang an der Straße Great Scotland Yard befand. Diese wiederum soll ihren Namen einem Gebäudekomplex verdanken, in dem die Abgesandten und der König Schottlands bei ihren offiziellen Visiten am englischen Hof abstiegen. Der Tradition verpflichtet, residiert die heutige Zentrale der Metropolitan Police Services (MPS) am New Scotland Yard in Westminster, jenem Stadtteil der englischen Metropole, der Taschendiebe magisch anzieht. Nirgendwo sonst in London bevölkern so viele potenzielle Opfer, Touristen aus aller Welt, die Straßen.

Bei MPS, manchmal auch abgeleitet von Metropolitan nur als Met abgekürzt, arbeiten 48 000 Staatsdiener, unter ihnen 33 000 Kriminalbeamte, 14 000 Verwaltungsangestellte und Hunderte von Spezialisten aus vielen wissenschaftlichen Bereichen. Wie ihre deutschen Pendants in der Abteilung Kriminaltechnik des Bundeskriminalamtes kommen sie nicht aus dem Polizeidienst, sondern aus der akademischen Welt, sind im besten intellektuellen Sinne dienstbare gute Geister. Sie stellen ihre Dienste – Kopfgeburten, Laborergebnisse, Analysen – den Fahndern zur Verfügung und geben denen für die Suche nach Tätern nützliche Hinweise mit auf den Weg.

Die Ahnen der MPS-Teams, die klassischen Ermittler von Scotland Yard, hatten – außer mitunter Arthur Conan Doyle, den literarischen Schöpfer des forensisch geschulten Sherlock Holmes – keine wissenschaftlichen Hilfskräfte zur Verfügung bei ihrer *Manhunt*. Die Methoden der zeitgenössischen Verbrecher waren allerdings nicht vergleichbar mit denen heutiger Krimineller, also herrschten damals gleiche Bedingungen auf beiden Seiten. Im 21. Jahrhundert wäre Verbrecherjagd für die Londoner Detektive ohne die unterstützende Arbeit der verschiedenen Forensic Intelligence Units kaum noch vorstellbar, sie hätten es ungleich schwerer, Straftaten aufzuklären, Straftäter zu finden und vor allem genügend handfeste Indizien gegen sie vor Gericht zu präsentieren.

Seit auch auf deutschen Fernsehkanälen TV-Serien aus den USA oder England ausgestrahlt werden, in denen Ermittlungen mittels Datenabfrage per Computer, chemischer und physikalischer Analysen in hochgerüsteten Labors oder Vergleichen des Drecks unter den Schuhsohlen eines Verdächtigen mit der untersuchten Erde am Tatort zum Erfolg führen, weiß das jeder interessierte Laie. So gesehen also nichts Neues. Nur das Spezifische, Besondere ist interessant.

Womit ich wieder bei der Kriminalgeografin Christine Leist aus der Forensic Intelligence Unit bin und damit bei den kriminaltechnischen Spurenanalytikern der englischen Kriminalpolizei. Ihr Job in der Gruppe dieser speziellen Einheit ist das Crime Mapping. Das ist zwar das erlernte Handwerk aller in England tätigen rund vierhundert Crime Mapper, aber die Deutsche kann noch mehr, als von Fall zu Fall ein Lagebild des Verbrechens zu erstellen. Mit dem Begriff »Lagebild« wird das weite Feld der Tätigkeit von Kriminalgeografen definiert – die kriminologische Technik, auf einem Stadtplan oder einer Landkarte mittels geografischer Informationen von raum-zeitlichen Koordinaten Tatorte und Täter zu verknüpfen und mögliche Parallelen zu interpretieren. Zum Beispiel können Crime Mapper vielleicht eine Serie von Taten identifizieren, die den draußen vor Ort tätigen Spurensuchern, den operativen Ermittlern, gar nicht auffallen würden. Wie das konkret abläuft, wird mir Christine Leist anhand von Beispielen noch selbst erklären, aber die Technik an sich beherrschen alle, die zur Forensic Intelligence von Scotland Yard gehören. Womit sich andere Kollegen aus der Abteilung Met Intelligence beschäftigen, lässt sich augenfällig leichter feststellen oder wenigstens vermuten, etwa wenn ausgestopfte Tiere die Schreibtische der Wildlife Crime Unit umstellen.

Die konkreten Tätigkeiten von Christine Leist dagegen fallen nicht gleich ins Auge. Eher sie selbst. Schlank, groß, schwarzhaarig, mit Lachfältchen, geschminkt, beringt, in Jeans und Boots sitzt sie vor dem Bildschirm ihres Computers hinten links am Fenster. Das alles sagt noch nichts darüber aus, woher sie kommt. Meine Beschreibung könnte ebenso gut passen auf eine junge Engländerin. Mode ist so international wie das Verbrechen. Drei Spuren auf der Ablage des Schreibtisches aber würden einen aufmerksamen Ermittler darauf hinweisen, dass diese Crime Mapperin wahrscheinlich nicht wie andere in der Forensic Unit zu den geborenen Untertanen Ihrer Majestät, der Königin des Vereinigten Königreichs von Großbritannien und Nordirland, liebevoll auch schlicht Queen genannt, gehören dürfte.

Auf jener Ablage am Fenster liegt eine grünweiße Schirmmütze, wie sie Schutzpolizisten in Deutschland tragen, da liegt eine weiche blaue Baseballcap, auf der das deutsche Wort »Polizei« steht, da stecken zwei fette schwarzrotgold-farbene Schreibgeräte in einem vasenähnlichen Becher. Immerhin also ein paar Indizien, mit denen sich weitere Ermittlungen anstellen ließen. So etwa würde ein Kriminalbeamter vorgehen, falls dies ein Tatort wäre, den er auf Spuren untersucht.

Tatsächlich ist es der Ort, an dem Christine Leist arbeitet. Sichtbar an den Veränderungen auf ihrem Bildschirm. Doch was man nicht sieht, ist die eigentliche Arbeit davor, sind die Kopfgeburten. Selbst die beste technische Software ersetzt nicht die im Gehirn des Menschen. Da leuchtet zwar bei einer Idee nichts auf, und es macht auch keine Synapse laut »Pling« wie bei der Übereinstimmung von Daten, einem Treffer im Netz, aber ohne Hypothesen, die sie zuvor aufgestellt hat, kann sie noch so oft den Computer hochfahren – sie wird dennoch nie erfahren, was sie wissen will. Für die Analysen, die ihr täglich Brot sind, braucht sie also Fantasie, doch ohne GIS wiederum würde ihr auch die nichts nützen. Was zum Teufel ist GIS?

GIS ist die Abkürzung für »Geografische Informationssysteme«. Damit arbeiten alle Crime Mapper. Sie umfassen eine geografische Standardsoftware, die jedoch je nach kriminaltechnischen Anforderungen mit unterschiedlichen Tools ausgestattet ist. »Tools«, Werkzeuge bzw. Dienstprogramme, werden in der

Computerwelt die virtuellen Hämmer und Feilen und Sägen und Schrauben und mitunter türbrechenden Äxte genannt. So sammeln sie Informationen, aus denen dann durch Analyse Wissen erwächst. Klingt komplizierter, als es für die Profis tatsächlich ist, denn es bedeutet mehr oder weniger nur, dass GIS als Verbindung von Geografie und gespeicherten Daten für die Bekämpfung der modernen Kriminalität so unverzichtbar ist wie Fingerabdrücke oder DNA oder Biometrik.

Das Prinzip GIS ist benutzbar für die Spurenanalyse bei allen möglichen Delikten. Nur mit GIS lässt sich zum Beispiel lückenlos nachweisen, wann und wo mit einem Handy telefoniert wurde und ob ein bestimmtes zeitlich und räumlich aktiviert worden war, als kurz darauf irgendwo in Chelsea oder in Notting Hill ein Einbruch stattfand. Es wird immer noch die Aufgabe der Ermittler sein, deren Besitzern nachzuweisen, dass dies kein Zufall war. Aber sie haben mit den Daten von GIS eine ziemlich überzeugende Waffe in der Hand, ein Tool, das, bei Verhören eingesetzt, seine Wirkung nicht verfehlt.

Mit GIS können Informationen verwendet werden, die für Landkarten und Stadtpläne frei zur Verfügung stehen oder auch bei Google Maps digital abrufbar sind. Das ist einfache Geografie. Aber mit dem System, dessen Software von Spezialfirmen entwickelt und verbessert wird, lassen sich zusätzlich Informationen über Objekte, über Personen, über Stromverbrauch, über den Einsatz von Kreditkarten, über Reiserouten aus Datenbanken, aus dem Material der Videoüberwachung, aus Satellitenfotos oder von der Spurensicherung holen und zu einem kriminalgeografischen Gesamtbild vereinen. Die eigentliche Kunst eines Crime Mappers besteht darin, alle denkbaren Verbindungen durchzuspielen und zu testen, um auf den möglicherweise entscheidenden Punkt zu stoßen. Ohne die Möglichkeiten, die ein schneller Rechner bietet, wäre das nichts weiter als eine feine Theorie. Doch mithilfe des entsprechend programmierten Computers wird es zur hilfreichen Praxis.

Auch deshalb ist Christine Leist – was sie selbstverständlich von sich weisen würde – mit ihren Fähigkeiten oder Befähigungen einzigartig. Alle Crime Mapper können im Prinzip, was sie kann, und sie kann im Prinzip, was die können. Sie jedoch beherrscht zusätzlich zum reinen Handwerk die Kunst, basierend auf der Software GIS, tiefer zu bohren, eine tiefengeografische Analyse von Tatorten und Taten und Tätern vorzunehmen. Die korrekte Bezeichnung für das, was sie tut, lautet deshalb Geoprofiling, und dementsprechend ist ihr Beruf der einer Geoprofilerin.

Zweite Voraussetzung für die wissenschaftliche Spurenanalyse der Met-Spezialisten ist eine Anweisung des britischen Innenministeriums, des Home Office, an alle Polizeidienststellen, wonach bei jeder geringfügigen Straftat, und sei es nur eine Schlägerei unter Betrunkenen, die Beamten am Tatort Fingerabdrücke und fürs DNA-Register Speichelproben nehmen müssen. Häufig werden in London sogar Abdrücke von Schuhsohlen gescannt, denn mit denen lässt sich heutzutage mehr anfangen, als sich das einst die Ermittler in ihrer Polizeihochschulweisheit träumen ließen. Bei Footwear Intelligence wird unter den so gespeicherten Tatortspuren zum Beispiel dann kriminaltechnisch nachgeforscht – GIS macht das auf Befehl! –, wo dieser Typ von Schuh, am liebsten ein seltener wie der Reebook 5534 oder der Nike 62, bereits an anderen Tatorten aufgetaucht ist, und dann in den Datenbanken nachgeschaut, wer von der Stammkundschaft mit genau dem schon einmal herumgelaufen ist.

Die nationalen Datenbanken werden im Home Office, verwaltet, die in London angefallenen Daten von der Metropolitan Police gespeichert. Sie zu einem Gesamtbild vereinen können nur Spezialisten. Vorausgesetzt natürlich, sie tippen die richtigen Daten ein und stellen die richtigen Fragen, die sich daraus ergeben. Beispiele: Was wissen wir genau über den Tathergang? Gibt es bei Einbrüchen auffällige Übereinstimmungen mit den jeweiligen Tageszeiten? Gibt es Wochentage, an denen in bestimmten Gegenden Frauen nachts nicht überfallen wurden? Könnte das den Schluss erlauben, dass der Täter zum Beispiel mittwochs seine Mutter im Altenheim besucht und deshalb an diesen Tagen keine Vergewaltigungen passieren? Weisen die Fluchtwege des Täters, notiert nach Aussage der Opfer, die sogenannten *Post Offence Movements,* in die Richtung seines Wohnortes? Welche Taten ähneln sich und könnten verlinkt werden trotz *Absence of Hard Evidence Forensics,* obwohl es also keine beweiskräftigen Spuren vom Tatort gibt? Der Unterschied zwischen *Hard Evidence* und *Intelligence only* ist entscheidend; Ersteres ist gerichtsverwertbar, das andere reicht für eine bestimmte Hypothese oder dazu, den Kreis der Täter einzuschränken.

GIS ist nicht nur ein Programm, nicht nur ein System, nicht nur Technologie auf höchstem Niveau, GIS ist die eigentliche entscheidende Waffe der Crime Mapper, denn nur mit GIS können sie in digitalen Stadtplänen das Böse sichtbar machen. Je mehr gespeicherte Daten aus dem Schattenreich sie dafür benutzen können, desto präziser ihre Analysen.

Mit einer prinzipiellen Definition von Verbrechen als *dem* Bösen ist Christine Leist einverstanden, denn ein so abstrakter Begriff beinhaltet, dass auch die Guten nicht davor gefeit sind, vom Bösen, das in ihnen steckt, verführt zu werden. Sie spricht deshalb nicht von den Bösen, die es zu finden, zu jagen gelte, denn die Guten hätten bisher vielleicht nur dank Umwelt, Erziehung, Abstammung oder gar Glück vermeiden können, dem auch in ihnen lauernden Bösen zu erliegen, ihm freien Lauf zu lassen. Sie denkt bei der Arbeit nicht in den Kategorien Gut und Böse, Moralisch und Unmoralisch, weil das eine kühle Spurenanalyse, die von ihr in der Forensic Unit erwartet wird, beeinträchtigen würde.

Auch das hat sie in der Vergangenheit nicht nur theoretisch gelernt, sondern an lebenden Fallbeispielen studiert: »Ich habe früher ein Jahr lang bei der Bahnhofsmission in München gearbeitet, in Vollzeit, nicht nur nebenbei im Nachtdienst. Und da habe ich viel gelernt über Menschen und allzu Menschliches, und wie schnell es gehen kann, dass einer abstürzt. Genau dabei habe ich zudem begriffen, was ich eigentlich wollte. Über Stadtgeografie und empirische Stadtforschung, über Sozialgeografie und erlebte soziale Aspekte in der Bahnhofsmission und schließlich dann GIS bin ich zum ersten Mal auf den Begriff »Crime Mapping« gestoßen. Ich wusste sofort, das ist es, was mich interessiert, das ist das, was ich will, dafür könnte ich brennen.«

Bewusst benutzt sie das Wort »brennen«, um ihre Leidenschaft für eine gerechte Sache zu beschreiben. Denn dass sie ein Gefühl von Befriedigung empfindet, wenn dank ihrer Spurenanalyse ein Straftäter von den Straßen Londons verschwindet, weil er einen festen Wohnsitz im Gefängnis verordnet bekommt, bestreitet sie nicht.

Christine Leist konnte zwar ein abgeschlossenes Studium der Geografie vor- und eine besondere Begabung für den Umgang mit Computern nachweisen, aber das hatte bisher nie für einen bestimmten Job in Deutschland gepasst. Zumindest nicht für einen, der sie langfristig hätte begeistern können. Aus der Mischung von Geografie und Betriebswirtschaft auf einer Planstelle Ökologischer Tourismus hätte sich bei einem der großen Reiseveranstalter, die gerade die Schlagwörter »Nachhaltigkeit« und »Umwelt« als Tools ihres Marketings entdeckt haben, vielleicht sogar was Sinnvolles entwickeln lassen. Probehalber hatte sie nach Abschluss des Studiums in einem Reisebüro auch mal damit angefangen, doch schnell war ihr klar, wie langweilig das auf Dauer für eine Frau wie sie sein würde. Offenbar gehört sie zu den Menschen, die auch als Erwachsene noch an das Buch ihrer Kindheit glauben, Maurice Sendaks »Higgelti Piggelti Pop«, wonach es im Leben mehr als alles geben müsse, irgendwo.

Doch wo dieses vage Irgendwo war, um Eigenheiten und Eigenschaften sinnvoll zu verbinden und am besten einzusetzen, wusste sie nicht. Wenn sie anderen erzählte, wovon sie träumte, stieß sie auf Unverständnis. Ihre Schilderung von der Arbeit eines Crime Mappers klang ja auch nach einem merkwürdigen Beruf, keinesfalls nach einer anständigen Betätigung für eine Frau. In England dagegen arbeiteten schon viele Kriminalgeografen im Auftrag Ihrer Majestät. Die von ihnen gelieferten Analysen von Taten und Tatorten und Tätern hatten oft entscheidende Hinweise für die Lösung eines Falls geliefert.

Selbst altgediente Cops, die anfangs spöttisch kommentierten, was ihnen die Wissenschaftler als Hilfe für die eigenen Ermittlungen im kriminellen Alltag der Metropole anboten, hatten begriffen, dass sie solche aufgezeigten Schnittmengen von Taten und Tatorten mitunter auf direktem Weg zum Täter führten. Sie konnten sich beschwerliche Umwege ersparen, die bei ihrer Arbeit anfielen, weil sie pflichtbewusst allen noch so unwahrscheinlich anmutenden Spuren folgen mussten. GIS erhöhte die Wahrscheinlichkeit, dass eine Spur einem bestimmten Tätertyp zugeordnet werden konnte, frei nach der wissenschaftlichen Erkenntnis, dass alles, was man tut, also auch das, was Verbrecher tun, einen Bezug zum Raum hat.

Crime Mapper sind in Großbritannien eine im speziellen Wissen um ihr Können und ihre Bedeutung verschworene Gemeinschaft von Wissenschaftlern. Im März 2003 wollen sie ihre erste mehrtägige Konferenz veranstalten, um mit den Besten des Fachs, vornehmlich Kollegen aus den Vereinigten Staaten von Amerika, Erfahrungen auszutauschen. Davon erfährt im fernen München Christine Leist aus dem Internet. Sie meldet sich spontan online als Kongressteilnehmerin an. Dass sie sich auf eine Expedition mit ungewissem Ausgang begibt, als sie Wochen später ein Flugzeug von München nach London besteigt, ist ihr bewusst. Damals war sie Anfang dreißig und mal wieder arbeitslos, aber sie hatte ja ein Ziel – Kriminalgeografin, Geopolizistin, Crime Mapperin.

Da es von dieser Profession jedoch nur wenige gibt, kennen sich auf der »First National UK Crime Mapping Conference« am 26. und 27. März 2003 in London alle persönlich. Jedes neue Gesicht fällt auf, gern darf es unter den vielen Männern ein junges hübsches weibliches sein. Diesmal gehört es Christine Leist, der Frau aus Deutschland, die nach London gekommen ist, weil sie einen Job sucht. Nicht irgendeinen, sondern einen bestimmten, ihren Traumjob. Jetzt, auf dieser Tagung der Crime Mapper, ist sie dicht vor ihrem Ziel. Wie dicht, das wird sie bald erfahren.

Der Mann, der sie während einer Kaffeepause neugierig fragt, von welcher Behörde in Deutschland sie komme, und dann, beeindruckt durch die Antwort, nämlich von gar keiner, sie sei hier auf eigene Rechnung und ohne Auftrag, laut Kollegen herbeiruft, Jungs, kommt mal her, ich will euch eine besondere Frau vorstellen, so eine fehlt uns, der Mann heißt Bob Milne. Er ist der Chef der Forensic Unit bei der Metropolitan Police, und weil Christine Leist genau da arbeiten will, hat sie zufällig den Richtigen getroffen. Das ahnt sie noch nicht. Die beiden unterhalten sich angeregt, denn sie spricht fließend Englisch und kennt alle für Außenstehende unverständlichen Fachbegriffe des Metiers. Sie erzählt von ihrer Ausbildung und dem, was sie bisher so alles gemacht hat. Sie klappt ihren Laptop auf. Sie zeigt ein paar selbst erstellte Analysen. Sie macht Eindruck. Milne bietet ihr einen Job in seiner Unit an, nicht einen, sondern den, den sie schon lange will. Das Risiko, auf eigene Faust nach London zu fliegen, hat sich gelohnt.

Natürlich klappt das nicht so einfach über Nacht. Die Briten wollen mehr von ihr wissen und vor allem alles über sie. Seit den Anschlägen von New York im September 2001 wird bis zum Beweis des Gegenteils zunächst in jedem Fremden ein potenzieller Terrorist vermutet. Weil es außerdem ungewöhnlich ist, dass eine deutsche Geowissenschaftlerin zur Polizei nach London zu den Crime Mappern wechseln will, dauern die Sicherheitsüberprüfungen noch länger als sonst. Parallel dazu sind Personalgespräche nötig, in denen es um ihre künftigen Aufgaben geht, die Bezahlung, die Laufzeit des Vertrags, wofür sie erneut und wieder auf eigene Kosten nach London fliegt. Der erste Eindruck, den Bob Milne im März von ihr gewonnen hat, den von Leidenschaft und Kompetenz und Courage, erweist sich als nachhaltig. Insgesamt wird es bis zu einer endgültigen Zusage knapp vier Monate dauern, das hatte man ihr gesagt.

Die Zeit nutzt sie, um im Serengeti-Nationalpark bei einem Projekt mitzumachen, bei dem die traditionellen Wanderwege der Gnus, von denen es nach Schätzungen mehr als hunderttausend gibt, kartografisch erfasst werden sollen. Der Job hat aber bereits indirekt mit ihren künftigen Aufgaben zu tun. Es geht nicht allein nur darum, basierend auf geografischen Informationssystemen, Gnus zu orten, sondern auch die, die ihnen ans Leder wollen, die Wilderer, hat also bereits indirekt mit ihren künftigen Aufgaben zu tun. Die Plätze herauszufiltern, an denen die bevorzugt attackieren. Und außerdem übt sie in Tansania die praktische Anwendung dessen, was sie in der Theorie studiert hat, nämlich den Umgang mit GIS.

2004 fängt sie, schlecht bezahlt, aber »es war nun mal das, was ich immer wollte«, in der Forensic Intelligence Unit in London an. Die Methodik ihrer Arbeit war der Wissenschaftlerin durch ihr Studium geläufig, doch wenn sie jetzt Erfolg hat, landen die Subjekte ihrer Bemühungen im Knast. Christine Leist: »Das Operative reizt mich mehr, also auch mal bei Ermittlungen direkt dabei zu sein. Ich bin froh, bei der Polizei gelandet zu sein.« Die Grundfrage lautet immer: Hat der Ort, den sie auf ihrem Stadtplan markiert hat, der Tatort, den Täter »gefunden«, oder hat der Täter den Ort gewählt, und was könnte sich daraus als möglicher Schluss für die Suche nach dem Täter ergeben? Klingt simpel, aber die Technik, die hinter dieser einfachen Frage steht und anhand derer nach Antworten gesucht wird, ist das eigentlich Spannende an dieser Art der Verbrecherjagd.

Die Position, für die sie als gelernte Crime Mapperin seit nunmehr sieben Jahren vom britischen Staat – und inzwischen ganz gut – bezahlt wird, heißt Forensic Intelligence Officer, frei übersetzt »kriminaltechnische Spurenanalytikerin«. Allgemein wird das gesamte kriminalistische bzw. kriminologische Fachgebiet zwar Crime Mapping genannt. Doch das stimmt nur oberflächlich, dahinter und darunter verbirgt sich mehr. Viel mehr, wie ich in jener Ecke, in der ich mit ihr vor einem Computerbildschirm sitze, noch erfahren werde, wenn sie mir die faszinierenden Möglichkeiten von GIS anhand konkreter Beispiele erklärt. Generell haben Crime Mapping und Forensic Intelligence ja nichts miteinander gemein, sie wollte anfangs ja auch nur das erworbene GIS-Wissen im neuen Job einsetzen. Doch merkte sie bald, dass die beiden polizeilichen Methoden sehr gut zueinanderpassen, was sie dann auch bei internationalen Konferenzen begründete.

Zunächst einmal möchte ich jedoch von ihr persönlich mehr wissen. Die anfangs erwähnten Kleinigkeiten wie Polizeimütze, Baseballcap, Schreibgerät sagen ja noch nichts aus über die Biografie der Person, höchstens über ihre Herkunft. Nichts Handfestes über ihren konkreten Weg, sondern nur über das erreichte Ziel. Für das zu erstellende Profil der Geoprofilerin Christine Leist brauche ich Informationen aus erster Hand, in dem Fall der ihren, denn ihren Namen zu googeln reicht nur für eine oberflächliche Annäherung, für einen Augenblick. Was man aus den allgemein zugänglichen Daten der Geografie – Flüsse, Städte, Straßen, Wälder – erfährt, bleibt ebenso Stückwerk wie das, was Google über eine bestimmte Geografin preisgibt. Mit GIS lassen sich Schicht für Schicht objektbezogene Daten erforschen, lassen sich Räume digital erfassen, lassen sich unsichtbare Beziehungen zwischen Daten und Menschen in diesen Räumen und Objekten aufzeigen. Tatorte werden dabei zum Beispiel geordnet, um sogenannte Ankerpunkte zu finden. Diesmal hilft fürs Verständnis sogar die simple Bedeutung des Wortes: »Ankerpunkte sind ein oder mehrere Orte, die im Leben eines Täters eine zentrale Rolle spielen oder gespielt haben, und zwar so zentral, dass er die Umgebung gut kennt, also nach einer Tat fliehen kann, ohne sich zu verlaufen. Das ist der heutige Wohnort, das sind frühere Wohnorte, das ist das Elternhaus, das kann auch das Appartement einer Exfreundin sein«, so Leist.

Andererseits bewegen sich schlaue Täter gerne in einer Pufferzone rund um ihren Ankerpunkt, um nicht zufällig da aufzufallen, wo sie tatsächlich wohnen. Natürlich gibt es mobile Täter, die nur kurz an die ausgespähten Tatorte pendeln, eine Straße mit Juwelierläden im Stadtzentrum, um dort nach der Methode *Smash and Grab* schnell Beute zu machen und ebenso schnell, am liebsten per Motorrad, wieder abzuhauen. Interessant wird es immer dann, wenn sich zwischen zwei Ankerpunkten, Wohnort und Tatort, sinnvolle Verbindungen herstellen lassen durch eine von GIS gefundene Beziehung.

Was Christine Leist auf der Suche nach Ankerpunkten anfangs

macht, könnte im Zweifelsfall sogar ich. Sie ruft einen digitalen Stadtplan von London auf, in dem Plätze und Sehenswürdigkeiten und Paläste und Brücken und natürlich die Themse eingetragen sind. Das gesamte Gebiet ist aufgeteilt in die zweiunddreißig Bezirke der Metropole, die Borroughs, jeweils in ihren Verwaltungsgrenzen. Was einem Ortsfremden wie mir nichts sagt und im Übrigen auch nichts aussagt über die Mobilität von Tätern. Die wissen wahrscheinlich ebenso wenig, wo etwaige Bezirksgrenzen verlaufen, sobald sie die Anker lichten.

Schon mit dem nächsten Mausklick aber stößt sie in die nächste Schicht vor, und die geht tiefer, da wird es interessant, und da sind nur noch Profis wie sie gefragt. Denn jetzt tauchen auf der Landkarte viele rote Punkte auf. Die stehen für viele Tatorte. Die Linien zwischen denen könnten dann, unabhängig von Borroughs, die Wege möglicher Täter zeigen. Entweder auf dem Weg zur Tat oder auf dem Weg zurück nach Hause. Ob es sich bei den markierten Punkten um Einbrüche oder Vergewaltigungen oder Überfälle oder Morde handelt, wird sie mir noch erläutern. Was Geoprofiling allerdings nicht kann, ist das im Verborgenen stattfindende Verbrechen, also Kindesmissbrauch, häusliche Gewalt und natürlich vor allem das riesige Dunkelfeld namens Cyber Crime, zu erhellen.

Mich interessiert aber erst mal, wie es die Deutsche aus einer schwäbischen Provinzstadt in eine weltberühmte Polizeiabteilung der Metropole London verschlagen hat, wobei die Bezeichnung »verschlagen« aufgrund ihres Vorgehens ja nicht passt. Denn dahin hat sie sich ja selbsttätig durchgeschlagen. Christine Leist schüttelt ihre schwarzwilde Mähne, lacht laut ansteckend, greift unbewusst an den winzigen silberfarbenen Stein an ihrem dezent gepiercten linken Nasenflügel und könnte, so wie sie in dem Moment aussieht, vieles andere sein als ein analytisch denkendes begabtes Mitglied der Forensic Intelligence Unit London. In einer solchen Spezialeinheit vermutet man eher früh ergraute Wissenschaftler oder jugendlich zuckende Nerds, aber keine wie sie, die perfekt in einen Film wie *Blair Witch Project* passen würde. Nicht weil sie wie die »Blair-Hexe« wirkt, sondern weil der mit einer Handkamera verwackelt gedrehte Erstlingsfilm, der weltweit Kultstatus erlangte wegen seiner mysteriösen mörderischen Handlung, zumindest atmosphärisch etwas gemein mit ihrer Arbeit hat. Mit den möglichen Tatorten, einer Hütte, einem Friedhof, einem Wald, hätten aber selbst Christine Leist und ihr bester Freund und Helfer, der Computer, ihre liebe Mühe gehabt.

Aufgewachsen ist das Mädchen Christine im schwäbischen Aalen. Nach dem Abitur hat sie – das ist noch nicht ungewöhnlich – eine Auszeit genommen, um endlich mal mehr zu sehen als die heimische Provinz, und war für ein halbes Jahr nach Australien gereist. Sie als junge Frau allein unter Männern, deren Vertreter in *Down Under* als hartleibige Machos gelten. Aber erstens fürchtet sich die einst erfolgreiche Speerwerferin nicht, und zweitens war sie schon immer lieber neugierig als vorsichtig. Eigenschaften, die sie heute noch hat und braucht. Gebracht hat ihr Australien außer einem erweiterten Wortschatz, wozu nicht ausschließlich die feinsten Ausdrücke der englischen Oberschicht gehörten, Sicherheit in der fremden Sprache.

Zurück in Deutschland, begann sie an der katholischen Universität im bayerischen Eichstätt ein Geografiestudium, Schwerpunkt Sozialgeografie, im Nebenfach belegte sie Betriebswirtschaft. Wie schwierig es sein würde, einen passenden Beruf zu finden trotz Diplom, das ahnte sie früh. Sie hatte zwar Träume, aber sie machte sich keine Illusionen: »Eigentlich kann man mit diesem Studium nur Taxifahrer werden, hat mir mal lakonisch ein Professor gesagt, als ich ihn fragte, wo ich später mal eine feste Anstellung finden könnte.« Als sie das erzählt, lacht sie wieder so fröhlich laut, dass die in ihre Bildschirme vertieften Kollegen im Büro zumindest kurz den Kopf heben.

Sie wollte jedoch nach ihrem Abschluss nicht als Taxifahrerin beginnen, sondern es in einem mit dem Studium zusammenhängenden Beruf versuchen. Aber die Probleme von Wasserwirtschaft und Raumplanung interessierten sie nicht wirklich. Stattdessen machte sie nach dem Diplom per Fernstudium weiter, legte im speziellen Fach der Geografischen Informationssysteme eine Reifeprüfung der besonderen Art ab, denn GIS lieferte ihr das nötige praktische Handwerkszeug für alles, was sie beim Studium der Geografie theoretisch gelernt hatte. Es kam ihr dabei der technische Fortschritt in Form des Computers zu Hilfe. »Ich habe schon früh verstanden, welche Möglichkeiten diese Technik gerade für meine Wissenschaft bot.« Ohne Computer würde es heute nicht das geben, was ihre Profession ausmacht – digitale Landkarten des Verbrechens herzustellen.

Danach suchte sie, theoretisch bestens gerüstet mit Geografie plus GIS plus Laptop, einen Job, der dazu passte und für den sie sich begeistern könnte. Das verlief ähnlich mühsam wie eine Spurensuche am Tatort. Sie allerdings suchte nach Orten, an denen ihre Fähigkeiten gefragt sein könnten. Wo gibt es in Deutschland Crime Mapper, und wo kann ich mich bewerben? Dabei zeichnete sie der Mut aus, sich auf unbekanntes Gelände auch dann vorzuwagen, wenn es keine Seile gibt, an denen sie sich bei Gefahr würde festhalten können. Als sie Anfang 2003 von jener ersten Crime-Mapping-Konferenz erfuhr, die in London stattfinden würde und zu der Experten aus der ganzen Welt erwartet wurden, nützte sie deshalb die Chance und flog hin.

Bereits ein Jahr nach ihrem Dienstantritt referierte sie mit ihrem ersten Chef, eben Bob Milne, gemeinsam bei einer Konferenz in Savannah, South Carolina, zum Thema »Mapping of Forensic Data«, was bereits auf den Erfahrungen ihrer praktischen Arbeit in London beruhte: Wie lassen sich Spuren von Taten und Tatorten geografisch so verknüpfen, dass sie den Ermittlern in einem Verbrechen helfen, die Täter zu lokalisieren?

Warum hat sie, statt nach London zu fliegen, nicht versucht, sich mit ihren Fähigkeiten dem Bayerischen Landeskriminalamt anzudienen oder gar dem Bundeskriminalamt in Wiesbaden? Das LKA wäre doch ideal gewesen, denn München war damals die Stadt, in der sie lebte. Auf die Idee ist sie natürlich auch gekommen. Sie hat sich beworben, bekam auch einen Termin, um sich vorzustellen. Man hörte ihr interessiert zu, doch Planstellen für

Crime Mapper gab es nicht. Die Kripobeamten hatten keine Erfahrungen mit den Möglichkeiten der geografischen Informationssysteme bei der Verbrechensbekämpfung gemacht. Kriminalgeografie war ein unbekanntes Terrain, war absolutes Neuland. Innerhalb des Systems Polizei fehlte es deshalb an Fantasie, sich vorzustellen, was man bei der Strafverfolgung mithilfe akademischer Quereinsteiger anfangen könnte.

Das haben die Bayern inzwischen längst begriffen, sie sind ganz vorn, weiter als andere Landeskriminalämter. Sie versuchen diesen Vorsprung auszubauen und direkt von den Hochschulen IT-Spezialisten zu verpflichten, denen sie die übliche Ochsentour in verschiedenen Abteilungen der Behörde ersparen. Sie haben nicht nur GIS in ihre kriminalistische Arbeit integriert, sie benutzen außerdem ein hochmodernes Visualisierungssystem des Verbrechens, abgekürzt GLADIS – »Geografisches Lage-, Analyse-, Darstellungs- und Informationssystem«. Damit lassen sich jederzeit alle Straftaten in München oder Bayern aufrufen, die zu einer bestimmten Tages- oder Nachtzeit und in einer bestimmten geografischen Umgebung begangen wurden. Und es lässt sich alles verknüpfen mit Beschreibungen von Tätern, von Tathergängen, von dabei benutzten Waffen. Das Geoprofiling, wie Officer Leist es in England betreibt, gehört für die bayerischen Top Cops zum Alltag.

Christine Leist versuchte es damals auch beim Bundeskriminalamt in Wiesbaden. Sie wurde dort nicht nur freundlich empfangen, sondern traf sogar auf Kundige. Das BKA hatte bereits eine GIS-Abteilung. Doch die stand damals kurz vor der Auflösung oder wurde gerade in ein anderes Referat integriert, das weiß sie nicht mehr so genau. Jedenfalls gab es auch da keinen Job für sie. Deshalb blieb ihr nur der Weg in die Ferne nach London. Die Vereinigten Staaten von Amerika wären ideal gewesen, denn wissenschaftliche Forensiker sind da schon lange integriert in polizeiliche Ermittlungsarbeit, wie jeder gebildete deutsche Fernsehzuschauer seit Serien wie *Navy CSI* oder *CSI Miami* oder *The District* weiß, wo die Arbeit der kriminaltechnischen

Spurensucher als so wesentlich vorgeführt wird wie die der Ermittler draußen am Tatort. Was die Amerikaner der jungen Deutschen anbieten konnten, war jedoch nur ein unbezahltes Praktikum in Washington. Da hätte sie sicher viel dazugelernt, aber wovon hätte sie in den sechs Monaten der Ausbildung leben sollen? Deshalb flog sie an jenem Märztag des Jahres 2003 nicht über den Großen Teich in die amerikanische Hauptstadt, sondern nur über den Kanal in die britische.

Die Metropolitan Police Services, zu denen die Forensic Unit gehört, werden zwar noch immer Scotland Yard genannt, weil das nun mal weltweit verstanden wird als Synonym für kriminalistische Kompetenz und Effizienz. Das heutige Hauptquartier der MPS, zuständig für Greater London mit Ausnahme des kleinsten Stadtteils City of London, der eine eigene kleine Polizeibehörde unterhält, wurde erbaut am New Scotland Yard, weshalb der traditionelle Name zu Recht weiterlebt. Einzelne Abteilungen sind in andere Gebäude, andere Straßen, andere Borroughs umgezogen, zum Beispiel in den Stadtteil Vauxhall, wo sich auch der Geheimdienst MI 5 in einer riesigen Neubau-Festung niedergelassen hat. An ihr komme ich vorbei auf meinem Weg zur Forensic Intelligence Unit.

Direkt neben einem streng bewachten, elektronisch gesicherten Tor von MI 5 kriechen die gelben Amphibienbusse der touristischen Attraktion *London Duck Tour* nach ihrer Fahrt auf der Themse wieder an Land. Dass dies den Geheimdienstlern nicht passte, ist irgendwie verständlich. Sie hatten jedoch keine Chance gegen den hochadligen Besitzer des entsprechenden Stückchens Land, der sich *not amused* zeigte, als ihm die Behörde mit Enteignung drohte, und daraufhin stur auf seinem jahrhundertealten Recht bestand. Inzwischen herrscht friedliche Koexistenz. Die Fahrer der gelben *Ducks* freuen sich, ihren Kunden eine weitere Attraktion außer Buckingham Palace, Tower, Westminster Abbey und Themse zeigen zu können – die Zentrale des legendären britischen Secret Service, dessen berühmtesten Agenten 007 alias James Bond alle Touristen kennen.

In der Nähe, schräg gegenüber von einem italienischen Cof-
feeshop, dessen Besitzer Christine Leist später mit »Hello darling,
how are you?« begrüßen wird, ist in einem mehrstöckigen Gebäude auch die Forensic Unit untergebracht. Jenseits des Innen-
hofs, auf dem sich je nach Stärke der Sucht stündlich oder nur
mittags unter freiem Himmel die neuen Outlaws sammeln, die
Raucher, sind alle Fenster dunkel. Dahinter trifft sich bei akuten
Anlässen wie zum Beispiel einem Fall von Kidnapping oder bei
einer Geiselnahme der Krisenstab der Met.

Die deutsche Crime Mapperin kennt sich nicht nur aus mit
speziellen Tools des GIS, die sie bei ihren Analysen einsetzt, sie
hat auch die speziellen Eigenheiten der MPS auf ihrer Festplatte
namens Hirn abgespeichert. In der Behörde wird, wie überall
auf der Welt in ähnlichen Einrichtungen, streng darauf geachtet,
dass keiner die Hoheitsgebiete des anderen verletzt. Die heißen
zum Beispiel *Territorial Policing* oder *Special Crime Directory*, was so
viel bedeutet wie eine polizeiliche Gebietsaufteilung von Tatorten oder eine spezielle Datei von Verbrechen. Da es ihr um die
Sache geht, nimmt sie auch dann Rücksicht auf sture Cops, wenn
es leichtfallen würde, sie als rückständig vorzuführen, sie bloßzu-
stellen und sie ihre analytische Überlegenheit spüren zu lassen.
Höflich spricht sie von ihnen als den Kunden, die sie mit ihren
Arbeiten überzeugen müsse, denn was würde es jener gerechten
Sache nützen, wenn sie zwar ihre wissenschaftlichen Fähigkeiten
demonstriert anhand vieler digitaler Charts und sich in der Be-
wunderung ihrer unmittelbaren Kollegen sonnt, aber die Detektive damit nichts anfangen können in ihrer praktischen Arbeit!
Ähnlich denken ja auch die Vor- und Nachdenker des Kriminalistischen Instituts beim Bundeskriminalamt.

Die Polizeieinheiten der zweiunddreißig Borroughs von London haben mit der Forensic Unit der Met nichts gemein, viele
mit ihr auch nichts im Sinn. Sie müssen die Unit bei Fällen innerhalb ihrer Verwaltungshoheit weder kontaktieren noch ernst
nehmen. Einige haben sogar hauseigene Crime Mapper. Sie sollten aber lieber doch kooperieren. Erstens würden sie sonst Ärger

mit ihren Vorgesetzten im Innenministerium bekommen. Zweitens wären sie schön blöd, was die meisten nicht sind, denn selbst die stursten *Chief Inspectors* haben begriffen, dass sich Kriminelle nicht an ihre Bezirksgrenzen halten, sondern über deren Grenzen hinaus aktiv sind. In den Borroughs, die alle eine eigene Polizeieinheit beschäftigen, war es früher so ähnlich wie in Deutschland. Einzelkämpfer prägten das Bild. Polizisten in den Revieren vor Ort betrachteten die Wissenschaftler mit ihren Analysen schon deshalb voller Misstrauen, weil die nicht polizeilichen Stallgeruch hatten. Christine Leist erst recht nicht. Die roch noch nicht einmal entfernt nach Polizei, die roch einfach nur gut.

Anfangs war sie natürlich für die Jungs der Met schon deshalb eine Exotin, weil sie aus Deutschland kam, dessen Bild noch oft von schwachsinnigen »Krauts and Huns«-Fernsehfilmen, vorzugsweise ausgestrahlt am Sonntagnachmittag, geprägt wird. Unter den vierhundert Analysten, alle Hochschulabsolventen so wie die von der Kriminaltechnik des Bundeskriminalamtes, war sie optisch eine Ausnahmeerscheinung, aber bald vor allem wegen ihrer analytischen GIS-gestützten Fähigkeiten anerkannt. An Tagen, an denen es für sie keine konkreten Anfragen gab, weil Analysen ihrer Kollegen dringender gefragt waren, begab sie sich spielerisch suchend auf Neuland. Oder sie nahm sich, mal wieder auf eigene Faust, anhand der aktuellen Methoden alte Fälle vor. Achtete jedoch stets darauf, sich nicht etwa auf einen Ego-Trip zu begeben, sondern teamfähig zu bleiben. Das offizielle Motto der Metropolitan Police Services lautet »Working together for a safer London« und gilt auch für sie. Die Analysten der Forensic Unit verstehen sich tatsächlich als Einheit.

Einer ihrer Ermittlungsansätze, mit denen sie dann das GIS fütterte, betrifft das *Doughnut Hole*. Das ist, einfach ausgedrückt, ein Loch auf dem Stadtplan, wo bei bestimmten Delikten nie der rote Punkt auftaucht, der gewöhnlich die Tatorte symbolisiert. Was sagt uns das? Mir nichts, aber ihr schon. Könnte es sein, dass da deshalb so eine große Lücke klafft, weil es genau die Gegend ist, wo der Täter wohnt? Könnte es sein, dass er eine Pufferzone um seine Adresse berücksichtigt und seine Taten weit entfernt von der begeht? Und falls es so sein sollte, dann liegt ja der Schluss nahe, dass man ihn dort suchen muss. Das kann gelingen. Dabei helfen gespeicherte Erkenntnisse in der Met-Datenbank. Die enthält zum Beispiel die in bestimmten Fällen aufgefallenen Verdächtigen mit ihren durch Teile eines DNA-Strangs ermittelten genetischen Kennzeichen selbst dann, wenn es aufgrund dünner Beweislage nie zu einer Anklage oder gar einer Verurteilung gekommen ist. Werden die von einer Geoprofilerin verlinkt mit Adressen und mit Spuren vom Tatort und würde dann ein Licht im »Loch« aufblinken, hätten die Kollegen draußen einen konkreten Ansatzpunkt für ihre Ermittlungen. Ohne Computer wäre das undenkbar, nur GIS kann die Datenmassen so ordnen und räumlich bündeln, so verlinken, dass aus dem Puzzle ein Lagebild wird.

Es ist deshalb ein großer Unterschied, Zeitfaktor genannt, wenn Menschen per Hand für die mögliche Verknüpfung von Tatorten Kopfnadeln auf eine Landkarte an der Wand stecken – so begannen einst die ersten Versuche in Kriminalgeografie – oder ob per Knopfdruck auf einem Bildschirm farbige Flächen, Linien, Punkte, 3-D-bewegte Häuser erscheinen, darauf womöglich digital nachgestellt sogar die Richtung, aus der beim Fall XY geschossen wurde. Es ist genau diese Technik, die Christine Leist beherrscht. Von ihrem GIS spricht sie fast so zärtlich wie Frauen von einem Liebhaber oder Männer von einer Geliebten oder wie eine Mutter von ihrem Kind: »Bei uns in England muss jeder Polizeidistrikt in einem bestimmten Abstand eine *Crime Map* über die Straftaten in seinem Bereich veröffentlichen. Das ist eine Visualisierung von Statistiken, keine Analyse. Das kann mit dann tatsächlich greifbaren Ergebnissen nur GIS.«

Was die besondere Eigenschaft von GIS ausmacht, ist die Fähigkeit, hinter einer sichtbaren Oberfläche Schicht für Schicht das Wesentliche sichtbar zu machen. Eine Karte zeigt blau irgendein Gewässer, zum Beispiel einen See, zeigt rote Punkte, die Häuser symbolisieren, und eine graue Linie, die für eine Straße steht. GIS holt sich blitzschnell, falls die nötigen Daten in einer Datenbank gespeichert sind, weitere Auskünfte: Wie viele Kubikmeter Wasser befinden sich normalerweise im See, bei welcher Menge von Regen tritt es über die Ufer, welche der Häuser, deren Adresse und Bewohner GIS selbstverständlich kennt, wären dann durch die Überschwemmung bedroht, wie viele Unfälle auf den Straßen sind in den zurückliegenden zwölf Monaten passiert, zu welcher Uhrzeit hat es am häufigsten gekracht usw.

Das alles liefert GIS nicht freiwillig, es müssen die richtigen Fragen gestellt und in die Systeme eingegeben werden. Kartografische Informationen sind in der Regel und in Friedenszeiten öffentlich und basieren auf Daten, die sich auf einen klar begrenzten geografischen Raum beziehen. So entstehen Landkarten oder Stadtpläne. In speziellen Fällen der Forensic Intelligence Unit werden solche geografische Daten per Eingabe von exklusiven, nicht handelsüblichen Daten aufgemischt und präzisiert. Exklusivmaterial der Met. Christine Leist hat in ihrer Funktion auf diese Daten Zugriff, denn ohne die könnte sie ihre Arbeit nicht machen. Es geht dann ja nicht mehr darum, zu erfahren, wo in London die meisten Alten leben und wo die meisten Jungen, wo die meisten Arbeitslosen und wo die meisten Banker, sondern vielmehr darum, wo die meisten Einbrüche stattfinden und die meisten Vergewaltigungen und die meisten Raubüberfälle oder wo die meisten Morde und Bandenkriege zwischen Jugendlichen an der Tagesordnung sind.

Sobald Christine Leist dazu Informationen eingibt in ihren Stadtplan, erscheint auf ihrem Bildschirm ein ganz besonderes Szenario – eines, das Verbrechen sichtbar macht. Aus vielen heterogenen Informationen entsteht durch Analyse polizeiliches Spezialwissen. Gespeist von Spuren, die an den jeweiligen Tatorten von Ermittlern draußen entdeckt und, als Datei gespeichert, jetzt von ihr und ihren Kollegen im Großraumbüro in ihre Rechner eingegeben werden. Sie begeben sich gemeinsam auf die Jagd, sowohl die Beamten draußen im Dschungel der Großstadt als auch ihre Helfer drinnen in den Büros vor den Bildschirmen. Unwichtig, wer von ihnen am Ende gewinnt. Wichtig ist nur, dass die Täter verlieren.

Das dahintersteckende Prinzip der Kriminalitätsbekämpfung hat 1967 bereits der spätere BKA-Chef Horst Herold begriffen und mit den ihm zur Verfügung stehenden Mitteln, hauptsächlich dem eigenen Verstand, als Polizeipräsident von Nürnberg vor Ort getestet. Man nannte es Kriminalgeografie. Kein schlechter Begriff, auch heute noch. Als er der Fachwelt seine Theorie in einem wissenschaftlichen Aufsatz vorstellte, erwähnte Herold in einer Fußnote lobend den »Kartenraum von New Scotland Yard«, denn dort würden »Karten geführt, die Auskunft geben über Ort und Häufigkeit des Vorkommens und den Umfang bestimmter Verbrechensarten in dem Zuständigkeitsbereich der Londoner Polizei«.

Die noch heute geltenden wissenschaftlichen Grundlagen, die Thesen des fränkischen Kriminologen aus Passion, besagen ja, dass der eigentliche Nutzwert für die Strafverfolgungsbehörden darin besteht, bei allen Analysen vom Raum auszugehen. Da nickt Christine Leist. Ja, so ist es. Denn ein bestimmter Raum ist jener Fleck auf der Karte, meist leuchtend rot gekennzeichnet, heute auch »Hotspot« genannt, wo sich Verbrechen häufen. Das festzustellen ist zumindest statistisch betrachtet eine ziemlich leichte Übung. Zu Herolds Zeiten geschah das per Handarbeit auf Deliktkarten, heute reicht ein Mausklick.

In Nürnberg gab es zwar selten Mord, aber regelmäßig Überfälle und Einbrüche. Um die Tätermobilität zu erkunden, ließ Herold damals kartografisch Delikte pro Fläche, Wohnsitze möglicher Täter pro Fläche und die Ergebnisse der Spurensicherung auflisten. Daraus entwickelte er Hochrechnungen, um zu ermitteln, wo nach aller Wahrscheinlichkeit Täter zuschlagen würden: »Mein kriminalgeografisches System war vor allem ein schutzpolizeiliches Präventionsinstrument, das erstmals automatisiert als Feedback den Kräftebedarf des vorbeugenden Streifendienstes aufgrund aller Parameter errechnete und als Befehl verbindlich machte. Nicht ich als Polizeipräsident ordnete Ort, Zeit und Umfang des Streifendienstes an, sondern der Computer. Nicht die vermeintliche Erfahrung bestimmte den Einsatz, sondern die

Kriminalität selbst – so wie die Steuerung der Verkehrsampeln durch das Verkehrsaufkommen bestimmt wird. Als Nebenprodukte wurden sichtbar die geografischen Beziehungen zwischen Täterwohnsitzen und Tatorten.«

Es gelang ihm innerhalb weniger Jahre, die Kriminalitätsrate der Stadt zu halbieren, indem er Polizisten dort präventiv einsetzte, wo laut Hochrechnung am häufigsten Straftaten passierten, sie nicht, wie sie es gewohnt waren, in ihren Revieren beließ, wo sie laut Stellenplan nun mal hingehörten, egal, ob da je Ungesetzliches geschah oder immer alles friedlich blieb. Herold: »Mein Ziel war es, ein nach kybernetischen Prinzipien funktionierendes System zu konstruieren, das die örtliche Kriminalität im Zangengriff von Tataufklärung und Verhütung reduziert.« In bestimmten relevanten Räumen setzte er seine Leute ein, denn die Grundlagen der Kriminalistik beruhen auf »Ermittlungen und Untersuchungen der Beziehungen zwischen Raum und Kriminalität«. Das könnte mir ebenso gut Christine Leist mehr als dreißig Jahre später in London gesagt haben.

Herold verstand darunter die »Beziehungen, die sich zwischen der Kriminalität einerseits und Klima, Boden, Landschaft, Geschichte, Wirtschaftsgeschehen und Bevölkerungsbewegungen andererseits ergeben«, sowohl in den Vierteln der besseren Kreise als auch in denen der nicht so gut Gestellten. Gekennzeichnet jeweils mit den üblichen Stecknadeln auf Karten, denn nur so konnten damals auf einem Stadtplan Tatorte dargestellt werden. Allenfalls ließen sich noch Linien ziehen zwischen den einzelnen Punkten, um mögliche Querverbindungen zu erkennen, die sich nach Lektüre der Akten auf den ersten Blick nicht ergeben hatten. Doch das war es dann auch schon, mehr ging damals nicht.

Bis der Kollege Computer zum Dienst antrat und sich mit ihm die Möglichkeit ergab, nicht nur Punkte und Linien darzustellen, sondern auch wegzukommen von den Plänen an der Wand, Schichten hinter dem Sichtbaren freizulegen, in die dritte Dimension zu klicken, Bewegungen aufzuzeigen. Dabei waren nicht wie bisher Täter oder Tätergruppen allein ausschlaggebend, sondern der »Raum und seine Merkmale, in denen er sich von anderen Räumen unterscheidet«, wie Herold es formulierte, in seinem Beispiel die Stadtmitte von Nürnberg und ein stiller Vorort. Was mit dieser Methode nicht erforschbar war, nahm er aus den Hochrechnungen raus, also Urkundenfälschung, Ladendiebstahl, Notzucht in Privatwohnungen. Doch bei sogenanntem »Raub auf dunklem Wege« war der kriminalgeografische Modellversuch erfolgreich. Prävention durch polizeiliche Präsenz schreckte Kriminelle ab. Die Beamten waren vor Ort, bevor die Täter ankamen. Horst Herold im Rückblick auf die Zeit des kriminalgeografischen Aufbruchs: »Die Methode ist nur dann erfolgreich, wenn das Prinzip flächendeckend angewendet wird und nicht an irgendwelchen Stadt- und Verwaltungsgrenzen endet, denn nur dann nämlich finde ich Täterströme, und nur dann kann ich daraus Schlüsse ziehen.«

Heute ist das technisch kein Problem mehr, denn virtuell gibt es keine natürlichen Grenzen mehr. Weshalb der ehemalige BKA-Chef nicht verstehen kann, dass Crime Mapping, Kriminalgeografie per GIS, vom Bundeskriminalamt eher wie ein Bastard der Kriminologie behandelt, also kaum beachtet wird. Denn eigentlich ist Crime Mapping nicht nur wesentlich für die Ermittlung möglicher Täler, weil man inzwischen ja sogar ihre Mobilität berechnen kann, sondern spart auch noch Geld. Ohne personellen Mehraufwand ließe sich rationale Polizeiarbeit leisten, indem man Kräfte in einem bestimmten Raum bündelt, wo die meisten Taten begangen werden.

Im Hotspot der Touristen, im Borrough Westminster, sind es hauptsächlich Taschendiebstähle, in anderen Borroughs von London dagegen Messerstechereien zwischen rivalisierenden Gangs. Christine Leist: »Wir werden unabhängig von Anfragen auch dann tätig, wenn Verbrechen über die Grenzen eines Borroughs hinausgehen. Was bei Sexualdelikten wie Vergewaltigungen regelmäßig der Fall ist. Denn ein Serientäter dieser Art ist mobil, er sucht Gelegenheiten, und die sucht er überall.« Viele Sexualtäter aber schlagen eher lokal zu, zum Beispiel in Diskotheken in ihrem Viertel, weil es dort eine größere Auswahl an potenziellen Opfern gibt und weil auch viele leichter zu überwältigen sind, müde und nicht mehr ganz nüchtern, wenn sie nach Hause gehen. Die Liste über Sexualstraftaten in London wird alle vierundzwanzig Stunden aktualisiert und im polizeilichen Intranet publiziert. Weil es so viele Täter gibt – vom Exhibitionisten bis zum brutalen Vergewaltiger –, hilft nicht die übliche GIS-Methode der Verlinkung aufgrund von Tatortspuren, sondern nur die von übereinstimmenden Aussagen der Opfer darüber, wie sich der Unbekannte bei der Tat verhalten hat. Christine Leist verknüpfte bei einer Analyse deshalb Erkenntnisse aus der Verhaltenspsychologie mit den Methoden des Geoprofiling. Damit, sagt sie lapidar, sei es für »meine Kollegen draußen« sehr interessant geworden. Denn sechsundachtzig Prozent aller Vergewaltiger sind vorbestraft, für welche Tat auch immer, und seitdem mit ihren Daten im nationalen britischen Crime Register gespeichert.

Jede britische Polizeidienststelle muss Analysten beschäftigen, die nach bestimmten Standards ausgebildet wurden, sie müssen laut Anweisung des Home Office in Ermittlungen eingebunden werden, obwohl sie ursprünglich keine Polizisten sind. Wenn Christine Leist einen Analysten anruft, versteht der sofort, was sie meint und braucht, weil sie alle gelernt haben, dieselben Begriffe für die gleichen Taten und Methoden der Analyse zu benutzen. Das allein reicht jedoch nicht. Sie sollten auch das Gespür eines guten Detektivs haben, dessen professionelle Neugier, dessen Leidenschaft, Undenkbares zu versuchen und nicht aufzugeben, bis das Ziel erreicht ist. Das passt zu Christine Leist.

Alle Abteilungen des MPS haben genaue Vorgaben zu erfüllen wie in einem kommerziellen Betrieb. Hier werden die verteilt auf verschiedene Deliktbereiche, dort in der Wirtschaft auf verschiedene Abteilungen. Es werden Planziele ausgegeben. Bei Scotland Yard allerdings handelt es sich nicht darum, den Umsatz eines Waschpulvers zu steigern. Hier geht es um Recht und Gesetz und die Sicherheit der Bürger Londons.

Zum Beispiel verspricht eine kleine Unit, wir wollen uns mal die einzelnen Aspekte des Drogenmarktes in Greater London genauer angucken und sehen, ob es neue Ansätze für sinnvolle Taktiken gibt, sie zu bekämpfen. Andere nehmen sich vor, mal die hundert bisher aktivsten Einbrecher aus den vorhandenen Daten des nationalen Strafregisters herauszufiltern und die Daten und offenen Fälle gezielt mit den Bewegungen der Einbrecher im Raum zu verknüpfen. Alle Vorgaben müssen innerhalb bestimmter Zeit abgearbeitet werden.

Grau ist bekanntlich alle Theorie. Kann man anhand eines konkreten Falls demonstrieren, wie Geoprofiling konkret funktioniert? Kann Christine Leist selbstverständlich. Sie klickt zum Mordfall mit einem Verdächtigen, dem nichts nachzuweisen war mittels der üblichen klassischen Methoden wie Augenzeugen, Fingerabdrücke, DNA. Erst mithilfe der Methode GIS wurde er aufgeklärt. Was die Ermittler wussten, hätte für eine Verhaftung oder gar eine Anklage nicht genügt. Crime Mapping half ihnen. In der Mordnacht war der mutmaßliche Täter in einem Mietwagen unterwegs. Das gab er zu. Aber er sei angeblich nie in der Gegend gewesen, in der die Tat begangen wurde. Da setzte GIS an.

Die Kraftfahrzeuge großer Leihwagenfirmen sind alle mit einem Global Positioning System versehen, dem GPS. Damit kann festgestellt werden, wo sich das Auto gerade befindet oder wann es im Falle eines Diebstahls wo zuletzt im System aufgetaucht war. Auch im Mietwagen des Verdächtigen gab es GPS. Und weil alle zwanzig Sekunden das GPS mitteilte, wo sich der Pkw gerade befand, gab es entsprechende Aufzeichnungen. Aus denen ließ sich auf einer Landkarte in bunten Farben ein eindeutiges Bewegungsprofil erstellen. Ergänzt durch genaue Uhrzeiten von Fahrtstrecken und Zwischenstopps etwa an Tankstellen. Und mit diesem Profil hatten die Ermittler plötzlich ein starkes Indiz in der Hand. Denn laut GPS hatte der Verdächtige in der Mordnacht zweimal stundenlang in genau der Straße geparkt, in der der Tatort lag. Ohne diese detaillierte kriminalgeografische Analyse hätte ein Ermittler zwar Punkte und Linien gesehen auf dem Bildschirm und den Weg des Täters verfolgen können. Aber niemals beweisen können, wie lange sich der am Tatort aufgehalten hatte. GIS konnte es. Der Mann gestand.

GIS hat, wie jeder Ermittler, auch Schwächen. Wenn zufällig der Ankerpunkt eines Verdächtigen in der Fläche eines Parks auftaucht, nützt das den Beamten draußen gar nichts, denn da gibt es keine festen Adressen. Da wohnt ja kein Täter. Die meisten eingesetzten Tools sind auch unbrauchbar, wenn es um »mentale Barrieren« geht. Zum Beispiel ist die Themse eine solche »mentale Sperre«. Die scheinen gewisse Täter aus gewissen Vierteln nicht überqueren zu wollen. Als handle es sich um eine befestigte Grenze samt Kontrollen. Aber Serienüberfälle, die auf beiden Seiten des Flusses stattfanden, forderten einen Programmierer der Crime Mapper heraus. Er entwickelte ein Tool, mit dem sich nicht nur erkennen lässt, wo möglicherweise der Ankerpunkt, der Wohnort, eines Verdächtigen liegt, sondern mit dem sich auch bestimmte Häuser in einer bestimmten Straße identifizieren lassen, in denen er wahrscheinlich lebt.

Die Statistik sagt aus, dass achtzig Prozent aller Täter da zuschlagen, wo sie sich auskennen. Also dort, wo sie wohnen oder gewohnt haben. Geoprofiler empfehlen den Ermittlern, sich bestimmte Gegenden bei einer *Manhunt* genauer anzuschauen, aber nicht schon deshalb ihre Strategie komplett zu ändern und auf GIS allein auszurichten, sondern das, was ihnen die Forensic Officers übermitteln, als zusätzliche Hilfe zu betrachten. Christine Leist lakonisch: »Ich liefere den Ermittlungen zu.«

Alle eingegebenen Informationen, die GIS intelligent verknüpft und dann als dreidimensionale farbige Grafik auf dem Monitor eines Geoprofilers auswirft, sind zwar substanziell. Aber es bleibt immer ein Rest von Zweifel. Die Analyse liefert Wahrscheinlichkeiten, mehr nicht. Manches lernen Crime Mapper erst, nachdem ein Fall gelöst wurde, sobald sie Fallstudien betreiben und Stärken oder Schwächen ihrer Methoden analysieren können.

Der berühmteste nie gelöste Kriminalfall Londons ist der von

Jack the Ripper. Ende des 19. Jahrhundert hat dieser anonyme Jack mindestens fünf, wahrscheinlich aber mehr als zwölf Prostituierte umgebracht und zum Teil auch, daher der Name *Ripper*, brutal aufgeschlitzt und verstümmelt. Gefasst wurde er nie. Die kruden Verschwörungstheorien darüber, wer er denn gewesen sei, gar ein Mitglied des königlichen Hauses, kursieren bis heute. Seine Geschichte passt zum Thema Crime Mapping und Geoprofiling, denn immerhin eines wusste man damals: Die Tatorte lagen alle in einem Cluster, wie es Christine Leist nennen würde, in Greater London – in Aldgate, in Spitafields, in der City of London und mehrheitlich in Whitechapel, im East End.

»Was hätte man mit den heutigen kriminaltechnischen Methoden ermitteln können, was hätten Sie mithilfe von GIS versucht, Frau Leist?« Sie lacht und ruft auf dem Bildschirm ihres Computers die Karte von White Chapel im Jahre 1888 auf. Die roten Punkte symbolisieren die Tatorte zwischen August und November. Zunächst hätte sie alle Details eingegeben und alle Spuren analysiert, die Ermittler draußen gefunden haben – DNA, Fingerabdrücke, Schuhsohlenspuren, Kleidungsfasern usw. Außerdem wären mit »ziemlicher Sicherheit Aufzeichnungen aus dem Londoner Videoüberwachungssystem CCTV vorhanden gewesen«. Nächster Schritt: Mit Unterstützung der Datenbank hätte sie geprüft, wer von denen, die da aufgrund anderer Straftaten gespeichert waren, in Whitechapel seinen Ankerpunkt hatte und aufgrund seiner Vorgeschichte in Frage kommen konnte für diese Mordserie. Für Christine Leist ist die »Jack-the-Ripper-Serie als Modell für Geoprofiling geradezu prädestiniert: ein klar umgrenztes Tatgebiet, markante Mordmethoden, ein unbekannter Täter, der mit den Opfern vor der Tat nicht in Beziehung stand«. Ohne die Hilfe von GIS und Computer und Geoprofilern hatten die Detektive von Scotland Yard damals eben keine Chance.

Auch heute, in Zeiten, da kriminaltechnisch schier alles einst unmöglich Scheinende möglich ist, bleiben viele Fälle unaufgeklärt. Zu den berühmtesten gehört die Geschichte eines im Mai

2007 spurlos verschwundenen knapp vierjährigen kleinen Mädchens, dessen Gesicht seitdem die ganze Welt kennt. Die Landkarte des Bösen, die ein Crime Mapper problemlos erstellen
könnte, also zum Beispiel Christine Leist, die deutsche Spezialis-
tin von Scotland Yard, zeigt als den Ort, an dem Madeleine Mc-
Cann zuletzt gesehen wurde, Portugal, die Küste der Algarve, den
kleinen Ort Praia da Luz. Ankerpunkte des Täters gibt es nicht.
Oder etwa doch? Sind sie bisher nur übersehen worden?

KAPITEL 10

Der Fall Maddie

Kriminalfälle, die sich trotz aller Anstrengungen der Ermittler, trotz aller Kunst der Fahnder, trotz allen Einsatzes moderner Technik, trotz aller bei EUROPOL oder Interpol oder im Bundeskriminalamt gesammelter Daten, trotz Mobile Office und Crime Mapping und IKPO, trotz aller öffentlicher Aufrufe nicht lösen lassen, bleiben lebendig im kollektiven Gedächtnis der Menschen. Es sind nur wenige, aber es sind die spektakulären, die sich eingraben ins Bewusstsein. Es sind die voller ungelöster Rätsel, und sie sind allein schon deshalb ein Biotop für wild wuchernde Spekulationen. Je länger eine Tat unaufgeklärt zurückliegt, desto größer der Reiz für Amateure, zu beweisen, dass sie es besser können als die Profis, überzeugt davon, dass am Ende sie es sein werden, die einen solchen Fall lösen.

Das gilt für die angeblichen Hintermänner des Attentats auf US-Präsident John F. Kennedy 1963, das gilt für den Unfalltod von Lady Di in einem Straßentunnel 1997 in Paris, der angeblich inszeniert war vom britischen Geheimdienst, das gilt für den bis heute unaufgeklärten Mord an Olof Palme 1986 in Stockholm, angeblich verübt von frustrierten ehemaligen Kriminalpolizisten oder Armeeangehörigen.

Immer dann, wenn es in Wahrheit nichts Neues gibt, erblühen aus Gerüchten erneut abenteuerliche Geschichten. Eine von denen, exemplarisch in ihrer Wirkung, weil im Gegensatz zu früheren Zeiten vor allem durchs Internet Millionen Menschen weltweit davon erfuhren, ist die Geschichte vom Verschwinden eines englischen Mädchens aus einer Ferienanlage an der Algarve am

3. Mai 2007, wenige Tage vor seinem vierten Geburtstag. Die Kleine heißt Madeleine McCann. Was wirklich geschah in jener Nacht, in der sie verschwand, wissen nur der oder die Täter. Und wer die sind, weiß wiederum niemand. Fest steht nur, dass es seit Mai 2007 kein Lebenszeichen mehr gibt von Madeleine, genannt Maddie. Seitdem ist ihre Geschichte bekannt als »Der Fall Maddie«.

Selbst die entscheidende Frage, ob es sich um eine Entführung handelt (Hypothese 1) oder um die »Verdeckung eines tragischen Unfalls« (Hypothese 2), wie es korrekt in der Sprache der Fallanalytiker vom Bundeskriminalamt heißt, bleibt unbeantwortet. Nachdem alle kriminalistischen Ermittlungen ohne belastbares Ergebnis geblieben waren, der Einsatz modernster technischer und wissenschaftlicher Untersuchungen vergebens gewesen war, nachdem sich zudem der früh schon aufkeimende Verdacht gegen Madeleines Eltern nicht hatte untermauern lassen, stellte die portugiesische Polizei im August 2008 die Ermittlungen ein und gab vier Wochen später die Akten im Fall Maddie frei.

Wenn es um Fälle wie den von Maddie geht, um Kinder also, sind Polizisten auf der ganzen Welt automatisch engagierter als bei anderen Kriminalfällen – Betrug, Mord, Bankraub. Viele von ihnen haben selbst Kinder zu Hause und können nachfühlen, was die betroffenen Eltern fühlen. Wichtig ist bei solchen Ermittlungen der Faktor Zeit. Sobald ein kleines Kind als vermisst gemeldet wird, beginnt die Polizei unverzüglich mit der Suche nach ihm. Ein dilettantischer Einsatz wie der in jener Nacht, als Maddie verschwand, wäre in Deutschland undenkbar.

Beim Verdacht auf Kidnapping gibt es nämlich penible Vorschriften, denn mit jeder Stunde Verzögerung sinkt die Chance, ein verschwundenes kleines Mädchen, einen verschwundenen kleinen Jungen noch lebend zu finden. Das wissen die Kriminalisten aus den Analysen von Fällen, bei denen sie am Ende nur noch ein kindliches Skelett in einem Waldstück entdeckten oder ein verlassenes Kinderfahrrad in irgendeinem Straßengraben. Von Beginn an wird deshalb alles eingesetzt, was technisch und personell bei einer Fahndung möglich ist: Hundertschaften von Schutzpolizisten mit Spürhunden, Feuerwehr, Suchhubschrauber, sogar Tornado-Flugzeuge der Bundeswehr mit Wärmebildkameras. Immer dann, wenn sich der Verdacht erhärtet, dass es sich um Kidnapping und Erpressung von Lösegeld handelt, übernimmt das für Entführungen zuständige Bundeskriminalamt den Fall.

Es wäre vermessen zu glauben, durch noch so intensive Lektüre aller verfügbaren Dokumente und Berichte im Fall der verschwundenen Madeleine McCann mehr zu wissen, als die Polizei am Ende zu wissen glaubte. Eine systematische Analyse mit entsprechenden Thesen zu Täterwahrscheinlichkeiten können nur Profis leisten. Meine Rechercheergebnisse listen ganz bewusst mit allen widersprüchlichen Aussagen deshalb nur wertfrei verschiedene Versionen eines möglichen Tatverlaufs auf. Dies alles auch – um die Verwirrung zu steigern – aus verschiedenen Perspektiven. Es sind also journalistische Annäherungen an das, was im Mai 2007 an der Algarve tatsächlich passiert sein könnte.

Ein erfahrener Fallanalytiker vom Kriminalistischen Institut des BKA, dem ich mit der Bitte um eine Beurteilung meinen Text gab, stellte denn auch kühl, professionell fest:

»Der Text enthält verschiedene Darstellungen eines möglichen Tatablaufs im Fall der verschwundenen Madeleine »Maddie« McCann. Es ist nicht zu erkennen, für welchen hypothetischen Ablauf der Autor sich aufgrund seiner Recherchen entscheidet. (Beim fallanalytischen Vorgehen ist es das Ziel, die wahrscheinlichste Lösung herauszuarbeiten und mit objektiven Daten zu belegen. Diese dient dann als Ermittlungshinweis für die örtlich zuständigen Polizeikräfte.) Die Arbeitsweise und die Ergebnisse im Text entsprechen nicht den akkreditierten fallanalytischen Qualitätsstandards in der deutschen Polizei. Im Artikel erfolgte keine systematisierte Analyse des Falles, welche nach hiesigen Anforderungen notwendig wäre. Vielmehr erfolgen mehrere verschiedene Darstellungen eines möglichen Tatablaufs. [...] Zudem enthalten die verschiedenen Versionen der Tatrekonstruktionen unterschiedliche Informationsquellen (mit unterschiedlicher Qualität) und jede Versionsbildung erfolgt aus einer anderen Perspektive. Eine Abfolge der Ereignisse insgesamt wird nicht ausreichend erkennbar […]. Der Autor hatte wahrscheinlich nicht den Anspruch, den ›Fall Maddie‹ kriminalistisch und/oder fallanalytisch aufzuarbeiten.«

Der Mann hat recht. In der Tat enthalten die verschiedenen Versionen der Tatrekonstruktionen unterschiedliche Informationsquellen mit unterschiedlicher Qualität, und jede »Versionsbildung« – was für ein Wort! – erfolgt tatsächlich aus einer anderen Perspektive. Eine Abfolge der Ereignisse insgesamt wird – auch da liegt der Fallanalytiker mit seiner Einschätzung richtig – nicht ausreichend erkennbar. Aber genau deshalb beginne ich die Geschichte eines unaufgeklärten Kriminalfalles, die des Falles Maddie, mit scheinbar zufälligen Ereignissen und scheinbar zufälligen Begegnungen. Alle aber gehören zu einem Puzzle, das bis heute nicht vollendet ist:

Außergewöhnlich früh für gewöhnlich ausdauernd trinkfreudige Iren verlangt Martin Smith am Abend des 3. Mai 2007 in »Kellys Pub« die Rechnung, etwa um 21.50 Uhr. Es ist längst dunkel in Praia da Luz, der Atlantik nur hör-, nicht mehr sichtbar, die Luft aber noch frühlingshaft warm. Smith drängt zum Aufbruch. Sohn Peter und Schwiegertochter Aiofe und seine Enkel sind auf der ersten Maschine von Faro zurück nach Dublin gebucht, müssen am nächsten Morgen vor Sonnenaufgang in Praia da Luz losfahren, um pünktlich am Flughafen zu sein. Martin Smith, der als Pensionär frei über seine Zeit verfügen kann, will mit seiner Frau noch an der Algarve bleiben.

Zu ihrer Ferienwohnung, etwa fünfhundert Meter von der Strandpromenade entfernt – zu Fuß in zehn bis fünfzehn Minuten erreichbar –, gehen sie an diesem Abend auf der Rua da Escola Primaria, die sich zur Siedlung Estrela hinaufschlängelt, fünf Kinder voran, vier Erwachsene dahinter. Es gibt keine Laternen an der Straße, doch der gedämpfte Lichtschein aus den Wohnungen der anliegenden Häuser links und rechts reicht aus, um die Straße halbwegs zu beleuchten. Falls ihnen auf der Einbahnstraße ein Auto entgegenkäme, würden sie dessen Scheinwerfer rechtzeitig sehen, könnten auf den Bürgersteig ausweichen.

Der Mann, dem sie etwa dreißig Meter hinter dem Stoppzeichen begegnen, wo ihr Nachhauseweg die Rua 25 de Avril kreuzt, kommt von oben auf sie zu. Auch er geht mitten auf der Straße. Ob sein Gesicht von der Sonne gebräunt ist oder von Natur aus braun, lässt sich im gedämpften Licht nicht ausmachen. Bei einer zufälligen Begegnung unter Fremden, die im nächsten Moment wieder vergessen sein wird, ist das aber auch unwesentlich. Erst viel später wird es wichtig, wesentlich, ja entscheidend sein. Wie sah der Mann aus? Eher wie ein Tourist? Oder eher wie ein Einheimischer? Und wie alt war er?

Martin Smith will sich nicht festlegen, als ihn Wochen später die Polizei befragt. Er schätzt ihn, falls ihn seine nachträglich aufgefrischte Erinnerung nicht trügt, auf fünfunddreißig bis vierzig. Aber auch das ist unsicher. Denn auf die Idee, dass hier an der Algarve, der Sonnenküste Portugals, einem Zentrum des Tourismus, Kinder entführt werden und dass so etwas jetzt vor ihren Augen passiert und dass alles mal wichtig sein würde, was sie sehen, kann bei der nächtlichen Begegnung schließlich keiner der Iren kommen.

Genau jedoch erinnert er sich daran – was auch seine Angehörigen bestätigen –, dass der Mann ein kleines Mädchen in seinen Armen trug, ein Kind mit langem blonden Haar, den Kopf schlafend an seine Schulter gelehnt, drei oder vier Jahre alt. Es war barfuß und bekleidet mit einem weißen oder rosaroten zweiteiligen Schlafanzug. So genau ließ sich das nicht unterscheiden, und auch darauf achtete niemand von der Familie Smith. Wie hätten sie denn ahnen sollen, dass bald ihre Erinnerung an jedes noch so winzige Detail dieser Begegnung wichtig sein würde? Ob es sich bei dem Mädchen auf dem Arm des Fremden um Madeleine McCann gehandelt hat, deren Foto zum Zeitpunkt der Befragung der Smiths bereits in jeder Zeitung abgedruckt, auf allen Fernsehsendern gezeigt worden war? Was bei positiver Beantwortung den logischen Schluss erlaubt hätte, dass es sich bei dem Fremden, der sie trug, um den Entführer Maddies gehandelt haben dürfte.

Drei Wochen später, als sich die Ermittler vor Ort auf einen Verdächtigen konzentrieren, den in Praia da Luz lebenden Briten Robert Murat, wollen sie von den Smiths eine genaue Beschreibung des Mannes und des Kindes haben, insgeheim in der Hoffnung, dass die in Murat den Fremden aus jener Nacht erkennen und sie damit eine Bestätigung für ihren Verdacht bekommen. Vom dankbar akzeptierten Helfer der Polizei war Murat, der in den beiden ersten Tagen nach Maddies Verschwinden stets als Dolmetscher für die britischen Zeugenaussagen eingesetzt wurde, zum Hauptverdächtigen geworden.

Polizeikommissar Gonçalo Amaral lässt deshalb Martin Smith, der mittlerweile nach Irland zurückgekehrt war, sowie zwei seiner halbwüchsigen Enkel einfliegen. Der Ire hatte zu Hause alles über den Fall der kleinen Maddie gelesen, über deren Verschwinden in britischen Zeitungen und im Fernsehen täglich berichtet wurde. Und natürlich war sein Interesse groß, weil er den Ort des Geschehens so gut kannte. Alle Berichte waren verbunden mit dem flehentlichen Appell von Maddies Eltern, dass sich bitte jeder melden solle, dem in der betreffenden Nacht etwas aufgefallen war, was den Kriminalbeamten bei ihrer Suche nach Maddie helfen könne. Daraufhin hatte Smith seiner örtlichen Polizeiwache von der nächtlichen Begegnung auf der Rua da Escola Primaria erzählt, die irischen Beamten wiederum informierten ihre britischen Kollegen und diese dann die Ermittler an der Algarve.

Da ist der Fall Maddie längst kein lokales Ereignis mehr. Da liegt längst in jeder europäischen Polizeibehörde ein Ersuchen um Mithilfe bei der Fahndung vor. Da hat Interpol längst ein Foto des verschwundenen Mädchens an Kollegen in Australien, den USA, Kanada und den Vereinigten Arabischen Emiraten versendet. Da haben Kriminalisten mit dem beruflichen Schwerpunkt Kinderpornografie, die sich im weltweiten Netzwerk der

Pädokriminellen auskennen, alle Informationen aus Portugal in ihre Rechner eingespeist, um Übereinstimmungen mit ähnlichen Fällen zu entdecken. Da wabern längst die abenteuerlichsten Gerüchte über kriminelle Banden im Netz, die sich angeblich in europäischen Urlaubsgebieten herumtreiben, um dort Kinder zu entführen. Tatsächlich aber gab es keinen einzigen Präzedenzfall, es gab nur diesen einen Fall, den Fall Maddie, deren Gesicht inzwischen, ebenfalls per Internet, weltweit bekannt war.

Dass es doch einen vergleichbaren Fall gab, sogar ganz in der Nähe von Praia da Luz, kam erst viel später heraus. Drei Jahre vor dem Fall Maddie war aus einem nur sechs Kilometer entfernten Dorf ein neunjähriges Mädchen verschwunden. Der Verdacht fiel bald auf die Mutter und auf den Onkel. Man warf ihnen vor, das Kind ermordet und zerstückelt zu haben. Aufgrund ihrer Geständnisse wurden sie verurteilt. Zu den Beamten, die den Fall lösten, gehörte auch Gonçalo Amaral. Ein lokales Ereignis, so schien es. Bis im Laufe der Berichterstattung über die Ermittlungen im Fall Maddie die britische »Times« enthüllte, dass gegen Amaral und seine Kollegen durch einen portugiesischen Staatsanwalt ermittelt wurde, weil sie damals entlastendes Beweismaterial unterschlagen, Zeugenaussagen gefälscht und mit Androhung von Gewalt die Geständnisse der beiden Verurteilten, die bis heute ihre Unschuld beteuern, erzwungen haben sollen.

Smith landet am 26. Mai 2007 wieder in Faro. Die auf Neuigkeiten lauernden Journalisten erfahren nichts von seiner Ankunft. Er und seine Enkel werden diskret ins Polizeipräsidium nach Portimão gefahren, von dort aus weiter nach Praia da Luz, um bei einem Ortstermin zu zeigen, wo genau sie in jener Nacht den Mann mit dem schlafenden Kind getroffen hatten. Vor allem eines wollen die Beamten jetzt wissen: Ist er identisch mit dem, den sie kurz nach Maddies Verschwinden bereits im Verdacht hatten. War es Robert Murat?

Großvater und Enkel sind sich einig, dass der irgendwie anders aussah. Wie denn? Jedenfalls nicht so. Murat bleibt daraufhin zwar auf freiem Fuß, aber er bleibt verdächtig. Eine Hausdurchsuchung der Casa Liliana, wo er mit seiner Mutter lebt, gelegen in unmittelbarer Nähe des »Ocean Club«, in dem die McCanns bis zu jener Nacht einen sorglosen Urlaub verbracht hatten, ergibt ebenfalls nichts, was für einen Haftbefehl reicht. Im Garten des Hauses, der Quadratmeter für Quadratmeter umgegraben wird, schlagen Spürhunde, die zuvor an Madeleines Kleidungsstücken Witterung aufgenommen hatten, nirgendwo an. Diesen Großeinsatz bekommen trotz der Uhrzeit kurz nach sieben morgens einige Journalisten mit, und manche ziehen, eine Sensation in diesem sensationellen Fall witternd, voreilig Schlüsse daraus. Eine englische Zeitung, die Murat als möglichen Entführer Maddies schildert, wird später deswegen verurteilt, an den Immobilienmakler 800 000 Euro Schmerzensgeld wegen Rufschädigung zu bezahlen.

Befragt nach der möglichen Nationalität des Mannes mit dem Kind auf dem Arm, kann Martin Smith nicht mal sagen, ob es sich dabei um einen Briten gehandelt hat, was er an dessen Sprache bzw. Aussprache hätte feststellen können. Den Fremden, der offensichtlich unterwegs war zum Strand, habe er zwar freundlich gefragt, ob seine kleine Tochter eingeschlafen sei und jetzt ins Bett verfrachtet werde. Der Mann aber war, ohne ihm zu antworten, einfach weitergegangen, was Smith damals als ungehörig empfand, nicht als merkwürdig, und bereits wieder vergessen hatte, als er in seiner Ferienwohnung ankam.

Theoretisch könnte es durchaus sein, dass er auf der Rua da Escola Primaria dem Entführer von Madeleine McCann begegnet ist. Theoretisch könnte es sein, dass die irischen Urlauber die Letzten waren, die Maddie lebend gesehen haben. Theoretisch könnte es sogar sein, dass die Kleine, die der Mann trug, nicht etwa schlief, sondern bereits tot war. Die Beschreibung, die Smith abgab, passte auf das verschwundene Kind. Laut Auskunft ihrer Mutter hat Maddie am fraglichen Abend, als sie ihre Tochter ins Bett brachte, einen zweiteiligen rosaroten Schlafanzug getragen. Maddie hat lange blonde Haare, und dass sie barfuß war, spricht gleichfalls für die Vermutung, dass es Maddie gewesen sein könnte. Denn falls sie tatsächlich aus ihrem Bett geraubt worden sein sollte, dann ist es nur logisch, dass sie keine Schuhe anhatte, weil sie bestimmt mit nackten Füßchen eingeschlafen war. Die Beschreibung des kleinen Mädchens, das Smith auf dem Arm des Fremden gesehen hatte, passte insgesamt gesehen also genau auf Madeleine McCann.

Theoretisch könnte es sogar so sein, dass der Mann, der sie trug, kein Fremder, sondern ihr Vater war. Portugiesische Detektive hatten ihn, nachdem Robert Murat nichts nachzuweisen war, was einen Haftbefehl begründet hätte, im Laufe ihrer Ermittlungen unter Verdacht. Sie sammelten Belege gegen ihn, aber nichts davon war beweiskräftig. Kritiker warfen ihnen später vor, dass sie andere erfolgversprechende Spuren und Hinweise nicht oder zu spät beachtet haben, weil sie nur noch auf Gerry McCann fokussiert gewesen seien. Was sie bestreiten. Dass am Tatort viele Fehler gemacht wurden, dass sich zeitweise bis zu fünfzig Menschen im Appartement der McCanns aufhielten und dabei natürlich alle möglichen Spuren vernichtet wurden, bevor sie untersucht werden konnten, ist dagegen unstrittig.

Polizeiliche Standards wurden nicht nur bei der Spurensicherung im Haus mit vielen Füßen getreten, auch die folgende weitere Suche war dilettantisch. Ein Spürhund, der sich am Geruch eines Kleidungsstücks von Maddie orientierte, hatte ihre Fährte bis zu einem Supermercado verfolgt, etwa einen halben Kilometer entfernt von der Ferienanlage, und erst da die Spur verloren. Doch statt diese einzige konkrete Spur zu verfolgen, die sie in jener Nacht hatten, statt sofort in der Umgebung des Supermarkts mit einer intensiven Suche nach Maddie zu beginnen, mit entsprechender Manpower systematisch alle Häuser und Wohnungen abzuklappern, blieben die Polizisten untätig und hakten die Spur ab. Wahrscheinlich habe Maddie, so ihre Begründung, irgendwann in den Tagen zuvor ihre Eltern beim Einkauf in den Supermarkt begleitet und der Hund habe lediglich diese alte Spur erschnüffelt.

Sie missachteten fahrlässig die wesentlichen Regeln bei Ermittlungen, egal in welchem Fall. Die gelten sowohl für Kriminalbeamte bei der Spurensuche als auch für Journalisten bei Recherchen. Die Profis unter denen haben gelernt, erst dann in eine bestimmte Richtung zu ermitteln bzw. zu recherchieren, wenn sie keinen einzigen Beleg finden, der gegen einen solchen Verdacht spricht. Die Ermittler vor Ort hätte nach diesem Prinzip ihren bald aufkeimenden Verdacht gegen Gerald McCann beerdigen müssen, sobald sich, beruhend auf Aussagen sowohl seiner Freunde als auch der Angestellten des »Ocean Club«, zweifelsfrei ergeben hatte, wann er sich in dieser Nacht wo aufgehalten hatte. »Zweifelsfrei« lautet das Stichwort. In keiner einzigen protokollierten Aussage der Gärtner, Kellner, Zimmermädchen des Clubs gibt es auch nur den geringsten Hinweis auf eine mögliche Täterschaft von Maddies Vater.

Selbst mit einem lediglich auf handschriftlichen Notizen beruhenden Schaubild, wie es einst beim Bundeskriminalamt Max-Peter Ratzel und seine Kollegen in Bezug auf Tathergänge und Tatorte erstellten, als es noch keine Computer und virtuellen Tatortskizzen gab, hätte man das aufgrund aller Aussagen aller Beteiligten darstellen können, ja müssen. Wenn Gerry McCann nämlich unter fröhlichen Weintrinkern in der zur Ferienanlage gehörenden Tapas-Bar saß, als seine Frau Maddies Verschwinden bemerkte, konnte er nicht jener Mann gewesen sein, der etwa um die gleiche Uhrzeit mit einem schlafenden oder gar toten Kind auf dem Arm den heimkehrenden Iren entgegenkam.

»In welchem Abstand ging der Mann an diesem Abend an Ihnen vorbei?«, wurde Martin Smith damals gefragt, als die Begegnung auf der Rua da Escola Primaria rekonstruiert wurde, und der Ire meinte, »allenfalls zwei Meter, eher weniger«. Die Straße ist insgesamt nur fünf Meter breit. Wer da parken will, muss sein Auto direkt an einer Hauswand abstellen, damit andere noch Platz zur Durchfahrt haben. In dieser Nacht stand da kein Pkw, die Straße war, bis auf die Iren und jenen Mann mit dem Kind, menschenleer. Und wie spät war es genau, als sie ihn trafen? Auf die Uhr, sagte Smith, habe er nicht geschaut, aber später als fünf nach zehn dürfte es nicht gewesen sein, denn von »Kellys Pub« an der Strandpromenade waren sie kurz vor 22 Uhr aufgebrochen.

Im Garten des »Ocean Club«, einer bei Briten beliebten Ferienanlage, die umgeben ist von öffentlichen Straßen, eher fahrlässig als streng bewacht von einem Sicherheitsdienst, achtete um diese Zeit niemand mehr darauf, wie spät es war. In einem einzigen Augenblick war die bis dahin herrschende gelöste Stimmung verflogen, war die Zeit stehen geblieben. Nichts mehr würde ab jetzt so sein, wie es vorher war.

Nur wenige Minuten zuvor hatte die englische Ärztin Kate McCann, Urlauberin aus der Grafschaft Leicestershire, durch ihre Schreie die Ferienanlage aufgeschreckt. »They have got her, they have got her« – sie haben sie geschnappt –, schrie sie, als sie entdeckte, dass ihre Tochter Madeleine, genannt Maddie, aus ihrem Ferienappartement verschwunden war. Jetzt liefen aufgeregte Gäste durch den Garten und die anliegenden Straßen und riefen nach Maddie. Das zumindest steht fest. Doch ab dann gibt es nur noch viele einander widersprechende Aussagen. Die wesentliche Aufgabe der Ermittler, sagt mir ein Profi des Bundeskriminalamtes, hätte es sein müssen, herauszubekommen, welche der unterschiedlichen Aussagen der Wirklichkeit entsprechen und welche nicht stimmen konnten. Nur so hätte sich die Tatzeit eingrenzen lassen.

Gerald McCann attackiert bis heute bei jeder sich bietenden Gelegenheit die portugiesischen Ermittler. Die hätten sich nur darauf konzentriert, Indizien dafür zu sammeln, dass er und seine Frau Kate eine Entführung vorgetäuscht haben, statt sich der Suche nach den wahren Tätern zu widmen. Deshalb seien indirekt diese Kriminalbeamten schuld daran, dass es seit dem 3. Mai 2007 keine konkrete Spur von Maddie gebe, dass niemand wisse, ob sie noch lebt oder ob sie irgendwo gefangen gehalten wird. Die portugiesische Polizei, so McCann, hätte auf ganzer Linie versagt und ihr Versagen zu überspielen versucht, indem sie gezielt ihn und seine Frau verleumdete und verdächtigte. Deshalb habe er die Hilfe von Privatdetektiven in Anspruch nehmen müssen, insbesondere die von einer Agentur namens »Melodo 3« aus Barcelona, die ein halbes Jahr lang für ein monatliches Honorar von 50 000 Pfund, bezahlt aus den seit 2007 im »Find Madeleine Fund« angesammelten Spenden, weltweit jeder noch so vagen Spur nachgegangen ist. Allerdings hatten die Katalanen außer einer großspurigen Ankündigung im Mai 2008, kurz vor der Lösung des Falles zu stehen, nichts Konkretes geliefert und nie mehr vorweisen können als die hart kritisierte portugiesische Polizei.

Deshalb gab und gibt es bis heute, vier Jahre nach dem Ereignis, noch immer offene Fragen: Kam Kate McCann schreiend in die Tapas-Bar, wo sie und ihre Freunde zu Abend gegessen hatten und wo die anderen immer noch beim Wein saßen? Hatte eine Animateurin des Hotels wie an jedem Donnerstag mit einem Ferienquiz die Gäste beschäftigt? Oder war das Ratespiel an jenem Abend ausgefallen, weil sich nicht genug Urlauber als Mitspieler gemeldet hatten? War Kate schreiend auf ihren Mann zugestürzt, der gerade sein Glas austrinken wollte? Oder war es so, dass alle, die mit ihm am Tisch saßen, insbesondere er, erst dann in Richtung des McCann-Appartements geeilt waren, als sie Kates Schrei aus der Ferne hörten und ahnten, dass dort, im Appartement 5A, etwas passiert sein musste?

Zur Ferienwohnung der McCanns führte ein Weg entweder über den Rasen links am Pool vorbei, dann durch ein großes schmiedeeisernes Tor im Wall, der das gesamte Hotelgelände umgab, nach ein paar Metern auf einer gepflasterten schmalen Gasse hin zur Rückseite des Appartements. Alternativ konnte man auch auf der rechten Seite des Schwimmbeckens, vorbei am Rezeptionsgebäude durch eine kleine Gartentür, ein Stück hügelaufwärts auf der Rua Dr. Francisco Gentil Martins laufen, von ihr abbiegen in die Gasse und so zu den Appartements 5A, 5D, 5E usw. gelangen. Charlotte Pennington, als Babysitterin bei einer anderen britischen Familie engagiert, sagte später aus, dass sie auf Kates Schreie hin sofort zu Appartement 5A gelaufen sei und versucht habe, die schluchzende Frau zu beruhigen. Falls das stimmt, kann Kate nicht erst dann geschrien haben, als sie die Bar erreicht hatte. Den Angaben des Mädchens wird von einem der Kellner widersprochen, der gehört haben will, dass eine Frau in die Tapas-Bar gerannt war und laut immer wieder »They have got her« gerufen habe, woraufhin die Engländer aufgesprungen und losgerannt seien.

So genau hat es auch Joaquim José Moreira Baptista in seiner Aussage am 6. Mai um 18.50 Uhr der Polizei berichtet. Er selbst habe den Schrei nicht gehört, weil er gerade in der Küche beschäftigt war, konnte nur bestätigen, dass wie jeden Abend neun Engländer zu Tisch gesessen hätten und dass ein Kollege ihm von der Aufregung erzählt habe, weil jemand schreiend in die Bar gelaufen sei und daraufhin alle Engländer in Panik aufgesprungen und losgestürzt seien. Es muss nach 22 und vor 22.30 Uhr gewesen sein, das zumindest wisse er genau.

Er hätte sich an den Abenden zuvor schon über die Sorglosigkeit seiner englischen Gäste gewundert und seiner Frau erzählt, dass die ihre Kinder stets allein in den Appartements lassen würden, wenn sie zum Essen gingen, manchmal drei Stunden lang, obwohl doch der »Ocean Club« Babysitter wie Charlotte Pennington anbot. Niemals käme er auf den Gedanken, seine Kinder irgendwo unbeaufsichtigt allein zu lassen, niemals. »Von wo kam der Schrei?«, fragt ihn später die Polizei. Hundertachtzig Meter entfernt aus dem Dunkeln? Oder schrie Kate McCann direkt beim Eintreffen in der Bar? Das konnte er nicht mit letzter Sicherheit sagen, er war ja in der Küche, sofort jedoch habe er gewusst, dass etwas Schlimmes passiert sein musste.

Die befragten McCann-Freunde sagten übereinstimmend aus, es sei so gewesen, dass Kate in die Bar gestürzt kam, in der sie alle saßen, auch ihr Mann Gerry, und dabei habe sie schluchzend geschrien, sie haben sie geschnappt, sie haben sie geschnappt. Daraufhin seien alle losgelaufen, um gemeinsam Maddie zu suchen. Sieben oder acht Flaschen Wein hatte der Kellner an diesem Abend für sie geöffnet, es könnten also auch die Wirkungen des Alkohols die Erinnerung getrübt haben. Aber auch das ist pure Spekulation. Fast ein Jahr später gibt der inzwischen nach England zurückgekehrte damalige Aushilfskellner Jeronimo Rodrigues Salcedas bei der Polizei in Leicester zu Protokoll, seiner Erinnerung nach sei in der Tapas-Bar von der befreundeten britischen Gruppe nicht mehr als eine Flasche Wein pro Person getrunken worden. »Wein war im Preis fürs Dinner inbegriffen.«

Überzeugender jedoch, zumindest was die zeitliche Reihenfolge betrifft und im Hinblick darauf, was allgemein über menschliches Verhalten in Extremsituationen bekannt ist, sind die Aussagen der Babysitterin. Dass Kate McCann ihre Zwillinge Amelie und Sean ausgerechnet in jener Wohnung allein zurücklässt, in der sie soeben entdeckt hat, dass Maddie nicht in ihrem Bettchen lag und auch nicht in der Wohnung war, ist zwar möglich, aber unwahrscheinlich. Logischer wäre die instinktive mütterliche Reaktion, in der Wohnung zu bleiben, um ihre anderen Kinder zu beschützen, was bedeuten würde, dass ihre Schreie von dort herüber in die Bar gedrungen sein müssen. Oder weiß sie nicht mehr, wann und wo sie schrie? War es ein – verständlicher – Blackout, ausgelöst durch den Schock, als sie feststellte, dass Maddie nicht mehr da war? Erneut offene Fragen. Zumindest die genaue Beschreibung des Tatorts ist über alle Zweifel erhaben. Der steht unverrückbar da. Aus Stein.

Appartement 5A auf der »Waterside Gardens« genannten Seite der Club-Anlage ist eine Eckwohnung im Erdgeschoss. Allen Feriengästen steht pro Appartement ein Stellplatz zu. Die Parkplätze sind durch eine etwa anderthalb Meter hohe Mauer getrennt von der jedermann zugänglichen öffentlichen Rua Dr. Francisco Gentil Martins, auf die eine breite offene Zufahrt führt. Keiner der Urlauber könnte anhand des Autos die Besitzer identifizieren, weil es sich bei allen Pkws um die üblichen Mietwagen handelt. Ein fremdes Fahrzeug würde niemandem auffallen. Doch fünf Tage nach den Ereignissen dieser Nacht, am 8. Mai, sagt Maria da Silva, die in der Nähe wohnt und um 21.58 Uhr ihr Appartement verlassen hatte, aus, dass sie sich an einen verdächtigen Pkw erinnere, an ein »kleines, wahrscheinlich graues« Auto, das unmittelbar unter dem Fenster des Appartements 5A gestanden habe. Möglich also, dass ein Täter dort parkte und auf eine Gelegenheit wartete, in die Eckwohnung einzudringen. Besondere Ortskenntnisse sind nicht nötig. Der Weg ins Haus erschließt sich auf einen Blick. Er führt durch ein kleines Tor direkt vom Parkplatz über ein paar Stufen zum Haupteingang des Appartements. Dann ließe sich unbeobachtet die Wohnung betreten.

Die Haustür aber sei verschlossen gewesen, sagte Gerald McCann aus, konnte jedoch bei Nachfragen nicht mit Sicherheit ausschließen, dass auf einem der Kontrollgänge, bei denen die in der Bar tafelnden Erwachsenen abwechselnd nach ihren schlafenden Kindern schauten, vergessen wurde, sie wieder abzuschließen. Eher dürfte es so gewesen sein, glaubt er sich zu erinnern, dass er oder seine Freunde über die Terrasse durch die Schiebetür ins Appartement gelangt seien, weil sie wussten, dass die halb offen stand. Wie beschrieben gab es zu Appartement 5A – Luftlinie vom Restaurant entfernt etwa 200 Meter – zwei Routen. Der Weg über den Rasen durch den Garten dauerte nicht ganz so lang wie der bequemere auf der anderen Seite. Das ergaben die Ermittlungen.

Da sie sich die Ausgaben für einen Babysitter sparen wollten, hatte sich abwechselnd alle halbe Stunde einer aus der Runde, die sich hier jeden Abend zum Essen traf – Matthew Oldfield und seine Frau Rachael, Russell O'Brien und seine Lebensgefährtin Jane Tanner, David und Fiona Payne, deren Mutter Diane Webber und eben die McCanns –, aufgemacht zu den von der Veranda des Restaurants aus nicht einsehbaren Ferienwohnungen 5A, 5D, 5E, um nach den Kindern zu schauen. Den eigenen und denen der Freunde. Auch am Abend des 3. Mai 2007. Nur Fiona und David Payne aus Appartement 5H, die gleichfalls zu den von britischen Journalisten *Tapas Seven* genannten befreundeten Paaren am Tisch gehörten, blieben stets sitzen. Sie hatten eine Babyfonanlage installiert, konnten deshalb hören, was in ihrer Wohnung geschah, und sofort reagieren, falls ihre kleinen Töchter Scarlett und Lilly aufwachen und weinen sollten.

Warum ist es für die Lösung des Falls so wichtig, ob Kate McCanns Schrei in der Bar nur aus der Ferne zu hören war oder ob sie erst schrie, als sie in die Bar stürzte? Würde Letzteres die Eltern vom Verdacht entlasten, die Entführung vorgetäuscht zu haben? Wäre es der Beweis, dass Madeleine entweder von einem sich spontan zur Tat entschließenden Päderasten oder gar von einer im Auftrag von Pädophilen tätigen Kidnapperbande entführt worden ist? Ist der Gedanke wirklich so fern der Realität, so abstrus, wie die Polizei behauptete? Hatte es nicht gerade in Portugal einen ungeheueren Skandal gegeben, als sich durch die Recherchen einer Reporterin herausstellte, dass über Jahrzehnte hinweg Zöglinge aus staatlichen Erziehungsanstalten von einer pädokriminellen Organisation, Casa Pia genannt, zu der höchste Staatsbeamte und kirchliche Würdenträger gehörten, vergewaltigt worden waren?

Falls Gerald McCann tatsächlich noch beim Wein saß, als seine Frau schreiend in die Bar gerannt kam, kann er nicht jener Mann gewesen sein, den Martin Smith etwa um diese Zeit auf der Rua da Escola Primaria getroffen hatte. Falls Gerald McCann, wie er immer wieder betonte, bei seinem Kontrollgang um 21.05 Uhr sowohl seine Zwillinge Sean und Amelie als auch seine Tochter Madeleine schlafend vorgefunden hat, muss sie kurz danach entführt worden sein. Falls Gerald McCann, als er nach seinen Kindern schaute, nicht alle Zimmer durchsucht hat, wäre es sogar möglich, dass ein Entführer bereits in der Wohnung war, sich in einem anderen Raum versteckt hielt. Dann hätte er bis zu Kates Schrei fast eine Stunde Zeit gehabt, um das Kind zu entführen und mit seiner Beute zu verschwinden.

Zwar behauptete Gerry McCanns Freund Matthew Oldfield, der wie alle anderen der *Tapas Seven* befragt wurde, ihm sei bei seinem Rundgang um 21.30 Uhr nichts Ungewöhnliches aufgefallen, was die Zeit für die Tat auf nur eine halbe Stunde beschränken würde. Aber wie er in einer zweiten Aussage dann zugeben musste, hatte er nur an der Tür gelauscht, ob alle Kinder ruhig waren, und sich nicht per Augenschein davon überzeugt, ob auch alle noch da waren.

Von den äußeren Umständen her betrachtet, war es einfach, eine tagelang geplante Entführung in die Tat umzusetzen, weil es Maddies Eltern den Entführern oder dem Entführer – war es nur einer? waren es mehrere? – so leicht gemacht hatten. Mal angenommen, er hätte nicht gewusst, dass die Haustür unverschlossen war. Mal angenommen, er wäre ums Haus geschlichen, unbemerkt von Gästen, die beim Abendessen saßen, hätte dabei festgestellt, dass auf der Terrasse hinten die gläserne Schiebetür einen Spalt breit offen war, um frische Luft ins Zimmer zu lassen. Dann könnte er auf diesem Weg in die Wohnung eingedrungen sein. Ein Erwachsener hätte von außen diesen Spalt, ohne sich anzustrengen, erweitern können, bis er durchgepasst hätte, und wäre so in die Wohnung gelangt.

Ebenso einfach wäre es umgekehrt aber auch für ein Kind gewesen, sich nach draußen durch den Spalt zu zwängen und die Wohnung zu verlassen. Warum hätte Maddie das tun sollen? Um ihre Eltern zu suchen, nachdem sie aufgewacht war und bemerkt hatte, dass die nicht da waren und sie mit ihren Geschwistern allein war im Appartement 5A. Auf ihrer Suche hat sie sich, so diese Hypothese, in der Richtung geirrt, war nicht über die Terrasse durch den Garten in die Ferienanlage gelaufen, sondern auf die andere Seite, hinaus auf den dunklen Parkplatz oder auf eine der dunklen Straßen.

Ein solches Szenario wäre eines, das zu der Theorie von einem Gelegenheitsentführer passt, auf einen, der sich spontan zur Tat entschließt. Auf der Suche nach ihren Eltern könnte Maddie McCann ihm direkt in die Arme gelaufen sein. Ein Zufall also, keine geplante Entführung? Darf ein Kriminalist solche unwahrscheinlich anmutenden Zufälle als mögliches Szenario in seine Ermittlungen einbeziehen? Ja, sagt Kriminalhauptkommissar Manfred Paulus, der jahrelang in Fällen von sexueller Gewalt gegen Kinder Erfahrungen gesammelt hat, ja, darf er. Denn das Wesen pädokrimineller Täter sei gekennzeichnet durch »ständig präsente Fantasien und Wünsche. Die Gedanken kreisen um potenzielle Opfer. Und ausgelöst durch den bloßen Anblick eines unbeaufsichtigten Kindes, wird ein Schema aktiviert, das mit der Entführung eines Kindes beginnt.«

Menschen, die spurlos verschwunden sind, werden in Deutschland in einer Zentraldatei vom Bundeskriminalamt erfasst. In ihr stehen Kinder ebenso wie Erwachsene. Seit 1951, dem Gründungsjahr des BKA, sind dort, Stand Ende 2010, fünfhundertzehn Kinder unter vierzehn Jahren als »Vermisste/Unbekannte Tote« verzeichnet. Außerdem gelten tausendzweihundert Jugendliche zwischen vierzehn und achtzehn als vermisst. Auch von ihnen fehlt jede Spur. Das scheint über einen Zeitraum von sechzig Jahren erst einmal nicht allzu erschreckend zu sein – was jedoch anders aussieht, wenn man diese Zahl in Relation setzt zu den Straftaten an Kindern und Jugendlichen, die tödlich verliefen, deren Leichen die Polizei gefunden und deren Mörder sie ermittelt hat. In der Bilanz für 2009 waren das über hundert abgeschlossene Fälle. Hinter den Zahlen der langzeitvermissten Kinder und Jugendlichen stehen aber tausendsiebenhundert schreckliche Geschichten mit offenem Ende.

Täglich verschwinden zwischen zweihundert und dreihundert Menschen in Deutschland, aber die meisten tauchen bereits nach ein paar Tagen wieder auf. Erwachsene fliehen vor häuslichen oder beruflichen Problemen, Kinder und Jugendliche reißen aus anderen Gründen aus: Schulstress, prügelnde Eltern, Liebeskummer. Bereits nach einem Monat haben sich achtzig Prozent der Fälle von Vermissten deshalb von selbst erledigt – der kriminologische Fachausdruck lautet »Erledigungsquote« –, weil es gelungen ist, kindliche Ausreißer wohlbehalten nach Hause zurückzubringen oder weil abgetauchte Erwachsene reumütig wieder bei ihren Angehörigen aufgetaucht sind.

Nach einem Jahr sind es drei Prozent der Vermissten, von denen es keine Spur mehr gibt. Das sind die, deren Namen in der Datei des BKA stehen. Die Beamten gehen dann davon aus, dass sie »Opfer einer Straftat oder eines Unglücksfalls wurden, sich in einer Situation der Hilflosigkeit befinden oder nicht mehr am Leben sind«. Da ihre Leichen nie gefunden wurden, macht das aus der nüchternen Zahl von fünfhundertzehn Kindern deshalb fünfhundertzehn Siege des Bösen. Ihre Eltern haben keinen festen

Ort für ihre Trauer, haben kein Grab. Das würde zwar nicht den Schmerz über ihren Verlust verringern, aber Trost für ihre Seelen wäre es wohl doch. Was sie ein Leben lang dagegen quält, ist die Ungewissheit – nicht zu wissen, nie zu erfahren, was ihrem Kind angetan wurde und ob es noch lebt oder ob es längst tot ist. Das hat ihre Welt für immer aus den Fugen geraten lassen.

Dank des technischen Fortschritts, in dem Fall dank Internet, haben auch Angehörige von Verschwundenen neue Hoffnung, Vermisste zu finden, lebend oder wenigstens tot. Die »Eltern-initiative Vermisste Kinder« erinnert einmal im Jahr mit Aktionen an sie. Sie stellt für jedes verschwundene Kind eine Kerze auf, lässt für jedes vermisste Kind einen Luftballon steigen, an dem Fotos aus jener Zeit befestigt sind, in der es verschwunden ist. www.vermisste-kinder.de ist die Adresse. Eine trotzige Bastion gegen das Böse, letzte Station vor dem endgültigen Vergessen.

Der Theorie von Manfred Paulus folgend wäre Maddie eher das zufällige Opfer eines Mannes geworden, der die britischen Familien mit ihren Kindern zwar schon längere Zeit beobachtet hatte, ohne einen festen Plan zu haben, und der jetzt – nachts, menschenleere Straße, keine Erwachsenen in Sichtweite – beim Anblick der kleinen Maddie spontan zugriff. Hat sie sich dabei gewehrt, und hat er sie in Panik darüber, entdeckt zu werden, für immer zum Schweigen gebracht? Hat er sich dann, das tote Kind auf den Armen tragend, als würde es schlafen, dazu entschlossen, es im nahen Meer zu entsorgen? War er der Mann, den die Iren auf ihrem Heimweg getroffen hatten?

Zurück zu dem, was feststeht: Um 22 Uhr oder kurz danach ertönte jener Schrei »They have got her« von Kate McCann. Eigentlich wäre ihr Mann an der Reihe gewesen, nach ihren drei Kindern zu sehen, aber da Gerald, wie sie dann bei der Rekonstruktion der Ereignisse aussagte, gerade eine Anekdote aus der englischen Klinik erzählte, wo er als Kardiologe arbeitet und sie ihn dabei nicht unterbrechen wollte, hatte sie sich an seiner Stelle auf den Weg gemacht. Sie habe auf ihre Armbanduhr geschaut, bevor sie die Tapas-Bar verließ – es war höchstens eine Minute nach 22 Uhr. Drei Minuten später dann jener Schrei. Falls die Aussage der Wahrheit entspricht, kann der Mann, den Martin Smith gesehen hat, nicht Gerry McCann gewesen sein. Entweder war es dann ein zufällig des Weges kommender Fremder mit seinem Kind. Oder es war der Entführer von Maddie.

Zunächst versucht Hotelmanager John Elliot Hill die Eltern zu beruhigen. Er wurde vom Verschwinden Maddies durch Lindsay Johnson unterrichtet, die für die Kinderbetreuung im Club zuständig war. Der Anruf auf seinem Handy ist eingegangen um 22.28 Uhr. Fünf Minuten später war er vor Ort. Da suchten bereits, wie er sich erinnerte, mehr als hundert Gäste nach dem Kind. Für das Verschwinden könne es eine simple Erklärung geben, meinte er damals: Maddie sei aufgewacht, habe weder Mutter noch Vater in der verlassenen Wohnung gefunden und sei losgegangen, die zu suchen. Kein Problem dabei für Maddie, die als aufgewecktes Mädchen beschrieben wird, sich durch den Spalt in der Terrassentür nach draußen zu zwängen. Dann müsse sie sich im Dunkeln in der Richtung geirrt haben, sei statt zum Pool und zur Bar ums Haus herum gerannt, habe sich in einer der anliegenden Straßen verlaufen, wartete wahrscheinlich verängstigt dort, dass jemand sie fand. Weit kann sie bis jetzt nicht gekommen sein, hatten doch alle dreißig Minuten die Erwachsenen nach den Kindern geschaut. Zuletzt Matthew Oldfield. Auf seinem Kontrollgang schien noch alles in Ordnung gewesen zu sein, was er den anderen am Tisch versichert hatte: seine beiden Kinder tief schlafend und auch bei den McCanns alles still.

Merkwürdig allerdings, dass man nichts hört, Rufe zum Beispiel oder leises Weinen. Merkwürdig auch, dass Maddie, die nie ohne ihre geliebte *Cuddle Cat*, ein flauschiges, rosarotes Stofftier, anzutreffen war, ausgerechnet diesen ihr so vertrauten Begleiter zurückgelassen hat, wenn sie sich in der Dunkelheit auf den Weg gemacht hat. Das Kätzchen liegt in ihrem Bett. Das fällt jetzt noch nicht auf. An eine Entführung denkt niemand trotz des seltsam anmutenden Wörtchens »they« in Kates panischem Schrei »They have got her«. Wer waren »sie«, wer waren »they«, wen hatte sie damit gemeint? Gab es vor den Ereignissen in dieser Nacht bereits irgendwelche suspekten Gestalten, die um das Appartement schlichen und ihr aufgefallen waren? War Kates »they«, an das sich Charlotte Pennington zu erinnern glaubt, nur ein Hörfehler gewesen? Das »they« wird von der portugiesischen Polizei gegen Kate verwendet, als sie und ihr Mann offiziell zu Verdächtigen erklärt werden. Kate selbst hat keine einleuchtende Erklärung, warum sie ausgerechnet das Wort »they« benutzte und wen sie damit gemeint haben könnte.

Ihre Freunde, ausgerüstet mit Taschenlampen, die im Hotel immer vorrätig sind wegen der häufigen Stromausfälle an der Algarve, machen sich, unterstützt von Gästen und Angestellten der Ferienanlage, so gegen 22.15 Uhr auf die Suche: David Payne, Matthew Oldfield und Russell O'Brien. Deren Frauen kümmern sich um ihre eigenen Kinder, Kate bleibt bei Sean und Amelie. Noch sind alle davon überzeugt, dass sie Maddie gleich finden werden, beruhigen sich gegenseitig. Vor allem trösten sie Kate.

Ihre Suche bleibt ergebnislos. Profis sind jetzt nötig. Um 22.50 Uhr ist die von der Hotelrezeption bereits unmittelbar nach den ersten Schreien von Kate McCann alarmierte Polizei vor Ort. Uniformierte der nächstgelegenen Wache. Im Meldebuch der Guardia Nacional Republicana ist für 22.40 Uhr der entsprechende Anruf aus dem »Ocean Club« verzeichnet: ein Kind sei verschwunden, was sich deckt mit den Aussagen des Hotelmanagers. Fachleute sagen, das Wichtigste in einem solchen Fall sei eines: sofort und ohne zu zögern die Polizei zu rufen. Auch wenn sich das später als ein Fehlalarm herausstellen sollte. Kurz nach Mitternacht treffen endlich auch Beamte der Policia Judicaria im »Ocean Club« ein, Kriminalbeamte. Die Kollegen, die vor ihnen am Tatort waren, gehörten zum Bereitschaftsdienst der Schutzpolizei. Von nun an leitet Kommissar Amaral die Ermittlungen. Später äußert er die Vermutung, in den Stunden bis zum Eintreffen seiner Leute hätten die *Tapas Seven* den McCanns geholfen, die tote Maddie verschwinden zu lassen. Wie sie das hätten bewerkstelligen sollen trotz der immer größer werdenden Gruppe von

Gästen, die sich bemühte, Maddie zu finden, kann er allerdings nicht erklären. Mit solchen Verschwörungstheorien hätte er keinen Richter überzeugen können, nicht mal einen Staatsanwalt, überhaupt ein Verfahren zu eröffnen.

Die Freunde der McCanns haben eine einfache Begründung dafür, dass sie nicht sofort die Polizei alarmierten, nachdem Kate das Verschwinden bemerkt hatte. Sie wollten erst einmal versuchen, Maddie selbst zu finden, von der sie annahmen, sie habe sich nur verlaufen. Die Briten wollten, wie sie übereinstimmend aussagten, nicht unnötig und voreilig Alarm schlagen. Doch jetzt, in der ersten Morgenstunde des 4. Mai 2007, geben sie auf und überlassen das Feld der Polizei. Die McCanns ziehen mit ihren beiden Jüngsten um in ein anderes Appartement.

Es beginnt mit dem Eintreffen der Kriminalbeamten eine Geschichte, die weltweit Schlagzeilen macht – und dies noch immer tut –, die Geschichte vom Verschwinden eines kleinen Mädchens und der Suche nach ihr, von der es seitdem keine Spur gibt. Es beginnt der Fall Maddie. Der ist nicht per se einmalig, aber er ist es auf andere Weise. Es handelt sich im Fall Maddie um den ersten Fall, in dem mit allen Möglichkeiten und Mitteln der Kommunikation, der Public Relation und des Internet eine globale Suche nach dem Opfer betrieben wird. Das Foto des blonden kleinen Mädchens, ins Netz gestellt und im World Wide Web millionenfach angeklickt, ist so bekannt wie das Bild eines Popstars. Viele Menschen würden ihr Gesicht erkennen, falls ihnen irgendwo Maddie begegnen sollte. Ihr Schicksal berührte nicht nur die, die sie kannten und liebten. Sondern die ganze Welt. Ihr Gesicht hinterließ Ankerpunkte im kollektiven Bewusstsein vieler Menschen.

Darauf vertraut drei Jahre danach auch ein Video, das die McCanns ins Internet gestellt haben und das jedermann jederzeit weltweit auf YouTube anklicken kann. Die Botschaft wird verbreitet in sieben Sprachen, darunter auch auf Deutsch, und zeigt Maddie in einer Computersimulation, wie sie heute aussehen würde. Bei der Produktion dieses Images haben Experten geholfen, die sich mit der nötigen Technik auskennen. Die benutzen sie sonst bei ihren Fahndungen nach international agierenden Tätern, die sich im Laufe der Jahre verändert haben. Die Gesichtszüge eines Menschen aber bleiben dieselben. Maddie wäre immer noch erkennbar. Falls sie noch lebt.

Die erste Suchaktion damals 2007 verlief ungewöhnlich kompliziert. Zum einen, weil es Dutzende von Fehlmeldungen gab, von Dubai bis Marokko, sobald wieder jemand glaubte, in einem kleinen Mädchen die Gesuchte erkannt zu haben. Zum anderen, weil die Ermittler allen noch so vagen Hinweisen nachgehen mussten, um bloß nichts zu versäumen, und weil jede Ermittlung polizeiliche Kräfte bindet. Öffentlichkeit kann hilfreich sein, aber auch tödlich. Der oder die Täter könnten die Nerven verlieren, Maddie töten und sich ihrer Leiche entledigen.

Dass in die Ermittlungen wegen der Staatsangehörigkeit der Eltern britische Kriminalbeamte eingeschaltet werden, ist nur logisch. Im Sommer 2009 gerät der in einem Aachener Krankenhaus an Krebs leidende Patient Raymond Hewlett unter Verdacht, der Entführer von Maddie zu sein. Er war erstens etwa um die Zeit des Verbrechens 2007 an der Algarve in der Nähe von Praia da Luz und zweitens wegen Vergewaltigung einer Achtjährigen in England schon einmal verurteilt worden. Das hatte die Suche in einer speziellen britischen Datei ergeben, in der verurteilte Kinderschänder aufgelistet sind, und dadurch war man während der virtuellen Suche nach Maddie auf ihn gestoßen.

Die Namen aller verurteilten Sexualstraftäter, sowohl in Portugal als auch in Großbritannien, aller in europäischen Urlaubsgebieten auffällig gewordenen Pädophilen waren während der Ermittlungen durch die schnellen Rechner der Polizei gejagt worden. Falls sich Übereinstimmungen zwischen den bekannten Umständen beim Verschwinden von Maddie und ermittelten Tathergängen bei Fällen aus der Vergangenheit ergaben, wurden Kollegen in den jeweiligen Mitgliedsstaaten informiert. Der Mann im Aachener Krankenhaus passte ins Bild, er hatte aber mit dem Fall nichts zu tun, wie sich trotz eines fehlenden Alibis zweifelsfrei ergab.

Im Fall Maddie kann jede Theorie stimmig und jede Theorie auch unstimmig sein. Zum Beispiel jene Theorie, an die der anfangs mit den Ermittlungen betraute Gonçalo Amaral bis heute glaubt. Er ist überzeugt davon, dass es in Wahrheit gar keine Entführung gegeben hat, dass vielmehr die Eltern ihre Tochter infolge eines tragischen Unfalls tot in der Wohnung aufgefunden und spontan beschlossen hatten, sie verschwinden zu lassen. Und welches Motiv sollten sie gehabt haben? Sie hatten Angst, behauptet er, wegen Verletzung ihrer Aufsichtspflicht belangt und verhaftet und verurteilt zu werden, was automatisch bedeutet hätte, dass es mit ihrer Karriere in England vorbei gewesen wäre. Unterstützt worden seien sie dabei von ihren Freunden, die ihre Aussagen so abgesprochen hatten, dass am Ende nur eine einzige Erklärung für Maddies Verschwinden übrig geblieben sei – sie müsse entführt worden sein.

Ein hoher Polizeibeamter aus Lissabon, nicht befreundet mit Amaral und zuständig für andere Geschäftsfelder der Organisierten Kriminalität in Europa, gibt seinem Kollegen Amaral in einem Gespräch mit mir vorbehaltlos recht. Es sei seiner Überzeugung nach so gewesen, sagt er mir, dass Maddies Verschwinden nicht etwa erst um 22 Uhr bemerkt worden ist, sondern dass sie schon seit Stunden tot war, als Kate McCann ihren Schrei ausstieß. Nicht ermordet von ihren Eltern, das nicht. Aber Opfer eines Unfalls in der Wohnung, in der sich zu der Zeit, als es passiert sein könnte, so gegen 18 Uhr, Kate allein mit ihren drei Kindern befand. Ihr Mann spielte da noch Tennis, die drei Kleinen waren nicht zu bändigen, weinten und schrien, sie habe vielleicht Maddie einen Klaps gegeben, weil sie sich anders nicht mehr zu helfen gewusst habe. Dabei sei Maddie unglücklich auf den Steinboden gefallen und habe sich tödlich verletzt. Daraufhin habe Kate panisch ihren Mann auf dem Handy angerufen, der sei sofort gekommen, und gemeinsam hätten sie den Plan gefasst, eine Entführung vorzutäuschen.

Nach seiner Theorie – und dabei hebt er die Stimme, als wollte er mich auch davon überzeugen – hätte Gerry in den verbleibenden zweieinhalb Stunden, bevor er und Kate dann zum Essen in die Tapas-Bar gingen, das tote Kind ungesehen aus der Wohnung geschafft und auf dem Meer draußen entsorgt. Deshalb würde es keine Spur von Maddie geben, deshalb konnte man an Land trotz aller Bemühungen die Leiche nicht finden. Und die Freunde der McCanns? Haben die alle bei dieser Verschwörung mitgemacht?, frage ich ihn verblüfft und voller Zweifel, die zu meinem wie auch zu seinem Beruf gehören. Unvorstellbar, dass ein solches Kartell des Schweigens über so viele Jahre hält. Auch darauf hat er eine Antwort: Die *Tapas Seven* wissen nichts. Die waren nicht eingeweiht in die Aktion der Eltern, sind wie alle anderen Stunden später auf die raffinierte Inszenierung mit dem Schrei »They have got her« hereingefallen.

Amarals Unterstellung, die Engländer hätten ihre Aussagen abgestimmt, um die Umstände von Maddies Verschwinden zu verschleiern, überzeugte weder seine Vorgesetzten noch die aus England angereisten Profis. Er zog es vor, das Unmögliche zu glauben, statt ermittelnd, wie es seine Pflicht gewesen wäre, alles Unmögliche auszuschließen. Das kostete ihn am Ende dann auch seinen Job, als ein Kollege aus Lissabon den Fall übernahm. Nach seiner Abberufung schrieb er im Ruhestand ein Enthüllungsbuch, in dem er indirekt die Eltern bezichtigte. Nicht als Mörder ihrer Tochter, so weit ging er nicht. Aber schuldig des Vertuschens eines tödlichen Unfalls. Seiner Meinung nach, die sich mit der des anderen Beamten deckt, hätten die McCanns Maddie im Meer versenkt. Deshalb hat die Polizei trotz aller Anstrengungen nie eine Spur von dem Kind finden können.

Sein Buch ist gespickt mit Anschuldigungen gegen die britische Polizei, die ihn aufgrund einer von ihm nicht näher bezeichneten Intervention von oben – von wem? weshalb? – bei seinen Ermittlungen behindert hätte, um ihre Landsleute, die McCanns, zu entlasten. Ebenso gut ließe sich darüber schreiben, wie unter Missachtung aller professionellen Regeln die Polizei unter seiner Leitung versagt hat. Die Klage der McCanns gegen Amarals Behauptungen hatte Erfolg. Eine weitere Auslieferung seines Buches wurde im Januar 2010 von einem Richter in Lissabon verboten. Da hatte seine Schrift samt der darin enthaltenen Verschwörungstheorien in Portugal bereits zweihunderttausend Käufer gefunden. Am 18. Oktober 2010 dann gab ein Berufungsgericht das Buch wieder frei für den Verkauf. Dagegen wiederum legten die Eltern von Maddie Einspruch ein. Ihre Anwältin: »Bei der Urteilsfindung wurde nicht berücksichtigt, dass das Buch gemacht wurde, um Geld zu verdienen, den Schmerz des Ehepaares McCann zu vertiefen und die Ermittlungen zu behindern.« Zusätzlich sammelten die McCanns hunderttausend Unterschriften, die nötig sind, um eine Wiederaufnahme der eingestellten polizeilichen Ermittlungen zu erreichen.

Der britische Journalist Danny Collins, der sich in seinem Buch »Vanished« bemüht, Licht in den Fall Maddie zu bringen, kommt dagegen zu dem Schuss, dass Maddie entführt worden ist, und vermutet, dass es in etwa so abgelaufen sein könnte: Zunächst habe ein Mister X die Lage ausgekundschaftet. Dabei sei er den Urlaubern nicht weiter aufgefallen, weil er erst abends mit seinem Auto auf den Parkplatz gefahren sei. Das würde sich wiederum decken mit der Aussage von Maria da Silva, mit ihrer nachgetragenen Erinnerung an jenes kleine graue Auto. Dieser Fremde habe festgestellt, dass die Schiebetür im Wohnzimmer des Appartements nie ganz geschlossen wurde, weil die Erwachsenen bei ihren Kontrollgängen, die er beobachtet hatte, diesen Zugang zur Wohnung wählten und nicht umständlich über die Treppe zur Haustür gingen, um die erst auf- und danach wieder abzuschließen. Der Unbekannte sei durch die gläserne Schiebetür über die Terrasse in die Wohnung eingedrungen, habe alle Räume überprüft, bis er im Zimmer der Kinder ankam, wo Maddie und ihre Geschwister schliefen.

Wie soll er das alles zwischen 21.05 Uhr, als Gerry McCann bei seinem Kontrollgang auftauchte, und 21.25 Uhr geschafft haben, war doch Matthew Oldfield nach eigenen Angaben spätestens gegen 21.30 Uhr im Appartement 5A, um nach den Kindern zu schauen? Andererseits gab der ja später zu, nur auf Geräusche geachtet und die Kinder nicht mit eigenen Augen gesehen zu haben. Nach Collins' Theorie könnte sich ein Entführer, als er hörte, dass jemand die Wohnung betrat, in der es zwei Schlafzimmer, ein Wohnzimmer, eine Küche und ein Badezimmer gibt, hinter der offenen Tür des Kinderschlafzimmers versteckt haben, um im Falle einer Entdeckung mit einem Sprung durch das Fenster in diesem Raum zu fliehen, das er zuvor geöffnet und dessen Jalousie er hochgezogen hatte. Wäre ja eine Erklärung dafür, dass die Polizei ein offenes Fenster bemerkte, was im Protokoll erwähnt wird, obwohl Gerald McCann beschwor, bei seinem Kontrollgang sei es geschlossen gewesen. Die beiden widersprüchlichen Aussagen von Oldfield – einmal erzählte er, nur auf Geräusche geachtet zu haben, einmal sagte er aus, die schlafenden Kinder gesehen zu haben – sorgten zusätzlich für Verwirrung.

Kaum war die Luft wieder rein, habe der Kidnapper, so Collins in seinem Szenario, die tief schlafende Maddie aus ihrem Bett gehoben, sei mit ihr zu seinem auf dem Parkplatz abgestellten Auto gegangen, habe sie in den Kofferraum gelegt und sei losgefahren. Als Kate ihr Verschwinden entdeckte, war er längst weit entfernt vom Tatort. Warum gibt es aber keinerlei Spuren am Fensterrahmen oder an der Tür, die eine solche Vermutung beweisen könnten? Fasern von Stoff? Fingerabdrücke?

Möglicherweise vorhandene Spuren eines Eindringlings seien zerstört oder wie die im Vorgarten zertrampelt gewesen, als die Polizei mit ihren Untersuchungen begann. Die Grenzstationen nach Spanien und der Flughafen in Faro sowie die umliegenden Häfen der Algarve wurden erst früh am anderen Morgen alarmiert. Es gab also bereits am Anfang der Ermittlungen schwerwiegende Fehler. Die setzten sich wie in einer Kette fort. Wollte Amaral mit seinen Vermutungen von eigenen Versäumnissen ablenken und deshalb die Schuld auf Maddies Eltern abwälzen? Brauchte er gar einen Sündenbock, um die eigene Haut zu retten?

Im Rückblick ist es geradezu abenteuerlich, manche würden sagen: geprägt von unverantwortlichen Handlungen eines Ermittlers, wie Amaral im Fall Maddie sich verhielt. Falls die Zeugenaussagen darin übereinstimmten, dass Gerry McCann am Tisch der Bar saß, als seine Frau jenen Schrei ausstieß, »They have got her«, ohne den Namen Maddie zu erwähnen, hätte Amaral darauf verzichten müssen, den irischen Urlauber Smith an die Algarve einfliegen zu lassen. Denn der Mann, den die Iren auf ihrem Heimweg mit dem schlafenden Kind sahen, konnte dann logischerweise nicht McCann sein. Doch noch einmal ruhte Amarals letzte Hoffnung auf Martin Smith.

Am 9. September 2007 schaut sich der im Wohnzimmer seines Hauses in Drogheda, fünfzig Kilometer nördlich von Dublin, die Spätnachrichten auf BBC an. Die Sendung beginnt spektakulär mit der Ankunft der McCanns in England. Zwei Tage zuvor waren Maddies Eltern in Portugal zwar zu Verdächtigen erklärt worden, aber die Kriminalbeamten hatten nicht genügend Material, um sie verhaften zu können. Die McCanns hatten ein elfstündiges Verhör überstanden, dabei auf Fragen antworten müssen wie die, ob es Kate vielleicht zu viel geworden sei mit drei kleinen Kindern und sie sich in einem Anfall von Verzweiflung deshalb von einem Kind habe befreien wollen.

Die Briten waren über solche Anschuldigungen »tief verletzt«, so Kate McCann, und nach den aus ihrer Sicht verleumderischen Vorwürfen zurückgeflogen in ihre Heimat, um die Suche selbst zu organisieren. Seit Anfang Mai hatten sie in einem gemieteten Ferienhaus in Praia da Luz ausgeharrt, um vor Ort zu sein, falls die Polizei Maddie finden würde. Täglich stellten sie sich den Journalisten, auf deren Veröffentlichungen sie angewiesen waren, um ihre Tochter nicht in Vergessenheit geraten zu lassen. Der Vorwurf, sie hätten dabei immer so kühl und emotionslos gewirkt, löste sich in Luft auf, als ein Sprecher der britischen Polizei erklärte, genau dies habe er den McCanns geraten, damit sich ein etwaiger Entführer, der ihnen zuschaute, nicht auch noch an ihrem Schmerz würde erfreuen können.

Nur kurzfristig hatten sie ihren Aufenthalt in Portugal unterbrochen, waren eine Woche lang durch Europa gereist, in einem Privatflugzeug, das ihnen ein reicher Industrieller spontan zur

Verfügung gestellt hatte, um bei Politikern Hilfe bei der Suche zu erbitten. Mal auf Pressekonferenzen, mal bei Fernsehauftritten. Der Vorsitzende der portugiesischen Polizeigewerkschaft, Carlos Anjos: »Maddies Eltern haben mit ihrer internationalen Anzeigen- und Medienkampagne ein wahres Monster geschaffen, das nun außer Kontrolle geraten ist. Sie haben die Suche nach Madeleine enorm erschwert und zu keinem Zeitpunkt dazu beigetragen, ihrer Tochter zu helfen.« Sie aber wollten alle Möglichkeiten bei der Suche nach Maddie ausschöpfen, nichts unversucht lassen, einfach alles tun, was in ihrer Macht stand. In Rom waren die tiefgläubigen Katholiken, die in Praia da Luz täglich zur Messe gingen, sogar vom Papst empfangen worden, der sie segnete und versprach, für die Rückkehr ihrer Tochter zu beten.

Jetzt, am 9. September 2007, sind sie zurückgekehrt nach England. Die Medien, die ihnen seit mehr als hundert Tagen bei jedem Schritt gefolgt waren, derer sich die McCanns bedient hatten mit ihren Appellen an die Entführer und ihren Bitten um die Unterstützung einer wachsamen Öffentlichkeit, warten bei ihrer Ankunft auf die Familie McCann. Gerald geht als Erster die Gangway hinunter. Auf einem Arm trägt er Amelie. Sie schläft, Köpfchen an die Schulter ihres Vaters gekuschelt. Smith erstarrt, dann springt er auf, ruft seine Frau. Er glaubt plötzlich den Mann erkannt zu haben, der ihnen damals in der Rua da Escola Primaria entgegengekommen ist. Jenen schweigsamen Mann mit dem Kind. Gemeinsam schaut das Ehepaar Smith in den nachfolgenden Sendungen von Sky News und ITV noch einmal die Szenen auf der Gangway an. Dann ist Martin Smith überzeugt davon, dass der Mann, den er dreimal auf dem Bildschirm gesehen hat, identisch ist mit dem aus jener Mainacht an der Algarve. Mit Gerald McCann.

Doch ist es nicht höchst unwahrscheinlich, dass er auf dem Bildschirm einen Mann identifizieren kann, den er vier Monate zuvor auf einer kaum beleuchteten Straße in Portugal nur flüchtig für ein paar Sekunden gesehen hat? Dessen Foto in Zeitungen bisher schon oft abgedruckt war, wobei Smith nie eine Ähnlichkeit aufgefallen war? Doch, vorstellbar sei das schon, sagt mir ein deutscher Ermittler, denn wegen der »unterschiedlichen Sichtperspektiven« gibt es einen deutlichen Unterschied zwischen einem Standbild und einem Bewegungsvideo. Und durchaus denkbar sei es, dass jemand einen Menschen auf dem Foto nicht identifizieren kann, auf dem Video aber dann doch. Smith selbst jedoch zweifelt schon am Morgen nach der TV-Übertragung an seiner Erinnerung und hütet sich, die gar als Fakt zu beschwören.

Amaral dagegen ist geradezu besessen von dem Wunsch, Smith habe recht. Dann wäre für ihn der Fall gelöst, die Behauptung widerlegt, dass Maddie, aufgewacht aus tiefem Schlaf, auf der Suche nach ihren Eltern barfuß umherirrend in einer dunklen Seitenstraße des »Ocean Club« entführt worden oder direkt aus ihrem Bettchen von einem Pädosexuellen geraubt worden sei. Dann hätte sich sein Verdacht bestätigt, dass Kate McCann angesichts der toten Maddie per Handy ihren Mann gerufen, der aus Angst vor einer Anklage wegen Verletzung der Aufsichtspflicht entschied, einen Entführer zu erfinden und sein totes Kind zu entsorgen. Ein Vater, geschockt vom Tod seiner Tochter, soll sich spontan und kühl auf den Weg gemacht haben, deren Leiche für immer verschwinden zu lassen?

Und wie zum Teufel soll das zur übereinstimmenden Aussage der *Tapas Seven* passen, wonach Gerry McCann just zur Zeit, als Smith einem fremden Mann begegnete, von dem Amaral stur glaubt, dieser sei Maddies Vater mit seinem toten Kind gewesen, mit ihnen am Tisch der Bar gesessen und seinen Wein getrunken habe? Es spricht nach wie vor viel für eine Entführung, dass ein Unbekannter, der tagelang das Appartement beobachtete und wusste, in welchen Abständen die Eltern üblicherweise nach ihren Kindern schauten, Maddie entführt, dass Smith diesen Mann im diffusen Lichtschein der Straße gesehen und mit Gerry McCann beim Aussteigen aus dem Flugzeug verwechselt hat, und zwar nur deshalb, weil der Mann damals in der Nacht das Kind so auf seinen Armen trug wie jetzt zufällig Gerald McCann sein Kind bei der Ankunft in England. Das wiederum ist nun beileibe nicht charakteristisch für Gerald McCann. So an ihre Schultern gelehnt tragen viele, wenn nicht gar alle Väter oder Mütter ihre schlafenden kleinen Kinder.

Rätselhaft bleibt, warum Maddie nicht geschrien, sich nicht gewehrt hat, obwohl sie von einem Fremden durch die Nacht geschleppt wurde. Wenn ein Fremder in die Wohnung einge-drungen und das Kind aus dem Schlaf und aus dem Bett geris-sen hätte, müsste sie eigentlich geweint oder laut geschrien ha-ben. Oder gibt es gar andere Gründe dafür, dass sie so tief schlief und nicht reagiert hat? Noch am Morgen dieses 3. Mai hatte sich Madeleine bei ihrer Mutter beklagt, dass sie in der zurückliegen-den Nacht nicht zu ihr ans Bettchen gekommen sei, obwohl sie geweint und laut nach ihr gerufen habe. Eine Nachbarin, die die-ses Gespräch beim Frühstück mitbekam, hat es so ausgesagt. Eine andere Urlauberin, Pamela Fenn, erinnert sich, dass sie Maddie einmal stundenlang habe weinen hören. Denkbar also, dass die praktische Ärztin Kate McCann ihr ein Schlafmittel ins Essen ge-mischt hat, damit die Kleine nicht wieder aufwachen, weinen und nach ihr suchen würde. Was ihre Mutter stets bestritt. Es wäre eine mögliche Erklärung dafür, dass Maddie nicht aufgewacht ist, als ein Fremder sie aus dem Bettchen hob.

Selbst dieses Szenario glaubt Amaral widerlegen zu können, indem er eine andere Theorie aus denselben Fakten konstruiert: Schlaftrunken von den ihr verabreichten Mitteln sei Maddie eben doch in der Nacht aufgewacht, aus ihrem Bett geklettert, aus dem Zimmer getapst, in dem auch ihre beiden Geschwister schliefen, habe ihre Mutter oder ihren Vater gesucht, aber die waren ja nicht da. Sie habe wahrscheinlich beschlossen, die zu suchen, sei auf die Lehne des schweren Sofas im Wohnraum gestiegen, um das Fens-ter an der Vorderseite des Appartements zu öffnen, dabei aber, ge-schwächt durch die Schlaftabletten, von der hohen Lehne gefallen und mit dem Köpfchen voran zwischen Fenster und Sofa auf den Steinboden gestürzt. Dabei könnte sie sich tödliche Verletzungen zugezogen haben.

Diesen Unfall, so die darauf basierende Indizienkette des Portugiesen, habe der entsetzte Vater bei seinem Rundgang entdeckt und sich entschlossen, seine Tochter verschwinden zu lassen. Emotionslos Entscheidungen zu treffen, so Amaral, sei in Gerald McCanns Beruf als Kardiologe alltägliches Geschäft. Das habe der gelernt. Darum habe er angesichts der toten Maddie kühl reagiert. Wie aber soll er das so schnell organisiert haben? Wie soll er es geschafft haben, ungesehen aus der Ferienanlage zu gelangen? Wo hat er Maddie versteckt und wann endgültig verschwinden lassen? Wie hat er seine Abwesenheit den anderen erklärt?

Stimmt, gibt Amaral zu, ist schwer vorstellbar. Deshalb sei wohl alles viel früher passiert, so gegen halb sieben Uhr abends, und nach dieser Theorie habe McCann genügend Zeit gehabt für seine »Operation Maddie«. Niemand glaubt, dass die McCanns ihre Tochter ermordet haben könnten, das nun doch nicht. Wo der Vater Maddie verschwinden ließ und wie er das ungesehen als Ortsfremder geschafft haben soll, dafür hat Amaral keine Erklärung. Doch warum, fragt er stattdessen, sind alle Anruflisten, alle Protokolle der gewählten Nummern sowohl auf Kates als auch auf Gerrys Handy gelöscht, warum ist der erste Anruf von Gerald auf dem Handy seiner Frau erst um 23.17 Uhr vermerkt, wie eine Anfrage beim Provider ergab? Deren Erklärung: Sie hätten nicht telefoniert, weil sie mit der Suche nach Maddie beschäftigt waren und weil Kate in der Wohnung auf den einen, den erlösenden Anruf wartete, man habe sie gefunden. Bis dann, logisch begründbar, um 23.17 Uhr ihr Mann mitteilte, dass die Suche erfolglos geblieben war.

Jane Tanner, Lebensgefährtin von Russel O'Brien, glaubt wie alle von den *Tapas Seven*, dass die McCanns unschuldig sind. Sie hatte in ihrer Aussage einen etwa fünfunddreißig- bis vierzigjährigen Mann beschrieben, der ein schlafendes Kind auf dem Arm trug. Allerdings lief der nicht Richtung Strand, in die Richtung, in der Martin Smith einen getroffen hatte, sondern in die andere Richtung, bergauf also. War dieser Mann der Entführer? Falls Tanner die Wahrheit sagt, wäre das der beste Beweis für die Unschuld der McCanns. Oder wollte sie, wie wiederum Amaral ihr unterstellt, damit nur ablenken von Gerald McCann, den Smith für Momente im Fernsehen glaubte erkannt zu haben? Kann es sein, dass Jane Tanner am Abend des 3. Mai 2007 nur einen harmlosen Urlauber gesehen hat, zum Beispiel Jeremy Wilkins, der just um diese Zeit seinen acht Monate alten Sohn auf dem Arm nach Hause trug? Denn schließlich war es dunkel um die fragliche Zeit und der Parkplatz kaum beleuchtet.

Der Mann, den Jane Tanner gesehen hat ist von der Polizei nie ermittelt worden. Es hat sich, was zumindest eigenartig ist angesichts der täglichen Berichte in den Zeitungen, niemals ein Einheimischer gemeldet, der just an diesem Abend zwischen 21 und 22 Uhr mit einem Kleinkind unterwegs war. Was normal gewesen wäre. Falls es sich tatsächlich nur um einen harmlosen Familienvater gehandelt hat, der zufällig mit seinem Kind auf dem Heimweg war, hätte er doch nichts zu verbergen gehabt.

Erst Ende Mai 2007 wird nach Jane Tanners Beschreibung, ergänzt durch die Aussagen einer ortsansässigen Engländerin, Gail Cooper, die einige Tage vor der Tatnacht am Strand einen Mann mit »abgerissener Kleidung, strähnigem Haar, pockennarbigen Wangen« herumschleichen sah, das Phantombild eines Mannes erstellt, den nun wirklich niemand mehr mit Gerald McCann verwechseln kann. In den Jahren, die seitdem vergingen und in denen immer wieder neue, abenteuerlich klingende Mutmaßungen über den Fall Maddie aufkamen, in denen die Eltern auf allen möglichen Sendern Interviews gaben, tauchte nie auch nur der leiseste Hinweis auf den Pockennarbigen auf.

Es spricht manches dafür, dass just dieser Mann der Entführer sein könnte. Dass Jane Tanner – und nicht Martin Smith – den wahren Täter gesehen hat. Wobei in dem Zusammenhang gleich die nächste ungelöste Frage in diesem Fall auftaucht, nämlich die nach dem schweigsamen Mann in der Rua da Escola Primaria, der Smith und seiner Familie entgegengekommen war. Warum hat sich der nicht bei der Polizei gemeldet und Gerry McCann entlastet? Es gibt wieder mal zwei mögliche Erklärungen. Die eine: Es war ein Urlauber, der bereits am nächsten Morgen die

Algarve wieder verlassen hat und zu Hause nichts über den Fall Maddie gelesen oder gesehen hat. Unwahrscheinlich angesichts der globalen medialen *Find Maddie Action*. Oder aber er hatte einen triftigen Grund, sich nie zu melden. Er und nicht der Mann, den Jane Tanner sah, ist der Entführer, und das schlafende Kind war tatsächlich Maddie.

Gonçalo Amaral zieht am Ende seines Buches die für ihn einzige plausible Bilanz: »Das Kind Madeleine McCann starb in der Nacht des 3. Mai 2007 im Appartement 5A des ›Ocean Club‹. Es wurde eine Entführung vorgetäuscht. Kate und Gerald McCann sind verdächtig, an der Beseitigung des Leichnams ihrer Tochter beteiligt gewesen zu sein. Es gibt Hinweise auf die Vernachlässigung der Sorgfalts- und Aufsichtspflicht der Eltern gegenüber den Kindern.« Kate McCann hielt dagegen – und diesen Argumenten folgte auch der Richter in Lissabon, der im ersten Prozess Amarals Buch verbot –, dass im Gegensatz zu allen Beteuerungen von herabgelassenen Rollläden, die nur von innen und nicht von außen hochgezogen werden konnten, und von geschlossenen Fenstern eines der Fenster im Wohnraum weit offen stand, mit hochgezogener Jalousie, als sie gegen 22 Uhr die Wohnung betrat. Hatte sich ein bereits in der Wohnung lauernder Eindringling diesen alternativen Fluchtweg geöffnet?

Hat sich ein Entführer, wie es wiederum der Journalist Collins in seinem Szenario beschreibt, tatsächlich hinter der Schlafzimmertür versteckt, als Oldfield nach den Kindern schaute? Hatte der die Haustür doch wieder abgeschlossen? War dem Kidnapper deshalb nur die eine Möglichkeit geblieben, nämlich durchs Fenster in Richtung Parkplatz und Rua Dr. Francisco Gentil Martins zu entkommen, weil es zu riskant gewesen wäre, sich über die Terrasse und durch die Gartenanlage des »Ocean Clubs« davonzuschleichen?

Der Vorwurf, ihre Kinder allein gelassen zu haben und ursächlich schuld zu sein an Maddies Verschwinden, der bleibt. Mit dieser Schuld müssen die McCanns leben. Ganz egal, ob sie je erfahren – oder ob die Welt je erfährt –, was tatsächlich in dieser Nacht geschah. Wären wir doch, sagte Kate McCann in einem der Fernsehinterviews, mit denen sie und ihr Mann seit Jahren das Interesse der Öffentlichkeit am Fall Maddie wachzuhalten versuchen, wären wir doch bloß wie ursprünglich geplant mit allen Freunden in ein weiter entferntes Restaurant gegangen, in das wir die Kinder hätten mitnehmen müssen!

Was genau wann am Abend des 3. Mai 2007 geschah, wenigstens das steht nach einer minutiösen Recherche der BBC fest, die sich jeder Schlussfolgerung enthält: Um 20.35 Uhr treffen Kate und Gerry McCann in der Tapas-Bar zum Abendessen ein. Ihre Kinder schlafen im Appartement 5A. Eine halbe Stunde später, um 21.05 Uhr, schaut Gerry McCann nach ihnen und kehrt zurück an den Tisch. Er habe alle drei Kids angeblich schlafend vorgefunden. Jane Tanner schaut gegen 21.15 Uhr nach ihren eigenen Kindern und sieht dabei in der Nähe des Appartements jenen Mann, der ein Kind auf dem Arm trägt. 21.30 Uhr: Matthew Oldfield macht sich auf den Weg, er hört keine Geräusche aus dem Schlafzimmer der McCann-Kinder, schaut aber nicht in den Raum, sondern vermutet nur, dass alles in Ordnung sei, und kehrt zurück in die Bar. 22.00 Uhr: Kate McCanns Schrei, dass sie Maddie geschnappt haben.

Bereits Tage nach dem Verschwinden von Madeleine McCann waren zwei Polizeibeamte aus England als Unterstützung für die Beamten von Amaral eingetroffen. Bei ihren Ermittlungen werden die Engländer als lästige Konkurrenz empfunden und entsprechend von den Portugiesen behandelt. Auf der Seite der einen steht die britische Presse, auf der Seite der anderen die portugiesische. Beide werden von den jeweiligen Lagern auch benutzt und von Ermittlern mit Informationen gefüttert. Als Verstärkung bringen britische Spezialisten Ende Juli 2007 zwei besondere Helfer an den Ort des Geschehens, Keela und Eddie. Sie ist spezialisiert auf Blutspuren, er auf Leichengeruch. Beide Spaniels sind für ihren Job im Dienste der Krone jahrelang ausgebildet und trainiert worden. Sie sollen noch einmal im Appartement 5A nach bislang vielleicht übersehenen Spuren suchen. Um die Entdeckungen der Spaniels ranken sich später, wie so oft in diesem Fall, die abenteuerlichsten Spekulationen. Keela schlägt im Wohnraum hinter dem Sofa an. Dort hat sie was gerochen. Aufregung bei den Ermittlern. Menschliche Spürhunde werden gerufen. Die packen ihre Gerätschaften aus, und tatsächlich treten im ultravioletten Licht an einer Wand winzige Blutspuren zutage. Die Information, man habe einen Beweis dafür gefunden, dass Madeleine McCann im Appartement 5A zumindest verletzt worden sei, vielleicht sogar tödlich, wird einigen Zeitungen gesteckt, und die haben ihre Schlagzeilen.

Eine Expertise durch ein gerichtsmedizinisches Institut in Birmingham Wochen später geht in der Begeisterung, endlich Indizien gefunden zu haben, die auf die britischen Eltern als Täter hindeuten, deshalb unter. Denn das Blut ist männlichen Ursprungs, kann also nicht von Maddie stammen, außerdem war die Probe in einem so schlechten Aggregatszustand, dass keine letztgültige Analyse erstellt werden konnte. Theoretisch ist es sogar möglich, dass die spärlichen Blutreste von einem Gast aus der vorherigen Saison stammten, ja dass der vielleicht nur mal kräftig habe niesen müssen, um einen solchen winzigen Rest zu hinterlassen.

Eddie, spezialisiert auf Leichengeruch, erprobt in vielen Fällen, hatte bei der Begehung des vermeintlichen Tatorts ebenfalls angeschlagen. Auch das geben Beamte ohne nähere Prüfung weiter an die Zeitungen, obwohl sie durch eine simple Nachfrage hätten erfahren können, dass selbst ein bestens ausgebildeter Hund wie Eddie erst dann etwas erschnüffeln kann, wenn an einer bestimmten Stelle, in diesem Fall hinter dem Sofa oder auf der Terrasse, eine Leiche mindestens zwei Stunden lang gelegen hat. Selbst dann, wenn man annimmt, dass Maddie bereits tot war, als die Eltern am 3. Mai um 20.35 Uhr – fröhlich lachend! – das Appartement verlassen haben, selbst dann sind bis zum Schrei von Kate, sie hätten Maddie geschnappt, nur anderthalb Stunden vergangen. Selbst dann, wenn man bereit wäre, Amarals Theorie zu folgen, nämlich der, dass Maddie spätestens um halb sieben Uhr an diesem Abend tot war und danach im Meer entsorgt wurde, hätte sie nicht die zwei Stunden tot am Boden liegen können, die der Hund braucht, um etwas Verwertbares zu erschnüffeln. Und zwei Stunden lang konnte Maddie nie dagelegen haben, bei keiner der verschiedenen Tatversionen.

Amaral und Co. wollen dennoch weiterhin stur glauben, was sie schon lange glaubten – dass es keine Entführung gewesen ist, weil sich in den touristischen Zentren der Algarve nun mal keine finsteren Verbrecher herumtreiben, die Touristen ihre Kinder stehlen, dass es eher Touristen wie Maddies Eltern sind, die ihre Kinder verschwinden lassen.

Das Ansehen der McCanns ist nicht mehr so gut, wie es anfangs war. Ihr Bild erlitt Kratzer, als bekannt wurde, dass sie Spendengeld aus dem »Find Madeleine Fund« dafür verwendet hatten, fällige Hypotheken für ihr Haus in England abzubezahlen. Sie wiederum hatten dafür eine Erklärung: Seit Mai waren sie mehrere Monate an der Algarve, hatten unbezahlten Urlaub nehmen müssen, und schließlich hätten sie auch noch eine Verantwortung für ihre anderen Kinder. Die Pflicht, denen ihr Elternhaus zu erhalten. Sobald sie wieder was verdienten, würden sie alles zurückbezahlen.

Geradezu absurd wurde die Hexenjagd, als angeblich im Kofferraum des Autos, das die McCanns drei Wochen nach Maddies Verschwinden gemietet hatten, Spuren sichergestellt wurden, die eindeutig von Madeleine stammen. Da lagen Handtücher, die auch vor ihrem Verschwinden bereits am Strand benutzt worden waren und in die vielleicht sogar mal das Stofftier *Cuddle Cat* eingewickelt war. Schließlich hatte Maddie ihre Katze immer bei sich getragen. Die zu ihrem Verdacht passende These der portugiesischen Ermittler jedoch lautete, Gerald McCann habe die Leiche des Kindes drei Wochen lang versteckt, bevor er das Auto gemietet, dann erst seine Tochter im Kofferraum an einen entlegenen Strand transportiert und dort ins Meer geworfen habe. Aber wo sollte er bis dahin die tote Maddie versteckt haben? Etwa unter dem Pflaster eines schmalen Wegs, der zur Kirche führte und in jener Nacht im Mai sich noch im Bau befand? Grabungen im Erdreich erbrachten keine Leiche. Nur ein paar Scherben aus vergangenen Jahrhunderten. Ein Fund für Archäologen.

Die Kriminalbeamten finden nichts mehr. Mitte August erklärt ein Sprecher der portugiesischen Polizei, höchstwahrscheinlich sei Maddie tot. Vier Wochen später werden die Akten mit der Begründung geschlossen, keine Ansätze mehr für Ermittlungen zu haben. Das war Mitte September. Falls die Aussage von Martin Smith, der am 9. September nach der BBC-Übertragung der Ankunft auf dem Flughafen glaubte, Gerry McCann erkannt zu haben, beweiskräftig gewesen wäre, hätten britische Polizeibeamte reagiert und die McCanns in England zum Verhör gebeten. Wiederum einen Monat später wird Gonçalo Amaral versetzt, er hat nach Ansicht seiner Vorgesetzten zu viele Fehler gemacht. Von britischen Zeitungen, die Maddies Eltern und einige der *Tapas Seven* in ihren Persönlichkeitsrechten verletzt hatten, erstreiten McCanns Anwälte umgerechnet anderthalb Millionen Euro Schmerzensgeld, die direkt in die Maddie-Stiftung fließen sollen, mit deren Mitteln die Suche finanziert wird.

Die McCanns beauftragen Detektive, und die drehen jeden Stein um, so wie es im Vorwort des »Find Maddie Fund« steht: »Leaving no stone unturned«. Inzwischen wird auf dessen Homepage www.findmadeleine.com auch in deutscher Sprache um Mithilfe gebeten, weil viele Deutsche an der Algarve jedes Jahr ihre Ferien verbringen. Man erhofft sich, dass selbst nach Jahren einem der Touristen im Zusammenhang mit Maddie noch etwas einfällt, was damals nicht weiter beachtet worden war. In einem Video werden deshalb Szenen nachgestellt, die auf eine Entführung hindeuten und Assoziationen auslösen könnten. Ein Mann, der tagelang das Appartement 5A und die Familie McCann beobachtet haben soll, ist darauf zu sehen, verbunden mit der auch auf Deutsch eingeblendeten Frage: »Haben Sie diesen Mann gesehen? Kennen Sie ihn?« Was Verwirrung erzeugen könnte. Der Mann ist natürlich ein vom Maddie-Fund engagierter Darsteller des möglichen echten Entführers, von dem ja bis heute niemand weiß, wie der ausgesehen haben mag. Wer also jetzt die auf der Homepage gestellte Frage mit Ja beantwortet, erkennt in Wirklichkeit nicht einen echten, sondern nur einen möglichen dargestellten Täter.

Immer wieder wird im Internet auf ein Merkmal hingewiesen, das Maddie von anderen kleinen Mädchen sichtbar unterscheidet und das sich nicht verändert, auch wenn sie älter wird und heranwächst. Falls sie älter werden durfte und nicht längst schon tot ist. Sie hat eine angeborene auffällige Veränderung in ihrer rechten Pupille, medizinisch korrekt Kolobom genannt, was aussieht, als würde die Augenfarbe aus der Pupille in die Iris fließen. Auf der erwähnten Homepage, sozusagen einer globalen Suchanzeige, stehen Fotos, die Madeleine zeigen, wie sie heute aussehen könnte. Falls Maddie noch leben sollte. In der Vorschule von Thurmaston in der Nähe des Heimatorts der McCanns wird seit 2007 ein Stuhl freigehalten. Auf dem hätte Madeleine bei ihrer Einschulung sitzen sollen. Im Lehrerzimmer brennt ein Ewiges Licht, so wie es in allen katholischen Kirchen zu finden ist. Es brennt so lange, bis Maddie nach Hause zurückkehrt.

Sie nur darf die Kerze ausblasen. Nur sie.

EPILOG

Das Böse an sich ist nicht zu fassen, schrieb ich im Prolog, es ist namenlos. Doch die, denen es widerfährt, haben einen Namen. Sie müssen fortan leben mit dem, was sie erlebt haben, was ihnen oder ihren Angehörigen angetan wurde, nachdem ihr Leben aus den Fugen geriet. Fälle von Mord und Totschlag oder Entführung und Vergewaltigung sind für die Öffentlichkeit naturgemäß interessanter als Berichte über geklaute Autos und Fahrräder. Allen aktuellen Berichten von steigender Gewaltbereitschaft und mangelnden Fahndungserfolgen zum Trotz aber ist im Vergleich zu Straftaten wie Betrug, Diebstahl, Einbruch, die vom Bundeskriminalamt in der Polizeilichen Kriminalstatistik erfasst werden, die Aufklärungsquote hoch: siebenundneunzig Prozent beträgt sie bei Mord und Totschlag, zweiundachtzig Prozent bei Vergewaltigung oder schwerer Körperverletzung. Einbrecher dagegen werden allenfalls zu siebzehn Prozent gefasst.

Natürlich gibt es unfähige, faule, verschnarchte Polizisten, so wie es auch unfähige, faule, verschnarchte Journalisten gibt. Die Guten beider Seiten jedoch misstrauen allen einfachen Lösungen lediglich im Schwarz-Weiß-Raster. Sie haben eine Lieblingsfarbe. Das ist die Farbe Grau. Die Farbe des Zweifels.

In Gesprächen, sowohl innerhalb als auch außerhalb der nach wie vor mehr von Misstrauen gegen Öffentlichkeit als von selbstbewusster Offenheit bestimmten Festung BKA, bei der professionellen Multikulti-Truppe EUROPOL oder beim alle nur denkbaren Daten speichernden Scotland Yard – was in Deutschland übrigens zu massivem öffentlichen Protest führen würde –, habe ich erfahren, dass gute Polizisten ihren Dienst als Verpflichtung gegenüber der Gesellschaft und nicht nur als Job in derselben betrachten sowie alles ihnen Mögliche tun, um das Böse konkret benennen zu können, mit den Namen einzelner oder mehrerer ganz bestimmter Böser. Wenn die dann in einem rechtsstaatlichen Verfahren verurteilt werden aufgrund der Beweise, die die Fahnder ermittelt haben, haben Letztere ihre Pflicht erfüllt. Nicht mehr, aber auch nicht weniger. Man könnte es pathetisch auch so ausdrücken: Sie machen die Welt ein wenig sicherer, weil sie dafür sorgen, so gut es geht, dass Kriminelle nicht mehr frei herumlaufen. Es ist ihnen dabei egal, wie lange die Tat schon zurückliegt. Bei Mord oder Kidnapping gibt es keine Verjährung.

Ohne die Hilfe der Kriminaltechnik allerdings würde das nicht gelingen. Dank ihr können sogar dreißig Jahre zurückliegende Morde aufgeklärt werden – wie im Fall jener bereits erwähnten 1981 in Hessen ermordeten sechzehnjährigen Schülerin, als fünfundzwanzig Jahre später durch DNA-Vergleich von Speichelproben aller damals Verdächtigen mit archivierten Spurenelementen der Mörder doch noch ermittelt und gefasst wurde. Heutige Ermittler wissen, dass keiner Straftaten begehen kann, ohne irgendeine Spur am Tatort zu hinterlassen. Solche Spuren, und seien sie auch noch so gering, entdecken die Kriminaltechniker. Und immer häufiger führen sie zu den Tätern.

Was aber macht sie zu Tätern? Wer oder was ist verantwortlich dafür, dass der eine gut bleibt und der andere böse wird? Ist die Veranlagung schuld, oder ist es die Umwelt? Die Gene oder die Gesellschaft? Entscheidend ist, wie die Gesellschaft mit dem Bösen umgeht. Denn es wohnt in uns allen, und schon in der Bibel, dem Buch der Bücher, steht geschrieben: Wer ohne Fehl ist, der werfe den ersten Stein. Entscheidend ist doch, wie wir mit dem Bösen umgehen, in welchem Maße wir zulassen, dass es Besitz von uns zu ergreifen droht, unser Handeln bestimmt.

Denn die Geschichte der Menschheit ist eine Geschichte des Verbrechens. Sie beginnt mit dem Diebstahl des Apfels vom Baum der Erkenntnis, geht weiter mit dem Mord Kains an seinem Bruder Abel, führt über Herodes, Dschingis Khan, Richard III. und Jack the Ripper bis zu Hitler und Stalin und ist mit Pol Pot, Idi Amin, Slobodan Milošević und Osama bin Laden noch längst nicht zu Ende.

Shakespeare und Dostojewski beschrieben grandios Verbrechen und Verbrecher. Alfred Hitchcock oder Jean-Pierre Melville schufen Meisterwerke mit Filmen über Morde und Mörder. Das Böse fasziniert die Leser von Thrillern, und Fernsehserien wie *CSI* oder *Bones* sind Garanten für höchste Quoten. Warum? Erwecken sie alle Furcht und Mitleid, wie es schon Aristoteles postulierte? Reizt der Blick in den Abgrund – auch in den der eigenen Seele?

Theorien darüber, wie Kriminalität entsteht, gibt es unter Kriminologen viele. Sicher ist, dass es sie schon immer gab, in allen Gesellschaften der Menschheitsgeschichte, und dass es sie auch weiterhin geben wird. Jede Gesellschaft ist einerseits geprägt von Kriminalität, als einer Art Spiegelbild ihres politischen und ökonomischen Entwicklungsstands. Und andererseits von Polizei und Justiz, die sie dagegen einsetzt, ohne die Rechte der Bürger zu verletzen oder gar selbst das Gesetz im Kampf gegen Gesetzesbrecher zu brechen. Keiner aber weiß, wie groß das Dunkelfeld wirklich ist. Statistik bezieht sich stets nur auf das Hellfeld der bekannt gewordenen und aufgeklärten Taten

Das Böse ist ein Teil der menschlichen Natur. Kriminelle – sowohl die mit den blutigen Händen als auch die mit den weißen Krägen – sind deshalb ein Teil der Gesellschaft. Die hat aber das Recht, nein, die Pflicht, sich mit allen legalen Mitteln vor ihnen zu schützen. Zum Beispiel durch Institutionen: vom Polizeirevier in Ostfriesland bis zum Bundeskriminalamt, zu EUROPOL, zu Scotland Yard etc.

Das Wettrennen zwischen den Kriminellen und denen, die sie verfolgen, ist eine fortlaufende Geschichte von Siegen und Niederlagen. Insofern kann das, was in diesem Buch steht, nicht mehr sein als ein vorläufiger Zwischenstand. Denn im Kampf gegen das Böse gibt es kein Ende.

DANK

An viele Gesprächspartner bei vielen Recherchen und Ortstermi-
nen. Nicht alle legten Wert darauf, namentlich im Buch erwähnt
zu werden.

BIBLIOGRAFIE

Bücher

Amaral, Gonçalo: *MADDIE – Die Wahrheit über die Lüge.* Markt-oberdorf 2009.

Bange, Dirk, und Körner, Wilhelm: *Sexueller Missbrauch.* Göttingen 2002.

Bundeskriminalamt (Hrsg.): *Das Bundeskriminalamt stellt sich seiner Geschichte.* Köln 2008.

Bundeskriminalamt, Tatortgruppe (Hrsg.): *Rückblick.* Wiesbaden 1999.

Chudzinski, Daniela, und Kruse, Dorothee: *Löwi Löwenstark.* Hamburg 2009.

Collins, Danny: *Vanished.* London 2008.

Dietl, William: *Die BKA Story.* München 2000.

Enders, Ursula: *Zart war ich, bitter war's.* Köln 2001.

Gallwitz, Adolf, und Paulus, Manfred: *Kinderfreunde Kindermörder.* Hilden 2002.

Guttenberg, Stephanie zu: *Schaut nicht weg! Was wir gegen sexuellen Missbrauch tun müssen.* Freiburg i.Br. 2010.

Herzig, Sabine (Hrsg.): *Kommerzielle sexuelle Ausbeutung von Kindern.* München 2004.

Hesselbarth, Marie Claire, und Haag, Torsten: *Kinderpornographie.* Frankfurt/Main 2004.

Karremann, Manfred: *Es geschieht am helllichten Tag: Die verborgene Welt der Pädophilen und wie wir unsere Kinder vor Missbrauch schützen.* Köln 2010.

Krafft-Schöning, Beate, und Richard, Rainer: *Nur ein Mausklick bis zum Grauen ...* Berlin 2007.

Kuhnen, Korinna: *Kinderpornographie und Internet.* Göttingen 2007.

Mergen, Armand: *Die BKA Story.* München 1987.

Pineth, Elisa: *Platane. Wölfin.* Münster, 2009.

Roth, Jürgen: *Mafialand Deutschland.* Frankfurt/Main 2009.

Schenk, Dieter: *Der Chef.* Hamburg 1998.

Schenk, Dieter: *Die braunen Wurzeln des BKA.* Frankfurt/Main 2003.

Schwind, Hans-Dieter: *Kriminologie.* Heidelberg 2009.

Wanner, Christian: *Bekämpfung von Terrorismus und Organisierter Kriminalität durch das Europäische Polizeiamt Europol.* München 2009.

Zeitschriften und sonstige Quellen

– »Kriminalistik«
– Jahresberichte von EUROPOL
– Jahresberichte des Bundeskriminalamtes
– Jahresberichte von Scotland Yard
– Polizeiliche Kriminalstatistiken
– *Ten Years of EUROPOL 1999–2009.* Den Haag 2009
– Protokolle von Zeugenaussagen im Entführungsfall Madeleine McCann (http://themaddiecasefiles.com)
– www.police.uk

PERSONEN- UND SACHREGISTER